Lars Holtkamp und Sonja Schnittke

Die Hälfte der Macht im Visier

Der Einfluss von Institutionen und Parteien auf die politische Repräsentation von Frauen

Herausgegeben von der Heinrich-Böll-Stiftung
in Zusammenarbeit mit der Fachzeitschrift

Alternative Kommunalpolitik

Über die Autor(innen)

PD Dr. Lars Holtkamp, z. Zt. Professurvertretung für „Politik und Verwaltung" am Institut für Politikwissenschaft der FernUniversität Hagen, Arbeitsschwerpunkte: Parteienforschung, Lokale Politikforschung, Politikfeldanalyse und Verwaltungswissenschaft; E-mail: Lars.Holtkamp@FernUni-Hagen.de

Sonja Schnittke, Studentin der Frauenstudien in Dortmund, Mitarbeiterin im Forschungsprojekt „Unterrepräsentanz von Frauen in der Kommunalpolitik"

Luisenstr. 40, 33602 Bielefeld
Ruf 0521/177517, Fax 0521/177568
E-Mail: akp@akp-redaktion.de, Internet: www.akp-redaktion.de

Bielefeld 2010
Druck: AJZ Druck & Verlag GmbH, Bielefeld
Satz: Michael Pickardt, Berlin
Umschlaggestaltung: Ulrike Pfeil, Bielefeld
Preis: 18.- €
ISBN: 978-3-9803641-6-4

Inhalt

Vorwort der Herausgeber

„Es ist ein Mädchen“, daneben ein Kinderbild von Angela Merkel – so kommentierte die taz treffend die schwierige „Geburt“ der Kanzlerkandidatur besagter CDU-Frau im Jahre 2005. Inzwischen ist sie zum zweiten Mal Bundeskanzlerin geworden. Vom Vormarsch der Frauen in der Politik, den man noch in der ersten Amtszeit Merkels zu spüren meinte, ist allerdings – mit einer sensationell geringen Frauenquote im neuen Bundeskabinett – nicht mehr viel übrig geblieben.

Das war 2005 noch anders. Mit der Bundeskanzlerin kamen starke konservative CDU-Frauen in Ministerämter, die den Eindruck erweckten, Frauen hätten nun eine der letzten Männerbastionen gestürmt. Frauenministerin Ursula von der Leyen startete eigens gegen Ende der letzten Legislaturperiode die Kampagne „FRAUEN MACHT KOMMUNE“, um Frauen in der Kommunalpolitik auf die Sprünge zu helfen. Denn speziell in den Kommunen machte die Ministerin einen erhöhten Förderbedarf von Frauen aus. In der begleitenden Broschüre des Ministeriums heißt es, Frauen seien „in den Parlamenten und Landesregierungen angemessen vertreten. Diese positive Bilanz lässt sich allerdings auf kommunaler Ebene nicht ziehen“. Als Höhepunkt der Kampagne wurde bei Aktionstagen in 21 Kommunen für Frauen symbolisch ein roter Teppich vor den Rathäusern ausgerollt.

Das Jahr 2009 war ein wichtiger Prüfstein für die politische Repräsentanz von Frauen – im Januar war 90. Jahrestag zur Einführung des Frauenwahlrechts in Deutschland, wobei gemeinhin dem aktiven Wahlrecht von Frauen Beachtung geschenkt wird. Wie aber sieht die Bilanz des passiven Wahlrechts von Frauen aus?

Im Superwahljahr 2009 fanden neben der Bundestagswahl noch eine Europawahl, fünf Landtagswahlen und Kommunalwahlen in acht Bundesländern statt. Für die Heinrich-Böll-Stiftung ein Anlass, Lars Holtkamp und Sonja Schnittke (unter Mitarbeit von Elke Wiechmann) von der FernUniversität Hagen mit der Untersuchung der politischen Repräsentanz von Frauen in Deutschland auf kommunaler Ebene zu beauftragen. Schließlich ist die Kommune als „Schule der Demokratie" entscheidend für die Rekrutierung von Politikerinnen. Wir danken dem Forschungsteam und Sabine Drewes, der verantwortlichen Referentin in der Heinrich- Böll-Stiftung, sowie Henning von Bargen vom Gunda-Werner-Institut an dieser Stelle herzlich für ihre engagierte Arbeit.

Mit diesem Band liegt nun die Endfassung des bisher umfassendsten Forschungsprojekts zur politischen Unterrepräsentanz von Frauen in der Bundesrepublik vor. Den empirischen Teil dieser Studie haben wir bereits zu Beginn des Jahres der Öffentlichkeit vorgestellt. Insbesondere das erste Gender-Ranking deutscher Großstädte hat ein großes Medienecho hervorgerufen und die Diskussion um die angemessene Vertretung von Frauen in Räten, Parlamenten und politischen Führungspositionen neu entfacht. Frauen sind zunächst mit durchschnittlich einem Drittel in den Stadträten der Großstädte nicht schlechter vertreten als in Landesparlamenten und im Bundestag. Allerdings offenbart das Gender-Ranking eine große lokale Spannbreite: Während in München fast die Hälfte aller Ratsmitglieder Frauen sind, stellen die Ratsfrauen in anderen Städten zum Zeitpunkt der Untersuchung nur 15%. In kleineren Kommunen gibt es teilweise sogar noch weniger Frauen.

Die vorliegende Publikation enthält schließlich eine ausführliche qualitative Ursachenanalyse anhand von 30 wissenschaftlichen Intensivinterviews. Der Forschungsansatz und die umfangreiche Datenauswertung verleiht ihr das Potenzial, ein Standardwerk der politikwissenschaftlichen Genderforschung zu werden.

Dieser Band wird auch den an praktischer Politik interessierten Leserinnen und Lesern viele erhellende Details offenbaren. Nur so viel sei an dieser Stelle vorweggenommen: Wer an der mangelnden Repräsentanz von Frauen in Parlamenten und anderen politischen Gremien etwas ändern will, muss bei den Parteien ansetzen – an ihren internen Rekrutierungs- und Nominierungsverfahren sowie an ihrer Bereitschaft, Quoten umzusetzen. Die hier vorgelegte Studie wird die Diskussion um die Quote weiter beleben, auch um die Einführung von Paritätsgesetzen. So hat z.B. im August 2009 die Partei Bündnis90/Die Grünen – inspiriert durch die Studie – ein Gutachten zur Übertragbarkeit des französischen Paritätsgesetzes auf Deutschland in die Debatte eingebracht. Wo Paritätsgesetze in Kraft sind, beträgt der Frauenanteil nahezu 50%. Aber auch das Wahlrecht spielt eine nicht unbedeutende Rolle: So konnten die Autoren aufzeigen, dass die Wählerinnen und Wähler, sofern ihnen das Wahlrecht die Möglichkeit zum Kumulieren und Panaschieren einräumt, Frauen in höherem Maße ihre Stimme geben, als es die Parteien bei der Aufstellung von Listen und Direktkandidatinnen tun.

Reformen, die auf die verbindliche Umsetzung gleichstellungspolitischer Ziele durch Parteien und auf Änderungen des Wahlrechts abzielen (Einführung von Kumulieren und Panaschieren in allen Kommunen sowie auf Landesebene), sind ohne weiteres möglich, sofern der politische Wille dazu vorhanden ist. Faktoren wie die Vereinbarkeit von Familie und Beruf, Unterstützung durch den Partner und eine Anerkennungskultur für politisches Engagement spielen sicher auch eine Rolle, um mehr Frauen für die Kommunalpolitik zu gewinnen. Lässt man aber Parteistrukturen und das Wahlrecht außer Acht, können Aktionen wie rote Teppiche schnell zu folgenloser Symbolik mutieren.

Berlin, im Herbst 2009

Barbara Unmüßig und **Ralf Fücks**
Vorstand der Heinrich-Böll-Stiftung

Vorwort des Autors und der Autorin

Als wir vor zwanzig Jahren gemeinsam in den Stadtrat einer Ruhrgebietskleinstadt einzogen, kam es schon einer kleinen Palastrevolution gleich, als die Autorin als junges weibliches Ratsmitglied aufstand und die Haushaltsrede hielt. Auch wenn die Stadt heute eine direkt gewählte Bürgermeisterin hat, sind Haushaltsfragen, die „großen Fensterreden" und die vertraulichen interfraktionellen Runden immer noch ausschließlich eine Männerdomäne. Die wenigen Frauen im Rat sind öffentlich kaum wahrnehmbar und treffen sich alle im Jugendhilfeausschuss wieder, wenn es um die Mütter und Kinder der Stadt geht. Sehr viel hat sich also nicht verändert, aber immerhin hat es die Reform der Kommunalverfassung ermöglicht, dass sich in den rein männlich dominierten Führungszirkeln eine Frau als Verwaltungsspitze durchsetzen konnte.

Dass Institutionen für die Frauenrepräsentanz in der Politik einen Unterschied machen, wurde uns aber weniger durch diese alltäglichen Beobachtungen bewusst. Auslöser war vielmehr, dass die Autorin im Rahmen ihres Frauenstudiums an der TU Dortmund sich im Rahmen einer Hausarbeit mit der Frauenrepräsentanz in der Kommunalpolitik befasste und erstaunt war, dass die Datenlage und die empirischen Studien hierzu immer noch „sehr dünn" und die gehandelten Erklärungsmodelle widersprüchlich und wenig problemfokussiert waren.

Damit war die Debatte zwischen Gender-Forschung und „politikwissenschaftlichem Mainstream" eröffnet und in vielen angeregten Diskussionen zwischen Autorin und Autor wurden neue Erklärungsmodelle entwickelt, Argumente angetestet und wieder verworfen. Hierbei konnten wir auch auf den Analyserahmen der Habilitationsschrift von Lars Holtkamp zu kommunalen Parteien und Bürgermeistern zurückgreifen und diesen mit den gängigen Erklärungsmodellen zur Frauenrepräsentanz abgleichen. Bis endlich ein aus unserer Sicht plausibles, erstes Erklärungsmodell stand, dass dann auch die Grundlage für den Forschungsantrag bildete, um dann endlich auch empirisch auf möglichst breiter Datenbasis unsere Erklärungen testen zu können. Dabei waren wir natürlich auf die Mithilfe vieler Personen angewiesen, denn aus einer studentischen Hausarbeit an der TU Dortmund wird nicht im Handumdrehen ein wissenschaftliches Forschungsprojekt an der Fernuniversität Hagen.

An erster Stelle gilt unser Dank Dr. Elke Wiechmann für die vor Ort geführten Interviews, mit der wir zusammen auch den Praxisbericht zu diesem Projekt veröffentlicht haben (Holtkamp / Schnittke / Wiechmann 2009). Ohne die Kooperation der Frauenbeauftragten und der interviewten Kommunalpolitiker(innen) vor Ort, die tiefe Einblicke in die Organisationspraxis der Parteien gewährten, wären zudem die Fallstudien nicht möglich gewesen.

Die Autor(innen) danken darüber hinaus Christiane Ternette und Jan Pfetzing am Hagener Lehrstuhl für ihr Engagement bei Datenerhebung und Transkription der Intensivinterviews. Schließlich gilt Thomas Eimer ein besonderer Dank für hilfreiche inhaltliche Hinweise und Dr. David H. Gehne für die Bereitstellung von Datensätzen. Auf Seiten der Stiftung ist insbesondere das außergewöhnliche Engagement von Sabine Drewes hervorzuheben, die geduldig die nötige wissenschaftliche Autonomie für diese Untersuchung gewährleistet hat.

Wir hoffen, dass wir mit dem vorliegenden Buch einen neuen Impuls für die wissenschaftliche und politische Diskussionen über die Frauenunterrepräsentanz in deutschen Parlamenten geben können.

Lars Holtkamp **Sonja Schnittke**

1 Einleitung

Im Superwahljahr 2009 stehen Europa-, Bundestags- und Kommunalwahlen an. Das zusätzliche Zusammentreffen mit einschlägigen Jubiläen – 90 Jahre aktives und passives Frauenwahlrecht und 60 Jahre Verankerung des Gleichberechtigungsgebotes im Grundgesetz – ist für einige politische Institutionen Anlass genug gewesen, sich stärker mit der Frage zu befassen, wie die Frauenrepräsentanz in deutschen Parlamenten erhöht werden kann. Was liegt da näher, als die politikwissenschaftliche Gender-Forschung danach zu befragen, was die wesentlichen Ursachen für die politische Frauenunterrepräsentanz auf allen föderalen Ebenen sind und welche Förderinstrumente sich daraus ableiten lassen?

Die gender-orientierte Forschung in Deutschland kann aber hierauf aus unserer Sicht keine befriedigenden Antworten geben. Das ist erstens auf eine immer noch geringe wissenschaftliche Ausdifferenzierung der gender-sensiblen Politikwissenschaft in Deutschland zurückzuführen, die in der begrenzten Forschungsförderung und mangelnden universitären Institutionalisierung begründet liegen dürfte. So werden Nominierungsprozesse von Parlamentskandidatinnen häufig lediglich als Unterfall der politischen Partizipation von Frauen betrachtet. Damit bleibt die zentrale Rolle von Parteien sowie von Wahlrecht und Quotenlösungen (politische Institutionen) in der Regel unterbelichtet. Bisher wurde in Deutschland über die Auswirkungen des Wahlrechts und damit zusammenhängender Quotensysteme auf die Parteinominierung von Kandidatinnen somit weder in großen Teilen der politischen Praxis noch der Sozialwissenschaften vertiefend diskutiert.

Hinzu kommt zweitens eine starke Hinwendung der politikwissenschaftlichen Gender-Forschung zu theoretischen Debatten, während vertiefende empirische Analysen zur Frauenrepräsentanz, die über die Präsentation der weiblichen Parlamentsanteile in Deutschland hinausgehen, immer noch selten sind (vgl. bereits Bendix 1994). Damit stützen sich viele Erklärungsansätze zur Frauenunterrepräsentanz „zunächst eher auf empirisch unbestätigte Vermutungen“ (Geißel / Penrose 2003: 15).

So ist es zwar insbesondere der feministischen Politikwissenschaft zu verdanken, dass überhaupt die Rolle von Frauen in der deutschen Politik analysiert wurde (Hierath 2001), aber empirische Untersuchungen zu den geschlechtsspezifischen Selektivitäten von Nominierungs- und Wahlprozessen als eine der zentralen Ursachen für Frauenunterrepräsentanz sind immer noch Mangelware. Hierfür ist aber sicherlich auch der Mainstream der deutschen Parteien- und Parlamentarismusforschung mitverantwortlich. Mit ganz wenigen Ausnahmen gilt auch heute noch, dass die deutsche Politikwissenschaft die extreme Frauenunterrepräsentanz insbesondere in den politischen Führungspositionen nicht als relevantes Forschungsthema behandelt. Die zumindest nach der Wahl von Angela Merkel zur Bundeskanzlerin erfolgenden publizistischen Anstrengungen zu diesem Einzelfall scheinen eher die These zu bestätigen, dass Frauenunterrepräsentanz in der Politikwissenschaft nicht richtig wahrgenommen wird. Die Bundeskanzlerin als Ausnahme von dieser Regel ist anscheinend eher ein relevantes Forschungsproblem. Die Fundamentalkritik der feministischen Politikwissenschaft an der eigenen Disziplin scheint also nur wenig an Aktualität verloren zu haben:

> „Politikwissenschaft beforscht also, ohne dass sie sich dessen bewusst wird, vornehmlich Männer und verfährt nach dem Prinzip: Wo keine … Frauen sind, gibt es kein Frauen- bzw. Geschlechterproblem, die Abwesenden, nämlich Frauen, werden nicht thematisiert, und Männer, die sichtbaren Anwesenden, werden als geschlechtslos wahrgenommen“ (Sauer 2001: 89).

Unabhängig davon, wie die Erklärungen für diese großen Forschungslücken ausfallen, bleibt festzuhalten, dass auch durch den „Merkelfaktor“ bisher nicht erkennbar ist, dass sich die politikwissenschaftliche Forschung tatsächlich empirisch vertiefend mit den Ursachen der politischen Frauenunterrepräsentanz in Deutschland auseinandersetzen würde.

Aus unserer Sicht ist diese Forschungslücke in zweierlei Hinsicht problematisch. Zum einen bleiben aus politikwissenschaftlicher Perspektive mit der nach wie vor gegebenen Frauenunterrepräsentanz wichtige Merkmale des demokratischen Systems und seiner politischen Akteure unterbelichtet. Zum anderen ist es aufgrund der mangelhaften Forschungslage unmöglich, der Politik und politisch aktiven Bürger(innen) Empfehlungen an die Hand zu geben, auf welche Weise das politische System zugunsten einer höheren Repräsentanz von Frauen zu reformieren wäre. Damit sind auch die beiden Zielgruppen angegeben, an die sich unser Buch richtet.

Für die praktisch interessierten Leser(innen) werden dabei vor allem als Einstieg die Kapitel 2, 3 und 5 sowie die Zusammenfassung unserer empirischen Studie zur politischen Unterrepräsentanz von Frauen und die darauf basierenden Praxisempfehlungen von besonderem Interesse sein. Hier wird in einem ersten Schritt auf die gängigen Erklärungsmodelle für Frauenunterrepräsentanz in Parlamenten und auf den Stand der gendersensiblen Nominierungsforschung aus international vergleichender Perspektive einzugehen sein. In einem zweiten Schritt wird skizzenhaft die Frauenrepräsentanz auf Bundes-, Länder- und Kommunalebene dargestellt, und mit den Quoten- und Wahlrechtssystemen werden wesentliche Erklärungsfaktoren für die erhebliche Varianz der Frauenrepräsentanz im Zeit- und Querschnittsvergleich präsentiert. Für sozialwissenschaftliche Leser(innen) bieten diese Abschnitte noch einmal eine Skizze der bisherigen empirischen Entwicklungen zur Frauenrepräsentanz und sind als Hintergrund zur Lektüre der anschließenden quantitativen und qualitativen Untersuchung nützlich. Das soll natürlich nicht heißen, dass wir die Praxis von der Beschäftigung mit unserer Studie abschrecken wollen. Eher dient uns diese Trennung als Entschuldigung dafür, dass wir in den anderen Kapiteln nicht auf wissenschaftliche Fachbegriffe und statistische Methoden verzichten können.

1.1 Forschungsstand

Der aktuelle Forschungsstand zur Frauenrepräsentanz in der deutschen Politik kann aus unserer Sicht nur als defizitär eingestuft werden. Bereits für die kommunale Ebene sind bei durchaus stark ausgeprägtem politischen Interesse und vielfältigen Kampagnen große Forschungslücken zu konstatieren.

Bezeichnend ist, dass die Bundesregierung beispielsweise keine amtlichen Statistiken zum Stand der kommunalen Frauenrepräsentanz führt, aber ihre aktuelle Kampagne „Frauen Macht Kommune“ im Superwahljahr damit begründet, dass Frauen in den Kommunen deutlich stärker unterrepräsentiert sind als in Bund und Ländern (von der Leyen 2008: 6). So soll derzeit bspw. mit dem Ausrollen von „roten Teppichen“ für Frauen vor den Großstadtrathäusern auf diesen Misstand aufmerksam gemacht werden.

Im Gegensatz hierzu gehen Gender-Forscherinnen davon aus, dass die Frauen in der deutschen Großstadtpolitik stärker repräsentiert sind als auf Bundes- oder Landesebene (Damer 2008: 50; Hoecker 1998: 110). Bevor vorschnell über die Ursachen von Frauenrepräsentanz spekuliert wird, müssen also zunächst die Frauenanteile in der Kommunalpolitik ermittelt werden und mit denen in Bundes- und Landespolitik empirisch verglichen werden. Unsere empirische Analyse wird zeigen, dass sich beide Positionen in Bezug auf die Großstädte nicht bestätigen lassen. In den Großstädten liegt der Frauenanteil in den Parlamenten, ähnlich wie auf Bundes- und Länderebene, durchschnittlich bei knapp über 30%. Dementsprechend dürfte eine empirische Analyse der Frauenrepräsentanz in deutschen Großstädten zu kurz greifen, weil sie dazu tendieren könnte kommunale (Sonder-) Faktoren über zu betonen und dabei die machtstrukturellen und institutionellen Bedingungen für Frauenunterrepräsentanz in der deutschen Politik schnell aus dem Blickfeld geraten könnten.

Zudem hat sich gerade die gender-orientierte Forschung nach anfänglich ausgeprägtem Interesse an der kommunalen Repräsentation anderen Fragen zugewendet und bietet damit nur wenig Hypothesen, die die Entwicklungen der Frauenrepräsentanz seit den 1990er Jahren erklären könnten. Empirische Studien zur Unterrepräsentanz von Frauen in der Kommunalpolitik beziehen sich zumeist auf Daten der 1980er-Jahre, die die Wirkungsweise des „Quotenmodells“ in Deutschland und des seit dem zu verzeichnenden kulturellen Wertewandels noch kaum erfassen konnten (vgl. Geißel 1999: 25)[1]. Zumeist handelt es sich hierbei lediglich um einzelne Fallstudien, die vorzugsweise auch nur auf einen Stadtstaat bezogen sind. Häufig wird lediglich die subjektive Sichtweise

---

1 Aktuellere Veröffentlichungen nach umfangreicher Literaturrecherche lediglich vgl. Scholz 2004, Lukoschat et al. 2008; und bisher unveröffentlicht vgl. Bauer u. a. 2006.

von Kommunalpolitikerinnen erhoben, mit der Folge, dass vor allem individuelle Hindernisse (Doppelbelastungen, knappes Zeitbudget der Frauen, mangelndes Selbstwertgefühl), die aber letztlich individuell überwindbar waren, in den Blick genommen werden, während institutionelle Faktoren in der Analyse kaum eine Rolle spielen. Damit werden die Belastungen von Kommunalparlamentarierinnen sicherlich anschaulich dargestellt und Formen der intentionalen und strukturellen Diskriminierung, die vom kommunalwissenschaftlichen Mainstream immer noch „links liegen" gelassen werden, transparent gemacht. Aber die genderorientierten Ansätze können damit (die durchaus im Querschnitt- und Längsschnittvergleich stark variierende) Frauenunterrepräsentanz in der Kommunalpolitik nicht angemessen erklären.

So wurden bisher auch keine quantitativ-vergleichenden Aggregatdatenanalysen vorgelegt, die gerade institutionelle Erklärungsvariablen mit einbeziehen können. Dabei eignet sich insbesondere der subnationale Vergleich auf kommunaler Ebene, um Hypothesen empirisch zu überprüfen. In deutschen Kommunen sind die kulturellen Rahmenbedingungen (bei dennoch großer Fallzahl) zumindest relativ ähnlich, und damit haben Deutungsmuster und rechtliche Rahmenbedingungen tendenziell eine äquivalente Bedeutung. Zudem variiert zwischen den Bundesländern das Kommunalwahlrecht erheblich, so dass der Einfluss von Institutionen auf die Frauenrepräsentanz bei Kontrolle anderer variierender Faktoren gut erfasst werden kann.

Bei beträchtlichen Forschungslücken für alle föderalen Ebenen kann es nicht verwundern, dass die bisher in der deutschen Gender-Forschung gehandelten Ansätze und Modelle zur Erklärung der parlamentarischen Unterrepräsentanz nur wenig Aufschluss darüber geben können, welche Ursachen am wirkungsmächtigsten sind und wie diese intentional politisch beeinflusst werden können. Nach dem gängigsten Erklärungsmodell können unterschiedliche institutionelle und sozioökonomische Faktoren sowie die politische Kultur relativ gleichrangig als Ursachen für die niedrigere Frauenrepräsentanz in Kommunal-, Landes- und Bundesparlamenten angenommen werden (Hoecker 1998), ohne dass analytisch genauer nach Unterschieden und Gemeinsamkeiten der Frauenrepräsentanz auf den föderalen Ebenen differenziert würde.

Es wird vor allem betont, wie „vielschichtig“ die Ursachen sind (Damer 2008: 37). Da keine stärkere Gewichtung der Faktoren vorgenommen wird, werden umfangreiche Forderungskataloge für alle Erklärungsfaktoren aufgestellt (Fuchs 2006), die der politischen Praxis nur begrenzt eine Orientierung vermitteln können. Politik und Wissenschaft müssen demgegenüber bei begrenzten Ressourcen in der Praxis häufig Prioritäten setzen. Dafür ist herauszuarbeiten, welche Faktoren im innerdeutschen Vergleich den wesentlichen Unterschied in Bezug auf die Repräsentanz von Frauen ausmachen könnten, und diese Hypothesen empirisch zu testen. Deshalb werden wir für die empirische Analyse bewusst ein möglichst sparsames Erklärungsmodell mit wenigen unabhängigen Variablen entwickeln, die aus unserer Sicht eine hohe Erklärungskraft für die abhängige Variable haben dürften, aber die Varianz von Unterrepräsentanz sicherlich nicht umfassend erklären können (Holtkamp / Schnittke 2008).

Auch auf die für die politische Praxis und Wissenschaft zentrale Frage nach der Erklärung des extremen Anstiegs der Frauenanteile in allen deutschen Parlamenten in den 1980er- und 1990er-Jahren und der darauf folgenden Stagnation bei aktuell in anderen Staaten zu verzeichnenden schlagartigen Fortschritten können diese wissenschaftlichen Ansätze bisher keine überzeugenden Antworten geben. Insbesondere wenn in Bezug auf die als zentral für die Erklärung von Frauenrepräsentanz eingestufte politische Kultur und die geschlechterspezifische Arbeitsteilung allgemein von „der Hartnäckigkeit patriarchaler Einstellungen und Strukturen“ (Hoecker 1998: 396) ausgegangen wird, dann müssen die in sehr kurzen Zeitspannen zu verzeichnenden extremen Zuwächse bei der parlamentarischen Frauenrepräsentanz schon überraschen. Wenn diese „patriarchale politische Kultur, die durch die Einstellung geprägt ist, dass Politik ‚Männersache‘ ist“ (Holuscha 1999: 309) weiterhin dominieren sollte, dann wäre der starke Anstieg der Frauenrepräsentanz in den 1980er und 1990er in Deutschland wohl schwer erklärbar.

Im Kern können mit diesen Ansätzen besser Stagnation und konstante Unterschiede (bei pfadabhängiger, inkrementeller Entwicklung) zwischen den Ländern, als der tatsächlich festzustellende, phasenweise extreme und ungleichzeitige Wandel erklärt werden.

Deshalb wollen wir in unserer Untersuchung auf neoinstitutionalistischen Erklärungsansätze der internationalen Nominierungsforschung zurückgreifen. Diese fokussiert sich weitgehend auf die Parteien als die wesentlichen Gatekeeper für Parlamentskandidaturen und wie diese durch Quoten- und Wahlrechtsysteme beeinflusst werden. Die Hypothesen orientieren sich zum Teil am Rational-Choice-Institutionalismus und wurden bereits in breit angelegten international-vergleichenden Studien empirisch überprüft (Norris 2004), welche aber in der gender-sensiblen Politikwissenschaft in Deutschland bisher kaum rezipiert und empirisch untersucht wurden (vgl. zu ersten fruchtbaren Ansätzen Kaiser/ Hennl 2008 und Geißel 2008).

Aus dieser Perspektive lassen sich institutionelle Konfigurationen finden und aktiv gestalterisch entwickeln, die in kürzester Zeit zu einer paritätischen parlamentarischen Repräsentanz führen können. Durch gesetzliche Kandidat(innen)quoten können die Parteien bei ausreichenden Sanktionen und Anreizen dazu motiviert werden, paritätische Kandidatenlisten aufzustellen, die dann bei reiner Verhältniswahl mit starren Listen von der Wählerschaft bestätigt werden (Norris 2004: 258). Ausgehend davon, dass es ein wesentliches Ziel von Politikern und Parteien ist, wieder gewählt zu werden, können diese relativ unproblematisch zu einer paritätischen Repräsentanz „motiviert“ werden, wenn z. B. die Listen nicht zur Wahl zugelassen werden, falls sie den verbindlichen Frauenanteil von 50% unterschreiten, wie dies beispielsweise für das französische Kommunalwahlrecht gilt. Bei Verhältniswahlrecht mit starren Listen determiniert dieses paritätische Nominierungsverhalten der Parteien auch anschließend die Parlamentszusammensetzung.

Mit diesen in den Wahlgesetzen verankerten Kandidatinnenquoten ist in kürzester Zeit beispielsweise in den französischen Kommunalparlamenten eine paritätische Repräsentanz erreicht worden, und nicht wenige Länder haben mit diesen gesetzlichen Kandidatinnenquoten den deutschen Bundestag hinsichtlich der Frauenrepräsentanz überholt. Unter diesen institutionellen Bedingungen ist die Hälfte der politischen Macht also tatsächlich „machbar“, zumindest wenn darunter als schon nicht unambitioniertes Ziel die politische Parität in Parlamenten verstanden wird. Zum Abschluss der Untersuchung werden wir deshalb auch ein auf die Kontextbedingungen deutscher Kommunen abgestimmtes Wahlrechtsmodell vorschlagen, mit dem zügig die Parität in kommunalen

Parlamenten realisierbar ist und das perspektivisch auch auf Landesparlamente mit niedriger Frauenrepräsentanz angewendet werden könnte.

Damit liegt der Nutzen dieses „sparsamen", aus dem Rational-Choice-Institutionalismus ableitbaren Erklärungsmodells auch für die politische Praxis auf der Hand. Anders als die politische Kultur oder die geschlechtsspezifische Arbeitsteilung in der Familie ist das Wahlrecht direkt und prinzipiell schnell politisch beeinflussbar (Norris 2004: 262). Allein schon das reine Verhältniswahlrecht ohne gesetzliche Kandidatenquoten erbringt im Durchschnitt eine deutlich höhere Frauenrepräsentanz. Wenn Parteien bedingt durch dieses Wahlrecht zentral Kandidatenpakete aufstellen, dann werden sie deutlich stärker auf sozial ausgewogene Angebote achten (sog. „ticket balancing"), als wenn dezentral lediglich ein oder zwei Kandidaturen in kleinen Wahlbezirken für Direktmandate aufgestellt werden (Norris 2004: 189; Hennl/Kaiser 2008: 328). Ob dies allerdings, wie im Rational-Choice-Institutionalismus, nachfrageorientiert durch die Wählerpräferenzen erklärbar ist oder ob sich hier in den Parteien nicht eher andere Interessen bei einer einzelnen Kandidatur in der „Duellsituation" durchsetzen können, wird empirisch detaillierter zu untersuchen sein.

Abbildung 1: Erklärungsansatz nach dem Rational-Choice-Institutionalismus

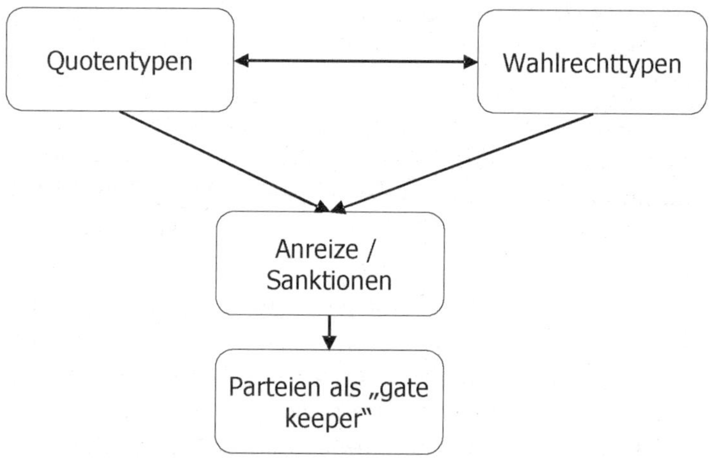

Quelle: Eigene Darstellung

Mit diesem Erklärungsmodell und den empirischen Befunden zu einem in vielen Ländern realisierten „fast track“ (Dahlerup et al. 2006) zur Steigerung der Frauenrepräsentanz sind auch ganz offensichtlich die zentralen Prämissen der gender-orientierten Partizipationsforschung in Deutschland fraglich. Bisher wurde hier davon ausgegangen, dass bei fehlendem Willen vieler Akteure auch keine Gesetze helfen, sondern nur ein sehr langfristiger Kulturwandel nach Vorbild der nordischen Länder, der „sicherlich kein leichtes Unterfangen“ (Hoecker 1998: 396) ist. Frauen in anderen Ländern haben häufig über Mitte-Linksregierungen nicht so lange gewartet, sondern mit einem Gesetz innerhalb kürzester Zeit nahezu die paritätische Repräsentanz erreicht. Die internationale politische Praxis hat also zumindest zum Teil diese gender-orientierten Ansätze „überholt“.

Wir werden allerdings im Gegensatz zum Rational-Choice-Institutionalismus unsere empirisch zu überprüfenden Hypothesen nicht ausschließlich aus den institutionellen Rahmenbedingungen und den Interessen der Parteien ableiten können, weil die in Deutschland dominierenden Institutionen keine so starke Prägekraft aufweisen wie (die Kombination von gesetzlichen Kandidatenquoten und reinem Verhältniswahlrecht mit starren Listen) im Fall der französischen Kommunen.

In Deutschland kommen vor allem zwei Wahlsysteme zum Einsatz, die beide mit Quotenlösungen schwieriger vereinbar sind. Einerseits führt das personalisierte Verhältniswahlrecht in Bund und Ländern dazu, dass insbesondere über die Direktkandidaturen in den durchschnittlich kleinen Wahlbezirken die Frauenquoten unterlaufen werden können. Das auf kommunaler Ebene mittlerweile dominante Verhältniswahlrecht mit freien Listen (Kumulieren und Panaschieren) kann andererseits dazu führen, dass von Seiten der Wählerschaft die quotierten Listen in Richtung einer deutlich niedrigeren Frauenrepräsentanz verändert werden.

Als Reformoption ist dagegen das in der gender-orientierten Politikwissenschaft immer wieder empfohlene reine Verhältniswahlrecht mit starren Listen in Deutschland wohl nicht durchsetzbar. Viele Bürger(innen) wollen ihre Parlamentarier(innen) auch persönlich auswählen und ihnen nicht über starre Listen die Möglichkeit geben, sich vom Wählervotum weitgehend unabhängig zu machen. Bereits am personalisierten Verhältniswahlrecht auf Bundes- und Landesebene wird kritisiert, dass sich häufig die Abgeordneten über die Landesliste ihrer Partei absichern und auch in die Parlamente einziehen, wenn ihnen die Wählerschaft über die Erststimme eindeutig das Vertrauen entzogen haben. Pragmatisch gesprochen, kann sich damit die Politik in Deutschland nur zwischen dem personalisierten Verhältniswahlrecht und der Möglichkeit zu Kumulieren und Panaschieren entscheiden und es ist deshalb vorrangig empirisch zu untersuchen, welche dieser beiden Wahlrechtssysteme eher mit Quoten und einer hohen Frauenrepräsentanz kompatibel sind. Das kann unter Berücksichtigung der politischen Kultur in Deutschland nur in den Kommunen vergleichend untersucht werden.

Wir werden dabei – entgegen den Mutmaßungen der Gender-Forschung – die Hypothese entwickeln, dass die Möglichkeit zu Kumulieren und Panaschieren in Deutschland durchschnittlich zu einer höheren Frauenrepräsentanz führt als das personalisierte Verhältniswahlrecht. Damit soll mit dem ursprünglich aus Baden-Württemberg und Bayern stammenden Kommunalwahlrecht eine für nordrhein-westfälische Kommunalparlamente und viele Landesparlamente zumindest prinzipiell realisierbare Reformoption überprüft werden.

Als weitere Besonderheit ist bereits bei der Hypothesenentwicklung zu berücksichtigen, das Deutschland im internationalen Vergleich als klassischer Fall für freiwillige Parteiquoten gilt, die sich vor allem in zweierlei Hinsicht grundlegend von detaillierten gesetzlichen Kandidatinnenquoten unterscheiden.

Erstens wacht nicht der Staat über die Einhaltung der Parteiquoten, sondern die Partei selbst, mit der Folge, dass gravierende Implementationsdefizite nicht unbedingt zu Sanktionen führen. Damit ist die Einhaltung der Parteiquoten stark von dem Handeln der parteiinternen Akteure und deren Normvorstellungen[2] abhängig, die empirisch erheblich variieren dürften. Zudem wird das Unterlaufen von Parteiquoten nur dann satzungsrechtlich relevant, wenn tatsächlich eine hinreichende Zahl von

2 In dieser Untersuchung wird ein enger Institutionenbegriff verwendet, unter den nur die rechtlichen Rahmenbedingungen (Wahlrecht, gesetzliche Quoten und in Parteisatzungen geregelte Quoten und Quoren) rubriziert werden, Normvorstellungen oder Identitäten dagegen nicht einschließt.

Frauen offensiv auf Listenplätze drängen und darauf möglicherweise folgende Verstöße gegen die Quote auch den zuständigen zentralen Parteigremien angezeigt werden.

Zweitens können freiwillige Parteiquoten nur dann zu einer paritätischen Repräsentanz in den Parlamenten führen, wenn auf Dauer alle Parteien eine 50%-Quote in ihrer Satzung verankern bzw. diese durch informelle Absprachen und Normen realisieren (Dahlerup/Freidenvall 2008). Aus der Perspektive des Rational-Choice-Institutionalismus ist diese Diffusion von hohen Parteiquoten über den Parteienwettbewerb zwar denkbar, wenn die Wählerschaft Parteien ohne Quoten abstraft, aber empirisch können hierfür nur wenige Fälle angeführt werden. Offensichtlich ist die Quotendiffusion vorraussetzungsvoll und stark akteursabhängig. So dürfte es beispielsweise schwer fallen, nur mit den Parteiinteressen und den institutionellen Rahmenbedingungen zu erklären, warum die Quotenlösungen in Deutschland nicht stärker auf die Mitte-Rechtsparteien übergegriffen haben, worin ein wesentlicher Grund für die derzeitige Stagnation der weiblichen Parlamentsanteile in Deutschland zu sehen ist. Auch der CDU wird wie zuvor der SPD durch die Wählerabwanderung (insbesondere von jüngeren, gut ausgebildeten Frauen in den urbanen Zentren) signalisiert, dass stark männlich dominierte Listen auf dem Wählermarkt auf Akzeptanzprobleme stoßen können. Dennoch hat die CDU hierauf bisher nur verhalten reagiert, wenn man hierfür den Anteil weiblicher Abgeordneter als Indikator heranzieht.

1.2 Akteurszentrierter Institutionalismus und Mikropolitik in der Parteien- und Gender-Forschung

In dieser Untersuchung orientieren wir uns deshalb am Ansatz des akteurszentrierten Institutionalismus (Scharpf 2000; Mayntz/Scharpf 1995), den wir bereits in anderen Forschungsarbeiten auf das Nominierungsverhalten von Parteien bezogen haben (Holtkamp 2008). Institutionen sind danach eine der wesentlichen Erklärungsvariablen für das Verhalten von individuellen und kollektiven Akteuren. Aber sie determinieren das Akteurshandeln in der Regel nicht vollständig, wobei jedoch im Ausnahmefall spezifische institutionelle Arrangements, wie die skizzierte Kombination von gesetzlichen Kandidatenquoten und Verhältniswahlrecht, schon eine extrem starke Prägekraft aufweisen können.

> „Der Ansatz des akteurszentrierten Institutionalismus zeichnet sich dadurch aus, dass er den strategischen Handlungen und Interaktionen zweckgerichteter und intelligenter individueller und kollektiver Akteure dieselbe Bedeutung zumisst, wie den ermöglichenden, beschränkenden und prägenden Effekten gegebener (aber veränderbarer) institutioneller Strukturen“ (Scharpf 2000: 72).

Damit kann Politikwissenschaft nicht auf reine Institutionenkunde verengt werden, sondern die Wirkungen von Institutionen auf den politischen Prozess sind immer empirisch zu untersuchen. Während der Alt-Institutionalismus davon ausging, dass institutionelle Arrangements gleichförmige Effekte weitgehend unabhängig von Zeit und Raum entfachen, berücksichtigt der Neoinstitutionalismus neben Institutionen auch andere Variablen, die die Wirkungsweise von Institutionen begrenzen können. Beispielsweise wäre zu fragen, ob in Deutschland eine politische Kultur dominiert, in der offen diskriminierende Einstellungen gegenüber Politikerinnen immer noch an der Tagesordnung sind, so dass gar nicht zu erwarten wäre, dass über das Wählervotum ein Anpassungsdruck auf Parteien ohne Quote vermittelt wird.

Weiterhin sind Parteien zwar strategische kollektive Akteure, die im erheblichen Maße ihren Standardinteressen folgen (Wählerstimmen- und Ämtermaximierung), aber sie können auch nicht beliebig flexibel auf eine veränderte Wählernachfrage reagieren. Die in modernen westlichen Demokratien seit Jahren zu verzeichnende Entwicklung der politischen Kultur, dass (offene) Diskriminierung auf zunehmende Ächtung trifft und niedrige Frauenrepräsentanz im Parteienwettbewerb zur Abwanderung zumindest einzelner Wählergruppen führen kann, veranlasst dennoch viele Mitte-Rechtsparteien nicht dazu hohe Quoten einzuführen. Die Reaktionsfähigkeit von Parteien auf eine veränderte Umwelt wird dabei zum Beispiel durch ihre Identität begrenzt (Schmid/ Zolleis 2005: 13). Die Parteiidentität entspricht einem vereinfachten Selbstbild, das auch durch gewachsene Organisationskulturen entstanden ist. Mühevoll mit der Parteiidentität aufgebaute moralische Werte und kognitive Sicherheiten werden häufig selbst dann nicht zur Disposition gestellt, wenn die eigenen Standardinteressen vielleicht negativ tangiert werden könnten. Parteien verändern sich meistens erst, wenn der externe Druck so groß ist, dass eine Beibehaltung des Status quo mit sehr hohen Kosten in Bezug auf die Standardinteressen verbunden wäre (Jun 2004: 88).

Bezogen auf unsere Fragestellung ist davon auszugehen, dass die informellen Gleichstellungsnormen in den Parteien stark nach Parteifamilien variieren. Während in eher linken Parteien und Parteien, die, wie bspw. die Grünen, auch aus der Frauenbewegung hervorgegangen sind, zentrale Eingriffe der Parteiführung zu Gunsten einer stärkeren Frauenrepräsentanz von den aktiven Mitgliedern erwartet bzw. zumindest eher akzeptiert werden, entspricht es der liberalen und konservativen Parteiidentität eher, dass „gute" Frauen sich im innerparteilichen Elitenwettbewerb durch Leistungen und ihre eigene Persönlichkeit in einem freien Spiel der Kräfte durchsetzen sollen. Quotenlösungen werden deshalb häufig in diesen Parteifamilien auch von den weiblichen Mitgliedern (zunächst) abgelehnt.

Bei der Einführung und Umsetzung von Frauenquoten ist zudem zu beachten, dass Parteien nicht als einheitliche Akteure betrachtet werden können, wie dies zumeist aus einer Rational-Choice-Perspektive angenommen wird (Wiesendahl 1998: 98). Organisationen haben nicht für alle denkbaren Situationen festgelegte Strategien, so dass auch die in Organisationen agierenden Individuen erhebliche Handlungsspielräume besitzen (Mayntz/Scharpf 1995: 50). Dies gilt insbesondere für Parteien als Freiwilligenorganisationen und als zumindest normativ „bottom-up" strukturierte Organisationen. Selbst wenn die Parteiführungen sich zu einer strategischen Neuausrichtung durchringen, also beispielsweise die Einhaltung ihrer Frauenquoten in den Kommunen aktiv überwachen und sanktionieren will, könnte dies aufgrund des föderalen Aufbaus der Organisation und der „widerborstigen Ehrenamtlichen" (Wiesendahl 1998) nur schwer realisierbar sein. Hierbei ist insbesondere zu berücksichtigen, dass die Einführung und konsequente Umsetzung der Frauenquote immer zum Austausch männlicher Mandatsträger bzw. zur Verengung der Karriereperspektiven männlicher Parteimitglieder führt, die spätestens im Vollzug auf erhebliche Widerstände treffen kann. Selbst wenn es für die Partei im Wettbewerb insgesamt ertragreicher sein sollte, eine paritätische Liste zu präsentieren und dies auch von den Parteizentralen unzweifelhaft feststellbar wäre, könnten sich die in den meisten Kreisverbänden dominanten männlichen Amtsinhaber und Führungskräfte mit ihren Eigeninteressen durchsetzen, da sie die Schlüsselpositionen zur prozeduralen Steuerung einnehmen.

Hinter der geordneten Fassade von Parteien toben, wie in den meisten Organisationen, Kämpfe um die vorderen Plätze und Führungspositionen. Dies gilt bedingt auch für die Lokalparteien, selbst wenn das Credo der Ehrenamtlichkeit dies nicht selten verdeckt (Holtkamp 2008). Zwar ist ein Ratsmandat sicherlich nur für einige Wenige in der Kulmination mit anderen Ämtern finanziell attraktiv, während viele andere Kommunalpolitiker(innen) über die erhebliche Zeitbelastung durch das Ehrenamt klagen. Aber dennoch wollen die meisten Ratsmitglieder über mehrere Wahlperioden immer wieder antreten und reagieren auf die nur selten erfolgende Abwahl im Nominierungsprozess häufig verärgert (Parteiaustritt, Gründung einer Wählergemeinschaft etc). Nicht viele der weiblichen und männlichen Ratsmitglieder machen freiwillig Platz und verzichten tatsächlich auf eine Kandidatur, um übergeordnete Parteileitbilder wie bspw. eine Quotierung zu beherzigen.

Diese mikropolitische Perspektive auf Parteien eröffnet stärker den Blick auf mögliche Implementationsdefizite von Parteiquoten und deren Ursachen. Da bisher häufig von einer ausgeprägten Quotentreue deutscher Parteien ausgegangen wurde (Geißel 2008), haben sich nur wenige Untersuchungen mit der Umsetzung der Quote detaillierter befasst. Wir werden demgegenüber in unserer Untersuchung zeigen, dass bei einigen Parteien mit eindeutigen Quotenregelungen massive Vollzugsdefizite in den Kommunen zu verzeichnen sind. Im Kern ist dies wenig überraschend, wenn die Probleme anderer Organisationsreformen mit in Betracht gezogen werden. Danach gehen Reformen in Organisationen „immer mit einer Neuverteilung der Gewinn- und Verlustchancen einher, was erklärt, dass Reformen in besonderer Weise von den mikropolitischen Spielen der Akteure geprägt sind" (Klenk/Nullmeier 2003: 95).

Diese mikropolitischen Widerstandstrategien dürften gerade bei gleichstellungsorientierten Reformen, wie es die gender-fokussierte Organisationsforschung verdeutlich hat, von den einflussreichen Old-Boys-Networks in der Organisation ausgehen, und zwar in der Regel nichtöffentlich. So ist eine der ungeschriebene Regeln in modernen Organisationen: „Offener Widerspruch erscheint als politisch nicht korrekt (…) Gegen Gleichstellung wehrt man sich nur verdeckt" (Jüngling/Rastetter 2008: 132). Da darüber hinaus Frauen in Organisationen nicht selten an der männlichen Dominanz und dem Unterlaufen von Quoten passiv oder aktiv mitwirken (Wiechmann 2006: 57), ist es selbst in Fallstudien vor Ort nicht einfach, die Ursachen, die zur defizitären Implementation von Quoten geführt haben, herauszuarbeiten.

In den Ortsparteien können sich so zum Teil konsensuale Legitimationsmuster für Frauenunterrepräsentanz herausgebildet haben, die vorwiegend auf stereotype, die Organisation entlastende Ursachen für Unterrepräsentanz abstellen („Der Wähler wählt keine Frauen", „Frauen wollen nicht in die Politik", etc.). Deshalb war es für uns bei diesem Untersuchungsgegenstand zentral, nicht nur die Akteure vor Ort zu interviewen, sondern ein schlüssiges Erklärungsmodell entwickelt zu haben, um die Akteursausagen auch kritisch einordnen zu können.

So laufen auch gerade in der Nominierungsphase unter der Oberfläche häufig intensive Konflikte ab. Gerade in den uns stärker interessierenden Lokal- und Kreisparteien wird versucht, massive, häufig auch sehr emotionale Nominierungskonflikte zu vermeiden und durch politische Proporzlösungen und die Honorierung der sog. Ochsentour alle seit Jahren aktiven Parteimitglieder friedlich einzubinden. Einerseits bleibt bei diesen Nominierungsmustern weniger Raum für Seiteneinsteiger(innen) zur Realisierung von Quoten, und andererseits ähneln Parteien vor Ort dadurch zum Teil kleinen Gemeinschaften.

Dies lenkt den Blick zur Erklärung der variierenden Frauenrepräsentanz darauf, dass das Verhältnis zwischen Parteien als korporative Akteure im Wettbewerb sich zumindest in einem ersten Zugriff gut aus einer Rational-Choice-Perspektive erfassen lässt, aber das Verhältnis der aktiven Mitglieder in kleinen Ortsvereinen sicherlich nur begrenzt von eng definierten Interessen geprägt ist, sondern eher „selbstverständlichen" Normen wie dem Bedürfnis nach einer „politischen Heimat" und politischen Gemeinsamkeiten folgt (Wiesendahl 1998). Der interne Wettbewerb kann auch wegen dieser gemeinsamen Bedürfnisse der Aktiven unterdrückt werden, indem man unter sich bleibt oder Quoten im Konsens unterläuft.

Gerade aber über diese vom (semi-)professionellen Parteienwettbewerb sich wahrscheinlich stark unterscheidende „Betriebsweise" des Ortsvereins liegen kaum empirische Untersuchungen jüngeren Datums vor. Seit Mitte der 1980er wurden hierzu bestenfalls noch illustrative Beschreibungen vorgelegt. Hiermit ist zugleich die größte Forschungslücke der am Mainstream orientierten Parteienforschung markiert, die sicher kaum der Gender-Forschung „angelastet" werden kann. Obwohl fast alle Parlamentarier(innen) in Bund, Länder und Großstädten aufgrund der in Deutschland dominierenden dezentralen Nominierungsmuster in den Kreisverbänden aufgestellt werden, ist die vorwiegend national ausgerichtete Parteienforschung nur wenig am Parteileben vor Ort interessiert. Vielmehr zeichnet sich die Parteienforschung durch eine auffallende Distanz zum „prallen Leben" in den Parteien aus und ignoriert dabei ganz den „alltäglichen Bereich politischer Machtprozesse, wo es um Rivalitäten geht, um wechselseitige Koalitionsbildung, Machtkämpfe, Intrigen und Konspiration" (Wiesendahl 1998: 143).

Dabei wird indes nicht versäumt, die Wichtigkeit gerade der Ortsvereine für die bundesdeutsche Parteiendemokratie aus einer funktionalistischen Perspektive normativ hervorzuheben. Im Gegenteil: Gerade von der Ortsvereinsebene erwarten nicht wenige Politikwissenschaftler starke Impulse, die die Bundesrepublik aus ihrer bisher tiefgreifendsten Parteienkrise herausführen sollen. Das Kernproblem der derzeitigen Parteienkrise besteht insbesondere in einer zu starken Abkoppelung der Parteien und politischen Klasse von der gesellschaftlichen Basis bei zugleich steigender extremer Parteienverdrossenheit.

> „Der gegenwärtige spürbare Kontrast zwischen demokratischen Anspruch und elitistischer Abkoppelung ist einfach zu kraß, um auf Dauer innerhalb eines Gemeinwesens ausgehalten und ausbalanciert zu werden" (Borchert 2003: 22).

Deshalb wird gerade von den Ortsvereinen erwartet, dass sie sich stärker gegenüber der Gesellschaft und politisch interessierten Bürgern und Bürgerinnen öffnen sollen (Kießling 1999). Die Kommunalpolitik sei das „Basiscamp der Demokratie", in dem die Parteien den Bürgern wieder inhaltliche Orientierungen vermitteln könnten (Florack et al. 2004: 27). Die Ortsparteien seien dem Bürgerschaftlichen Engagement, das vor allen in den Kommunen stattfindet, am nächsten und sollten dies durch runde Tische, thematisch zentrierte Projektarbeit und Rekrutierung von Seiteneinsteiger(innen) fördern. Zum Teil wird sogar erwartet, dass mit dem massiven Mitgliederschwund einige Ortsvereine schon aus „Überlebensinteresse" Frauen zu mehr politischem Engagement bewegen wollen (Geißel 1999: 124).

Um aber einzuschätzen, ob solch weitgreifende Erwartungen erfüllt werden können, ist auch in diesem Fall eine empirische Untersuchung der Verhältnisse vor Ort aus unserer Sicht unverzichtbar. Zumindest ist eine gewisse Skepsis angebracht, ob die Ortsvereine in der Mitgliederrekrutierung ihre zentrale Aufgabe sehen. Im Gegensatz zu den Kreis-, Landes- und Bundesverbänden der Volksparteien bilden sie eher intime Solidargemeinschaften, in denen möglicherweise vorwiegend das Wohlbefinden der Anwesenden angestrebt wird (Wiesendahl 1998). Der Eintritt von „Fremden" in die Gemeinschaft könnte deshalb auch als störend empfunden werden bzw. zumindest nicht aktiv forciert werden.

Last but not least wird man in einer Analyse der Ursachen für politische Frauenunterrepräsentanz nicht umhin können auch das Handeln und die Orientierungen von Old-Boys-Networks näher in den Blick zu nehmen und deren Einflusspotential bei divergierenden institutionellen Kontextbedingungen abzuschätzen. Dabei werden wir nachfolgend kurz die Hypothese entwickeln, dass insbesondere das Wahlrecht im Nominierungsprozess für Parlamentskandidaturen dieses Einflusspotential begrenzen bzw. vergrößern kann.

In den wenigen gender-orientierten Analysen der bundesdeutschen Volksparteien wird davon ausgegangen, dass die zentralen Führungspositionen auf allen Parteiebenen weitgehend von Männern eingenommen werden und dass „many decisions are still made in informal male-dominated networks" (McKay 2004: 77). Allerdings werden diese Netzwerke meist nur kurz erwähnt und gehen eher als „black box" in die Analyse ein. Dies ist sicherlich angesichts der empirischen Erhebungsprobleme in diesem Dunkelfeld informeller Machtzentralen nachvollziehbar und man kann zumindest, indem andere Variablen in der Analyse kontrolliert werden (insbesondere die Wählernachfrage und der Kandidatinnenpool), darauf schließen, dass innerhalb von Parteien bei stark ausgeprägter Frauenunterrepräsentanz die Selektoren hierfür mitverantwortlich sind und hierbei Old-Boys-Networks, mit empirischen Verweis auf die sehr hohen Männeranteile in den zentralen Führungspositionen, eine nicht unbedeutende Rolle spielen dürften. An dieser Forschungsstrategie werden wir uns im Wesentlichen orientieren (Holtkamp/Schnittke 2008), wobei zusätzlich in den qualitativen Fallstudien und Sekundäranalysen nach empirischen Hinweisen zu Kooperationsanreizen und mikropolitischen Strategien von Old-Boys-Networks[3] gesucht wird.

Bisher kann hierbei als mikropolitische Analyse in deutschen Parteien nur auf Beschreibungen des „Systems Kohl" zurückgegriffen werden, das aber auf der lokalen Ebene in nicht wenigen Großstädten seine Entsprechung findet, wie wir es am Beispiel nordrhein-westfälischer Großstädte in einer Sekundäranalyse zu Korruptionsnetzwerken im neunten Kapitel skizzieren werden. Das System Kohl wird zumeist als eine Kombination von Seilschaften und Männerfreundschaften beschrieben (Bogumil / Schmid 2001). Er bezog als Parteiführer in vertraulichen Runden und Telefongesprächen immer wesentliche Entscheidungsträger bis hinunter zur Ebene der Kreisvorsitzenden mit ein. Viele Schlüsselpersonen sind erst durch seine Unterstützung in zentrale Parteipositionen gekommen, die dies in der Regel mit unbegrenzter Loyalität zurückzahlten. Damit kann erstens mikropolitisch davon ausgegangen werden, dass Old-

3 In der Literatur wird häufig für den Führungsbereich in Wirtschaft, Politik und Wissenschaft auch der Begriff Männerbund verwendet. In empirischen Analysen wird dieser Begriff aber zunehmend relativiert, weil zumindest in sehr begrenztem Maße auch Frauen in zentrale Führungspositionen vordringen und damit nur schwer dauerhaft aus Tauschnetzwerken exkludiert werden können. Auch Formen offener Diskriminierung und des offensichtlichen Ausschlusses nehmen im Zuge des Wertewandels und von Gleichstellungspolitik ab. Selbst das Top-Management in Großunternehmen, in dem der Frauenanteil noch deutlich niedriger ist als in der Politik, wird nur noch als „lose Männerbundform" (Doppler 2005: 45) eingeordnet.

Boys-Networks den Charakter eines Tauschnetzwerkes haben. Akteure, die über wichtige Ressourcen verfügen, werden in dauerhafte nichtöffentliche Absprachen einbezogen und damit werden häufig formale Organisationsregeln überbrückt zum Nutzen der wenigen Kooptierten. In diesen Netzwerken werden die zentralen Ressourcen akkumuliert, die zur „Machtausübung dienen: materielle Mittel, (geheimes) Wissen und soziales Kapital“ (Doppler 2005: 44). Dass häufig ausschließlich Männer in diese Netzwerke einbezogen werden, ist erstens darauf zurückzuführen, dass sie in der Regel die zentralen Führungspositionen auf allen Ebenen in Parteien, Verwaltungen und Unternehmen einnehmen.

Allerdings ist damit nicht zu erklären, warum überwiegend Männer durch diese Netzwerke erst zur Führungsperson aufgebaut werden. Dieser Mechanismus wird in der gender-orientierten Organisationsforschung – meist in empirischen Analysen zu Unternehmen und Verwaltungen – mit dem Begriff der „homosozialen Kooptation“ erfasst. In soziale Netzwerke werden danach diejenigen aufgenommen, die ähnlich sind. Die Vertrautheit im Umgang mit dem eigenen Geschlecht reduziert empirisch belegt Unsicherheit und Ähnlichkeit schafft Vertrauen, das die zentrale Funktionsvoraussetzung für Tauschnetzwerke ist, die nicht selten formale Organisationsregeln und Gesetze zum Zwecke der Machtausübung und gemeinsamen Nutzenmaximierung „überbrücken“.

In diesen Netzwerken dominiert eine stereotype Wahrnehmung von Frauen. Frauen werden weniger als Individuum in der Organisation wahrgenommen, sondern als Angehörige eines nicht passenden Geschlechts (Meuser 2006). So können Frauen aus Führungspositionen ferngehalten werden, in dem man mit Verweis auf soziale Zuschreibungen und biologistische Kategorien weibliche und männliche Zuständigkeiten anführt, die den faktischen Ausschluss legitimieren.

Zudem gibt es empirische Hinweise, dass Frauen auch in Führungspositionen weniger von mikropolitischen Taktiken, wie beispielsweise der Zurückhaltung von Informationen, Gebrauch machen (Rastetter 2007; Schunter-Kleemann 2007: 63). Männernetzwerke stützen sich auch in Parteien offensichtlich stärker auf Machtausübung und mikropolitische Taktiken und unterstützen sich wirkungsvoller und pragmatischer im Kampf um Positionen, relativ unabhängig von den politischen Haltungen. Frauen scheinen demgegenüber höhere Ansprüche an inhaltliche

Gemeinsamkeiten zu stellen und die Machtausübung häufiger nicht als Hauptziel der politischen Tätigkeit anzustreben (Sdroulia 2007: 34f.), was in den männlich dominierten Volksparteien eher zu einem Nachteil für die politische Kariere führen könnte.

Anders als in Unternehmen und Verwaltungen verfügen Frauen aber in Parteien als zumindest satzungsrechtlich „bottom-up“ strukturierte Organisationen zum Teil über effektivere Mitwirkungsmöglichkeiten. Während sie aus informellen Old-Boys-Networks gerade bei der Aushandlung der Nominierung von Parlamentskandidaturen ausgeschlossen werden können, ist dies in Gremiensitzungen und Delegiertenversammlungen in der Regel nicht möglich. Frauen sind damit eher „Promotoren organisatorischer Formalisierung, während Männer diese Formalstruktur häufig dadurch kurzschließen, dass sie politische Entscheidungen spät in der Nacht am Stammtisch oder am Kaminfeuer treffen“ (Geser 2009: 4).

Wir gehen hierbei nun von der Hypothese aus, dass bei diesen unterschiedlichen Strategien das Wahlrecht eine zentrale Rolle spielt. Geht es in den Volksparteien um eine herausgehobene Position, wie beispielsweise im Falle der Direktkandidatur in einem Kreisverband für den Bundestag (bei personalisierter Verhältniswahl), können sich vor Ort aufgrund der günstigeren mikropolitischen Ausgangslage und Vorpositionen eher die männlichen Bewerber durchsetzen. Ihre Kandidatur wird bereits in den kleinen informellen Netzwerken abgestimmt und Gegenkandidaturen sind dann zumeist in dieser Duellsituation aussichtslos bzw. werden schon im Vorfeld unterbunden. Anders ist die Ausgangskonstellation bei reiner Verhältniswahl bei der in den Gremien gleichzeitig größere Kandidatenpakete aufgestellt werden müssen. Diese dürften aufgrund der deutlich größeren Anzahl der zu vergebenden Listenplätze durch informelle Absprachen der Führungseliten weniger verlässlich festgelegt werden können, zumal wenn darauf verzichtet werden sollte, wesentliche innerparteiliche Gruppen, wie zum Beispiel Frauen, über Proporzlösungen einzubinden. Für die Quotenparteien kommt in diesem Fall entscheidend hinzu, dass bei Listenwahl anders als bei Direktkandidaturen die Quote greift, wenn sie von Frauen innerparteilich eingefordert wird. Damit dürfte – so zumindest unsere Wahlrechtshypothese – die geringere Frauenrepräsentanz bei Direktkandidaturen im Rahmen der personalisierten Verhältniswahl nicht auf die Wählernachfrage zurückführbar sein, sondern auf die schwierigere mikropolitische Ausgangslage der Parteifrauen in dieser potentiellen Duellsituation im Vergleich zur Listenwahl in Form von Kandidatenpaketen.

1.3 Untersuchungsmethodik und -aufbau

Insgesamt will die hier vorgelegte Untersuchung vorrangig Antworten auf die folgenden Fragen geben:
Wie stark sind Frauen in deutschen Parlamenten sowie in der Regierungsspitze unterrepräsentiert?
Welche Ursachen sind für diese Unterrepräsentanz festzustellen?
Welche Maßnahmen sind bei Fokussierung auf die wichtigsten Ursachen dazu geeignet, die Unterrepräsentanz von Frauen zügig abzubauen?

Zur Beantwortung dieser Fragen beziehen wir uns in der hier vorgelegten politikwissenschaftlichen Untersuchung auf eine bisher in der Gender-Forschung ungewöhnlich breite Datenbasis. Neben einer Sekundäranalyse der vorliegenden politikwissenschaftlichen Literatur zur Frauenrepräsentanz im subnationalen und internationalen Vergleich wurde bei der schwerpunktmäßig kommunalen Analyse auf die folgenden Erhebungsinstrumente zurückgegriffen:

- Sekundäranalyse aller qualitativen Fallstudien zu Parteien, Wahlen und Nominierungsmustern in der deutschen Kommunalpolitik, die seit 1945 vorgelegt wurden (Holtkamp 2008).
- Genderfokussierte Neuauswertung der Befragungsdaten aus unseren beiden letzten Forschungsprojekten: Hier ist als erstes das Forschungsprojekt „Bürgerkommune" zu nennen, in dem alle Bürgermeister sowie die Fraktionsvorsitzenden von CDU und SPD in den Gemeinderäten in Städten mit mehr als 20.000 Einwohnern in Baden-Württemberg und Nordrhein-Westfalen befragt wurden. Zusätzlich wurden in jeweils einer Mittelstadt in Baden-Württemberg und in Nordrhein-Westfalen die kommunalen Entscheidungsträger interviewt und die Bürger, die Beschäftigten der Stadtverwaltung und die Ratsmitglieder schriftlich befragt (Bogumil/Holtkamp 2005; Gehne/Holtkamp 2005; Bogumil/ Holtkamp/ Schwarz 2003). Als zweites beziehen wir uns auf das vom

Innenministerium NRW finanzierte Projekt „Kommunalwahlen 1999", in dem landesweit alle Bürgermeisterkandidaten befragt wurden. Zudem wurden in vier vertiefenden Fallstudien (in jeweils zwei Klein- und Großstädten) die kommunalen Entscheidungsträger interviewt und eine repräsentative Bürgerumfrage durchgeführt (Holtkamp/Gehne 2002; Gehne/Holtkamp 2002; Holtkamp 2002).

- Zudem stützen wir uns auf Abfragen im Jahre 2008 bei den statistischen Landesämtern und die Auswertung von sonstigen Statistiken zur kommunalen Frauenrepräsentanz im Quer- und Zeitvergleich.
- Hinzu kommen Eigene Erhebung der Ratsmandate und kommunalen Führungspositionen in allen deutschen Großstädten durch systematische Internetrecherche und ergänzende telefonische Datenermittlung im Jahre 2008.
- Ergänzend hierzu wurden qualitativ-vergleichende Fallstudien in vier Großstädten im Jahre 2008 durchgeführt, um die in den statistischen Analysen erfassten Ursachen für Frauenunterrepräsentanz anhand von 30 Intensivinterviews und einer detailierten Wahlrechtsanalyse vertiefend untersuchen zu können.

Diese Kombination von quantitativen und qualitativen Methoden soll einerseits einen repräsentativen Überblick über die Unterrepräsentanz von Frauen in deutschen Kommunalparlamenten geben und dazu beitragen, bundesländervergleichende Hypothesen testen zu können. Andererseits soll durch die Fallstudien die nötige Mikrofundierung der Hypothesen und ein stärkerer Einblick in die Nominierungsprozesse und Machtstruktur der Parteien gewährleistet werden.

Bei der empirischen Analyse der Kommunen und der Entwicklung von Hypothesen konzentrieren wir uns stärker auf mittlere und große Städte über 20.000 Einwohner. Ein Fokus wird dabei auf alle deutschen Großstädte und die kleineren und mittleren Kommunen in Nordrhein-Westfalen und in Baden-Württemberg gelegt. Die stärkere Konzentration auf diese beiden Bundesländer liegt darin begründet, dass sich in diesen das Kommunalwahlrecht traditionell am stärksten unterscheidet und hierzu die meisten empirischen Studien vorliegen, so dass der Einfluss von Institutionen und Parteien auf die Frauenrepräsentanz in einem Vergleich der Kommunalparlamente dieser beiden Bundesländer am besten untersucht werden kann. Damit ist auch verbunden, dass besonders starke Formen der Unterrepräsentanz von Frauen in sehr kleinen Gemeinden aus forschungspragmatischen Gründen aus der Analyse ausgeschlossen worden sind.

2 Der Unterrepräsentanz von Frauen auf der Spur

Bessere Kinderbetreuung, Fortbildung, Mentoring, Anerkennungskultur und Attraktivitätssteigerung der Angebote gelten aus Sicht der Wissenschaft als die wesentlichen Handlungsempfehlungen zur Reduzierung der Frauenunterrepräsentanz (Lukoschat et al. 2008). Parteien sollen sich bei der Rekrutierung beispielsweise stärker auf die Gruppe der Rentnerinnen und Hausfrauen konzentrieren, weil diese mehr Zeit haben und so eine höhere Frauenrepräsentanz in den Kommunalparlamenten zu erreichen sei (Bauer u.a. 2006: 149).

Das sind nur einige der zum Teil kuriosen Empfehlungen, mit denen die politische Praxis konfrontiert wird. Wer tatsächlich effektive Maßnahmen einsetzen will, muss zunächst versuchen die Frage nach den Ursachen von Frauenunterrepräsentanz zu beantworten: Sind der Kommunalpolitik also tatsächlich die Frauen ausgegangen, weil sie keine Zeit für diese zusätzlichen Aufgaben hatten, oder sind es die Parteien, die aus ganz anderen Gründen nicht genügend Frauen als Kandidatinnen aufstellen, oder will die Wählerschaft nicht im ausreichenden Maße Frauen in die Politik wählen? Die Antwort der Wissenschaft hierauf ist nicht selten, dass alle drei Ursachen zutreffen, und dementsprechend lang und unübersichtlich sind die Empfehlungskataloge.

Wer sich nicht verzetteln will, muss also aussortieren, um sich auf das Wesentliche konzentrieren zu können. Zuerst muss die Forschungsfrage möglichst präzise eingegrenzt werden. In unserem Forschungsprojekt haben wir uns auf die Frage konzentriert, wie der geringe Frauenanteil in Kommunalparlamenten erklärt werden kann und wie dieser durch politisch zügig zu beeinflussende Maßnahmen erhöht werden kann. Wir haben dabei bewusst die Frage ausgeklammert, wie Politik für gewählte Ratsmitglieder mehr Spaß machen kann, wie tatsächlich Fraueninteressen in politischen Entscheidungen umgesetzt werden und wie mehr Frauen als Führungskräfte in Fraktion und Verwaltung aufsteigen können. So versuchen wir zu vermeiden, auf 1000 Ursachen und 10000 Empfehlungen zu kommen, die letztlich vor allem eine gewisse Ratlosigkeit hinterlassen.

Mit der Konzentration auf die Steigerung des prozentualen Anteils von Frauen in Parlamenten meinen wir zumindest *einen* Schlüssel gefunden zu haben, wie Kommunalpolitikerinnen mehr für Frauen erreichen können, wie Politik für sie dann mehr Spaß macht und wie Frauen auch in mehr Führungspositionen kommen können. Dies hat sich auch in der qualitativen und quantitativen Analyse als richtig erwiesen. In den Kommunen, in denen ein Frauenanteil im Stadtrat von deutlich mehr als 30% erreicht wird, ist auch der Frauenanteil unter den Fraktions- und Verwaltungsführungskräften in der Regel höher. In Fraktionen mit einer geschlechterparitätischen Repräsentanz lassen sich Frauen nicht mit einem Vorsitz in einem „frauentypischen" Ausschuss abspeisen. Und in Städten mit hoher Frauenrepräsentanz im Stadtrat trafen wir auch auf selbstbewusste Kommunalpolitikerinnen, die auf inhaltliche Erfolge verweisen konnten, deshalb auch viel Spaß an ihrer Aufgabe hatten und wenig Probleme sahen, auch neue Frauen wieder für die Kommunalpolitik zu gewinnen. Zumindest ist bei einer paritätischen Besetzung der Kommunalparlamente die Hälfte der politischen Macht in greifbarer Nähe. Auch in der internationalen Gender-Forschung und in internationalen Organisationen wird davon ausgegangen, dass mindestens eine „kritische Masse" von 30% Parlamentarierinnen erreicht werden muss, um die männlich dominierte Kultur und die parlamentarische Agenda „nachhaltig zu verändern" (Fleschberg/Derichs 2008: 18).

Allerdings zeigte sich in unserer kommunalen Analyse auch, dass die Geschlechtszugehörigkeit der nunmehr in allen Bundesländern direkt gewählten Verwaltungsspitze doch relativ unabhängig von den Frauenanteilen in den Kommunalparlamenten ist. Weil es sich hierbei zumeist um die zentrale Akteurin in der Kommunalpolitik handelt, die zudem auf eine direkte, vom Kommunalparlament unabhängige Legitimation verweisen kann, werden wir die Ursachen für die Unterrepräsentanz von Frauen im Bürgermeisteramt zusätzlich gesondert untersuchen.

Nach der Klärung der Forschungsfragen haben wir versucht, die üblicherweise gehandelten Ursachen von Frauenunterrepräsentanz in den Parlamenten in ein einfaches Modell einzuordnen, um später entscheiden zu können, welche Ursachen wahrscheinlich wichtiger als andere sind, um dies als Thesen in den Kommunen überprüfen zu können.

2.1 Erklärungsangebote für die Unterrepräsentanz von Frauen

In der deutschen Frauenforschung werden Nominierungsprozesse von Parlamentskandidatinnen häufig nur als Unterfall der politischen Partizipation von Frauen betrachtet, für die mit dem „magischen Dreieck" von der Politikwissenschaftlerin Beate Hoecker ein zunächst schlüssiges Erklärungsmodell vorgelegt wurde (Hoecker 1998; Hoecker/Scheele 2008), das sich zunehmend in der deutschen politikwissenschaftlichen Gender-Forschung als Standard durchgesetzt hat (Fleschenberg/Derichs 2008: 12; Kinzig 2007). Danach können institutionelle und sozioökonomische Faktoren sowie die politische Kultur relativ gleichrangig als Ursachen für die niedrigere Partizipationsrate von Frauen angenommen werden. Aus dieser Perspektive wird für Deutschland hervorgehoben, dass die patriarchale politische Kultur und die ungleiche geschlechtsspezifische Rollenverteilung mit der einhergehenden Doppel- und Dreifachbelastungen von Frauen die entscheidenden Ursachen für Unterrepräsentanz von Frauen in den Parlamenten seien (Hoecker 2008). Dementsprechend wird eine geschlechterparitätische Repräsentanz erst erwartet, wenn die „gleichberechtigte Teilung der häuslichen Verantwortung zwischen den Geschlechtern" (Kinzig 2007: 254) in jeden deutschen Haushalt Einzug gehalten hat bzw. wenn „durchweg langfristige gesellschaftliche Lern- und Wandlungsprozesse" (Hoecker 1998: 87), die erst noch am Anfang stehen, greifen. Die Empfehlungen sind zahlreich und unspezifisch. Allein schon, um nur die sozioökonomischen Faktoren für eine höhere Frauenrepräsentanz in den Parlamenten zu verbessern, wird eine Gleichstellungspolitik und ein Empowerment von Frauen u.a. in den Bereichen „Bildung und Ausbildung, soziale Sicherheit, eigenständige Existenzsicherung, Bekämpfung von Gewalt" (Fuchs / Hocker 2004: 11) empfohlen.

Als institutionelle Reformen werden vorwiegend die Schaffung eines europäischen Gleichstellungsministeriums, das aktiv auf einen kulturellen Wandel hinwirken soll, und die Einführung des reinen Verhältniswahlrechts mit starren Listen vorgeschlagen. Zu der Wahlrechtsreform wird gleich einschränkend festgehalten: „Doch eine solche Reform des Wahlrechts für den Deutschen Bundestag scheint ein Tabu zu sein“ (Hoecker 1998). Wir werden noch im vierten Kapitel ausführlicher zeigen, warum dieses Wahlrecht nicht nur bei Parlamentarier(innen), sondern vor allem bei der Wählerschaft auf eine extrem niedrige Akzeptanz treffen dürfte und deshalb andere, eher durchsetzbare Wahlrechtsoptionen in den Blick nehmen. An dieser Stelle soll aber zunächst erstmal die analytische Erklärungskraft der unterschiedlichen Modelle eingeschätzt werden. Offensichtlich ist, dass die im magischen Dreieck genanten Faktoren sicherlich zur Erklärung von politischer Partizipation von Frauen im Allgemeinen prinzipiell anführbar sind. Aber zur Erklärung von Unterrepräsentanz in Parlamenten als „Spezialfall“ können die Ursachen präziser in den Nominierungsmustern der Parteien und im Wahlrecht verortet werden. Auf diese Weise können konkret wirksame Diskriminierungsmechanismen identifiziert werden, die vergleichsweise schnell reformiert werden können – in jedem Fall aber schneller als der allumfassende soziokulturelle Kontext.

In der international vergleichenden Forschung hat sich zunehmend eine andere Heuristik durchgesetzt, die die relevantesten Ursachen für Frauenrepräsentanz in Parlamenten aus unserer Sicht besser erfasst. Nach diesem Modell wird der Weg von Frauen ins Parlament als Personalmarkt dargestellt. So gibt es einige Variablen, die bereits zu einer erheblichen Einengung des Personenkreises führen, der für eine Nominierung zur Verfügung steht, also für das potenzielle Kandidatinnenangebot (Kandidatenpool). Neben der Angebotsseite sind die Auswahlkriterien der Parteiorganisationen zu berücksichtigen. Parteien agieren als zentrale Gatekeeper und Nachfrager im Nominierungsprozess. Darüber hinaus kann es bei der innerparteilichen Nominierung wichtig sein, welche Kandidat(inn)en die Bürger(innen) auf der Nachfrageseite des Wählermarktes präferieren, auf dem die Parteien anschließend als politische Anbieter auftreten (Norris 2000; Norris 2004). Parteien werden aus dieser Perspektive des Rational-Choice-Institutionalismus vor allem durch Anreize des Parteienwettbewerbs und von institutionellen Rahmenbedingungen (Wahlrecht und Quoten) beeinflusst, die zugleich die wesentlichen Ansatzpunkte für Handlungsempfehlungen zur Erhöhung der Frauenrepräsentanz sind, wie wir es noch weiter unten an einigen konkreten Bespielen veranschaulichen werden.

Aus den vorliegenden Studien zur parlamentarischen Repräsentanz von Frauen im deutschen Kontext lassen sich nun die folgenden, häufig genannten Erklärungsvariablen in pointierter Form herausdestillieren (vgl. z. B. Kinzig 2007; Fuchs 2006; Hoecker 1998), die anschließend in das Marktmodell als Heuristik eingeordnet werden können:

a. Sozialisationsthese

Die traditionelle Rollenzuweisung sieht eine politische Karriere für Frauen nicht vor, sodass Frauen tendenziell ein geringeres Interesse an politischen Mandaten bzw. ein zu geringes Selbstvertrauen haben, um politische Ämter von sich aus anzustreben.

b. Abkömmlichkeitsthese

Aufgrund der geschlechtsspezifischen Arbeitsteilung und Doppelbelastung verfügen viele Frauen über ein zu geringes Zeitbudget für die kontinuierliche politische Arbeit.

c. Sozialstrukturthese

Frauen sind häufiger als Männer nicht in beruflichen oder ehrenamtlichen Führungspositionen vertreten, welche die Aussicht auf ein parlamentarisches Mandat erhöhen.

d. Diskriminierungsthese

Frauen werden von Männern in den Parteien und Fraktionen von wichtigen Ämtern und Mandaten bewusst ausgeschlossen (Old-Boys-Networks).

e. Quotenthese

Die klar definierte Festlegung von hohen Quoten führt zu einer stärkeren Repräsentanz von Frauen. Somit ist davon auszugehen, dass in Parlamenten, in denen Parteien mit hohen verbindlichen Quoten (Bündnis 90/Die Grünen, Die Linke und die SPD) sehr schwach vertreten sind, die Unterrepräsentanz stärker ausgeprägt ist. Allerdings sind formal hohe Quoten nicht alles, weil diese häufig umgangen werden können. Wichtig sind also nicht nur die Parteistatuten, sondern auch die Akzeptanz der Regelung durch hohe Gleichstellungsnormen.

f. Wählerverhalten

Schließlich kann das Votum der Wählerschaft die Frauenunterrepräsentanz forcieren oder reduzieren. Insbesondere bei personenbezogenen Wahlrechtselementen, bei denen direkt für einzelne Kandidat(innen) votiert werden kann, spielen die Einstellungen der Wählerschaft zu Frauen in der Politik eine wichtige Rolle. Bisher wird in der deutschen Gender-Forschung ohne überzeugende empirische Belege mehrheitlich davon ausgegangen, dass die Wählerschaft eher Männern als Frauen ihre Stimme gibt.

Diese Thesen werden in der folgenden Abbildung dem Modell des Personalmarktes zugeordnet.

Abbildung 2: Erklärungsangebote im Marktmodell

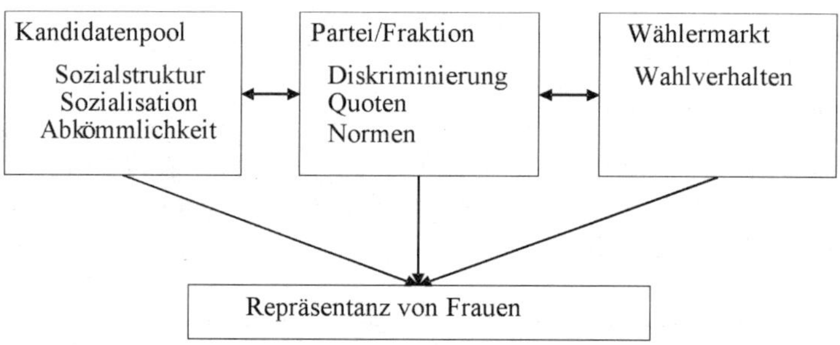

Quelle: Holtkamp / Schnittke 2008

Der Vorteil dieses Modells liegt darin begründet, dass die Ursachen für Frauenunterrepräsentanz klar drei Adressaten zugeordnet werden, an denen dann zielgerichtet Fördermaßnahmen ansetzen können. Zudem beinhaltet das Modell im gewissen Maße auch einen Perspektivenwechsel. Danach ist für die Erklärung der Unterrepräsentanz von Frauen in Parlamenten nicht mehr so relevant, ob einzelne Frauen aufgrund sozialer Lagen, der ungleichen Verteilung der Hausarbeit oder aufgrund eines geringen Interesses an politischen Mandaten als Kandidatinnen zur Verfügung stehen. Relevant für unser Erklärungsproblem ist, ob es nicht doch für die Parteien möglich ist, insgesamt genügend Kandidatinnen zu erreichen, um eine paritätische Zusammensetzung ihrer Listen zu realisieren. Für diese These spricht bereits der innerdeutsche Vergleich.

2.2 Frauenrepräsentanz im Ebenenvergleich

Für die Parlamente der Großstädte, die zunächst im Fokus der Analyse stehen sollen, kann festgestellt werden, dass Frauen im ähnlichen Maße durchschnittlich unterrepräsentiert sind wie in den Landtagen und im Bundestag. In den westdeutschen Großstädten liegt der Frauenanteil in Kommunalparlamenten nach unserer aktuellen Datenerhebung bei 33,4%. In allen Landtagen liegt der Frauenanteil 2008 durchschnittlich bei 31,9% und im Bundestag bei 32,1% (Hoecker 2008). Zu einer geschlechterparitätischen Repräsentanz von 50% ist es auf allen Ebenen noch ein gleichlanger Weg. Damit hätten die Großstädte prinzipiell dieselbe Legitimation für Kampagnen und „rote Teppiche“ vor den Landtagen und dem Bundestag zur Erhöhung des weiblichen Abgeordnetenanteils. Weibliche Parlamentsanteile von deutlich über 40%, wie sie beispielsweise in Frankfurt, München, Nürnberg oder Osnabrück üblich sind, wären für den Bundestag und fast alle Landtage schon eine ehrgeizige Zielsetzung.

Wenn sich nun insgesamt in Deutschland die Frauenunterrepräsentanz in Großstädten, Bund und Ländern auf einem ähnlichen Niveau bewegen, dann gibt es gute Gründe, zunächst erstmal anzunehmen, dass auf allen drei Ebenen auch ähnliche Hürden für eine höhere Frauenrepräsentanz anzutreffen sind. Dann würde für die Analyse schon mal ein zu kleiner Kandidatinnenpool als Ursachenkomplex nicht überzeugen. Denn für die wenigen durchaus begehrten Landtags- und Bundestagsmandate dürften sich sicherlich genügend interessierte Frauen finden. Wenn ausgehend von den Faktoren der gender-sensiblen Partizipationsforschung die Unterrepräsentanz von Frauen im deutschen Bundestag z.B. immer wieder durch den vermeintlichen Mangel an Kandidatinnen aufgrund von geschlechtspezifischer Sozialisation und Arbeitsteilung erklärt wird (Kinzig 2007; Hierath 2001), dann ist dies aus unserer Sicht selbst stark erklärungsbedürftig. Warum sollten die CDU bei aktuell ca. 140.000 weiblichen Parteimitgliedern und die SPD bei ca. 170.000 weiblichen

Parteimitgliedern nicht genügend Kandidatinnen für die wenigen Bundestagsmandate aufstellen können, wenn Parteien wie Bündnis 90/Die Grünen unter den ca. 16.000 weiblichen Parteimitgliedern offensichtlich genügend Kandidatinnen für eine geschlechterparitätische Besetzung von Ämtern und Mandaten auf Bundes- und Landesebene rekrutieren können?

Abbildung 3: Frauenanteile der Parteien im Jahre 2006

	Weibliche Parteimitglieder in %	Weibliche Parteimitglieder absolut
SPD	30,7	172.300
CDU	25,3	140.135
CSU	18,4	30.708
FDP	23,0	14.922
Grüne	37,0	16.534
PDS / Linke	44,9	27.091

Quelle: Hoecker 2008

Sicherlich kann gegen diesen Ebenenvergleich eingewendet werden, dass Kommunalpolitik ehrenamtlich ausgeübt wird und es Frauen deshalb deutlich schwerer fällt, sich dieses Engagement finanziell und zeitlich „leisten“ zu können. Aber trifft das tatsächlich auf alle Frauen in einer Großstadt in dem Maße zu, dass unter mehreren Zehntausend Frauen nicht 40 oder 50 gefunden werden können, die sich für ein Ratsmandat engagieren wollen und können? Hierfür lohnt ein Blick ins benachbarte Ausland.

2.3 Parlamentarische Frauenrepräsentanz im internationalen Vergleich

Während Frankreich im Nationalparlament noch weit entfernt ist von einer geschlechtergerechten Repräsentanz, ist diese in den Kommunalparlamenten weitgehend realisiert. Im Gegensatz zu Schweden oder Norwegen, die sehr viel Zeit durch anspruchsvolle sozialstaatliche, kulturelle und politische Entwicklungen benötigt haben, um auf allen Ebenen eine geschlechtergerechte Repräsentanz zu realisieren (ca. 40 Jahre), zeigt u.a.

das französische Beispiel, dass Frauen nicht so lange warten müssen, bis ein sicherlich nicht leicht durchsetzbarer sozialstaatlicher schwedischer Standard in Deutschland erreicht ist, den das „magische Dreieck“ der deutsche Frauenforschung anvisiert.

Nach dem Paritätsgesetz müssen in Frankreich die Parteien zu den Kommunalwahlen 50% Frauen auf den Wahllisten aufstellen. Können oder wollen die Parteien nicht die Kandidatinnenquote erfüllen, werden sie zur Wahl nicht zugelassen. Damit ist der Anreiz für die Parteien ungleich höher, Kandidatinnen auszustellen als in Deutschland. Geht es um das eigene politische Überleben, dann sind auch männlich dominierte Lokalparteien schlagartig bereit genügend Plätze für Frauen in der ersten und zweiten Reihe zu reservieren. Entscheidend für den Erfolg des Paritätsgesetzes in den französischen Kommunen war neben der möglichen Verweigerung der Zulassung zur Kommunalwahl die Festlegung, dass sich die Quotierung auch auf die oberen Listenplätze beziehen muss. Die Quotierung fokussiert sich jeweils auf einen Block von 6 Kandidaturen. Also müssen unter den ersten sechs Listenplätzen bereits drei Politikerinnen nominiert werden.

Damit konnten die Parteien das Gesetz auch nicht (wie anfangs in anderen Ländern mit gesetzlich vorgeschriebenen Kandidatinnenquoten wie Belgien oder Argentinien) dadurch unterlaufen, dass sie die 50% Kandidatinnen überwiegend nur am Ende der Liste platzieren. Besonders günstig für Quotenregelungen ist im Fall der französischen Kommunen auch das Wahlrecht. Der Wählerschaft wird im Zuge der reinen Verhältniswahl eine starre Liste vorgelegt, so dass die Kandidatinnenquote direkt auf die Verteilung der Ratsmandate durchschlägt.

Waren vor dem Paritätsgesetz in den Kommunen mit mehr als 3.500 Einwohnern/Einwohnerinnen in 1995 nur 25,7% der Kommunalparlamentarier weiblich, verdoppelte sich 2001 fast der Frauenanteil und blieb auch 2008 auf sehr hohem Niveau.

Bemerkenswert erscheint insbesondere, dass es in kürzester Zeit auch gelungen ist, in den relativ kleinen Kommunen zwischen 3.500 und 9.000 Einwohnern einen Frauenanteil von 47,4% zu realisieren (Bird 2002: 13). 78% der in einer Studie befragten Parteien gaben an, „that it was ‚easy' to apply the parity law in selecting candidates for their lists" (Bird 2002: 11). Dabei wurde offensichtlich kein besonderer Wert auf parteipolitische Bindung gelegt. Nur 34,1% der in den Kommunen über 3.500 gewählten Parlamentarierinnen waren Parteimitglied. Die harten Sanktionen führten dazu, dass selbst die männlichen Kandidaten ein vitales Interesse daran haben, die Kandidatinnenquoten einzuhalten, weil sonst alle Listenplätze, also auch ihre eigenen, durch die Nichtzulassung zur Kommunalwahl entwertet werden.

Bei einer Übertragung dieser Ergebnisse auf Deutschland ist vor allem festzuhalten, dass auch in kleineren und mittleren Kommunen genügend Kandidatinnen zur Verfügung stehen dürften, wenn die Parteien einen starken Anreiz hätten, diese für die Ratsarbeit zu gewinnen. Zugleich wird im französischen Fall deutlich, dass diese Quotenregelungen vorwiegend bei reiner Verhältniswahl ziehen[4]. Wenn demgegenüber stärker die Elemente der Mehrheitswahl dominieren, also die Vergabe der Parlamentssitze durch nur bedingt steuerbare Direktkandidaturen in den dezentralen Parteiorganisationen beeinflusst wird, dann greifen die Quoten weniger. Dies zeigt sich bspw. an der dürftigen Implementierung der 50%-Quote im französischen Nationalparlament. Nach Einführung der gesetzlichen Kandidatinnenquoten erhöhte sich dort der Frauenanteil 2007 nur auf 18,5%. Quoten und Elemente des Mehrheitswahlrechts sind als Kombination in der Regel also nicht so effektiv, wie in den nächsten Kapiteln noch ausführlicher gezeigt wird. Immerhin hat aus französischer Sicht das Paritätsgesetz durch seinen Erfolg auf der kommunalen Ebene und die mit dem Gesetz einhergehende Medienpräsenz mittelfristig auch auf die höheren föderalen Ebenen und das Bürgermeisteramt einen fördernden Effekt (Ramsay 2008).

Ganz ähnliche Erfahrungen wie in Frankreich wurden auch in den spanischen Kommunen gesammelt, in denen die Frauen traditionell extrem unterrepräsentiert waren. Nachdem 2007 auch hier eine gesetzliche Kandidatinnenquote von mindestens 40% als Voraussetzung zur Zulassung zur Kommunalwahl in Gemeinden mit mehr als 5.000 Einwohnern eingeführt wurde, ist der weibliche Anteil unter den gewählten Ratsmitgliedern auf 39,4% gestiegen. Gerade jüngere Spanierinnen stellen nun die größte Gruppe unter den Kommunalparlamentarierinnen (Verge 2009). Auch hier traten keine ernsthaften Rekrutierungsprobleme für die Parteien auf

4 Für eine detaillierte Darstellung wahlrechtlicher Varianten vgl. Kapitel 4.1.

Abbildung 4: Frauenanteil in französischen Kommunalparlamenten

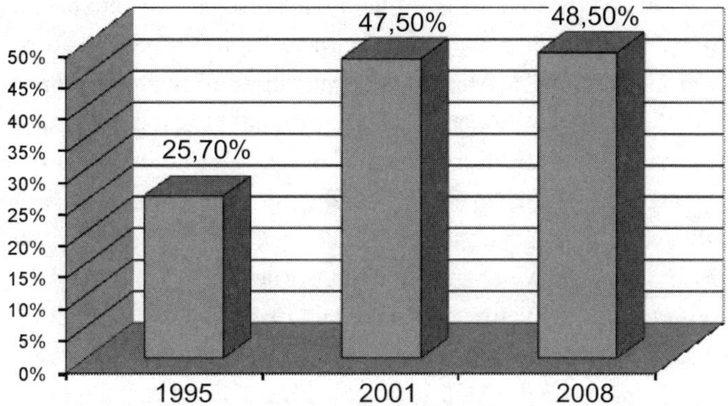

Quelle: Holtkamp / Schnittke / Wiechmann 2009

– eine Erfahrung, die im Übrigen nicht nur für moderne Industrieländern gilt. So werden nach der Einführung von Kandidatinnenquoten in Indien mehr als eine Million weibliche Ratsmitglieder gewählt, und noch viel mehr haben sich zur Wahl gestellt (Dahlerup 2006: 301).

Also auch aus der international vergleichenden Perspektive kann der Kandidatinnenpool nicht als entscheidendes Problem gelten, wenn die paritätische Repräsentanz in Großstadtparlamenten anvisiert wird. Der internationale Vergleich zeigt zudem, dass die Quotierung in unterschiedlichen rechtlichen Formen deutlich auf dem Vormarsch ist. Was bei den grünen Parteien in Westeuropa häufig noch belächelt wurde, gehört international mittlerweile zum guten Ton. Eine geschlechtergerechte Repräsentanz und Quotierung gilt in der internationalen Diskussion als ein wesentlicher Indikator für die Modernität eines Landes. Mittlerweile haben über 100 Länder auf allen Kontinenten Formen der Quotierung eingeführt (gesetzliche Kandidatinnenquoten, freiwillige Parteiquoten oder festgelegte Parlamentsquoten). Wer geringe Frauenanteile in den Parlamenten hat, wird von vielen internationalen Organisationen als unmodern eingestuft. Das hat durchaus Konsequenzen gerade bei modernen Industrieländern. So wird beispielsweise die Einführung des Paritätsgesetzes in Frankreich u. a. auf dieses „Outen" zurückgeführt. Bei traditionell extrem niedrigen Frauenanteilen war dieser Rückstand im internationalen Vergleich für Frauenorganisationen und Frauengruppierungen in den Parteien ein zentrales Argument für die Einführung des Gesetzes. Nicht nur von der internationalen Ebene wird ein Wettbewerb um höhere Frauenquoten forciert, sondern in einigen Ländern wie Schweden und Norwegen wird auch ein Wettbewerb zwischen den Kommunen initiiert. Anhand differenzierter Indikatoren wird hier von staatlichen Organisationen die Frauenfreundlichkeit der Kommunen bewertet, wozu auch die Repräsentanz in den Kommunalparlamenten gezählt wird. Die jährlichen Rankings und „Genderlandkarten" werden regelmäßig veröffentlicht und setzen Kommunen mit für Frauen schlechten Standards unter einen weichen Anpassungsdruck.

Diese Formen des Wettbewerbs können insbesondere dann gut greifen, wenn sie durch den Parteienwettbewerb verstärkt werden. Wenn zu erwarten ist, dass auch die Mehrheit der Wählerschaft Frauenunterrepräsentanz als unmodern einordnet, dann haben die Parteien einen Anreiz, dies stärker zu berücksichtigen. Auch hierzu liefert die international vergleichende Forschung klare Befunde. Im Zuge des gesellschaftlichen Wertewandels, der Individualisierung und höheren Bildung von Frauen hat aus Sicht der soziologischen Forschung in den letzten 20 Jahren in vielen Ländern eine kleine Kulturrevolution stattgefunden, in denen Gender-Themen eindeutig an Relevanz gewonnen haben und Formen der offenen Diskriminierung verpönt sind (Inglehart/Norris/Welzel 2002). Mittlerweile geben nur noch sehr kleine Bevölkerungsteile in repräsentativen Befragungen an, dass z.B. Männer die besseren Politiker sind. Im internationalen Vergleich gehört Deutschland (Ost- und Westdeutschland) zu den Nationen, die unter Berücksichtigung aller statistischen Erhebungen in Bezug auf die politische Kultur als am fortschrittlichsten eingeordnet werden (Davidson-Schmich 2006: 213). Die deutsche Gender-Forschung bezieht sich demgegenüber mit ihrer Einschätzung, dass die aktuelle politische Kultur in Deutschland als patriarchal einzustufen ist, noch auf empirische Umfrageergebnisse aus den 1980er Jahren (Hoecker 1998: 78) und erfasst damit den seitdem stattgefundenen Wertewandel nicht.

Auch wenn damit sicherlich nicht behauptet werden soll, dass es in Deutschland im 21. Jahrhundert keine Formen mehr von gesellschaftlicher Diskriminierung gibt, sollte dies doch Anlass geben, eine tradierte Einschätzung von Wissenschaft und Praxis zu überdenken: Es gibt aus unserer Sicht nur noch wenig Anlass davon auszugehen, dass die Wählerschaft Frauen an der Urne negativ diskriminiert. Zudem zeigt der internationale Vergleich, dass auch in „weniger entwickelten" Ländern dennoch in kürzester Zeit eine deutlich höhere Frauenrepräsentanz erreicht wurde. Auch hier greifen häufig gesetzliche Kandidatinnen- oder Parlamentsquoten mit zum Teil durchschlagenden Erfolgen.

Abbildung 5: Gesetzlich vorgeschriebene Frauenquoten für Kandidatenlisten bzw. Parlamente im weltweiten Vergleich

Afrika	Asien	Osteuropa	Lateinamerika	Mittlerer Osten	Westeuropa
Angola 30%	China 22%	Armenien 15%	Argentinien 30%	Irak 25%	Belgien 50%
Burundi 30%	Indonesien 30%	Bosnien-Herzegowina 30%	Bolivien 30%	Palästinensische Gebiete 20%	Frankreich 50%
Liberia 30%	Nordkorea 20%	Kosovo 30%	Brasilien 30%		Italien 50%
Mauretanien 25%	Südkorea 30-50%	Kirgisistan 30%	Kolumbien 30%		Portugal 33%
Niger 10%	Nepal 5%	Mazedonien 30%	Costa Rica 40%		Spanien 40%
		Serbien 30%	Dominikanische Republik 33%		
		Usbekistan 30%	Ecuador 30%		
			Guyana 33%		
			Honduras 30%		
			Mexiko 30%		
			Panama 30%		
			Paraguay 20%		
			Peru 30%		
			Venezuela 30%		

Quelle: Krook 2009

Die skandinavischen Länder galten lange als das Vorbild für die Frauenbewegung anderer Staaten, um eine höhere Frauenrepräsentanz in Parlamenten auf einem sehr langen Weg (entsprechend den Empfehlungen des „magischen Dreiecks") zu erreichen. Ein Blick auf die heute führenden Nationen im internationalen Vergleich zeigt aber, dass in den letzten Jahren andere Nationen erheblich aufgeholt haben, so dass mittlerweile beispielsweise Ruanda die führenden Schweden auf Platz zwei verdrängt haben und Norwegen sich nunmehr auf Platz 11 wiederfindet. Auch Deutschland, das in den 1980er und 1990er Jahren einen schnellen Aufstieg zu verzeichnen hatte, wurde hinsichtlich der parlamentarischen Frauenrepräsentanz von nicht wenigen Ländern wie beispielsweise Costa Rica, Argentinien und Spanien überwiegend durch gesetzliche Kandidatinnenquoten überholt.

Die Europäische Kommission hebt in ihrem aktuellen Bericht zu „Frauen und Männer in Entscheidungspositionen" insbesondere die rasante Entwicklung des belgischen Parlaments hervor. Von einem Frauenanteil von 12% in 1997 ausgehend wurde zehn Jahre später durch gesetzliche Kandidatinnenquoten ein weiblicher Abgeordnetenanteil von gut 35% erreicht (Europäische Kommission 2008: 19).

Abbildung 6: Top 20 der Frauenanteile in nationalen Parlamenten (IPU 1997 u. 2008)

1	Schweden	09 1994	40.4	1	Ruanda	9 2008	56.30%
2	Norwegen	09 1993	39.4	2	Schweden	9 2006	47.00%
3	Finnland	03 1995	33.5	3	Kuba	1 2008	43.20%
4	Dänemark	09 1994	33.0	4	Finnland	3 2007	41.50%
5	Niederlande	05 1994	31.3	5	Argentinien	10 2007	40.00%
6	Neuseeland	10 1996	29.2	6	Niederlande	11 2006	39.30%
7	Seychellen	07 1993	27.3	7	Dänemark	11 2007	38.00%
8	Österreich	12 1995	26.8	8	Angola	9 2008	37.30%
9	Deutschland	10 1994	26.2	9	Costa Rica	2 2006	36.80%
10	Island	04 1995	25.4	10	Spanien	3 2008	36.30%
11	Argentinien	05 1995	25.3	11	Norwegen	9 2005	36.10%
12	Mosambik	10 1994	25.2	12	Belgien	6 2007	35.30%
13	Südafrika	04 1994	25.0	13	Mosambik	12 2004	34.80%
14	Spanien	03 1996	24.6	14	Island	5 2007	33.30%
15	Kuba	02 1993	22.8	15	Nepal	4 2008	33.20%
16	China	1992-93	21.0	16	Neuseeland	9 2005	33.10%
„	Eritrea	02 1994	21.0	17	Südafrika	4 2004	33.00%
„	Schweiz	10 1995	21.0	18	Weißruss-land	9 2008	31.80%
17	Nordkorea	04 1990	20.1	19	Mazedonien	6 2008	31.70%
18	Grenada	06 1995	20.0	20	Deutschland	9 2005	31.60%

In anderen Ländern wollte die Frauenbewegung und parteiinterne Frauenorganisationen offensichtlich nicht solange warten, bis die geschlechtergerechte Verteilung der Hausarbeit und der sozialpolitische Standard auf dem Niveau der nordischen Länder realisiert ist; stattdessen wurde die Frauenrepräsentanz in Parlamenten in kürzester Zeit durch ziemlich einfache institutionelle Reformen erheblich erhöht (Norris 2004: 264).

Neben den gesetzlichen Kandidatinnenquoten in vielen Ländern sind in einigen Ländern auch Parlamentsquoten festgeschrieben. Der Staat Ruanda, der 2003 in Punkto Frauenrepräsentanz im Parlament die Weltspitze übernahm, lenkte die Aufmerksamkeit auf diese neue institutionelle Lösung. In Ruanda sind von vorneherein 30% der Parlamentssitze für Frauen reserviert, und darüber hinaus können Frauen zusätzlich auf den allgemeinen Wahllisten für die Parlamente kandidieren, so dass derzeit insgesamt 56,3% Frauen im nationalen Parlament vertreten sind (1993 waren es nur 6,5 %). Dies hat allerdings eine besondere Vorgeschichte, die sich für Politikempfehlungen normativ sicherlich nicht eignet. Bei ethnischen Auseinandersetzungen kam es 1994 zu einem umfassenden Völkermord. Über 1 Mio. Menschen wurden in wenigen Monaten ermordet. Unmittelbar danach stellten die Frauen 70% der Bevölkerung, wobei sich ihr Anteil aber nach Rückkehr der Flüchtlinge wieder auf 54% einpendelte. Deren Rolle im Wiederaufbau der Gesellschaft wurde nachhaltig durch die Quoten gesichert, die auch von der Intervention internationaler Organisationen ausging. Allerdings führen die auch in einigen anderen afrikanischen Ländern angewandten Parlamentsquoten zu tiefgreifenden Legitimationsproblemen. Häufiger werden diese weiblichen Abgeordneten von den Mehrheitsfraktionen oder den Präsidenten ernannt, haben keine feste Beziehung und Verankerung in einem Wahlbezirk und können zur Herrschaftssicherung instrumentalisiert werden (Matland 2006: 287-289). Auch für den ruandischen Fall werden neben Statusunterschieden zwischen Politikerinnen mit reservierten Sitzen und gewählten Parlamentarierinnen über die Loyalitätskonflikte der Politikerinnen berichtet. Die Mehrheit der Parlamentsmandate scheint Frauen bei diesen Quotenlösungen nur bedingt Emanzipationsmöglichkeiten zu eröffnen:

> „Ihre progressiven Teilhaberechte in demokratischen Institutionen verdanken sie einer weitgehend undemokratischen Hegemonialpartei, welche sie durch Loyalitätsmechanismen an sich bindet und damit ihre politischen Handlungsspielräume konditioniert (Fleschenberg/Derichs 2008: 100).

Damit dürften gesetzliche Parlamentsquoten in modernen Demokratien im Gegensatz zu den gesetzlichen Kandidatinnenquoten kaum empfehlenswert sein, zumal sie zumeist nur in Staaten mit extremer Unterrepräsentanz angewendet werden.

Insgesamt spricht nach diesem kurzen internationalen Vergleich alles dafür, dass eine wesentliche Ursache für die Unterrepräsentanz von Frauen die Parteiorganisationen (bzw. die durch „ihre" Fraktionen nicht umgesetzten Fördermaßnahmen wie z.B. Quoten und Wahlrechtsreformen) sind. Also nicht die Wählerschaft, auch nicht die Frauen selbst, tragen hierfür überwiegend die Verantwortung, sondern eher die Parteien und Fraktionen, die in sehr unterschiedlichem Maße die Unterrepräsentanz von Frauen verursachen.

Das ist auch das Ergebnis des bisher umfassendsten europäischen Forschungsprojekts zur Repräsentanz von Frauen in Kommunal- und Nationalparlamenten (Dahlerup/Freidenfall 2008). Danach haben Frauenquoten in Verbindung mit informellen Gleichstellungsnormen in den Parteien den stärksten Einfluss auf die Förderung von Frauenrepräsentanz. Unter diesen optimalen Bedingungen in den Parteiorganisationen erwiesen sich weder Rekrutierungsprobleme auf der Seite des Kandidatinnenpools noch das Wahlverhalten als unüberbrückbare Hürden für eine geschlechterparitätische Repräsentanz:

> „A general conclusion of this study is that political parties are vital in the promotion of women in politics (…) Any attempt to address the issue of women's under-representation in politics must, therefore, target the political parties and their views and strategies on more inclusive decision-making assemblies" (Dahlerup/Freidenfall 2008: 37).

3 Deutschland: Vom Erfolgsfall zum Stillstand?

Für die deutschen Kommunen kann allerdings nicht einfach das französische Quotenmodell kopiert werden, sondern die Strategie für eine höhere Frauenrepräsentanz muss bisher noch deutlich komplexer angelegt werden. Eine vom Gesetzgeber vorgegebene Kandidatinnenquote wird für Deutschland noch mehrheitlich von Juristen abgelehnt, weil diese den im Grundgesetz unveränderbar verankerten Grundsätzen der Gleichheit und Allgemeinheit der Wahl widerspreche (vgl. zuletzt Schmidt 2008). Allerdings bezieht sich diese ablehnende Haltung weitgehend auf älteres Schrifttum, das die spätere Verankerung des Verfassungsgebots der Gleichstellung im Grundgesetz nicht berücksichtigt. In den letzten Jahren sind vermehrt juristische Expertisen erschienen, die eine verfassungskompatible Umsetzung von Paritätsgesetzen in Deutschland für möglich halten. Auch der Deutsche Juristinnenbund befürwortet die Verabschiedung von Paritätsgesetzen und verweist zur Vereinbarkeit mit dem Grundgesetz auf ein ausführliches Rechtsgutachten des wissenschaftlichen Dienstes des schleswig-holsteinischen Landtages. Auch aus rechtsvergleichender Perspektive können keine verfassungsrechtlichen Bedenken ausgemacht werden:

> „Rechtlich bestehen keine Bedenken, insbesondere nachdem Art 3 Abs. 2 GG wie folgt ergänzt wurde: ‚Der Staat fördert die tatsächliche Durchsetzung der Gleichberechtigung von Frauen und Männern und wirkt auf die Beseitigung bestehender Nachteile hin'…
>
> Die Zahlen in Frankreich belegen, wie dringend notwendig zwingende gesetzliche Vorgaben sind" (Mayer 2005: 23).

Eine juristische Detailprüfung kann in unserer empirischen politikwissenschaftlichen Untersuchung nicht geleistet werden. Wir konzentrieren uns auf die empirisch erfassbaren Auswirkungen von Institutionen und können besondere Handlungsbedarfe in Deutschland aufzeigen. Vor diesem Hintergrund können wir im Schlusskapitel auch die Plausibilität der rechtspolitischen Argumente gegen die Verfassungskonformität von Paritätsgesetzen in Deutschland prüfen und eine politische Durchsetzungsstrategie für Paritätslösungen skizzieren.

In der bestehenden Rechtsordnung dürfte in Deutschland aber zunächst ein anderer Reformpfad leichter umsetzbar sein. Er greift u. a. auch in einigen nordischen Ländern seit den 1980er Jahren und wurde modellhaft als Zusammenspiel von Parteiquoten und Parteienwettbewerb wie folgt formuliert: Eine kleine Partei auf der Linken führt eine hohe Frauenquoten ein, erzielt gute Wahlergebnisse und setzt damit die nächste, meist größere Partei, die schon stärker zur Mitte tendiert, unter Anpassungsdruck. Diese reagiert auf die Wahlverluste, führt ebenfalls eine Frauenquote ein und setzt damit die nächste Mitte-Rechtspartei unter Anpassungsdruck. Nur durch diesen „Abfärbeeffekt" kann die linke kleine Partei durch Einführung von hohen Frauenquoten tatsächlich im starken Maße die Frauenrepräsentanz im Parlament insgesamt erhöhen. So waren 2006 beispielsweise im schwedischen Parlament 38% der Abgeordneten der Christlichen Demokratische Partei, 43% der konservativen Partei und 50% der liberalen Partei Frauen, während die Parteien mit geregelter Quote einen Frauenanteil von über 50% erreichten (Freidenvall 2008; vgl. ganz ähnlich zu Norwegen schon früh zu diesem Mechanismus Matland/Studlar 1996; Inhetveen 2002). Die schließlich starke Erhöhung der Frauenanteile auch in den Mitte-Rechts-Parteien Schwedens und Norwegens ist aber nicht nur auf den zunehmenden Parteienwettbewerb um Wählerinnenstimmen bei hierfür günstigem Verhältniswahlrecht mit starren Listen, sondern auch auf innerparteiliche Konstellationen zurückzuführen:

- Die aktive Frauenbewegung engagierte sich in allen Parteien und trieb maßgeblich die innerparteilichen Quotendebatten an (Inhetveen 2006: 215).
- In den Mitte-Rechts-Parteien nutzten die Frauenvereinigungen die Quoten der anderen Parteien, um hartnäckig mit der Einführung von

Quoten auch in ihrer Partei zu drohen, sofern nicht durch informelle Normen massiv der Frauenanteil in den Parlamenten erhöht werde (Freidenvall et al. 2006: 74).

Betrachtet man den schwedischen und den norwegischen Fall nicht als Gesamtpaket (ausgebauter Sozialstaat, gute Kinderbetreuung etc.), sondern greift lediglich diesen Mechanismus heraus, der bei kulturell durchaus ähnlicher hoher Ablehnung von Frauendiskriminierung auch in Deutschland wirksam sein kann, dann lässt sich so auch die schnelle Steigerung der Frauenrepräsentanz in den 1980er und 1990er Jahren in Deutschland gut erklären. Zugleich lassen sich mit diesem Modell auch die Hürden identifizieren, die einer geschlechterparitätischen Repräsentanz in deutschen Parlamenten noch im Wege stehen. Deshalb ist ein kurzer historischer Rückblick auch für die Entwicklung von geschlechterparitätischen Zukunftsoptionen zentral.

3.1 Deutschland als Erfolgsfall für Parteiquoten

Analysen zur Frauenrepräsentanz in Parlamenten von deutschen Wissenschaftlerinnen stellen vornehmlich die Probleme und Schwächen ins Zentrum ihrer Betrachtung (vgl. anders Geißel 2008). In der internationalen Forschung gilt Deutschland demgegenüber als Erfolgsfall, weil es gelungen ist, innerhalb kürzester Zeit die Frauenrepräsentanz in allen Parlamenten stark zu steigern. In den 1980er und 1990er Jahren hat sich die Frauenrepräsentanz in den Parlamenten durch das Zusammenspiel von Frauenquoten und Parteienwettbewerb durchschnittlich verdreifacht.

Rückblickend kann festgestellt werden, dass sich der Parteienwettbewerb um Frauenrepräsentanz und die Stimmen der Wählerinnen erst mit dem Einzug der Grünen als erster Quotenpartei stärker entfacht hat. Wie Zeitreihenanalysen zeigen, kommt es durch den Einzug der Grünen in der Bundesrepublik binnen weniger Wahlperioden zu einem erheblichen Anwachsen der weiblichen Parlamentsanteile auf der Bundesebene. Als die Grünen 1983 in den Bundestag einzogen, lag die Frauenrepräsentanz in den Jahrzehnten zuvor zwischen 6 bis 8%. Die Frauenrepräsentanz Ende der 1940er Jahre von knapp 7 % weiblichen Bundestagsabgeordneten wurde damit auch vierzig Jahre später kaum übertroffen (von Wahl 2006: 468f.). 1987 kam es dann zu einem plötzlichen Sprung des weiblichen Anteils der Bundestagsabgeordneten auf 15,4% und 1990 auf 20,5% (Geißel 2008: 64). Mit dem Einzug der Partei „Die Grünen“ mit einer 50%-Quotierung nahm auch der weibliche Anteil der Parlamentarier anderer Fraktionen zu.

3.2 Parteienwettbewerb als Gaspedal

Die SPD imitierte in gewissem Maße das Quotenmodell als Erfolgsmodell und beschloss 1988 eine Quote von 33% (ab 1998 von 40%), und die PDS legte 1990 eine 50%-Quote fest. Die SPD hatte zuvor bei Landtags- und Kommunalwahlen gerade in den 1980er Jahren viele Wählerstimmen an die Grünen verloren. Insbesondere der verstärkte Wettbewerb mit den Grünen um junge Frauen ließ der SPD aus Sicht der Parteiführung kaum eine andere Wahl als eine verbindliche Quote einzuführen und ihr Personalpaket zu modernisieren. Mit Frauenanteilen zwischen 5 und 7% unter den SPD-Parlamentarier(innen) der 1970er Jahre konnte gegenüber den Grünen nicht glaubwürdig argumentiert werden, dass Fraueninteressen in der SPD im starken Maße repräsentiert werden.

> „The change in Party rules was the SPD‘s competitive response to the electorally succesfull Greens” (von Wahl 2006: 466).

Dieser Wettbewerb zwischen SPD und den Grünen hat gerade in den 1980er Jahren zu einem starken Anstieg der Frauenrepräsentanz geführt, wie auch unsere Daten für die westdeutschen Großstadtparlamente zeigen. In Abbildung 7 wird insbesondere der Zusammenhang zwischen dem Einzug der Grünen und dem rapiden Anstieg der Frauenrepräsentanz deutlich.

Allerdings ist für die Großstädte genauso wie für die Landesparlamente und den Bundestag zu konstatieren, dass in den letzten Jahren die Frauenrepräsentanz weitgehend stagniert. Dies ist zum einen darauf zurückzuführen, dass die Quotenparteien zumindest bedingt den anvisierten Frauenanteil auf Bundes- und Landesebene erreicht haben, während die CDU bei insgesamt guten Wahlergebnissen und damit hohen Parlamentsanteilen von einer paritätischen Geschlechterrepräsentanz immer noch besonders weit entfernt ist.

Abbildung 7: Entwicklung des Frauenanteils in westdeutschen Großstadtparlamenten

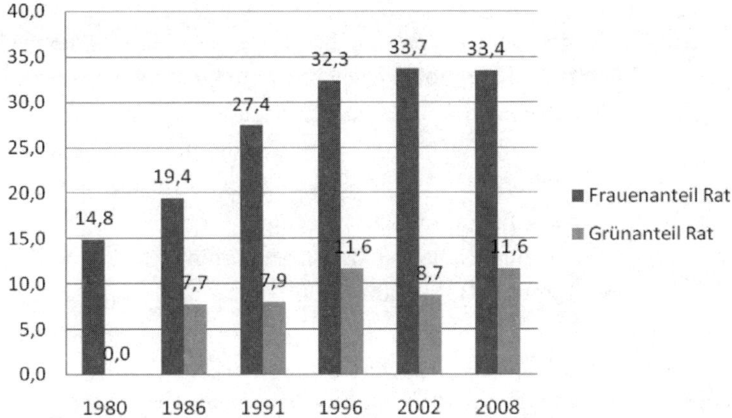

Quelle: Statistisches Jahrbuch deutscher Gemeinden, diverse Jahrgänge; eigene Interneterhebung 2008

1996 folgte zwar auch die CDU mit einem 33%-Quorumsbeschluss dem von den Grünen ausgelösten Quotentrend. Das Quorum hat aber nur Empfehlungscharakter und wurde somit häufiger als lediglich symbolische Politik eingeordnet. Hiermit wurde zwar seitens der CDU eine Offenheit gegenüber Frauen werbewirksam demonstriert, aber die Männerdominanz in der Partei blieb weitgehend unangetastet (von Wahl 2006: 466). Neben einer klaren Distanz der christdemokratischen Parteiidentität (Ablehnung von starken zentralen Eingriffen, sondern Priorisierung des „freien" Elitewettbewerbs, vgl. Inhetveen 2006: 213) kann es als entscheidend angesehen werden, dass die Parteiführung unter Hellmut Kohl sich zuvor eindeutig gegen Quoten einsetzte und Quotierung heute noch von vielen CDU-Politikerinnen abgelehnt wird. Die Debatte scheint parteiintern schwer zu führen zu sein, weil CDU-Politikerinnen befürchten, dass sie sonst als „Emanzen" oder „Quotenfrauen" gelten könnten (Childs et al. 2008).

Zumindest aber handelt es sich bei dem Quorumsbeschluss um eine offizielle Zielvorgabe der CDU, an der sie gerade auch im Wahlkampf gemessen werden kann. Durch den Quorumsbeschluss gelang es der

CDU aber offensichtlich nicht, für Frauen im Parteienwettbewerb wieder deutlich attraktiver zu werden:

> „Laut Umfragen wandten sich die Frauen auch deshalb ab, weil sie mit den familienpolitischen Vorstellungen der Union nicht mehr einverstanden waren, die sich nach wie vor stark am Leitbild der Hausfrauenehe orientierten. Vor allem bei jüngeren Frauen mit höheren Bildungsabschlüssen erreichte die CDU in den letzten Jahren immer schlechtere Werte, während ältere Frauen mit Hauptschulabschluss sie weiterhin überdurchschnittlich präferierten" (Bösch 2007: 206).

Bei der Bundestagswahl 2002 kam der weiblichen Wählerschaft so bereits eine entscheidende Rolle zu: Sie stimmte im Gegensatz zu den Männern für die Fortführung der rot-grünen Koalition und konnten sich mit diesem klaren Votum schließlich durchsetzen. Auch bei den Bundestagswahlen 2005 lagen die Zweitstimmenanteile der Frauen bei der SPD um 2,7 und bei Bündnis 90/ Die Grünen um 1,4 Prozentpunkte höher als bei den Männern.

Auch bei Kommunalwahlen beispielsweise in NRW erzielt die CDU in Großstädten bei jüngeren Frauen ihre schlechtesten Ergebnisse, ganz im Gegensatz zu Bündnis 90 / Die Grünen, die hier ihre größten Wahlerfolge erreichen. Die Grünen bekamen danach in den nordrhein-westfälischen Großstädten bei den Kommunalwahlen 2004 von den Männern insgesamt „nur" 11,3% der Stimmen, von den Frauen zwischen 16 und 45 demgegenüber 22% der Stimmen.

Ob es der CDU mit der Bundeskanzlerin Angela Merkel und einer engagierten Familienministerin gelingt, diese Akzeptanzprobleme bei jüngeren Wählerinnen abzubauen, bleibt abzuwarten. Zumindest fällt auf, dass die CDU auch durch diese personelle Besetzung in den letzten Jahren verstärkt „Frauenthemen" aufgreift, zumindest, wenn sie Schnittmengen mit der Familienpolitik aufweisen. Mit der Revision des traditionellen Familienleitbilds wird wohl auch versucht, verloren gegangenes Terrain auf dem Wählerinnenmarkt zurückzugewinnen.

Insgesamt könnte der Parteienwettbewerb um Wählerinnenstimmen bei weiter rückgängigen Parteibindungen der Wählerinnen noch deutlich

Abbildung 8: Kommunalwahlverhalten in den kreisfreien Städten 2004

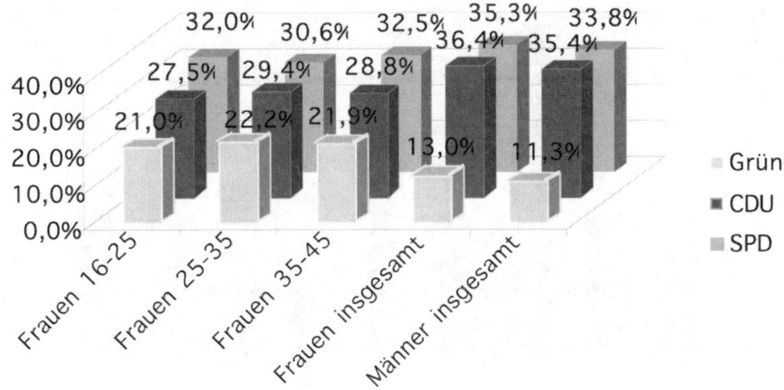

Quelle: LDS NRW 2005: Kommunalwahlen 2004, Heft 5, Düsseldorf

zunehmen, zumal Frauen deutlich die Mehrheit unter den Wahlberechtigten stellen (32,2 Mio. wahlberechtigte Frauen im Verhältnis zu 29,7 Mio. wahlberechtigten Männern). Es bleibt abzuwarten, wie die CDU auf diesen Druck der Wählerschaft zukünftig reagieren wird. Zumindest ermöglicht es das gewandelte Familienbild CDU-Politikerinnen leichter als zuvor, politisches Engagement mit der Rolle in der Familie zu vereinbaren und parteiintern eine dauerhafte politische Karriere ohne längere Familienpausen zu legitimieren. Bisher lässt sich der Abfärbeeffekt über den Parteienwettbewerb aber überzeugender für die SPD als für die CDU nachweisen.

Wenn die Zusammensetzung des Deutschen Bundestags zum Maßstab genommen wird, dann können sich die Grünen und die Linke/PDS mit dem Markenzeichen der geschlechtergerechten Repräsentanz im zunehmend zielgruppenorientierten Wahlkampf profilieren, wie aus der Abbildung 9 deutlich hervorgeht. Auffällig ist in diesem Vergleich insbesondere, dass die CDU sehr deutlich ihr Quorum von 33% und die SPD die 40%-Quote verfehlt. Die CDU liegt dabei sogar unter dem Frauenanteil der FDP im Bundestag, der in der Literatur bisher eine ausschließlich rhetorische Frauenförderung bescheinigt wurde (Fuchs 2006).

Abbildung 9: Frauenanteil der Bundestagsfraktionen 2008 und Auswirkung der Direktmandate

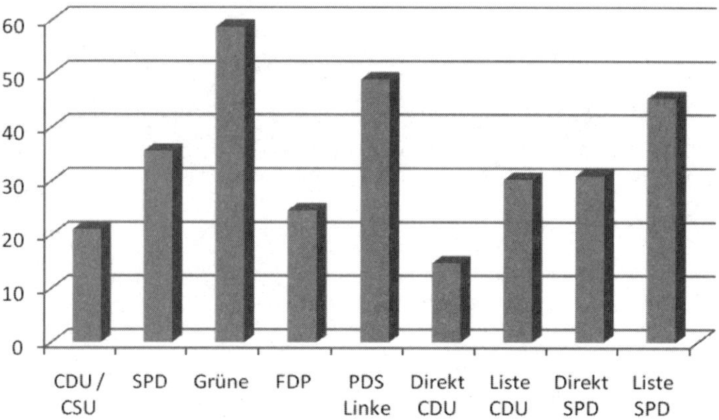

Quelle: Hoecker 2008; Geißel 2008

3.3 Das Wahlrecht als Bremse

Die Abbildung zeigt zugleich, dass die personalisierte Verhältniswahl in Deutschland dazu führt, dass die Frauenunterrepräsentanz gerade in den großen Volksparteien stärker ausgeprägt ist. Über die Direktmandate kommen deutlich weniger Frauen in den Bundestag als über die Landeslisten, und dies ist einer der entscheidenden Gründe für die Frauenunterrepräsentanz in den großen Bundestagsfraktionen. Ähnliche negative Auswirkungen des personalisierten Verhältniswahlrechts wurden für die deutschen Landesparlamente auf einer breiteren empirischen Basis konstatiert (Kaiser/Hennl 2008).

Deutschland gilt damit in der international vergleichenden Gender-Forschung als klassischer Fall dafür, wie das personalisierte Verhältniswahlrecht über die Elemente der Mehrheitswahl durchschnittlich zu einer Benachteiligung von Frauen führen kann (Norris 2000). Wir werden uns den Auswirkungen des personalisierten Verhältniswahlrechts auf die Nominierungsprozesse der Parteien im nächsten Kapitel noch intensiver zuwenden, weil dieser Zusammenhang ein komplexer, in der deutschen Gender-Forschung bislang weitgehend vernachlässigter Erklärungsfaktor für die Unterrepräsentanz von Frauen in Kommunal-, Landes- und Bundesparlament ist.

3.4 Parteien machen den „feinen“ Unterschied

Bereits für den Bundestag wurde deutlich, dass die Parteien sich hinsichtlich der Frauenrepräsentanz stark unterscheiden und die Quotenparteien eine höhere Frauenrepräsentanz erreichen als die CDU und FDP. Für die Ebene der Bundesländer wurde in einer aktuellen Analyse aller Landtagswahlergebnisse der letzten Jahrzehnte von Kaiser und Hennl (2008) ebenfalls festgestellt, dass die Quotenthese auf signifikant hohem Niveau bestätigt werden kann. Je höher der Anteil der Sitze der Quotenparteien (Grüne, SPD und Linke), desto geringer war auch die Frauenunterrepräsentanz in den jeweiligen Landesparlamenten ausgeprägt. Auch ein Blick auf die aktuellen Frauenanteile in den Landesparlamenten zeigt die starke Bedeutung der parteipolitischen Zusammensetzung (vgl. Abbildung 10). Den höchsten Frauenanteil hat danach der brandenburgische Landtag mit 44,3%. Hier kommt es zu dem auf Länderebene einmaligen Fall, dass zwei Parteien eine Zweidrittel-Parlamentsmehrheit stellen, die eine 50%-Frauenquote in ihren Satzungen festgeschrieben haben. Die SPD und die Partei Die Linke stellen in Brandenburg 70% der Landtagsmandate, während Bündnis 90/Die Grünen in ostdeutschen Bundesländern im Parteienwettbewerb um Wählerinnenstimmen bisher nur eine untergeordnete Rolle spielen. Hier dominiert eindeutig die Linke, die ähnlich wie im Bundestag in den Landtagen sich als quotentreu erweist. In Brandenburg, das für ostdeutsche Verhältnisse als SPD-Hochburg eingeordnet werden kann, hat die SPD auf diese Herausforderung im Parteienwettbewerb reagiert. Der Landesverband in Brandenburg hat bereits 1998 eine Quote von 50% in der Parteisatzung festgeschrieben. Die Bundes-SPD regelt lediglich die Quote für die Bundestags- und Europawahlen einheitlich, während es jedem Landesverband freisteht, eine höhere Quote für die Landtags- und Kommunalwahlen in seiner Satzung festzuschreiben, wovon bisher allerdings nur die SPD in Brandenburg und Bayern Gebrauch gemacht hat.

Als zweites Land folgt nach Brandenburg mit deutlichem Abstand der Stadtstaat Bremen mit rot-grüner Mehrheit in der Bürgerschaft und reinem Verhältniswahlrecht mit (noch) starren Listen, der auch aufgrund des Wahlrechts traditionell eine der Spitzenpositionen einnimmt (Freitag/Vatter 2008: 169). In Berlin auf dem 3. Platz sind wiederum seltene Parteikonstellationen zu bilanzieren. Hier sind alle drei Quotenparteien im starken Maße im Landesparlament vertreten. Wie die nachstehende Grafik verdeutlicht, hat die Quote somit einen wesentlichen Effekt auf die Frauenrepräsentanz.

Traditionell den letzten Platz nimmt im Vergleich der Landesparlamente Baden-Württemberg ein (Freitag/Vatter 2008: 169). Dies ist sicherlich nicht nur auf die politischen Mehrheitsverhältnisse, sondern auch auf das Wahlrecht zurückzuführen. In Baden-Württemberg gelangen die aller meisten Abgeordneten nur über ein Direktmandat in den Landtag, bei dem sich Politikerinnen in der Regel weniger gut als auf der Kandidatenliste durchsetzen können. Bei Direktkandidaturen greifen dann auch die Quoten nicht. Die SPD-Fraktion hat im baden-württembergischen Landtag beispielsweise nach der letzten Wahl einen Frauenanteil von nur 28,9 %. In Bremen liegt er dagegen bei der dortigen SPD-Fraktion im Vergleichszeitraum – auch durch das dortige Verhältniswahlrecht – bei 45,5%.[5] Neben den Quoten ist also das Wahlrecht von zentraler Bedeutung und beide institutionellen Faktoren müssen ineinander greifen, damit durchschnittlich eine höhere Frauenrepräsentanz in den größeren Parteien realisiert wird.

3.5 Regierungsspitzen im Ebenenvergleich

Mit der Bundeskanzlerin Angela Merkel ist erstmals eine Frau in Deutschland Staatsoberhaupt, und sie kann zudem auf einen hohen Frauenanteil im Kabinett verweisen. Derzeit regieren nur 13 Frauen als Staats- und Regierungschefinnen in einem der 193 von den Vereinten Nationen anerkannten Staaten (Fleschenberg/Derichs 2008: 9). Deutschland gehört damit weltweit zum elitären Club von Staaten mit Regierungschefinnen (6,7%).

5 Vgl. „Gleichstellungsbericht für den Bundesparteitag der SPD in Hamburg 26-28 Oktober 2007".

Abbildung 10: Frauenanteil in den Landesparlamenten

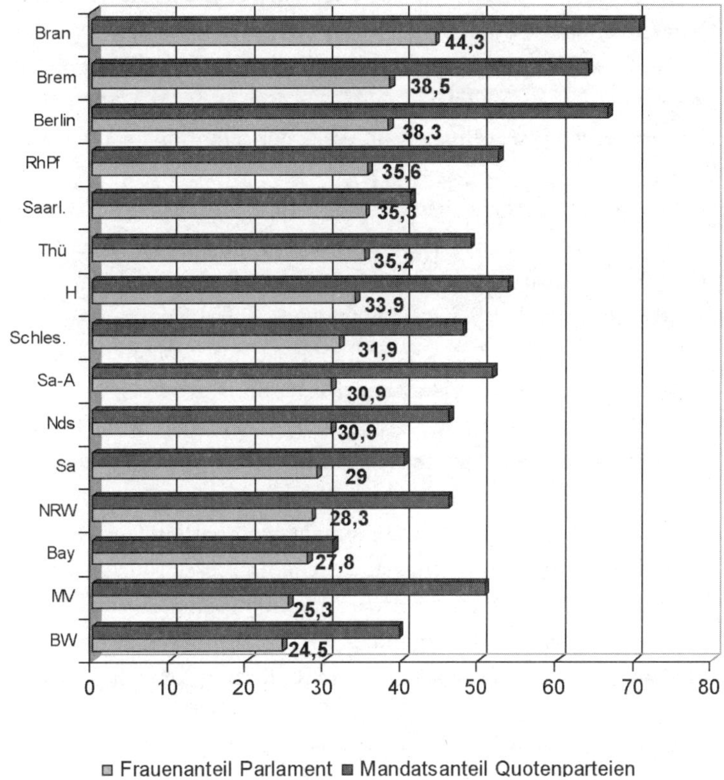

Quelle: Hocker 2008; Internetrecherche der Mandatsanteile ohne Hessen wg. Neuwahlen

Im Kabinett von Merkels politischem Mentor Helmut Kohl waren es auch noch deutlich weniger Bundesministerinnen als heute. In der Wahlperiode 1994 und 1998 betrug der Frauenanteil unter den Regierungsmitgliedern lediglich 16,7%. In der ersten Legislaturperiode unter der rot-grünen Bundesregierung lag er dann bei 31,3%, und in der zweiten schon bei 42,9% (im Folgenden Hoecker 2008). Im EU-Vergleich von Juni 2008 wird der Frauenanteil im Kabinett Merkel mit 38% angegeben und Deutschland belegt damit den fünften Rang hinter Finnland (60%), Spanien, Schweden und Belgien. Die Vergabe von Ministerämtern orientiert sich in Deutschland allerdings immer noch an geschlechtspezifischen Zuweisungen. So gab es in keiner Bundesregierung nach 1945 eine Innen-, Außen-, Verteidigungs- oder Finanzministerin. Auch das Bundespräsidentenamt blieb bisher nur für Männer reserviert.

Insgesamt lässt sich damit für die Bundesebene im politischen Führungsbereich gerade in den letzten Jahren im Gegensatz zum Bundestag doch ein größerer Fortschritt konstatieren, der allerdings stark personenabhängig ist:

Über die Karriere der ersten Bundeskanzlerin Angela Merkel ist bereits viel geschrieben worden. In jedem Fall wäre es wohl eine Fehlinterpretation, die Karriere so zu deuten, dass die CDU sich schon im Vorfeld der Bundestagswahl 2005 deutlich gegenüber weiblichem Führungspersonal geöffnet habe bzw. dass dies sogar Ergebnis einer geplanten Frauenförderungsstrategie gewesen ist. Zunächst ist die Karriere von Angela Merkel für das deutsche Parteiensystem außergewöhnlich, weil sie nicht die „Ochsentour" absolvieren musste, sondern im Zuge der (historisch einzigartigen) Wiedervereinigung wie „Phönix aus der Asche" (Kinzig 2007: 155) stieg und sich aufgrund geringer innerparteilicher Konkurrenz zur authentischen Vertreterin ostdeutscher Interessen aufschwingen konnte. Als evangelische Frau aus den neuen Bundesländern vertritt Frau Merkel gleich drei Minderheiten in der CDU, deren Integration in den Proporzlösungen bei Parteivorständen und Regierungskabinetten häufig angestrebt wird. So vereinte sie in einer Person drei „Quoten", was sie für die Wahl in diese Gremien prädestinierte, weil so nur eine Position für diese Minderheiten reserviert werden musste und die Karrierechancen anderer Berufspolitiker zunächst kaum begrenzt wurden (Wiliarty 2008: 91ff.). Zugleich profitierte sie von einer Reihe von Zufallsereignissen. So ist ihr ostdeutscher Alleinvertretungsanspruch in der Partei erstens darauf zurückzuführen, dass alle einflussreichen CDU-Ministerpräsidenten zunächst nicht aus den neuen Bundesländern stammten, sondern als „Westimporte" galten. Zudem gelang es dem Bundeskanzler Kohl nicht, neben Frau Merkel andere Vertreter ostdeutscher Interessen in seinem Kabinett aufzubauen. So ist Angela Merkel 1990 zusammen mit zwei anderen ostdeutschen Vertretern ins Bundeskabinett berufen worden, wobei der eine ostdeutschen Bundesminister wegen einem Klüngelskandal und der andere wegen Depression sein Amt aufgeben musste (Wiliarty 2008: 86). Dem folgte dann, um nur einige weitere Stationen zu benennen, der Parteispendenskandal der schwarzen Kassen, der ihr den Zugang zur Parteiführung eröffnete, Stoibers erfolglose Kanzlerkandidatur und schließlich die vorgezogenen Neuwahlen durch das frühzeitige Ende der Regierung Schröder. Damit sollen nicht die Leistungen der heutigen Bundeskanzlerin geschmälert, sondern lediglich verdeutlich werden, dass es sich um eine einzigartige, von vielen zufälligen Ereignissen gesäumte Karriere handelt. Diese Karriere war zugleich wohl nur möglich, weil die etablierten, männlich dominierten Selektionsprozesse aufgrund von Pannen, Skandalen und Wahlschlappen ihrer männlichen Parteikollegen versagten. Das bestärkt eher die Zweifel, ob sich die etablierten Karrierepfade in Parteien, Fraktionen und Regierungskoalitionen in Bezug auf Regierungsspitzenpositionen gravierend zugunsten von Frauen verändert haben.

So viel Fortune wie Angela Merkel hatte Andrea Ypsilanti nicht, sonst wäre sie als zweite Frau in der langen Geschichte der deutschen Bundesländer Ministerpräsidentin geworden. Auch wenn sie maßgeblich zum guten Ergebnis der SPD bei der Hessenwahl 2008 beigetragen hatte und die jüngeren Wählerinnen Roland Koch und der Union den Rücken zukehrten (bei den unter 29-jährigen Wählerinnen hatte die CDU immerhin ein Minus von 25,1 Prozentpunkten in Hessen 2008 im Vergleich zur letzten Landtagswahl zu verbuchen), scheiterte sie schließlich an den Gegenstimmen ihrer eigenen Fraktion.

So blieb es bei Heide Simonis, die nach dem Engholm-Rücktritt für viele und sich überraschend 1993 Ministerpräsidentinnen wurde. Bekanntlich folgte Heide Simonis keine weitere Ministerpräsidentin, und sie trat 12 Jahre später zurück, nachdem sie in mehreren Wahlgängen die Mehrheit im Landtag knapp verfehlt hatte. Obwohl sie als Person eine deutlich höhere Zustimmung bei der Wählerschaft erfuhr als ihr Herausforderer von der CDU und sich die Einbrüche für die SPD bei sehr negativem Bundestrend in den Landtagswahlen in Grenzen hielten, wird davon ausgegangen, dass ein Abweichler in der SPD-Landtagsfraktion für die Niederlage von Simonis verantwortlich war. Gewählt wurde schließlich vom Landtag nach der Bildung einer großen Koalition der CDU-Spitzenkandidat Peter Harry Carstensen mit den Stimmen der SPD, der gegen Heide Simonis „bei einer Direktwahl klar verlieren würde“ (Saretzki/Tils 2006: 148).

Bei knappen Mehrheiten im Landtag wird es für die wenigen SPD-Frauen, die das Ministerpräsidentenamt anvisieren, offensichtlich besonders eng. Während sich die SPD sonst beispielsweise bei allen Kanzlerwahlen im deutschen Bundestag durch ihr geschlossenes Abstimmungsverhalten gerade bei knappen Mehrheitsverhältnissen auszeichnet (Helms 2005: 81), gelten im Falle von Kandidatinnen um das Ministerpräsidentenamt offensichtlich andere Regeln. So sehen es zumindest die Betroffenen:

> „Zum anderen fällt schon auf, dass zwei Frauen, die Ministerpräsidentinnen werden wollten so ausgebremst wurden. Ich glaube, das ist kein Zufall. Natürlich werden ab und zu auch Männer in der Politik gemeuchelt. Aber bei Frauen sind die Skrupel offenbar geringer, weil Politikerinnen in Deutschland nach wie vor nicht so ernst genommen werden" (Heide Simonis 2008[6]).

Insgesamt kann damit resümiert werden, dass knapp 4% der Regierungsperioden in den Bundesländern nach der Deutschen Einheit von einer Frau als Regierungschefin bestritten wurde und dass sich der männliche Anteil von 96% erstmal weiter erhöhen dürfte, sofern nicht einer der aktuell amtierenden Ministerpräsidenten über einen Skandal strauchelt. Das Ministerpräsidentenamt war und ist eine „eindeutige Männerdomäne" (Helms 2005: 174), wobei die Akzeptanz von Frauen in dieser herausgehoben Regierungsposition bei der Wählerschaft ausgeprägter zu sein scheint als in den großen Fraktionen, zumindest wenn man die bisher einzigen Fälle von weiblichen Amtskandidaturen zugrunde legt.

Zudem ist der Frauenanteil in den Landesregierungen mit durchschnittlich 24,5% deutlich niedriger als in der Bundesregierung. Schlusslichter waren Anfang 2008 die CDU-Landesregierungen in Thüringen und Saarland mit 10 und 12,5% (Hoecker 2008). In Bremen und Berlin erreichen die rot-grüne und rot-rote Landesregierungen die Spitzenwerte mit Frauenanteilen über 40%. Also auch bei der Besetzung von Regie-

6 Heide Simonis 2008: „Das ist ekelig – und nicht zufällig hat es wieder eine Frau getroffen", in: Hamburger Abendblatt 4.11.08.

rungsämtern scheinen somit die Quotenparteien einen Unterschied in Deutschland zu machen.

Darüber hinaus sind die zentralen Führungspositionen in Parteien und Fraktionen auch auf der Landesebene in der Regel mit Männern besetzt. In 2005 waren so lediglich 22% der Fraktionsspitzen in den Landtagen weiblich (vgl. Looman 2007). In der FDP gab es nicht eine Fraktionsvorsitzende, in der CDU/CSU eine und in der SPD drei in allen 16 Landtagen. Spitzenreiter waren Bündnis 90/Die Grünen, bei denen sieben von elf Fraktionsvorsitzen weiblich besetzt waren. Ganz ähnliches ist in Bezug auf die Landesparteivorsitze festzustellen. Die 16 Landesverbände von CDU und CSU wurden zum Untersuchungszeitpunkt 2005 alle von Männern geführt, während lediglich Bündnis 90/Die Grünen über 50% weibliche Vorsitzende stellten. Dies dürfte auch auf die Institution der Doppelspitze zurückzuführen sein.

Bemerkenswert bleibt, dass die beiden anderen Quotenparteien bei Führungsämtern in der Regel keine paritätische Besetzung erreichen. Auch wenn die PDS/Die Linke in fast allen Landesparlamenten die hohe Quote erfüllen und damit entscheidend zur Erhöhung der Frauenrepräsentanz in Ostdeutschland beitragen, fällt es der Partei schwerer, Frauen in wichtige Führungspositionen zu wählen. Noch deutlich ausgeprägter ist diese Unterrepräsentanz bei der SPD, was ihr in der Gender-Forschung das Etikett der „Party of Stellvertreterinnen“ (McKay 2004: 65) eingebracht hat.

Über weibliche Repräsentanz in kommunalen Führungspositionen gibt es bisher kaum verlässlichen Angaben. Die Bundesregierung beruft sich auf eine Befragung der Bertelsmann-Stiftung, wonach der Anteil weiblicher Bürgermeister bei ca. 5% liegt und hier somit ein besonderer Handlungsbedarf bestehe. Andere Umfragen mit anderen Grundgesamtheiten und Rücklaufquoten gehen sogar nur von 4% aus (Egner 2007). Das statistische Bundesamt und die meisten statistischen Landesämter haben hierzu keine Daten anzubieten, die Aufschluss über die tatsächliche Verteilung in der Grundgesamtheit geben könnten. Vorbildlich ist hier das statistische Landesamt in NRW, das nach Gemeindegrößenklassen gestaffelt verlässliche Daten ausweist (vgl. Abbildung 11).

In den nordrhein-westfälischen Kommunen unter 20.000 Einwohnern ist danach bei den Bürgermeisterpositionen ein Frauenanteil unter 4%

zu verzeichnen. Aber auch hier gilt für die Kommunen über 50.000 Einwohner, dass sich ein besonderer Handlungsbedarf im Vergleich zu den höheren föderalen Ebenen nicht ableiten lässt, weil der Anteil der kommunalen Regierungschefinnen „immerhin" bei knapp 17% liegt. Es wird noch näher in den folgenden Kapiteln zu untersuchen sein, ob die Direktwahl der kommunalen Regierungsspitze nicht insgesamt zu einem höheren Frauenanteil als bei indirekter Wahl geführt hat. Zumindest scheint mit der Direktwahl in Großstädten ein deutlich höherer weiblicher Anteil an der Regierungsspitze realisiert worden zu sein als es für das Ministerpräsidentenamt festzustellen ist.

Bevor wir nun im nächsten Kapitel stärker fokussiert auf die Wissenschaft den Einfluss von Wahlsystemen auf die Frauenrepräsentanz detaillierter analysieren wollen, möchten wir noch einige zentrale Argumente für die Erhöhung der Frauenrepräsentanz vorstellen, die auch im Hinblick auf die politische Praxis im Parteienwettbewerb anwendbar erscheinen.

Abbildung 11: Frauenanteile an der Verwaltungsspitze in NRW

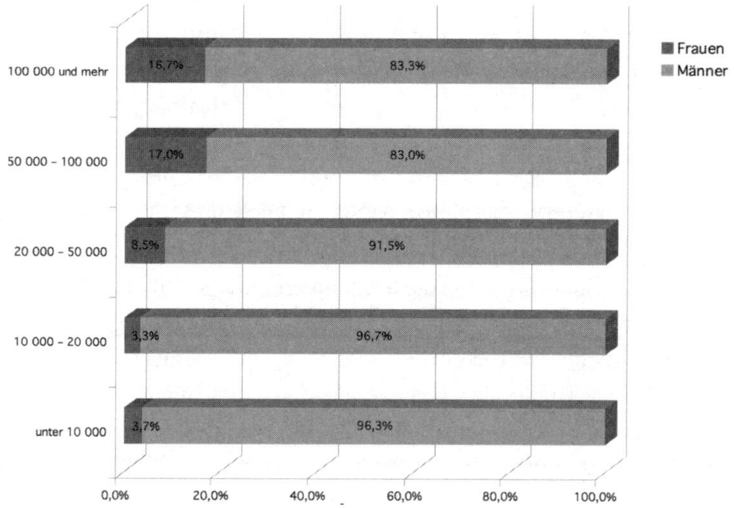

Quelle: LDS Daten 2004

3.6 Zur politischen Bewertung von Frauenunterrepräsentanz

Die politikwissenschaftliche Forschung tut sich außerordentlich schwer mit der normativen Bewertung von Frauenunterrepräsentanz (vgl. zur wissenschaftlichen Kontroverse ausführlich Hierath 2001), während in den politischen Arenen in westlichen Industrieländern diese öffentlich durchweg als demokratisches Problem eingeordnet wird. Dabei beziehen sich allerdings Bundes- und Landesregierungen häufiger eher auf die kommunale Ebene, während sie die Frauenunterrepräsentanz auf der eigenen Ebene nicht selten dethematisieren.

In der Regel wird von politischer Frauenunterrepräsentanz gesprochen, wenn Frauen nur Anteile von deutlich unter 50% erringen können, was nahezu für alle Parlamente und politischen Führungspositionen gilt.[7] Allgemein werden für eine Stärkung des Frauenanteils unter den Parlamentariern aller Ebenen vor allem drei politische Argumente angeführt:

- Frauen stellen die Hälfte der Bevölkerung und haben deshalb ein Recht auf die Hälfte der Parlamentssitze (Gerechtigkeitsargument).
- Frauen haben unterschiedliche Erfahrungen und Sichten auf Politik als Männer, die im Parlament angemessen repräsentiert werden sollten (Erfahrungsargument).
- Frauen und Männer haben teilweise konfligierende Interessen und deshalb sollte eine paritätische Repräsentation angestrebt werden, um politische Lösungen zu Lasten des unterrepräsentierten Geschlechts zu vermeiden (Interessengruppenargument).

Diese Argumente können aus politischer Perspektive gerade auch auf die in den nächsten Kapiteln näher zu analysierende kommunale Ebene bezogen werden. Die kommunale Selbstverwaltung erfüllt wesentliche Funktionen für das politische System, die zugleich Aufschluss darüber

7 Zum Teil wird in Wissenschaft und Praxis die Unterrepräsentanz von Frauen mit dem niedrigeren Anteil in den Parteien gerechtfertigt. Dieser Maßstab überzeugt allerdings nur wenig, sondern der Anteil an der Wahlbevölkerung sollte als Bezugsgröße dienen. So wird ja auch nicht aus dem Beamtenüberschuss in Parteien gerechtfertigt, dass überdurchschnittlich viele Staatsdiener in den Parlamenten vertreten sind; viel eher wird deren Überrepräsentanz gemessen am Bevölkerungsanteil (!) kritisiert.

geben können, warum Frauenunterrepräsentanz auf dieser Ebene als sehr problematisch eingeordnet werden kann:

Erstens ist die kommunale Ebene den Problemen der Bürger(innen) am nächsten und am besten dazu geeignet, kontinuierlich an der Politik zu beteiligen sowie politisches Personal für höhere föderale Ebenen zu rekrutieren (Integrationsfunktion). Starke Unterrepräsentanz von Frauen in kommunalen Ämtern in der „Grundschule der Demokratie" kann somit dazu führen, dass Frauen weniger Erfahrungen für politische Ämter auf höheren föderalen Ebenen sammeln und damit sich Aufstiegschancen verringern bzw. weniger Frauen überhaupt ermutigt werden, sich politisch kontinuierlich zu engagieren. Zudem kann ein höheres Engagement von Frauen in den Führungsetagen der Ortsparteien einen stärkeren Druck auch auf die übergeordneten Parteigremien ausüben, mehr weibliche Parlamentskandidaturen anzustreben (Kittilson 1997: 5).

Für Partizipation sind die Bedingungen auf kommunaler Ebene auch deshalb besonders günstig, weil Frauen ein ähnlich ausgeprägtes Interesse an der Kommunalpolitik haben wie Männer. Im Gegensatz zu dem immer wieder diskutierten Gender-Gap beim politischen Interesse auf Bundebene (Westle 2001) zeigen die Ergebnisse von repräsentativen Bürgerumfragen in Kommunen, die wir in unserem Forschungsprojekt Bürgerkommune durchgeführt haben, dass dies offensichtlich kaum für die Kommunalpolitik gilt. Die Bürgerinnen gaben zwar ein hoch signifikant geringeres allgemeines politisches Interesse als die männlichen Befragten an, aber die Frage nach dem Interesse an der Politik in der jeweiligen Stadt bejahten nahezu ebenso viele Frauen wie Männer. Beim kommunalpolitischen Interesse, das sicherlich *eine* notwendige Bedingung für das Anstreben einer Ratskandidatur ist, waren in den beiden Kommunen keine signifikanten Geschlechtsunterschiede zu verzeichnen.[8] Damit könnte es auch eine Verschwendung von Engagementressourcen sein, wenn das Interesse und die Kompetenzen der Hälfte der Bevölkerung für die kommunale Selbstverwaltung nicht genutzt würden.

---

8 Bei der Frage nach dem allgemeinen politischen Interesse in Korrelation zur Variable Geschlecht bei 1138 antwortenden Bürger(innen) in beiden Städten Pearson = 0,213, sig. 0,000; Korrelation bei Interesse Kommunalpolitik Pearson = 0,030 und sig. = 0,314.

Abbildung 12: Allgemeines politisches Interesse und Interesse an Politik in der Stadt

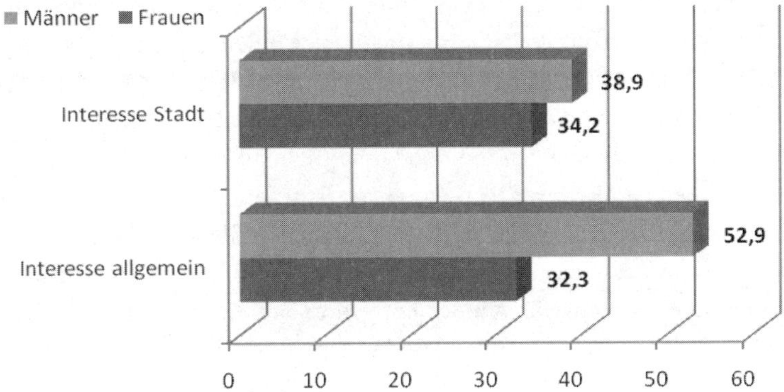

Quelle: Forschungsprojekt Bürgerkommune; Bürgerbefragung 2002

Zudem sind Frauen aufgrund der vorherrschenden geschlechtspezifischen Arbeitsteilung von politischen Entscheidungen im Nahraum der Kommune besonders betroffen und haben beispielsweise ein größeres Interesse an öffentlichem Nahverkehr und Kinderbetreuungsangeboten. Diese Interessen werden in der Regel auch häufiger von Politikerinnen vertreten als von ihren männlichen Kollegen. So haben wir in unserem Forschungsprojekt Bürgerkommune den kommunalen Fraktionsvorsitzenden in einer landesweiten Befragung in baden-württembergischen und nordrhein-westfälischen Kommunen und den Bürgern in zwei Mittelstädten fünf allgemeine Ziele der Stadtpolitik vorgelegt und sie gebeten, diese nach Rangplätzen zu gewichten. In Abbildung 13 ist zu sehen, dass sich die Gewichtung der politischen Zielsetzungen von weiblichen und männlichen Fraktionsvorsitzenden in gravierendem Maße unterscheiden. Auch bei Drittvariablenkontrolle[9] geben die weiblichen Fraktionsvorsitzenden im Vergleich zu ihren männlichen Kollegen in signifikantem Maße der Verwirklichung der sozialen Gerechtigkeit eine höhere Priorität, während sie die sparsam wirtschaftende Gemeindeverwaltung signifikant

9 Kontrolliert wurde in der partiellen Korrelation zur Fraktionsvorsitzendenbefragung jeweils der Einfluss der Gemeindegröße und der Bundsländervariablen. In den Bürgerbefragungen in den Mittelstädten wurde der Einfluss der Bundesländervariablen kontrolliert.

als weniger wichtig einordnen. Dies deckt sich teilweise mit den in den Bürgerbefragungen ermittelten Geschlechterunterschieden, nach denen Frauen auch in dieser Befragtengruppe der sozialen Gerechtigkeit eine signifikant höhere Priorität einräumen. Damit deutet sich eine substantielle Repräsentation von Fraueninteressen / -bedürfnissen auf der Einstellungsebene der weiblichen Fraktionsvorsitzenden an, die auch durch das Antwortverhalten zu konkreten inhaltlichen Positionen belegbar ist. Danach bejahen in unser Befragung aus dem Jahre 2002 die weiblichen Fraktionsvorsitzenden mit 28,9% signifikant häufiger (uneingeschränkt) den Ausbau des Gesamtschulangebots und mit 57,9% den Ausbau des Betreuungsangebots für Kinder unter drei Jahren als ihre männlichen Kollegen (M = 16,6% und bei Kinderbetreuung 36,3%).

Abbildung 13: Politikziele aus Sicht der Fraktionsvorsitzenden und der Bürgerschaft

	weibliche Vorsitzende		männliche Vorsitzende		Bürgerinnen	Bürger
	MW	Platz	MW	Platz	MW	MW
Gute Bedingungen für Industrie und Geschäftswelt	2,45	2	2,04	1	2,06	1,98
Erhalt als attraktiver Wohnort	2,61	3	2,77	2	2,91	2,8
Verwirklichung eines hohen Maßes an sozialer Gerechtigkeit	2,3*	1	2,94*	3	2,57*	2,92*
Förderung von Bürgerbeteiligung	3,76	4	3,92	5	3,97	3,96
Sicherung einer sparsam wirtschaftenden Gemeindeverwaltung	3,88*	5	3,37*	4	3,18	3,04

*Quelle: Eigene Berechnungen auf der Grundlage von Befragungen 2002; * = sig. < 0,05; MW = Mittelwert.*

Damit ist davon auszugehen, dass auch die Qualität des politischen Outputs für Wählerinnen bei starker Unterrepräsentanz von Politikerinnen tendenziell sinken könnte. Defizite in der Repräsentation können, wie historische Beispiele zeigen, für alle Geschlechter langfristig zu defizitären Politikergebnissen führen: „Ein Teil der Entgleisungen der Kommunalpolitik – von der autogerechten Stadt bis zu den Wohnsilos der 1960er Jahre – hat ihre Ursache auch darin, dass Frauen in der Kommunalpolitik weder gehört noch berücksichtigt worden sind“ (Rhiemeier/ Stolterfoht 1998: 757).

Diese Repräsentationsdefizite können kaum durch stärker themenspezifische Beteiligungsformen und zivilgesellschaftliches Engagement von Frauen kompensiert werden. Vielmehr besteht hier für Frauen tendenziell die Gefahr, „sich ins Abseits manövrieren zu lassen“ (Naßmacher 2006: 47), während die eigentlichen Entscheidungen von den kommunalen Funktionseliten getroffen werden.

Zweitens ist die kommunale Selbstverwaltung als „Experimentierbaustelle“ von zentraler Bedeutung. In den Kommunen wurden und werden viele Policy-Instrumente erprobt, von deren Erfolgen bzw. Misserfolgen Bund und Länder lernen können (Innovationsfunktion). Gleichstellungsinstitutionen sind in Deutschland so beispielsweise häufig auf der kommunalen Ebene durch das Engagement von Politikerinnen maßgeblich erst entwickelt worden, während sie später nach kommunalem Vorbild auf Bundes- und Landesebene transferiert wurden. Von gut ausgebildeten Politikerinnen und Policy-Ideen auf kommunaler Ebene können also höhere Ebenen durch Transfer profitieren. Aber auch wenn die Handlungsspielräume der Kommunalpolitik gerade im Zuge der Haushaltskrise begrenzt sind, wird dadurch die geschlechterparitätische Repräsentanz nicht unwichtiger. Im Gegenteil: In den Spardiskussionen vor Ort stehen wesentliche Teile der öffentlichen Infrastruktur zur Disposition, auf die Frauen aufgrund der dominierenden geschlechtsspezifischen Arbeitsteilung besonders angewiesen sind.

Zudem sind institutionelle Reformen z.B. des Wahlrechts zur Erhöhung der Frauenrepräsentanz für die Kommunen einfacher durchsetzbar, weil die Landesparlamentarier damit nicht ihre eigenen Karrieremöglichkeiten einengen, was auf erhebliche Widerstände treffen dürfte. Landespolitiker(innen) profilieren sich deshalb häufiger mit institutionellen Reformen für die kommunale Ebene, so dass in den Kommunen schneller der Einstieg in gesetzliche Paritätslösungen gefunden werden kann, die dann aber mittelfristig wiederum zu höheren Erwartungen der Parteibasis und Wählerschaft auch in Bezug auf die Frauenrepräsentanz in den Landtagen beitragen könnten. So könnte die Frauenunterrepräsentanz langsam von „unten“ her aufgebrochen werden.

Diese Funktionen der kommunalen Selbstverwaltung und die Probleme von kommunaler Frauenunterrepräsentanz begründen politisch hinreichend, dass ein dringender Handlungsbedarf gerade in den Kommunen besteht, wobei wir zumindest für die Großstädte keine ausgeprägtere Frauenunterrepräsentanz feststellen konnten als beispielsweise für die Ebene der Bundesländer.

3.7 Fazit des Vergleichs

Die Ursachen für die Unterrepräsentanz liegen aus international- und ebenenvergleichender Perspektive in den Parteien selbst begründet. Zügigere Veränderungen der häufig männlich dominierten Parteistrukturen und der Unterrepräsentanz von Frauen in fast allen Parlamenten sind nur bei Anwendung von klar und hoch definierten Frauenquoten zu erwarten. Was in Deutschland und Schweden mit dem Einzug der Grünen begann und zunächst nur auf eine begrenzte Akzeptanz stieß, hat sich als erfolgreiche Politikinnovation erwiesen, die spätestens seit den 1990er Jahren in vielen Staaten umgesetzt wurde. In der internationalen Diskussion gelten eine hohe Frauenrepräsentanz und die Quotierung mittlerweile als Zeichen von Modernität. Die Quote kann dabei in Parteien freiwillig verabschiedet werden, wie beispielsweise in Deutschland von Bündnis 90/Die Grünen, der SPD und der Partei „Die Linke", oder sie kann vom Gesetzgeber verbindlich für alle Kandidatenlisten der Parteien oder sogar für die zu vergebenden Parlamentssitze geregelt werden. In Deutschland hat sich bisher als Reformpfad die freiwillige Parteiquotierung durchgesetzt. Deutschland galt hierfür im internationalen Vergleich in den 1980er und 1990er Jahren, ähnlich wie Schweden, als Erfolgsfall. Im Schatten der medial stark präsenten ersten Bundeskanzlerin ist der Anstieg der Frauenrepräsentanz in deutschen Parlamenten in den letzten Jahren aber erheblich ins Stocken geraten und der Frauenanteil stagniert bei knapp 30%. Auf Bundes- und Landesebene ist dies erstens darauf zurückzuführen, dass sich die Frauenquote im Parteiensystem nicht über die SPD hinaus ins konservativ-liberale Lager verbreitet hat. Durch einen nicht ungeschickten Schachzug gelang es der CDU-Parteiführung mit der Politikinnovation des Quorums Mitte der 1990er Jahre, sich symbolisch gegenüber einer höheren Frauenrepräsentanz – und damit einem Zeichen für Modernität – zu öffnen, ohne dass der anvisierte Frauenanteil von 33% in den Parlamenten bisher ernsthaft angestrebt wurde. Rückblickend lässt sich allerdings konstatieren, dass es der CDU mit dieser Innovation kaum gelungen ist, die jüngere weibliche Wählerschaft für sich zu gewinnen. Somit steht die Partei im gewissen Maße weiterhin unter Anpassungsdruck, ihr Personal- und Programmpaket weiter zu modernisieren. Ob die Wahl von Angela Merkel zur ersten deutschen Bundeskanzlerin die Position der Frauen in der CDU stärkt oder ob sie, ähnlich wie die Quorumslösung, vorrangig als Surrogat für die geringe Frauenrepräsentanz der CDU auf der Darstellungsebene fungiert, bleibt abzuwarten.

Die zweite wesentliche Hürde, um Anschluss an die Länder der Spitzengruppe in punkto Frauenrepräsentanz zu halten, liegt im personalisierten Verhältniswahlrecht begründet, dessen Auswirkungen (zusammen mit anderen Wahlrechtsalternativen) auf die Nominierungsprozesse in den Parteien und die parlamentarischen Frauenrepräsentanz in Deutschland im folgenden Kapitel mit einer eingehenden Beschreibung des bisherigen empirischen Forschungsstands im Fokus der Analyse steht.

Aus der bisherigen Analyse können auch erste vorsichtige Schlüsse für Politikempfehlungen gezogen werden, um in Deutschland die Frauenrepräsentanz in allen Parlamenten zu erhöhen.

Wenn in Deutschland weiter (ausschließlich) an dem Reformpfad der freiwilligen Parteiquoten festgehalten werden soll, dann müssen sich die Parteien mit hohen Quoten und die Frauenvereinigungen in allen Parteien strategisch noch stärker darauf konzentrieren, dass nur über den „Abfärbeeffekt" hoher Quoten im ganzen Parteienspektrum eine paritätischen Repräsentanz, wie annähernd in Schweden, realisierbar ist und damit der CDU, der FDP und auch noch der SPD erhebliche „Anpassungsleistungen abzuverlangen" sind. Im Kern muss dann „nur" der in den 1980er und 1990er noch erfolgreiche Reformpfad konsequenter fortgesetzt werden:

- transparenterer Wettbewerb um eine höhere Frauenrepräsentanz,
- klare Leistungsbilanzen mit öffentlichem „Outen" derjenigen Parteien und Gebietskörperschaften mit stark ausgeprägter Unterrepräsentanz als „unmodern", und
- die Forcierung einer Diskussion über die Reform des personalisierten Verhältniswahlrechts auf allen Ebenen sowie die Entwicklung einer den Wähler(innen) vermittelbaren Wahlrechtsalternative.

Als Ergänzung oder Alternative bieten sich hierzu aus unserer Sicht nur gesetzliche Kandidatinnenquoten mit hohen Sanktionen wie in den französischen Kommunen an, was wiederum das Interesse auf die im nächsten Kapitel wissenschaftlich zu untersuchenden Wahlrechtsalternativen lenkt. Denn sowohl freiwillige als auch gesetzliche Quotenlösungen sind mit einigen Wahlsystemen deutlich besser kompatibel als beispielsweise mit der in Deutschland auf Bundes- und Landesebene dominierenden personalisierten Verhältniswahl.

4 Wirkungen des Wahlrechts aus der Gender-Perspektive

Während dem Einfluss des Wahlrechts auf die Frauenrepräsentanz in Parlamenten in der internationalen Diskussion ein zentraler Stellenwert zu kommt, wird das Wahlrecht in der politikwissenschaftlichen Gender-Forschung in Deutschland nicht tiefer gehend behandelt. Insbesondere der Einfluss des Wahlrechts auf die Nominierungsprozesse der Parteien auf allen föderalen Ebenen blieb bisher unterbelichtet. Ein stärker personenorientiertes Wahlrecht, wie es für die Kommunen mit der Möglichkeit zu kumulieren und zu panaschieren mittlerweile dominiert, wird zumeist nur mit Bezug auf das Wählerverhalten untersucht. Danach wird in der Regel davon ausgegangen, dass personenbezogene Elemente für die Frauenrepräsentanz generell problematisch seien, weil die Wählerschaft aufgrund der immer noch männlich geprägten gesellschaftlichen und politischen Eliten und einer „patriarchalen" politischen Kultur in Deutschland eher für Männer als für Frauen votiere. Zumindest aber wird nicht erwartet, dass die Frauenrepräsentanz durch Kumulieren und Panaschieren im Vergleich zum personenorientierten Verhältniswahlrecht deutlich erhöht wird (Hoecker 1998: 86). Als Reformvorschlag wird dementsprechend vor allem das reine Verhältniswahlrecht mit starren Listen empfohlen, dass aus unserer Sicht zukünftig in Deutschland kaum umsetzbar sein dürfte. Dies werden wir in diesem Kapitel noch näher begründen, um uns anschließend (schon aus pragmatischen Gründen) auf die anderen Wahlrechtssysteme konzentrieren zu können.

Um plausible Hypothesen zu den komplexen Wirkungen des kommunalen Wahlrechts auf die Frauenrepräsentanz entwickeln und empirisch unterfüttern zu können, sollen nach einem Überblick über die Wahlrechtssysteme die für Deutschland vorliegenden empirischen Erkenntnisse zu Nominierungs- und Wahlverfahren in Bund, Ländern und Kommunen präsentiert werden. Damit soll auch verdeutlicht werden, dass der Zusammenhang von Wahlrecht und Frauenunterrepräsentanz kein spezifisch kommunales Problem ist, sondern dass sich im Gegenteil einige Formen des Wahlrechts etabliert haben, die auch Bund und Ländern als Vorbild dienen könnten, um auf eine höhere Frauenrepräsentanz in den Parlamenten hinzuwirken. Die generelle These wird dabei sein, dass entgegen der Vermutung der deutschen Gender-Forschung stark personenorientierte Elemente im Wahlrecht nicht eine niedrigere, sondern eine höhere Frauenrepräsentanz in Deutschland begünstigen würden, insbesondere wenn die Auswirkungen dieser Wahlrechtssysteme auf die Nominierungsprozesse in Parteien und Fraktionen in die Analyse mit einfließen und die einseitige Fokussierung auf möglicherweise diskriminierendes Wählerverhalten aufgegeben wird.

4.1 Wahlrechtssysteme und institutionelle Veränderungstrends in Deutschland

Bevor die Wirkungen des Wahlrechts auf die Frauenrepräsentanz in Parlamenten und damit auf die Nominierungsverfahren und das Wahlverhalten analysiert wird, soll zunächst ein systematischer Überblick über die in dieser Untersuchung interessierenden Wahlrechtssysteme gegeben werden.

Zu unterscheiden ist zunächst das Mehrheitswahlrecht vom Verhältniswahlrecht. Im Mehrheitswahlsystem werden die Abgeordneten durch die Mehrheit der Wählerstimmen in ihrem Bezirk gewählt, während die Stimmenanteile der unterlegenen Kandidaturen nicht in die Vergabe der Parlamentsmandate eingehen. Wie bei der uns stärker interessierenden Bürgermeisterwahl werden die Stimmen der Wahlverlierer nicht repräsentiert. Bei Bürgermeisterwahlen ist in der Regel jedoch die absolute Mehrheitswahl vorgeschrieben, und so folgt dann ein zweiter Wahlgang (Stichwahl) zwischen den beiden Bestplatzierten, wenn keiner im ersten Wahlgang mehr als 50% der Stimmen erzielen konnte.

Im Verhältniswahlrecht gilt demgegenüber das entgegengesetzte Repräsentationsprinzip. Alle Wählerstimmen sollen anteilig repräsentiert werden. Wer 20% der Wählerstimmen errungen hat, soll auch ungefähr 20% der Parlamentssitze bekommen. Beim Verhältnisrecht stellen die Parteien Listen mit Kandidaten auf. Bei sog. „starren Listen" gelangen Kandidaten entsprechend ihrer Position und in Abhängigkeit vom Stimmenanteil der Partei in die Legislative. Bei einem Verhältniswahlsystem mit sog. freien oder losen Listen (z.B. Kumulieren und Panaschieren) hingegen kann die Wählerschaft die Reihenfolge der Kandidaten verändern.

Praktisch bedeutet das für die Wählerschaft beispielsweise in einer baden-württembergischen Großstadt mit 48 Ratsmitgliedern, dass jede Wählerin und jeder Wähler 48 Stimmen vergeben kann. Erstens kann der Stimmzettel für eine Partei unverändert abgegeben werden und damit erhält jede Kandidatur auf der Parteiliste eine Stimme. Darüber hinaus besteht durch Kumulieren auch die Möglichkeit die Stimmen zu „häufeln“. Dabei können bis zu drei Stimmen für eine einzelne Kandidatin oder einen einzelnen Kandidaten vergeben werden, um damit im Wahlergebnis auch die Reihenfolge der Kandidaturen auf der Parteiliste zu verändern. Durch die Möglichkeit zu panaschieren ist die Wählerschaft nicht auf die Kandidat(innen) einer Parteiliste beschränkt, sondern es können sogar auch einzelne Kandidat(innen) anderer Parteien gewählt werden. Mit diesem Wahlrecht bestehen also die größten personellen Entscheidungskompetenzen der Wählerschaft.

Für den aktuellen kommunalen Vergleich mit Bundesländern, die Kumulieren und Panaschieren eingeführt haben, eignet sich insbesondere Nordrhein-Westfalen. Das personalisierte Verhältniswahlrecht, wie es beispielsweise bei den Ratswahlen in NRW angewendet wird, kombiniert Elemente des Mehrheits- und des Verhältniswahlrechts. Hierbei gibt der Wähler in NRW nur eine einzige Stimme ab, die aber gleichzeitig für den Direktkandidaten in seinem Einerwahlkreis und für die starre Liste der Partei seiner Wahl gezählt wird. Die konkrete personelle Zusammensetzung der Fraktionen orientiert sich dann zunächst an den erfolgreichen Direktkandidaturen. Sofern eine Partei einen Stimmenanteil errungen hat, der sie zu mehr Ratsmitgliedern berechtigt als die gewonnen Direktmandate, werden weitere Ratsmandate nach der Reihenfolge auf der starren Reserveliste vergeben. Wenn also eine Partei bspw. 30% der Stimmen, aber nur eine geringe Anzahl von Direktmandaten gewonnen hat (weil ihre Kandidaten nur in wenigen Einerwahlkreisen die relative Mehrheit errungen haben), werden die ihr gemäß dem Stimmenanteil darüber hinaus zustehenden Ratssitze entsprechend der Aufstellung auf der starren Liste zugesprochen. Andersherum kann es aber auch dazu kommen, dass der Spitzenkandidat einer starren Liste nicht in den Rat einziehen kann, weil die Partei das ihr durch Wählervotum zugesprochene Ratskontingent bereits durch erfolgreiche Direktkandidaturen ausgeschöpft hat.

Abbildung 14: Wahlrechtssysteme im Überblick

Mehrheitswahlsysteme	Mischwahlsystem	Verhältniswahlsystem
Relative Mehrheitswahl: z.B. Nationalparlament in Großbritannien Absolute Mehrheitswahl: z.B. Bürgermeisterwahlen in den meisten Bundesländern	Personalisierte Verhältniswahl: z.B. Bundestagswahl, viele Landtagswahlen, Ratswahlen in NRW	Verhältniswahl mit starren Listen: z.B. französische Kommunalwahlen, bisher auch Bürgerschaftswahlen in Bremen Verhältniswahl mit freien Listen: Ratswahlen in den meisten Bundesländern

Quelle: eigene Darstellung

Durch dieses Wahlrecht können Wähler in ein Dilemma geraten, sofern ihre Präferenz für einen bestimmten Direktkandidaten nicht mit ihrer Parteipräferenz übereinstimmt. Weil es im Regelfall eher unwahrscheinlich ist, dass die Wählerschaft das Votum für einen Ratskandidaten für so zentral hält, dass sie deshalb abweichend von ihren sonstigen Parteipräferenzen für den gesamten Gemeinderat die Liste einer „konkurrierenden“ Partei wählt, sind die Kandidateneffekte bei diesem Wahlrecht als besonders gering einzuschätzen (Meyer 2007).

Abbildung 15: Kommunales Wahlrecht im Bundesländervergleich

	Wahlsystem	Sperrklausel
Baden-Württemberg	Verhältniswahl; freie Liste; Anzahl der zu vergebenden Stimmen entspricht der Anzahl der Sitze	nein
Bayern	Verhältniswahl; freie Liste; Anzahl der zu vergebenden Stimmen entspricht der Anzahl der Sitze	nein
Brandenburg	Verhältniswahl; freie Liste; Anzahl der zu vergebenden Stimmen entspricht der Anzahl der Sitze	nein
Hessen	Verhältniswahl; freie Liste; Anzahl der zu vergebenden Stimmen entspricht der Anzahl der Sitze	nein
Mecklenburg-Vorpommern	Verhältniswahl; freie Liste; 3 zu vergebende Stimmen	nein
Niedersachsen	Verhältniswahl; freie Liste; 3 zu vergebende Stimmen	nein
Nordrhein-Westfalen	Personalisierte Verhältniswahl; starre Liste;	nein
Rheinland-Pfalz	Verhältniswahl; freie Liste; Anzahl der zu vergebenden Stimmen entspricht der Anzahl der Sitze	nein
Saarland	Verhältniswahl, starre Liste	5% (Sperrklausel vom Landtag gestrichen, noch nicht in Kraft)
Sachsen	Verhältniswahl; freie Liste; 3 zu vergebende Stimmen	nein
Sachsen-Anhalt	Verhältniswahl; freie Liste; 3 zu vergebende Stimmen	nein
Schleswig-Holstein	Personalisierte Verhältniswahl; starre Liste in großen Städten; kleine und mittlere Kommunen Wahl mehrer Direktkandidaturen mit Möglichkeit zu panaschieren	nein (seit 2008)
Thüringen	Verhältniswahl; freie Liste; 3 zu vergebende Stimmen	5%

Quelle: Gehne 2008; aktualisiert durch Angaben auf der Internetseite http://www.wahlrecht.de; freie Listenform steht für Kumulieren und Panaschieren

Die Unterschiede im Bürgermeisterwahlrecht zwischen den Bundesländern sind vergleichsweise gering. In Baden-Württemberg wird, wie oben beschrieben, die hauptamtliche Verwaltungsspitze schon seit Jahrzehnten direkt mit Mehrheitswahlrecht von den Bürger(innen)gewählt. Im Zuge der Gemeindeordnungsreformen in den 1990er Jahren wurde in allen Bundesländern das baden-württembergische Modell im Wesentlichen übernommen. Zuvor waren in Nordrhein-Westfalen bis 1999 die Verwaltungsspitze (damals noch im Stadtdirektorenamt) ebenso wie der ehrenamtliche Bürgermeister (mit hauptsächlich repräsentativen Aufgaben) indirekt vom Stadtrat durch die Mehrheits- bzw. Koalitionsfraktionen gewählt worden. Verbleibende Unterschiede bei der Direktwahl des hauptamtlichen Bürgermeisters in beiden Bundesländern sind:

- Nur in Baden-Württemberg haben die Parteien kein Nominierungsrecht für das Bürgermeisteramt, und die Direktwahl wird deshalb in Baden-Württemberg häufiger als reine Personenwahl eingeordnet.
- In NRW finden die Bürgermeisterwahlen bei bisher noch kürzerer Amtszeit der Verwaltungsspitze bis einschließlich 2009 parallel zur Ratswahl statt. Diese gekoppelte Wahl lässt im Vergleich zu Baden-Württemberg wiederum eine stärkere Partei- als Kandidatenorientierung in der Nominierungs- und Wahlphase erwarten.

Die Ursachen, die zur Einführung der Direktwahl in allen Kommunalverfassungen geführt haben, sagen zugleich etwas über die Realisierbarkeit von Wahlrechtsreformen zur Erhöhung der Frauenrepräsentanz aus und sollen deshalb kurz skizziert werden: Die Einführung der Direktwahlen ist vor allem auf ein klares Votum der Wählerschaft für mehr Personalentscheidungskompetenzen zurückzuführen. Die Volksabstimmung 1991 in Hessen, in der 82% der Wählerschaft für die Einführung der Direktwahl in der Kommunalverfassung votierten, war der Auftakt in den alten Bundesländern, die baden-württembergischen und bayerischen Direktwahlen zu imitieren. Häufig gegen anfänglich erhebliche Widerstände der Regierungsfraktionen wurde die Direktwahl durch die Androhung von Volksentscheiden in den Kommunalverfassungen verankert. So wurde auch von der CDU und FDP in Nordrhein-Westfalen 1993 ein Antrag auf Volksbegehren zu diesem Thema initiiert. Abgesehen von dem klaren Abstimmungsverhalten bei der Volksabstimmung in Hessen zeigte auch eine vom WDR in Auftrag gegebene repräsentative Bevölkerungsumfrage, dass ein Volksentscheid für die Direktwahl eine überwältigende Mehrheit in NRW finden würde (Andersen 1998: 58). Das Damoklesschwert der drohenden Niederlage beim Volksentscheid bewegte schließlich die rot-grüne Landesregierung umzuschwenken und die Direktwahl der Bürgermeister (allerdings mit einer stärkeren Parteianbindung durch das Wahlrecht; s.o.) einzuführen. Durch die Möglichkeiten der direkten Demokratie auf Landesebene wurden in den 1990er Jahren also maßgeblich die Präferenzen der Wählerschaft für mehr personelle Entscheidungskompetenzen in den Kommunen realisiert.

Wenn auch nicht in Nordrhein-Westfalen, so haben Bürgerentscheide in den Stadtstaaten auch eine Reform der Wahlen für die Landesparlamente erzwungen. Nachdem in den meisten Bundesländern im Kommunalwahlrecht bereits sukzessive die Möglichkeiten zu Kumulieren und Panaschieren eingeführt worden waren, konnte über Volksinitiativen diese stärkeren Personalentscheidungskompetenzen für die Wählerschaft in den ersten Jahren des neuen Jahrhunderts auch für das Landtagswahlrecht in Hamburg und Bremen durchgesetzt werden. In Hamburg stimmten 66,7% der Bürgerinnen im Volksentscheid für diese Wahlrechtsreform und schafften damit das reine Verhältniswahlrecht mit starren Listen ab. Auch in Bremen steht dieses Wahlrecht vor der Abschaffung, nachdem zuvor durch den Verein „Mehr Demokratie" unter maßgeblicher Unterstützung von Bündnis 90/Die Grünen in der Volksinitiative 2006 mehr als 65.000 gültige Unterschriften für ein neues Wahlrecht gesammelt wurden, das die personelle Auswahl von Abgeordneten ermöglicht. Schließlich zogen CDU und SPD „die Notbremse" (Brandt et al. 2009: 359), gaben ihre anfänglichen Widerstände auf und übernahmen die Forderungen der Volksinitiative zur Einführung von Kumulieren und Panaschieren.

Einige Staatsrechtler sehen in diesen direktdemokratischen Instrumenten den wirksamsten Mechanismus, um auch für die Ebene der Landesparlamente flächendeckend stärkere personelle Mitwirkungsrechte der Wählerschaft zu erwirken und damit den Abschottungstendenzen der politischen Klasse in den Ländern und der kartellähnlichen Absicherung politischer Karrieren einen Riegel vorzuschieben (von Arnim 2002). Wie auch immer diese Wahlrechtsreformen von den politischen Akteuren und der Politikwissenschaft im Einzelnen bewertet werden, eines dürfte dabei unstrittig sein: Ein Wahlrecht, das, wie das reine Verhältniswahlrecht mit starren Listen, den Bürgern die personellen Entscheidungskompetenzen wieder gänzlich entzieht, kann in Deutschland wohl kaum durchgesetzt werden. Eine Landesregierung, die sich für eine Rücknahme der Reformen einsetzte, würde damit nicht nur aufgrund der zu erwartenden massiven Widerstände ihre Widerwahl gefährden, sondern die Wahlrechtsreform würde wahrscheinlich nicht in Kraft treten können, weil sie zuvor schon durch Volksentscheid kassiert werden würde.

Pragmatisch gesehen, besteht bei einer etwaigen Abschaffung des personalisierten Verhältniswahlrechts also nur das Verhältniswahlrecht mit freien Listen als politisch vermittelbare Alternative. Deshalb ist also aus reformpolitischer Perspektive die in den nächsten Kapiteln zu leistende vergleichende Untersuchung zwischen personalisiertem Verhältniswahlrecht und Kumulieren und Panaschieren zentral. Hierfür soll aber zunächst der Forschungsstand zu den Auswirkungen von Wahlrechtssystemen auf die Nominierung und Wahl von Parlamentarier(innen) ausführlich dargelegt werden, um zu begründeten Hypothesen für diesen kommunalen Vergleich zu gelangen.

Abbildung 16: Regelungen zur Direktwahl der Bürgermeister im Bundesländervergleich

Bundesland	In Kraft seit	Amtsdauer BM in Jahren	Wahlperiode Rat in Jahren	Kandidaten-vorschlag durch
BW	1956	8	5	E
Bay	1952	6	6	P/W
Bbg	1993/98	8	5	E/P/W
Hess	1991/92	6	5	E/P/W
MV	1999	7/9	5	E/P/W
Nds	1996 /2005	5/6	5	E/P/W
NRW	1994 / 2007	5/6	5	E/P/W
Rhp	1993	8	5	E/P/W
Saar	1994	8	5	E/P/W
Sachs	1994	7	5	E/P/W
Sachs.-A	1994	7	5	E
SH	1996	6/7	5	E/PR
Thür	1994	6	5	E/P/W

E = Eigenbewerbung; P = durch eine Partei; W = durch eine Wählergruppe;
PR = durch im Rat vertretene Parteien;

Quelle: Bogumil / Holtkamp 2006, eigene Ergänzungen

4.2 Wirkungshypothesen zum Zusammenhang von Wahlrecht und Frauenrepräsentanz

Die Wirkung des Wahlrechts auf die parlamentarische Repräsentanz von Frauen wurde in vielen international vergleichenden Studien untersucht. Es besteht weitgehend Konsens darüber, dass das Verhältniswahlrecht mit starren Listen die Frauenrepräsentanz am stärksten fördert (Europäische Kommission 2008: 21), wogegen das reine Mehrheitswahlrecht einer Unterrepräsentanz am stärksten Vorschub leistet. Das personalisierte Verhältniswahlrecht nimmt zwischen diesen Polen eine Mittelposition ein.

Die Effekte des Verhältniswahlrechts mit freien Listen sind auf dieser Skala nur schwer einzuordnen. Überdies sind sie aufgrund der geringen Fallzahlen auf der nationalen Ebene kaum erforscht und schwanken offensichtlich erheblich (Norris 2004), wohl auch weil im Fall dieses Wahlrechts die politische Kultur über das Wahlverhalten einen entscheidenden Einfluss auf diese Beziehungen der Variablen haben dürfte (Krook 2006:9).

Diese Wirkung des Wahlrechts wird in der internationalen Diskussion vorwiegend aus der Perspektive des Rational-Choice-Institutionalismus erklärt. Die hierin aufgeführten, theoretisch abgeleiteten Argumente für die höhere Frauenrepräsentanz bei Verhältniswahlrecht mit starren Listen können aus unserer Sicht auf das Verhältniswahlrecht mit freien Listen – also das Kumulieren und Panaschieren – übertragen werden, auch weil bei einer gegenüber Politikerinnen relativ aufgeschlossenen politischen Kultur in Deutschland durchschnittlich keine diskriminierenden Effekte der Wählerschaft erwartet werden müssen. Allerdings müssen Rational Choice-Ansätze, die Parteien als einheitliche Akteure konzipieren, aus unserer Sicht um eine mikropolitische Dimension erweitert werden.

Dass das Verhältniswahlrecht die Frauenrepräsentanz stärker fördert als das Mehrheitswahlrecht, liegt grundsätzlich in der Listenaufstellung auf zentralisierter, höher angesiedelter Parteiebene begründet. Im Einzelnen lassen sich folgende Effekte erwarten:

Erstens sind Frauenquoten mit dem Verhältniswahlrecht praktisch gut zu vereinbaren. Die Quoten können bei zentraler Aufstellung umstandslos bei der Erstellung der Liste berücksichtigt werden, während sie beim Mehrheitswahlrecht auf einzelne Direktkandidaturen nur mit sehr hohem

Aufwand angewendet werden können (Matland 2006: 290). Empirisch ist es damit in einigen Fällen zwar durchaus möglich, die Hürden des Mehrheitswahlrechts zur Realisierung der Quotierung bei starkem Engagement der Parteiakteure und im Falle hoher „Anpassungskosten" zu überwinden. Aber in den meisten Fällen werden im internationalen Vergleich Quotensysteme mit Mehrheitswahlsystemen nicht kombiniert (Dahlerup/Freidenvall 2008) und in diesen wenigen Fällen werden die Quoten zumeist nicht effektiv umgesetzt.[10]

Zweitens besteht bei der Verhältniswahl für die Parteien ein Anreiz, der Wählerschaft eine sozial ausbalancierte Liste vorzulegen („ticket balancing"), um alle sozialen Gruppen in der Wählerschaft anzusprechen (Arbeiter, Frauen, Katholiken und Protestanten etc.). Beim Mehrheitswahlrecht wird zwar häufig aus einer Rational-Choice-Perspektive das Argument angebracht, Parteien antizipierten eine Diskriminierung weiblicher Kandidaten durch den Wähler. Dieses Argument ist aber aus unserer Sicht vor dem Hintergrund des kulturellen Wandels für Deutschland nicht mehr stichhaltig.

Geht man dagegen davon aus, dass zumindest ein Teil der Wählerschaft sich gender-sensibel verhält, lenkt das Verhältniswahlrecht aufgrund der Transparenz der Kandidatenliste dagegen die Aufmerksamkeit des Wählers direkt auf ein etwaiges diskriminierendes Nominierungsverhalten. Bei der dezentralen Bestimmung einzelner Kandidaten nach dem Mehrheitswahlrecht hingegen kann eine Frauenunterrepräsentanz eher verschleiert werden. Bezogen auf die Mehrheitswahl der Bürgermeister ist dieses Argument sehr plausibel. Als Gedankenexperiment muss man sich hierfür nur vorstellen, dass die Bürgermeisterkandidaturen von der Wählerschaft in Nordrhein-Westfalen komplett über eine Landesliste

10 Ein international prominenter Ausnahmefall für die Überbrückung dieser Wahlrechtshürden ist die schottische Labourpartei. In Schottland wurden zeitweise die Parteigruppen von zwei Wahlbezirken für die Nominierung von zwei Parlamentskandidaturen zusammengeführt, um die von der Partei vorgeschriebene paritätische Nominierung als Paketlösung zu realisieren. Solche zentralen Lösungen dürften allerdings im föderalen System in Deutschland für die uns im Zusammenhang mit Mehrheitswahlsystem interessierenden Bürgermeisterwahlen kaum möglich sein. Abgesehen davon, dass die Ortsparteien hierfür sicherlich kaum ihre alleinigen Nominierungskompetenzen aufgeben würden, wäre dieses Nominierungsverfahren bei zum Teil ausgeprägten interkommunalen Konflikten der Mitgliedschaft und Wählerschaft nur schwer vermittelbar.

der Parteien gewählt würden. Legt man hierbei die Frauenanteile der Bürgermeisterkandidaturen von 1999 für die 396 nordrhein-westfälischen Kommunen zu Grunde (Gehne 2000), dann hätte die SPD eine Landesliste aufgestellt, bei der jeweils nach 10 männlichen Bürgermeisterkandidaten eine „einsame“ Frau folgen würde. Bei der CDU würde dann jeweils sogar nur eine Frau nach 15 Männern folgen, bei Bündnis 90/Die Grünen käme immerhin schon nach zwei Männern eine weibliche Kandidatur. Würde diese Listen der Wählerschaft vorgelegt, so wären erstens kritische Kommentare in den überregionalen Zeitungen zu erwarten und zweitens eine Wählerwanderung von den großen Parteien zu Bündnis 90 / Die Grünen nicht unwahrscheinlich. Da aber bei dem geltenden (und sicherlich in diesem Fall auch sinnvollen) Wahlrecht jede Partei nur für ihre Kommune einen Bürgermeisterkandidaten nominiert, müssen sich die Ortsparteien für diese landesweit gegebene extreme Frauenunterrepräsentanz in der Regel nicht rechtfertigen. „Die Parteidelegierten haben den aus ihrer Sicht fähigsten Kandidaten gewählt und der ist in unserem Fall zufällig männlich“ – so kann jede (schon unwahrscheinliche) Anfrage der Lokalpresse problemlos returniert werden. Damit wird zugleich der transparente Parteienwettbewerb um Wählerinnenstimmen erheblich eingeschränkt, der „den Zugang für Gruppen, die augenblicklich im Parlament unterrepräsentiert sind, einschließlich der Frauen“, verbessert (Norris 2000: 276).

Zugleich wird dadurch, dass mehrere aussichtreiche Kandidaturen in großen Wahlbezirken vergeben werden, die Verantwortung der Parteiführung gestärkt. Werden dann keine dieser Kandidaturen beispielsweise an Frauen vergeben, so müsste sich die Parteiführung gegenüber Presse und Parteiöffentlichkeit für ihr diskriminierendes Verhalten rechtfertigen.

Drittens bietet sich bei zentraler Listenerstellung auch eher die Möglichkeit, dass Frauen sich innerhalb der Partei organisieren und sich für „ihre“ Kandidatinnen stark machen. Solange hingegen der Nominierungsprozess dezentral verläuft, ist eine organisationsfähige parteiinterne Opposition in den kleinen Einheiten kaum zu realisieren.

Viertens führt eine dezentrale Listenerstellung unter den Bedingungen des Mehrheitswahlrechts unweigerlich zu einer Duellsituation. Potenzielle Kandidatinnen müssen dabei antizipieren, dass ihre Ambitionen als tendenziell gemeinschaftsgefährdend eingestuft werden. Darüber hinaus müssen sie sich in einer solchen Konstellation im Regelfall gegen den Ortsvereinsvorsitzenden oder männliche Mandatsinhaber in Stellung bringen. Ihre Durchsetzungschancen dürften dabei eher gering einzuschätzen sein, auch weil herausgehobene Einzelkandidaturen vorher bereits in informellen Verhandlungen in Old-Boys-Networks relativ verbindlich festlegbar sind.

Bei einer zentralisierten Listenaufstellung kann der unterlegene Kandidat bzw. Kandidatin sich demgegenüber auf den nächst niedrigeren Listenplatz bewerben, so dass die Duellsituation in starkem Maße entschärft wird. Weiterhin sind auf dieser Ebene Koppel- und Paketgeschäfte möglich, bei denen die dominierende männliche Führung bereit ist, weibliche Kandidaturen zu berücksichtigen. Zudem sind vollständige Kandidatenlisten deutlich schwerer verbindlich in Old-Boys-Networks vorher festlegbar, zumal wenn Frauen dadurch ausgeschlossen werden sollten, die in der deutlich konfliktreicheren zentralen Arena besser ihre Kandidaturen gemeinsam – zum Teil auch mit Verweis auf die verbindliche Quotierung – durchsetzen können. Um derartige öffentliche Konflikte mit ungewissem Ausgang aus Partei- und Eigeninteresse zu vermeiden, dürfte die Parteiführung bestrebt sein, bereits in ihren Vorschlägen Kandidatinnen stärker zu berücksichtigen.

Die Nominierung von Kandidatinnen wäre beim Mehrheitswahlrecht nur (oder vorrangig) dann zu erwarten, wenn der Wahlbezirk aufgrund der regionalen Verteilung der Wählerschaft als weniger aussichtsreich in der Partei gilt. Wahlbezirke in Hochburgen der Parteien (sichere „Tickets"), die potentiell deutlich umkämpfter sind, dürften demgegenüber häufig von Männern eingenommen werden, die sich bereits auf einflussreiche Vorpositionen und Netzwerke in der Partei stützen können.

Aus dieser Perspektive ist es also ziemlich einfach erklärbar, warum zu erwarten ist, dass beim Kumulieren und Panaschieren als Verhältniswahlrecht prozentual deutlich mehr Kandidatinnen aufgestellt werden als für die Bürgermeisterkandidaturen als Beispiel einer Mehrheitswahl.

Die hier angestellten Überlegungen ermöglichen es auch, die erwartbaren Effekte der personalisierten Verhältniswahl einzuordnen.

So lässt sich davon ausgehen, dass die im personalisierten Verhältniswahlrecht enthaltenen Elemente der Mehrheitswahl (Direktmandate) dazu führen, dass die Parteien anteilig weniger Kandidatinnen als beim

Kumulieren und Panaschieren oder beim Verhältniswahlrecht mit starren Listen aufstellen. In den Einerwahlbezirken gelten die Quoten für die Direktkandidatur nicht, und es gibt nur begrenzte Anreize und Möglichkeiten für die Ausbalancierung von „Tickets" durch die Kreisverbandsführung. Weiterhin kann vermutet werden, dass die mikropolitische Ausgangslage für die Männer in den dezentralen Parteieinheiten der großen Parteien deutlich günstiger ausfällt.

Allerdings erfordert die personalisierte Verhältniswahl, wie oben geschildert, die zentralisierte Aufstellung einer Reserveliste. Vor dem Hintergrund der obigen Vermutungen lässt sich hier annehmen, dass hierdurch insgesamt zumindest höhere Frauenanteile aufgestellt und gewählt werden als bei der reinen Mehrheitswahl.

Kompliziert wird die Evaluation der personalisierten Verhältniswahl vor allem dadurch, dass insbesondere über die mögliche und häufig praktizierte Absicherung von Direktkandidaten auf der Reserveliste die Elemente der Mehrheits- und des Verhältniswahlrecht nicht getrennt betrachtet werden können (Hennl/Kaiser 2008: 348), sondern Interaktionseffekte insbesondere bei den größeren Parteien zu berücksichtigen sind, die im Folgenden auch an den Ergebnissen empirischer Studien zur Nominierung von Landtags- und Bundestagsabgeordneten veranschaulicht werden sollen.

4.3 Nominierungsprozesse von Bundestags- und Landtagskandidaturen

Die Nominierungsprozesse in Parteien sind auf Bundes-, Landes- und Kommunalebene nicht einfach zu untersuchen. Insbesondere über die informellen Nominierungsrunden liegen kaum empirische Studien vor. Selbst Fallstudien auf der Grundlage von Dokumentenanalysen und halbstandardisierten Interviews zum Nominierungsverhalten von Kreisverbänden, die für die Selektion von Bundestags-, Landtags- und Großstadtparlamentarier(innen) die zentrale Schlüsselstellung inne haben, sind seit den 1990er Jahren nicht mehr durchgeführt worden. Parteien gewähren der Politikwissenschaft hierbei relativ selten einen guten Feldzugang – wohl auch, weil sie sich geschlossen gegenüber der Öffentlichkeit präsentieren wollen und das eigene Interesse an einer

Herausarbeitung der mikropolitisch geprägten Nominierungskonflikte nicht sehr ausgeprägt ist. Zugleich steigt die nationale Parteienforschung nur ungern herab in die „Niederungen der Kommunalpolitik". Die Folge ist, dass die meisten Studien lediglich wichtige Strukturdaten der nominierten Kandidaten erheben und auf dieser Grundlage auf die Selektionskriterien der Parteien schließen, oder es wird die Struktur der gewählten Parlamentarier(innen) zum Anlass genommen, um über die Selektionskriterien der Nominierungsphase zu spekulieren. Deshalb sollten auch die folgenden Aussagen zu Nominierungsprozessen eher als Hypothesen eingeordnet und berücksichtigt werden, dass zumeist nicht bekannt ist, welche potentiellen Interessenten für eine Nominierung prinzipiell zur Verfügung standen. Ferner muss bedacht werden, dass bei der Analyse der Mandatsträgerstruktur zusätzlich das Wählerverhalten und nicht nur die Selektionskriterien der Parteien in die Analyse mit einzubeziehen ist.

In den folgenden Unterkapiteln sollen zunächst immer die allgemeinen Befunde zu Nominierungsprozessen auf den unterschiedlichen föderalen Ebenen skizziert werden, um dann unter Einbezug der wenigen genderorientierten Untersuchung zu klaren Hypothesen der Auswirkung des Wahlrechts auf den Anteil weiblicher Kandidaturen zu kommen.

In der international vergleichenden Gender-Forschung gilt Deutschland als klassischer Fall dafür, wie die im personalisierten Verhältniswahlrecht enthaltenen Elemente des Mehrheitswahlrechts über die Direktmandate der größeren Parteien durchschnittlich zu einer Benachteiligung von Frauen führen (Norris 2000). Dabei wird in der Regel nicht unterstellt, dass die Wählerschaft bei den Direktkandidaturen im nennenswerten Maße diskriminiert, sondern dass durch das Wahlrecht ein dezentralisierter, formalisierter Nominierungsprozess geformt wird, der negativ auf die Frauenrepräsentanz wirkt.

Um diese Interaktionseffekte zwischen Wahlrecht und Nominierungsmuster der Parteien besser verstehen zu können, die uns auch noch bei der kommunalen Analyse stärker beschäftigen werden, müssen die Zweistufigkeit dieser Auswahlprozesse und die Gatekeeper-Funktion der Kreisverbände berücksichtigt werden.

Allgemein wird von den durchschnittlichen Parteikandidat(innen) des Deutschen Bundestags empirischen Studien zur Folge erwartet, dass sie sich von der lokalen Ebene langsam durch starkes Engagement in der Partei hocharbeiten, was bildlich häufig als „Ochsentour“ beschrieben wurde (Oldopp 2001: 48). Einzelbewerber sind bei Bundestags- und Landtagswahlen chancenlos. Die Parteien stellen in der Regel hohe Erwartungen an die grundsätzliche politische Überzeugung der Kandididat(innen) und an die unter Beweis gestellte Parteiloyalität (Patzelt 1999: 250). Seiteneinsteiger(innen) haben deshalb kaum Nominierungschancen, von der historisch einzigartigen Situation kurz nach der Wende in Ostdeutschland einmal abgesehen.

Insbesondere aus den erwarteten langjährigen, zumeist ehrenamtlich in einem Ortsverband erworbenen, Partei- und Ratsmandatserfahrungen ergibt sich eine nicht unbeträchtliche Selektivität des Kandidatenpools, ohne dass damit plausibel argumentiert werden könnte, dass unter den vielen politisch interessierten Frauen in den großen Landtags- und Bundestagswahlkreisen nicht genügend Kandidatinnen (in spezifischen sozialen Lebenslagen) für eine paritätisch parlamentarische Repräsentanz selektiert werden könnten.

Zunächst ist der Kreis von Personen, der für ein dauerhaftes politisches Engagement in den Ortsparteien am Anfang der Berufspolitikerkarriere durchschnittlich in Frage kommt, bereits erheblich eingeschränkt. Bundestagsabgeordnete haben meist in ihrem persönlichen Umfeld, nicht selten schon über die Eltern, die Lust auf politische Tätigkeit erworben (Rebenstorf 1991) und den Ehrgeiz, sich in den Parteien nach oben zu arbeiten. Positionsbezogenes Machtstreben und die Gestaltung der Wirklichkeit sind hierbei die wesentlichen Motive von Bundestagsabgeordneten (Mayntz 1999: 432).

Zweitens dürfen für die potenziellen Bewerber alternative Gelegenheiten der Karriereorientierung oder Selbstverwirklichung nicht verlockender sein als eine politische Karriere. Drittens muss es für die Person auch konkret möglich sein, sich politisch dauerhaft zu engagieren. Dafür ist es in der Regel wichtig, dass sie am Anfang der zumeist erst ehrenamtlichen Politikerkarriere über ein möglichst flexibles Zeitbudget verfügen, und dass ihr Arbeitsplatz auch bei gebremstem „dienstlichen Engagement sicher ist“ (Patzelt 1999: 250). Weiterhin ist es förderlich, wenn sie in ihrem Hauptberuf im starken Maße Wissen erwerben können, das sie auch für ihre Karriere als politische Mandatsträger nutzen können.

Darüber hinaus müssen die Personen in der Regel relativ lange in einer Stadt und Region leben können, um sich überhaupt dauerhaft in den föderalistischen Parteistrukturen nach oben arbeiten zu können. Insgesamt wird das Kandidatenangebot stark von sozialen Hintergrundsvariablen beeinflusst. Insbesondere Beschäftigte im öffentlichen Dienst mit hohen Bildungsabschlüssen bringen häufig die wesentlichen Anforderungen für ein erfolgreiches Engagement in der Partei mit sich und sind der „typische Kandidat für den Deutschen Bundestag" (Schüttemeyer 2002: 154).

Die bislang angeführten Selektionskriterien diskriminieren sicherlich nicht nur weibliche Kandidaten, wenn auch vermutet werden kann, dass Frauen aufgrund von Rudimenten geschlechtlicher Arbeitsteilung durchschnittlich stärker benachteiligt sein dürften. Für weibliche Kandidaturen kann aber zusätzlich – den Kandidatinnenpool weiter einengend – Kinderlosigkeit (bzw. geschlechtergerechte Aufteilung der Familienarbeit) als notwendige Bedingung eingeordnet werden, um eine schon früh beginnende kontinuierliche Parteikarriere gewährleisten zu können.

Die Vorauswahl für die schließlich in den Einerwahlbezirken mit relativer Mehrheit von den Bürger(innen) zu wählenden Direktkandidaturen wird zumeist in den Führungsgremien auf der Kreis- bzw. Unterbezirksebene getroffen:

> „Die tatsächliche Auswahl der Kandidaten für ein Wahlkreis-Direktmandat erfolgt in kleinen, informellen lokalen Parteizirkeln, die ihre Vorschläge den offiziellen Wahlgremien (Delegiertenversammlungen) präsentieren. Diesen Zirkeln gehören im Wesentlichen die Parteifunktionäre an, die über die tatsächliche Macht in den lokalen Parteiorganisationen verfügen. Der Zugang zu diesen lokalen Machtcliquen ist eng begrenzt und erfolgt durch Kooptation, wobei sehr genau beachtet wird, dass die neuen Mitglieder – nach lokalen Kriterien – als ‚vertrauenswürdig' gelten. Nicht selten gehören auch die späteren Kandidaten diesen lokalen Machtzirkeln bereits vor ihrer Nominierung an" (Weege 2003: 9).

Diese „dezentralisierte Oligarchie" (von Beyme 2000: 153) führt dazu, dass eine Direktkandidatur in den großen Parteien nur für Interessierte erreichbar ist, die formelle Führungspositionen und parteiinterne Netzwerke frühzeitig aufgebaut haben. Der Hinweis darauf, dass in diesen informellen Nominierungszirkeln nicht selten auch der spätere Kandidat sitzt, macht zugleich deutlich, dass hier auch Eigeninteressen und mikropolitische Strategien der Akteure eine erhebliche Rolle spielen dürften, die mit dem Ziel der Wählerstimmenmaximierung für die Gesamtpartei sicherlich nicht deckungsgleich sein müssen.

In den Delegiertenversammlungen auf der Landesebene als zweite Stufe im Nominierungsprozess werden weitgehend nur Kandidat(innen) auf den Landeslisten der Parteien platziert, die auch in einem Wahlkreis antreten. Die Reihenfolge auf den Listen wird hauptsächlich von Proporzlösungen (regionale, politische und soziodemografische Ausgewogenheit) und der politischen Prominenz der Kandidat(innen) bestimmt. Somit dürfte es für aufstiegsorientierten Akteure in der Partei zentral sein, dass sie als Direktkandidat aufgestellt werden und somit die Möglichkeit erhalten, weitgehend unabhängig vom persönlichen Wahlergebnis über die Landelisten in den Bundes- oder Landtag einzuziehen. Aufgrund der Männerdominanz in der Entscheidungsebene besteht für Frauen hier allerdings ein „Flaschenhals", der weitere Aufstiegsambitionen bereits in der Vorstufe scheitern lässt.

Abbildung 17: Nominierungsmuster bei Bundestagsabgeordneten

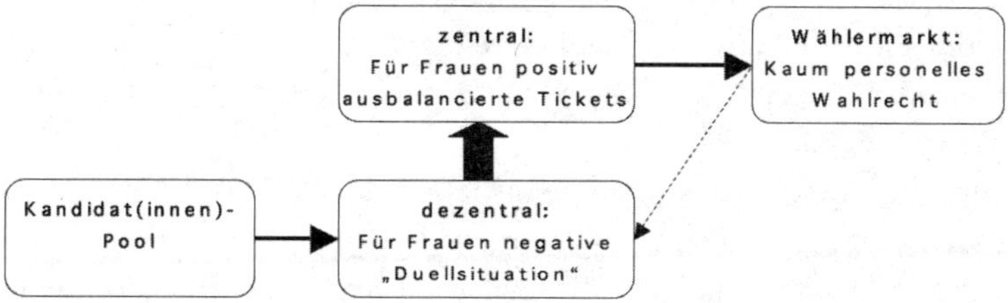

Quelle: Eigene Darstellung

Darüber hinaus könnte es bei der innerparteilichen Nominierung wichtig sein, welche Kandidat(innen) auf dem Wählermarkt nachgefragt werden, auf dem die Parteien im Anschluss an die Kandidatenselektion als politische Anbieter auftreten. Aber das deutsche Wahlrecht lässt den Bürgern bei Bundes- und den meisten Landtagswahlen kaum eine

Möglichkeit, tatsächlich ihre Kandidatenpräferenzen durchzusetzen, so dass diese – anders als häufig auf der kommunalen Ebene – eher eine untergeordnete Rolle im Nominierungsprozess spielen. Zwar kann mit der Erststimme bei Bundestagswahlen für eine Direktkandidatur votiert werden, aber dies hat nur sehr bedingt einen Einfluss auf die personelle Zusammensetzung des Parlaments. Auch wenn der Begriff des „personalisierten Verhältniswahlrechts" genau das Gegenteil suggeriert, ist die personelle Zusammensetzung kleiner Fraktionen faktisch ganz und der großen Fraktionen weitgehend dem Einfluss der Wählerschaft entzogen. Dies wird zum Teil auch aus demokratietheoretischer Perspektive vehement kritisiert:

> „Bundestagskandidaten der CDU/CSU und SPD, die auf so genannten sicheren Listenplätzen platziert sind, ziehen unabhängig vom jeweiligen Wahlergebnis in den Bundestag ein. Insofern haben die Bundestagswahlen keinen kompetitiven Charakter, sondern legitimieren lediglich anderweitig getroffene Entscheidungen, ein ansonsten typisches Charakteristikum unfreier Quasiwahlen, wie sie beispielsweise in der DDR üblich waren" (Prittwitz 2003: 16).

Aus der Gender-Perspektive kann festgestellt werden, dass Frauen als Delegierte auf der Landesebene relativ gute Zugangsmöglichkeiten zu der zweiten Stufe des Nominierungsprozess haben und so in den Quotenparteien die angestrebte Frauenrepräsentanz auf den Landeslisten häufiger erreicht wird.

In den informellen Nominierungsnetzwerken auf lokaler Ebene sind Frauen aber stark unterrepräsentiert, auch weil sie hier selten die zentralen Parteiämter einnehmen. Besonders zu der unter karrierepolitischen Gesichtspunkten zentralen Position des Kreisvorsitzenden „erlangen Frauen kaum Zugang" (Edinger/Holfert 2005: 33). So sind beispielsweise in Nordrhein-Westfalen immer noch knapp 91% der Kreisvorsitze der CDU mit Männern besetzt. Bei den für die Ratsmandate zentralen Ortsvorsitzen sind es in der nordrhein-westfälischen CDU immerhin noch knapp 88% Männer. Bei der SPD als Quotenpartei sind bei dieser Verteilung in Nordrhein-Westfalen im Übrigen keine besonders gravierenden Unterschiede festzustellen. Hier sind 84,9% der Kreisvorsitze und 83,3% der Ortsvorsitze männlich besetzt.[11] Bei den Direktkandidaturen auf Kreisverbandsebene werden in der Regel durch die informellen Netzwerke Konkurrenzkandidaturen effektiver vermieden als bei der Aufstellung der Landeslisten (Schüttemeyer 2002: 152). Eine Kandidatur gegen das Votum der männlichen Kreisvorsitze ist eher unwahrscheinlich und wenig erfolgversprechend. In vielen Fällen sichern gerade die langjährigen Landtags- und Bundestagsabgeordneten ihre Karriere mit Spitzenpositionen im Kreisverband ab (Patzelt 1999: 252f.), so dass durch horizontale und vertikale Ämterkumulation neue Bewerberinnen (zur Erhöhung der Frauenrepräsentanz) eine außerordentlich schwierige mikropolitische Ausgangslage haben. In kleinen männlich dominierten, informellen Netzwerken auf Kreisverbandsebene können auch ebenenübergreifende Tauschgeschäfte realisiert werden, die den offiziellen Parteigremien jeweils lediglich als Einzelentscheidungen vorgelegt wird, so dass hier die Quote und Proporzüberlegungen weniger greifen, während alle im Netzwerk Kooptierten mit Positionen versorgt werden können bzw. diese weiter absichern.

Ein anschauliches Beispiel für diese nur schwer zu untersuchenden Netzwerke liefert der Bundestagspräsident Norbert Lammert in seiner Dissertation. Bezeichnenderweise in einer Fußnote seiner Dissertation stellt er als „Insider" fest, dass wesentliche Nominierungsentscheidungen im damaligen CDU-Kreisverband Bochum nur von drei führenden Personen gemeinsam in informellen Runden getroffen werden. Diesem „Triumvirat gehören der Kreisvorsitzende, der Vorsitzende der Ratsfraktion sowie der Landtagsabgeordnete an, der wegen seiner Mitgliedschaft im Landesvorstand und Präsidium seiner Partei vor allem für überregionale Kontakte unentbehrlich ist. Von diesem informellen, in seinen Vereinbarungen unverbindlichen Gremium wurden z.B. die wesentlichen personalpolitischen Weichenstellungen für Kommunal- und Landtagswahlen mehr als ein halbes Jahr früher als eine Debatte im Vorstand zum gleichen Thema vorgenommen" (Lammert 1976: 74).

---

11 „Bericht zur politischen Gleichstellung von Frauen und Männer"; Anlage zum Bericht des Generalsekretärs, 21. Parteitag der CDU am 3./4. Dezember 2007 in Hannover; „Gleichstellungsbericht für den Bundesparteitag der SPD in Hamburg 26-28 Oktober 2007".

Insbesondere in den Hochburgen der großen Volksparteien ist das Kandidaturinteresse stark ausgeprägt, weil die Direktkandidatur hier als „sicheres Ticket“ für den Landtag bzw. Bundestag gilt und damit unabhängig von den Entscheidungen der Delegiertenversammlung auf Landesebene die Berufspolitikkarriere dauerhaft geplant werden kann. Erfolgreiche Direktkandidaturen, die dauerhaft einen zentralen Einfluss auf die Nominierungszirkel in den Kreisverbänden haben, werden in der Regel über Jahrzehnte nicht ausgetauscht, während Richtungsentscheidungen in den Delegiertenversammlungen für die Mandatsinhaber tendenziell weniger berechenbar sind.

In den Kreisverbänden setzen sich häufiger die Männer durch, die schon über den Kreisvorsitz über eine gute Startposition verfügen. Umgekehrt haben Frauen, wie es typisch ist für Elemente des Mehrheitswahlrechts, eine größere Kandidaturchance in Diasporagebieten der Volksparteien mit geringer ausgeprägter innerparteilicher Konkurrenz, womit aber zugleich die Wahrscheinlichkeit einer erfolgreichen Direktkandidatur sinkt.

> „Dass Frauen seltener Direktmandate erringen als Männer, geht also auf das Konto der Parteien, vor allem ihrer Kreisverbände“ (Fonseca/Espirito-Santo 2008: 44).

Allerdings bleibt Frauen in der SPD und der CDU häufig noch die Möglichkeit, über die Landesliste nachzurücken. Hier können Frauen weit nach oben geschoben werden, um die Selektivität der Kreisverbände etwas zu reduzieren. Diese Rechnung geht allerdings nur auf, wenn die Partei nicht zu viele Direktmandate gewinnt, weil die Liste nur dann stärker zum Zuge kommt.

So oder so bleiben zudem die Kreisverbände das Nadelöhr in den großen Parteien für weibliche Abgeordnete, weil ohne Direktkandidatur auch eine Platzierung auf der Landesliste kaum realistisch möglich ist. Die Kreisverbände nominieren aber insgesamt deutlich zu wenig weibliche Direktkandidaturen und unterlaufen damit zusammengenommen die Quoten bzw. Quoren. So betrug der Männeranteil unter den Direktkandidaturen der CDU in allen Landtagswahlen zwischen 2000 und 2004 78,9% und bei der SPD immerhin noch 69,9% (Hennl/

Kaiser 2008: 341).[12] Damit schrumpft auch der auf Landesebene für die Listen zur Verfügung stehende Kandidatinnenpool erheblich, was die Quotierung auch auf der Landesliste zumindest erschweren kann. Insgesamt ist also die personelle Zusammensetzung der Fraktionen im erheblichen Maße das „Ergebnis der Strategie zahlreicher, nur ausnahmsweise miteinander kooperierender lokaler Parteiorganisationen" (Weege 2003: 8), auf die dementsprechend schon formal die Quote kaum angewendet werden kann.

Damit ist der zweistufige Nominierungsprozess bei personalisierter Verhältniswahl in den größeren Parteien also ein komplizierter Mechanismus, der die sozialen Selektivitäten der Kreisverbandsführungspositionen mit extremer Männerdominanz für die Landtags- und Bundestagsmandate in der CDU nur sehr wenig und in der SPD etwas stärker abmildert (Kaiser/Hennl 2008). Die hierdurch insgesamt weiterhin produzierte politische Ungleichheit ist für die Öffentlichkeit wenig transparent und somit für innerparteiliche Frauenvereinigungen auch schwer kritisierbar, ohne die Partei zu beschädigen. Denn in der Regel wird die wahrnehmbare Attraktivität von Parteien für Wählerinnen dadurch erhalten, dass sie ihre Quoten auf der Liste formal eher einhalten. Dies dürfte auch maßgeblich den transparenten Parteienwettbewerb als wesentlichen Anreiz zur Erhöhung der Frauenrepräsentanz begrenzen.

Innerhalb des bestehenden Wahlrechts können die Frauenorganisation in den großen Parteien häufig nur versuchen, die Politikerinnen vor Ort aufzurufen, um Direktkandidaturen in den Kreisverbänden zu kämpfen, wie es neuerdings auch von der Frauenunion offensiv artikuliert wird, nachdem durch den historischen Sieg der CDU bei der nordrhein-westfälischen Landtagswahl der Frauenanteil der neuen Landtagsfraktion besonders gering ausfiel (Böhmer 2008: 22). Nach langjähriger SPD-Dominanz wurde für die Frauenunion offensichtlich unerwartet so stark

12 Auch bei den Grünen dominieren bei den Direktkandidaturen eindeutig die Männer. So lag der durchschnittliche grüne Männeranteil bei allen Landtagswahlen zwischen 2000 und 2004 bei immerhin 65,5%. Da aber Bündnis 90/Die Grünen nur sehr selten mehrere Direktmandate erringen können, ergeben sich bei dieser Partei kaum Probleme, die männlich dominierten Direktmandate mit der quotierten Liste auszubalancieren.

für die Union votiert, dass die CDU fast alle Direktmandate gewann. Dadurch kam die Parteiliste mit höherem Frauenanteil nicht zum Zuge, auf deren Beeinflussung sich die Frauenunion traditionell konzentriert hatte. Das personalisierte Verhältniswahlrecht dürfte durch diese Interaktionseffekte zwischen Direktmandaten und Landesliste nicht selten zu schwer kalkulierbaren und von Parteiführung, Delegierten-Versammlung und Wählerschaft wohl kaum beabsichtigten Schwankungen der Frauenrepräsentanz führen.

In der politikwissenschaftlichen Literatur werden wohl auch deshalb deutlich komplexere innerparteiliche Strategien dargelegt, wie Frauen die Hürden des zweistufigen Nominierungsprozesses überwinden können (Hennl/Kaiser 2008).

Für die Karriereplanung von Politikerinnen größerer Parteien könnte es sich danach empfehlen, mit sehr schwachen Kreisverbänden in Diasporagebieten der Partei einen Pakt einzugehen. Die voraussehbare Niederlage bei der Direktkandidatur wäre dabei einzustecken, um dann über die Landesliste in den Landtag einzuziehen und die Interessen des Kreisverbandes zu vertreten, um auch das nächste Mal für eine aussichtlose Direktkandidatur nominiert zu werden und wieder über die Landesliste entschädigt werden zu können. Aufgrund der geringeren Attraktivität dieser Wahlbezirke hätten dann Frauen höhere Chancen, sich im Kreisverband gegen die (weniger ausgeprägte) männliche Konkurrenz durchzusetzen, und der Kreisverband wäre im Landtag bzw. Bundestag über die Quotierung der Landesliste durch ihre eigene Abgeordnete sicher vertreten, was sich der Kreisverband von einer männlichen Direktkandidatur eher nicht versprechen kann.

Wenn die Landtagskandidatin dann noch durch unpopuläre Kampagnen kurz vor der Wahl dafür sorgt, so könnte das Argument zugespitzt und karikiert werden, dass die Partei nicht zu große Wahlerfolge verbuchen kann, dann hat sie diese Strategie perfektioniert. Denn nur so kann sichergestellt werden, dass in ihre Partei nicht die anderen Kandidaten zu viele Direktmandate gewinnen und so auch tatsächlich „ihre Liste zieht".

Zusammenfassend kann konstatiert werden, dass das personalisierte Verhältniswahlrecht zu vielen verschlungenen Taktiken und Gedankenspielen anregt. Aber zu einer demokratisch transparenten und durch die Wählerschaft oder durch innerparteiliche Demokratie gestaltbaren Erhöhung der Frauenrepräsentanz leistet es offensichtlich einen geringeren Beitrag.

4.4 Nominierungsprozesse von Ratskandidaturen

Aus der Perspektive des Marktmodells können auf kommunaler Ebene idealtypisch zwei Nominierungsmuster unterschieden werden, für die die nordrhein-westfälischen und die baden-württembergischen Kommunen beispielhaft sind. Diese Unterschiede im Bundesländervergleich werden maßgeblich durch das seit Jahrzehnten variierende Kommunalwahlrecht induziert (Holtkamp 2008)

Die nordrhein-westfälischen Mittel- und Großstädten mit personalisiertem Verhältniswahlrecht gelten zumindest in älteren empirischen Untersuchungen als Paradebeispiel für die Honorierung der Ochsentour. Um als Ratsmitglied in den großen Volksparteien aufgestellt zu werden, müssen die Interessent(innen) zunächst für Parteiämter auf Orts- oder Kreisebene gewählt worden sein (Naßmacher 1972: 49; Zender 1984: 54; Gau 1983: 71; Humpert 1991: 94f; Überall 2007: 97f.). Die Bewerber(innen) um Vorstandstätigkeit in der Partei müssen in der Regel schon auf eine längere Parteimitgliedschaft und auf Aktivitäten im Wahlkampf verweisen können (Becker/Hombach 1983). Höhere Parteiämter auf der Kreisebene setzen in der Regel bereits Ämter in den Ortsvereinen voraus. Die besten Chancen auf eine Ratskandidatur bestehen für Ortsvereinsvorsitzende oder Mitglieder des Kreisvorstandes. Die zentrale Rolle der OV-Vorsitzenden ergibt sich aus dem Nominierungsverlauf. Dieser hat in nordrhein-westfälischen Mittel- und Großstädten in den großen Volksparteien zwei Stufen (Horn/Kühr 1978), ähnlich wie bei Bundestags- und Landtagswahlen. Die Direktkandidat(innen) der Wahlbezirke werden zunächst von den Mitgliederversammlungen der Ortsverbände aufgestellt. Die Direktkandidatur ist auch hier meist notwendige Voraussetzung dafür, um auf der Reserveliste platziert zu werden, die in einem zweiten Schritt formal vom Kreisverbands- bzw. Unterbezirksvorstand erarbeitet wird. Die Wahlvorschläge werden dann in einem dritten Schritt einer Delegiertenversammlung auf Kreisverbands- und Unterbezirksebene präsentiert. Die Auswahl der Direktkandidaten wird von den Ortsvorständen absolut dominiert, so dass sich hier insbesondere die Vorsitzenden erfolgreich als Kandidaten ins Spiel bringen können. Diese Vorschläge werden von der Mitgliederversammlung in der Regel meist unverändert angenommen. Dies ist „meistens darauf zurückzuführen, daß in informellen Vorgesprächen, die meist von der örtlichen Führungsgruppe ausgehen, die Mitglieder für einen ganz bestimmten, vom Vorstand favorisierten Bewerber eingenommen werden" (140). Diese zentrale Rolle der Ortsvereinsvorsitzenden zeigt sich auch in den späteren Phasen. So gehört insbesondere ein Teil von ihnen dem Kreisverbands- und Unterbezirksausschuss an, und weitgehend alle sind Delegierte auf der endgültigen Nominierungsveranstaltung, womit sie zu einem guten Teil über ihre eigenen Vorschläge abstimmen. Neben den Ortsvereinsvorsitzenden hat eine enge Führungsgruppe auf Kreisverbands- und Unterbezirksebene, zu der v. a. Kreisverbandsvorsitzende, Fraktionsvorsitzende und der Parteigeschäftsführer(innen) gehören (170f.), über die Platzierung der Bewerber auf der Reserveliste Einfluss auf den Nominierungsprozess, ohne dabei in der Regel aber über die OV-Vorschläge hinaus zusätzliche Bewerber ins Spiel bringen zu können.

Die Plätze auf den Reservelisten werden in der Regel vor allem nach Ortsteilproporz vergeben. Der Ortsteilproporz hat vor allem das folgende Ziel: „Ruhe und Frieden im Ortsverein" (Gremmels 2003: 60). Die Ortsvereine in den größeren Parteien bestimmen damit insgesamt die Direktwahlkreiskandidaten und werden zudem anteilig über die Reserveliste abgesichert. Das Überangebot an Kandidat(innen) in Mittel- und Großstädten wird durch Proporzlösungen friedlich verarbeitet, auch um innerparteiliche Geschlossenheit nach außen vermitteln zu können und erfolgreiche Konkurrenzkandidaturen, die die Machtposition dieser informellen Führungsgremien in Frage stellen könnten, zu unterbinden. Zudem profitieren auch die aktiven aufstiegsorientierten Mitglieder von dem Proporz, weil sich mit einem Engagement in der Partei sichere Karrieren verbinden.

Der skizzierte Ämterproporz lässt der Parteiführung aber nur wenig Raum, politische „Seiteneinsteiger(innen)" auf der Liste zu platzieren, weil nur langjährige Mitarbeit im Ortsverband zu einer Aufstellung in den Direktwahlkreisen führt und dann zu einer Berücksichtigung auf der informell ausgehandelten Reserveliste. Die hier beschriebene Ochsentour kommt also den Interessen vieler Beteiligter entgegen und kann durch die Konfliktvermeidung auch zu guten Wahlergebnissen führen. Es ist also davon auszugehen, dass diese Nominierungsmuster in den größeren Volksparteien nicht freiwillig kurzfristig verändert werden.

Das personalisierte Verhältniswahlrecht in nordrhein-westfälischen Kommunen führt damit zu ähnlichen (zweistufigen) Rekrutierungsmustern wie bei Bundestagsabgeordneten:

Die Ochsentour wird in den dezentralen Oligarchien der Ortsvereine durch Direktwahlkandidaturen prämiert, die wiederum häufig die Voraussetzungen sind, überhaupt auf der Liste abgesichert zu werden, so dass in diesem dezentralisierten Nominierungsprozess für zentrale Parteigremien die Möglichkeiten relativ gering sind, steuernd einzugreifen, um bei durchaus ähnlichen sozialen Selektionsprinzipien in den Ortsvereinen eine ganz andere, beispielsweise eine geschlechterparitätische Kandidatenliste zu präsentieren.

Zu den Auswirkungen dieser Nominierungsmuster auf die Frauenrepräsentanz in nordrhein-westfälischen Kommunalparlamenten liegen bisher keine empirischen Untersuchungen oder überhaupt auch nur Hypothesen vor. Aufgrund der sehr starken Ähnlichkeit mit den Nominierungsprozessen von Bundestags- und Landtagskandidaten bei nahezu identischem Wahlrecht ist zu erwarten, dass für NRW-Kommunalparlamente ähnliche für die Frauenrepräsentanz negative Effekte der innerparteilichen Selektion zu erwarten sind:

- Unterlaufen der Quoten und der auf sozialdemographische Ausgewogenheit bei großen Kandidatenpakten eher achtenden Kreisverbandsebene durch insgesamt wenige weibliche Direktkandidaturen in den durchweg auf der Führungsebene männlich dominierten Ortsvereinen.
- Dadurch, dass die wenigen Kandidatinnen sich eher in „unattraktiveren“ Wahlbezirken durchsetzen können, verringert sich bei den zu erwartenden Wahlergebnissen nochmals durchschnittlich ihr Anteil an den Direktmandaten.
- Wenn die sehr wenigen, in der Partei einflussreichen Kandidatinnen aber wiederum erfolgversprechende Wahlbezirke erhalten und so abgesichert sind, könnte zudem der innerparteiliche Druck auf

Kreisverbandsebene für eine bevorzugte Repräsentanz von Frauen auf der Liste sinken.

- Wenn schließlich die Partei zu große elektorale Erfolge verbuchen kann und damit auch viele Direktmandate gewinnt, zieht die tendenziell eher quotierte Liste nicht.
- Die insgesamt geringe Transparenz des Wahlrechts führt zu weniger Parteienwettbewerb um höhere Frauenrepräsentanz.

Bei Nominierungsmustern in baden-württembergischen Kommunen wird die „Ochsentour" demgegenüber durchschnittlich weniger prämiert. Vor allem in den kleineren baden-württembergischen Kommunen dreht sich die in nordrhein-westfälischen Kommunen übliche Reihenfolge, dass einer Nominierung als Kandidat für den Rat der Stadt eine längere aktive Mitarbeit in der örtlichen Parteiorganisation vorausgeht, tendenziell um. Am Anfang steht in den baden-württembergischen Lokalparteien kleiner Gemeinden häufiger die über etablierte Netzwerke des vorpolitischen Raums angetragene Kandidatur, dann folgt kurz vor der Wahl der Eintritt in die Partei, und erst am Ende wird unter Umständen auch ein Parteiamt übernommen.

Dieser Ablauf kann auch als bewusste Strategie der Parteien gedeutet werden, weil häufig davon ausgegangen wird, dass sich die Nominierung parteidistanzierter Honoratior(innen) auf dem Wählermarkt bei Kumulieren und Panaschieren auszahlen könnte. Bei diesem Wahlrecht wird zum Teil von den Akteuren erwartet, dass ausgesprochene Parteisoldaten, wie z.B. die Ortsvereinsvorsitzenden, eher weniger Stimmen zum Parteiergebnis beitragen können, womit die Parteibewährung als Nominierungskriterium in den Hintergrund tritt.

Häufig werden die Nominierungsprozesse für Baden-Württemberg so beschrieben, dass sich fast ausschließlich gesellschaftliche Honoratioren zur Wahl stellen und dabei auf ihrer Bekanntheit rekurrieren (Wehling 2000), womit Parteien in Baden-Württemberg gerade nicht die Rolle von zentralen Gatekeepern im Nominierungsprozess zukommen würde. Für die uns in dieser Untersuchung interessierenden mittleren und größeren Kommunen ist allerdings sehr wohl anzunehmen, dass die Parteien die zentrale Rolle im Nominierungsprozess spielen und dabei zumindest auch auf die parteipolitische Bewährung der Kandidaturen achten bzw. diese sich aufgrund ihrer innerparteilichen Bekanntheit und

Beziehungen durchsetzen können. Dabei existieren bei Kumulieren und Panaschieren häufig allerdings keine kleinräumigen Wahlbezirke, wie in Nordrhein-Westfalen, so dass die zentralen Parteigremien deutlich höhere Steuerungsmöglichkeiten haben, jenseits des Ortsteilproporzes andere Kandidaturen zu berücksichtigen.

In unseren landesweiten Befragungen der Fraktionsvorsitzenden in unserem Forschungsprojekt „Bürgerkommune" konnten erstmals quantitativ vergleichend die Nominierungsmuster in größeren baden-württembergischen und nordrhein-westfälischen Kommunen ab 20.000 Einwohner untersucht werden. Danach fallen die Unterschiede zwischen baden-württembergischen und nordrhein-westfälischen Kommunen insbesondere über 50.000 Einwohner bei der Karriere der Fraktionsvorsitzenden jedoch nur gering aus. Die meisten Ratsmitglieder waren in beiden Bundesländern vor ihrer ersten Nominierung als Ratskandidat länger als zwei Jahre Parteimitglied und hatten bereits Parteiämter inne. Es ist also davon auszugehen, dass sich die Selektionskriterien der Parteien mit zunehmender Gemeindegröße unabhängig vom Wahlrecht in gewissem Maße angleichen und die parteipolitische Sozialisation zentrale Voraussetzung für eine Kandidatur wird.

Für die uns in dieser Untersuchung über Frauenrepräsentanz interessierenden mittleren und größeren Kommunen ist also anzunehmen, dass die Parteien sowohl in Baden-Württemberg als auch in Nordrhein-Westfalen die zentrale Rolle im Nominierungsprozess spielen und dabei zumindest auch auf die parteipolitische Bewährung der Kandidaturen achten bzw. diese sich aufgrund ihrer innerparteilichen Bekanntheit und Beziehungen auch in Baden-Württemberg häufiger durchsetzen können. Allerdings spielt in Baden-Württemberg zugleich die in der Partei wahrgenommene öffentliche Bekanntheit der Kandidaten eine deutlich wichtigere Rolle als in NRW, und im Nominierungsprozess wird mehr darauf geachtet, dass Kandidaten im Vereinswesen engagiert sind (vgl. ausführlicher Holtkamp 2008).

Abbildung 18: Signifikanztest nach Gemeindegröße und Bundesländern getrennt

	Gemeinde-größe	BW	NRW	T-Test Signifi.
Anteil der befragten Vorsitzenden mit weniger als 2 Jahren Parteimitgliedschaft bei der ersten Kandidatur	Über 20.000 E. Über 50.000 E.	35,0 % 15,2 %	13,3 % 17,5 %	,000 ,752
Anteil ohne Parteiamt vor der ersten Nominierung	Über 20.000 E. Über 50.000 E.	41,8 % 29,6 %	39,6 % 24,7 %	,751 ,615

Quelle: Fraktionsvorsitzendenbefragung 2003; Holtkamp 2008

Noch wesentlicher dürfte sich das Kommunalwahlrecht in Baden-Württemberg auf die Stellung des Kreisvorsitzes und Kreisverbands während des Nominierungsprozesses auswirken. Da die Ratskandidaturen nicht in kleinen Wahlbezirken gewählt werden, ist im Gegensatz zu NRW nicht zu erwarten, dass die Kreisebene die Kandidaten durch die Ortsverbände weitgehend verbindlich vorgegeben bekommt. Stattdessen können sich die Kreisvorsitzenden prinzipiell eher über die Empfehlungen einzelner Ortsvereine hinwegsetzen. Somit ist es auch eher möglich, die Liste in begrenztem Maße auch für der Allgemeinheit bekannte Seiteneinsteigerinnen (z.B. Pastorinnen, Bäckerinnen etc.) mit Verweis auf ihre außergewöhnliche Bekanntheit zu öffnen. Diese Hypothesen wurden bisher allerdings noch nicht empirisch untersucht und bilden deshalb einen Untersuchungsschwerpunkt für die weiter unten noch folgenden kommunalen Fallstudien.

Angelehnt an die Argumentation des Rational-Choice-Institutionalismus kann weiter davon ausgegangen werden, dass die Möglichkeiten des Kumulierens und Panaschierens die Frauenrepräsentanz bereits während des Nominierungsprozesses eher forciert als das personalisierte Verhältniswahlrecht. Quoten sind bei diesem Wahlrecht besser auf alle Kandidaturen anwendbar, und die zentrale und gleichzeitige Vergabe der Kandidaturen „im Paket“ stärken die Anreize für die Parteiführung die Liste stärker geschlechterparitätisch auszubalancieren („ticket balancing“). Zugleich eröffnen sich mit der stärkeren Transparenz – im Vergleich zu den häufiger in Old-Boys-Networks abgestimmten einzelnen Direktkandidaturen für innerparteiliche Akteurinnen mehr Eingriffsmöglichkeiten, um auf eine geschlechtergerechte Repräsentanz gemeinsam auf der Kreisverbandsebene hinzuwirken.

Abbildung 19: Nominierungsmuster auf kommunaler Ebene in Baden-Württemberg

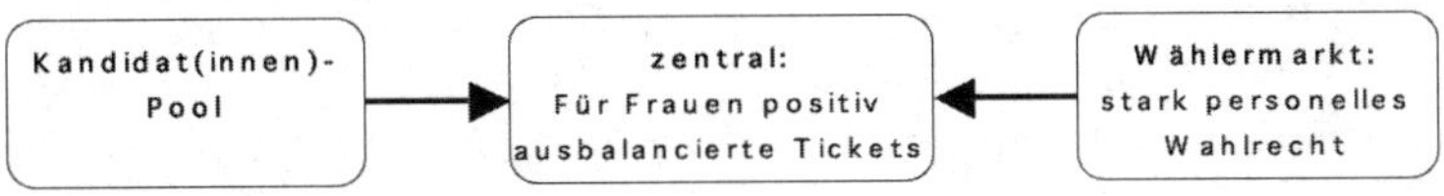

Quelle: Eigene Darstellung

4.5 Nominierungsprozesse von Bürgermeisterkandidaturen

Aufgrund des Wahl- und Nominierungsrechts unterscheiden sich auch die Nominierungsprozesse für Bürgermeisterkandidaturen zwischen den Kommunen in Baden-Württemberg und in Nordrhein-Westfalen gravierend. In Baden-Württemberg haben die Parteien bei den Bürgermeisterwahlen kein Nominierungsrecht, und diese finden prinzipiell getrennt von den Ratswahlen statt. In der wissenschaftlichen Literatur wurde dies bisher so gedeutet, dass die Parteien bei der Besetzung dieses Amtes in baden-württembergischen Kommunen nahezu bedeutungslos sind. Die Bürgermeisterkandidat(innen) stellen sich danach selbst auf, womit eine starke Unterrepräsentanz von Frauen in diesem Amt nicht auf die Parteien als die wesentlichen Gatekeeper, sondern nur auf zu wenige weibliche Kandidaturen oder diskriminierendes Wählerverhalten zurückzuführen wäre.

Grundlegend für die Beschreibung der Bürgermeisterkandidaturen in Baden-Württemberg ist immer noch die Untersuchung des Politikwissenschaftler Hans-Georg Wehling aus den 1980er Jahren, der sich auch in seinen aktuellen Beiträgen ausschließlich auf diese Statistiken bezieht. Diese Bürgermeisterstudie bezog sich auf die Grundgesamtheit aller 1090 Bürgermeister inklusive der vielen kleineren Gemeinden. Die Ergebnisse der Befragung zeigen, dass 50,6% der Bürgermeister nicht Mitglied einer Partei waren. Es dominieren danach jüngere, von den Verwaltungsfachhochschulen kommende Bürgermeister:

> „In Baden-Württemberg zumindest, mit seiner Volkswahl des Bürgermeisters ohne Präsentationsrecht der Parteien, spielen Organisationen mit ihren eigenen Gesetzlichkeiten kaum eine Rolle bei der Auswahl dieses kommunalen Hauptverwaltungsbeamten“ (Wehling/Siewert 1987: 9).

In einer Befragung der Bürgermeister in allen baden-württembergischen Städten und Gemeinden im Jahre 2001 zeigte sich, dass in Baden-Württemberg auch gegenwärtig keine stärkere personelle Parteipolitisierung zu konstatieren ist. Danach sind nur noch 43,8% der Bürgermeister in Baden-Württemberg Mitglied in einer Partei (Wißkirchen 2001: 65). Aus diesen Ergebnissen wird für Baden-Württemberg in der Literatur der Schluss gezogen, dass Parteien für Bürgermeister-Kandidaturen nicht als Gatekeeper fungieren (Gissendanner 2005: 96).

Deutlich anders sieht es dagegen durchschnittlich in den nordrhein-westfälischen Kommunen aus. Das Amt des Verwaltungschefs wurde in NRW vor der Kommunalverfassungsreform 1994 vom Rat gewählt. Auch aufgrund von den in der Kommunalverfassung damals noch vorgeschriebenen Qualifikationen bzw. Verwaltungserfahrungen wurde das Amt des Stadtdirektors kaum durch führende Kommunalpolitiker aus dem lokalen Parteimilieu besetzt (Holtkamp 2008), wobei aber die „richtige“ Parteimitgliedschaft schon als die Eintrittskarte galt. Mit der Einführung der Direktwahl fielen diese Qualifikationshürden, und ehrenamtliche Kommunalpolitiker konnten sich häufiger als Bürgermeisterkandidaten der großen Parteien aufstellen lassen und hatten dadurch in Nordrhein-Westfalen ausgesprochen gute Wahlchancen.

In unserem Forschungsprojekt Kommunalwahlen 1999 wurden die Großstädte Essen, Duisburg und zwei kleinere Gemeinden (Xanten und Hünxe) näher analysiert und landesweit alle Bürgermeisterkandidaten schriftlich befragt (Andersen/Bovermann 2002). In der schriftlichen Befragung wurde deutlich, dass die Parteien fast ausnahmslos Kandidaten mit starker Parteibindung nominierten. Die Parteien hatten gleichzeitig faktisch das Nominierungsmonopol, weil parteilose Einzelbewerber ohne Amtsbonus und Bewerber von Wählergemeinschaften bei den Kommunalwahlen 1999 in der Regel chancenlos blieben (im Folgenden Holtkamp/Gehne 2002). Es fanden sich nur sehr vereinzelt Kandidaten ohne Parteimitgliedschaft, was auch auf die von uns in Fallstudien untersuchten Nominierungsmuster in den Volksparteien zurückzuführen ist:

- Wenige Parteimitglieder in herausgehobenen Positionen in Partei, Fraktion oder Verwaltung treffen eine Vorauswahl des Bürgermeisterkandidaten ihrer jeweiligen Partei.
- Die Vorentscheider sind in der Regel nicht für eine Findungskommission gewählt worden, sondern konstituieren eher informelle Netzwerke. Auf Findungskommissionen wurde häufig gänzlich verzichtet.
- Eine Sondierung findet fast ausschließlich im lokalen Umfeld der Partei statt. Man sucht nach Kandidaten, die man schon aufgrund langer Beziehungen gut kennt und denen man das Amt zutraut („Wer kauft schon gerne die Katze im Sack, insbesondere wenn man hinterher eng zusammenarbeiten muss?").
- Nicht selten nutzen die wenigen beteiligten, in der Regel männlichen, Vorentscheider (z.B. Fraktions- oder Parteivorsitzende, Amtsinhaber) auch die Vorauswahl, um sich selbst als Kandidaten erfolgreich ins Spiel zu bringen. Teilweise wurden auch Pakete geschnürt, um die Interessen aller Vorentscheider zu wahren und aussichtsreiche Kampfkandidaturen zu vermeiden (z. B. „Zusage" von Bundestagskandidaturen).
- Schließlich wird den einfachen Parteimitgliedern bzw. den Delegierten in der Regel nur *ein* Kandidat präsentiert, um diesen dann widerspruchslos zum Bürgermeisterkandidaten küren zu können.

Die bisher umfassendste Untersuchung zu Direktwahlen kommt damit insgesamt zu dem Ergebnis, dass Nordhein-Westfalen „auch nach der zweiten Runde der Direktwahlen das ‚Mutterland der Parteipolitisierung'" bleibt (Gehne 2008: 281) und der Verwaltungschef heute eine stärkere lokale Parteibindung aufweist als zuvor der Stadtdirektor.

Bei unserer Bundesländer vergleichenden Studie konnten diese doch deutlichen Unterschiede empirisch jedoch nicht bestätigt werden, was vor allem damit zusammenhängen dürfte, dass wir in beiden Ländern auch die Großstädte in die Untersuchung aufgenommen haben. In den Kommunen über 50.000 Einwohner kommen in Baden-Württemberg ähnlich viele Bürgermeister ursprünglich aus der ehrenamtlichen, durchaus parteipolitisch geprägten Kommunalpolitik wie in Nordrhein-

Westfalen, während es in den Kommunen unter 50.000 Einwohner noch sehr gravierende Unterschiede zwischen den beiden Bundesländern zu konstatieren gibt.

Abbildung 20: Anteil der Bürgermeister, die ausschließlich aus der ehrenamtlichen Kommunalpolitik kommen

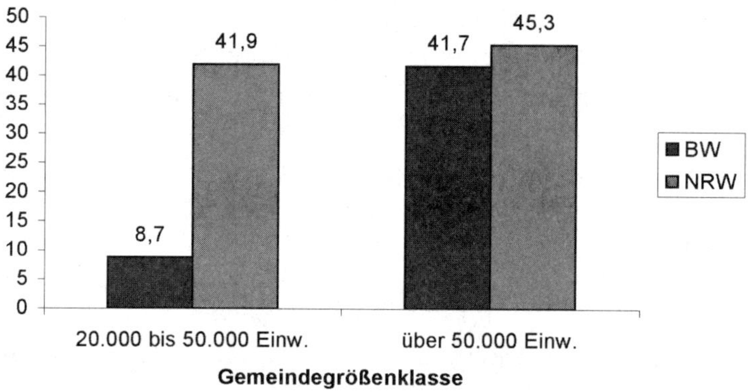

Quelle: Projekt Bürgerkommune: Fraktionsvorsitzendenbefragung 2003

Auch ist der Anteil der parteilosen Bürgermeister in den größeren baden-württembergischen Kommunen nach den übereinstimmenden Angaben der Bürgermeister und Fraktionsvorsitzenden mit knapp unter 15% ziemlich niedrig. Der in vielen anderen Befragungen konstatierte im Vergleich zu Nordrhein-Westfalen sehr hohe Anteil von parteilosen Bürgermeistern ist somit im erheblichen Maße auf die in Baden-Württemberg viel stärker verbreiteten kleinen Gemeinden zurückzuführen. In Baden-Württemberg haben 54,4% der Kommunen unter 5.000 Einwohner, während diese Gemeindegrößenklasse in NRW nach den einschneidenden Gebietsreformen in den 1970er Jahren weitgehend abgeschafft wurde. In dieser Gemeindegrößenklasse liegen heute gerade mal 0,8% der Gemeinden.

In größeren Kommunen in Baden-Württemberg ist die dezente Parteiunterstützung der Oberbürgermeister dagegen üblich. Erstens müssten Kandidaten ansonsten die aufgrund der Gemeindegröße beachtlichen, mit dem Wahlkampf verbundenen Kosten allein tragen. Zweitens wird von den Bürgermeisterkandidaturen in Großstädten teilweise davon ausgegangen, dass ein parteigebundener „Lagerwahlkampf" in dieser Gemeindegrößenklasse von den durchschnittlich über die Oberbürgermeisterkandidaten kaum näher informierten Wähler honoriert wird, weil die parteipolitische Polarisierung und die Bekanntheit der Kandidaten als langjährige Parteipolitiker einfache Orientierungen bieten (Hoecker 2005). Auch Bürgerbefragungen in baden-württembergischen Kommunen kamen zu dem Ergebnis, dass dem parteipolitischen Engagement des Bürgermeisters in größeren Kommunen eine deutlich geringere Skepsis entgegengebracht wird als in kleineren Gemeinden (Tabor 2006). Damit sind die Oberbürgermeister auch in Baden-Württemberg immer stark auf Parteienunterstützung angewiesen (Kern 2007: 55f.), so dass ihrer Kandidatur in der Regel ein inoffizieller Nominierungsprozess der Parteien vorgeschaltet wird.

Für unsere Untersuchung über Frauenrepräsentanz ist daraus zu folgern, dass auch in Baden-Württemberg davon auszugehen ist, dass die Parteien bei der Selektion der Bürgermeister in mittleren und größeren Kommunen eine wesentliche Gatekeeper-Funktion innehaben und damit das Marktmodell als Heuristik prinzipiell auch auf die Direktwahl der Bürgermeister(in) und nicht nur der Kommunalparlamentarier(innen) anwendbar ist. Im Unterschied zu den Ratskandidaturen ist – wenn man in diesem Marktmodell mit der Triade Kandidatenpool, Parteiorganisation und Wählernachfrage argumentieren will – für alle Bundesländer davon auszugehen, dass das Mehrheitswahlrecht für diese herausgehobene kommunale Position die Wählerschaft noch eher zur Personenwahl (unter Berücksichtigung der Parteiorientierung) veranlassen dürfte als das Verhältniswahlrecht mit freien Listen oder das personalisierte Verhältniswahlrecht für die Kommunalparlamente, wobei auch hier in großen Städten eher die Parteiorientierung dominieren dürfte.

Zudem ist ein nicht lösbarer Kandidatinnenmangel in diesen Gemeindegrößenklassen noch unwahrscheinlicher als bei Ratswahlen. Das Bürgermeisteramt ist durch seine hohe Dotierung als berufspolitische Position prinzipiell attraktiver als das ebenfalls durchaus zeitintensive ehrenamtliche Ratsmandat mit eher niedriger Aufwandsentschädigung.[13] In NRW wenden beispielsweise gerade in den größeren Städten ab 50.000 Einwohner fast alle Fraktionsvorsitzenden mindestens 15 Stunden pro Wochen für ihr Mandat auf und nähern sich damit einer Halbtagsbeschäftigung. Fast 30% dieser Funktionsträger liegen sogar über einer 30-Stunden-Woche für ihr Mandat.

Zudem können sich für das Bürgermeisteramt nicht nur die Bürgerinnen der jeweiligen Stadt bewerben, sondern es dürfen auswärtige Kandidat(innen) zur Wahl antreten und die Parteien machen hiervon durchaus Gebrauch.

In unserem Forschungsprojekt Kommunalwahlen 1999 haben wir landesweit alle Bürgermeisterkandidaturen befragt. Ein Blick auf die Frauenanteile zeigt ein zunächst ungewohntes Bild. Zwar führen die Grünen mit einem Drittel weiblicher Kandidaturen das Feld an, aber die SPD als Quotenpartei bildet zusammen mit der CDU mit einem Frauenanteil unter 10% eindeutig das Schlusslicht. Die Wählergemeinschaften und die FDP, die sonst eher für eine sehr niedrige Frauenrepräsentanz in den Parlamenten stehen, liegen deutlich vor den großen Volksparteien. Dies dürfte auch auf die Effekte der Mehrheitswahl zurückzuführen sein, bei denen sich die Männer besonders stark um die aussichtsreichen und sicheren Tickets bewerben, während Frauen bei schwieriger bis aussichtsloser Ausgangslage teilweise der Vortritt gelassen wird.

---

13 Für NRW beträgt die Pauschale für Ratsmitglieder pro Monat in Städten zwischen 20.000 und 50.000 Einwohnern 252 Euro, in Kommunen zwischen 50.000 und 150.000 336 Euro, in Kommunen zwischen 150.000 und 450.000 Einwohnern 418 Euro und in Kommunen über 450.000 Einwohner 501 Euro. Die zusätzliche Aufwandsentschädigung der Fraktionsvorsitzenden beträgt das 2- oder 3-Fache (je nach Größe der Fraktion) der Ratspauschale. Bis auf einen sehr niedrigen Freibetrag ist die Aufwandsentschädigung voll zu versteuern; vgl. Innenministerium NRW: Verordnung über die Entschädigung kommunaler Vertretungen und Ausschüsse, vom 19. Dezember 2007.

Abbildung 21: Kandidaturen nach Partei und Geschlecht

Partei	männlich	weiblich	Summe	Frauenanteil in %
SPD	331	32	363	8,8
CDU	349	23	372	6,2
B'90/ Die Grünen	163	85	248	34,3
FDP	161	41	202	20,3
Wählergruppen	112	25	137	18,2

Quelle: Projekt Kommunalwahl 1999, BM-Kandidatenbefragung

Dies zumindest ist auch das Ergebnis der bisher umfassendsten qualitativen Studie zu Oberbürgermeisterinnen in Deutschland, in der alle weiblichen Verwaltungsspitzen in den kreisfreien Kommunen interviewt wurden. Danach wurden die schließlich auch gewählten Bürgermeisterinnen in zwei Konstellationen von den großen Parteien nominiert. In den meisten Fällen galten sie zunächst als Verlegenheitslösung, weil sich aufgrund der schlechten Ausgangslage der Partei kein attraktiver männlicher Bewerber fand. In wenigen Fällen wurden Frauen aber auch ganz bewusst als „Kontrastprogramm" aufgestellt, damit man sich im Wahlkampf stark von dem männlichen Bewerber der anderen großen Partei absetzen konnte (Scholz 2004). Aber auch in diesen Fällen werden Frauen zumeist eine schwierigere Ausgangskonstellationen haben, weil sie nicht selten gegen den Bürgermeister der anderen Parteien ins Rennen geschickt werden, der beim Wahlverhalten häufig auf seinen Amtsbonus setzen kann. Diese Konstellationen hebt auch der Politikwissenschaftler Hans-Georg Wehling für Baden-Württemberg hervor:

> „Von den insgesamt 37 Bürgermeisterinnen, die das Land bislang aufwies, hatten sieben ihr Amt gegen einen Bürgermeister gewonnen, der sich wieder beworben hatte (...) Das ließe sich so interpretieren: Frauen erwiesen sich als ‚mutiger', wenn ein Amtsinhaber nicht mehr über genügend Rückhalt in der Bevölkerung zu verfügen schien. Männer wollen jedoch kein Risiko eingehen, da überließ man Frauen das Feld" (Wehling 2007: 9).

In diesem Zitat werden aber auch die Potentiale des Mehrheitswahlrechts im Vergleich zur für die Frauenrepräsentanz möglicherweise noch ungünstigeren Wahl von Regierungsspitzen durch Koalitionsfraktionen deutlich. Im letzteren Fall gibt es im Gegensatz zur Mehrheitswahl bei der Direktwahl der Bürgermeister(innen) kaum „unsichere Tickets", um die sich „mutigere Frauen" bei geringerem männlichem Kandidaturinteresse bewerben könnten und die zugleich direkt von der Wählerschaft vergeben werden. Fast nur bei der Direktwahl der Verwaltungsspitze als Personenwahl können Frauen über Engagement und Strategie auch in Diasporagebieten oder gegen Amtsinhaber im starken Maße punkten.

Bei der Regierungsspitze auf Landesebene sind diese „kleinen" Chancen für Frauen weitgehend ausgeschlossen: Amtierende Ministerpräsidenten werden im parlamentarischen System in der Regel auch über Legislaturperioden von den Mehrheitsfraktionen gestützt (mit Ausnahme bei der bisher einzigen Ministerpräsidentin Heide Simonis). Zwar könnte die große Oppositionsfraktionen geneigt sein, bei sehr schwieriger Lage eine weibliche Spitzenkandidatin gegen den amtierenden Ministerpräsident aufzustellen (z. B. die SPD in Bayern), nur ist es bei Parteienwahlen sehr unwahrscheinlich, dass die Spitzenkandidatin mit viel Engagement den Vorsprung des Ministerpräsidenten (Amtsbonus) aufholen kann. Gelingt es ihr in Ausnahmefällen dann mit schwierigen Koalitionsoptionen dennoch, dann kann sich die indirekte Wahl, wie im Fall von Andrea Ypsilanti, überraschend noch als eine Hürde herausstellen, die bei der Direktwahl der Bürgermeisterin nicht auftreten kann.

4.6 Kommunales Wahlverhalten

Zu den Einflüssen des kommunalen Wahlrechts auf die Wahl von weiblichen Ratsmitgliedern gibt es im Vergleich zum Nominierungsprozess klarere Positionen in der politikwissenschaftlichen Gender-Forschung. Danach gilt es als ausgemacht, dass Frauen durch Kumulieren und Panaschieren eindeutig benachteiligt werden. Erstens würde die Wählerschaft die Quotierung unterhöhlen und zweitens vor allem sehr bekannte Kandidaturen präferieren. Gewählt würden Vereinsvorsitzende und Berufstätige mit einem hohen gesellschaftlichen Status – also Positionen, von denen Frauen sozialstrukturell häufiger ausgeschlossen sind (Blättel-Mink et al. 1998: 782; Hoecker 1995: 113). Demnach würde die Wählerschaft zwar nicht bewusst Frauen diskriminieren, aber über den Faktor „Bekanntheitsgrad" – vermittelt durch die sozialstrukturelle gesellschaftliche Schieflage – würden Frauen auf dem Wahlzettel schließlich systematisch benachteiligt, wenn das Wahlrecht durch Kumulieren und Panaschieren die Personenwahl ermöglicht.

Für diese dominante Hypothese werden allerdings keine empirisch überzeugenden Belege angeführt. Es wird lediglich der Prozentanteil der weiblichen Kandidaturen mit dem der gewählten Ratsmitglieder verglichen:

> „Sehr häufig ist das Wahlergebnis für Frauen schlechter, als es ihrem Anteil an Kandidaturen entspricht. Dies ist darauf zurückzuführen, dass die Wählerinnen und Wähler kaum in Erwägung ziehen, eine Frau anstelle eines Mannes zu wählen" (Holuscha 1999: 307; vgl. sehr ähnlich auch Wehling 2000: 205).

Zwar ist der Frauenanteil in Baden-Württemberg unter den Ratskandidaturen auch in aktuelleren Statistiken höher als unter den Ratsmitgliedern (Hin/Michel 2004), aber hieraus lassen sich keine Schlüsse für das Wahlverhalten ziehen, weil dieser Effekt auch darauf zurückgeführt werden könnte, dass die Parteien gerade ihre unteren Listenplätze mit weiblichen Kandidaturen „auffüllen" und deshalb anteilig schließlich weniger Kandidatinnen in das Kommunalparlament einziehen. Zur Überprüfung dieser Hypothese muss also die Veränderung der Listenplatzierung durch die Wählerschaft erhoben werden und zunächst plausibilisiert werden, dass Kandidateneffekte beim Kommunalwahlverhalten überhaupt eine zentrale Rolle spielen können.

Ähnlich weitgehende Schlüsse ohne empirische Analyse werden auch für die Bürgermeisterwahlen gezogen. So kommt beispielsweise Hans-Georg Wehling aufgrund der sehr niedrigen Frauenanteile unter den Bürgermeistern in baden-württembergischen Kommunen (ca. 4%) zu folgendem Ergebnis:

„Das sind zweifellos viel zu wenig. Die Schuld daran trifft die Wähler genauso wie die Wählerinnen, die sich offenbar noch immer den Bürgermeister nur als Mann vorstellen können" (Wehling 2003: 29).

Bei diesem Argument wird systematisch insbesondere die Rolle von Parteien als Gatekeeper ausgeblendet. Die großen Parteien präjudizieren durch ihr Nominierungsverhalten in mittleren und großen Kommunen bereits weitgehend das Wahlergebnis. Wenn sie in gewohnter Routine männliche Kandidaturen präferieren, dann ist es sehr unwahrscheinlich, dass die Wählerschaft nur deshalb auf weibliche Kandidaturen kleinerer Parteien umschwenken wird. Der Begriff der „Schuld“ verdeutlicht zugleich, dass dieses Argument sich für männlich dominierte Parteien auch als „Entschuldungsstrategie“ eignet („wir hätten ja gerne mal eine Bürgermeisterin, aber die Wählerinnen lassen uns nicht“). Umso weniger verständlich ist es, dass die Gender-Forschung dieses Argument gerade beim stark personenorientierten Ratswahlrecht bisher kritiklos übernommen hat, ohne die These empirisch angemessen zu überprüfen.

Wie empirisch voraussetzungsvoll (und damit relativ unwahrscheinlich) die These ist, dass die Wählerschaft tatsächlich im entscheidenden Maße Frauen aufgrund ihres (möglicherweise) geringeren Bekanntheitsgrads nach unten wählen und damit die Frauenunterrepräsentanz in den Kommunen systematisch reduzieren, zeigt die Analyse der bei Kommunalwahlen zentralen Faktoren zur Erklärung der Wahlergebnisse.

Zunächst wird im kommunalwissenschaftlichen Mainstream häufig bereits bezweifelt, dass tatsächlich ein eigenständiges Kommunalwahlverhalten im nennenswerten Maße zu verzeichnen ist, was die erste Voraussetzung dafür wäre, dass der unterschiedliche Bekanntheitsgrad der Ratskandidat(innen) überhaupt einen stärkeren Effekt auf ihre Wahlchancen haben kann. Aus dieser Perspektive werden Unterschiede zwischen Kommunalwahl- und Bundestagwahlergebnissen v. a. auf unterschiedliche Mobilisierungspotenziale zurückgeführt und nicht auf den Einfluss der Ratskandidaturen. Danach können Parteien, die im Bund in der Regierungsverantwortung stehen, ihre Sympathisanten nicht so gut zu Kommunalwahlen mobilisieren, wie die Oppositionsparteien. Kommunales Wahlverhalten „ist danach nichts anderes als ein Reflex gesamtsystemaren Wahlverhaltens“ (Kevenhörster 1976: 244). Das bedeutet, dass die Oppositionsparteien im Bund auf kommunaler Ebene bessere Wahlergebnisse erzielen, weil die Stammwähler von den Regierungsfraktionen entweder von der Regierungspolitik enttäuscht sind oder zumindest keine allzu hohe Motivation haben zur Kommunalwahl zu gehen. Wird dieser Effekt berücksichtigt, gibt es danach aufgrund einer starken Parteibindung des Wahlverhaltens keine gravierenden Unterschiede zwischen Bundestagswahl- und Kommunalwahlergebnissen zu verzeichnen, so dass nur sehr wenig Raum für Kandidateneffekte aufgrund unterschiedlicher Bekanntheitsgrade bei Kommunalwahlen bleibt.

Aber mit Blick gerade auf das baden-württembergische Ratswahlrecht wurde in Abgrenzung hierzu die sog. Differenzhypothese entwickelt (Gabriel et al. 1997). Danach wird davon ausgegangen, dass die bei Bürgern und Mandatsträgern verbreitete Vorstellung von der parteidistanzierten sachorientierten kommunalen Selbstverwaltung die Bedeutung von Parteiorientierungen für die kommunale Wahlentscheidung sinken lässt, während der Einfluss der Kandidatenorientierung sehr hoch zu veranschlagen ist (Löffler/Rogg 2000: 123). Allerdings konnte die Differenzhypothese für Ratswahlen empirisch nicht annähernd belegt werden.[14] Die für Baden-Württemberg schon früh durchgeführten Vergleiche von Bundestags-, Landtags- und Kommunalwahlergebnissen zeigen demgegenüber, dass „die Einheitlichkeit der Wahlresultate der Parteien mögliche ebenenabhängige Differenzen bei weitem übertrifft" (Hermann/Werle 1983: 393). Dies konnte insbesondere für mittlere und größere baden-württembergischen Kommunen festgestellt werden, während in kleineren Kommunen stärkere Kandidateneffekte bei Kommunalwahlen verzeichnet werden können. Die Kommunalwahlen in den kleinen Gemeinden sind deshalb eher Personal- als Parteiwahlen. Mit zunehmender Gemeindegröße nehmen die Kommunalwahlen aber auch in Baden-Württemberg „den Charakter einer Parteiwahl an" (Völkl 2001: 59).

Selbst wenn bei stärkerer Partei- und Bundesorientierung noch genügend Raum für starke Kandidateneffekte wäre, setzt die These der

14 Löffler und Rogg stützen ihre Hypothese auf eine Bürgerbefragung zum Wahlverhalten in der baden-württembergischen Stadt Ravensburg. In dieser Studie weisen sie aus ihrer Sicht eine geringe Parteibindung der Wähler und eine starke Kandidatenorientierung nach. Die Studie weist aber ganz erhebliche methodische Mängel auf, so dass sie sich höchstens zur Illustration der Hypothese eignet. Der geringe Effekt von Parteibindungen wird dadurch „gemessen", ob der Wähler der Aussage zustimmt, dass die Parteien nichts auf dem Rathaus verloren haben (1985: 293f.). Abgesehen davon, dass nicht untersucht wurde, ob die Wähler den Parteien auf der Bundesebene tatsächlich eine gravierend andere Rolle zumessen als auf kommunaler Ebene, kann diese Frage wohl kaum den Einfluss von Parteibindungen auf das Wählerverhalten erfassen.

deutschen Gender-Forschung weiterhin voraus, dass der Wählerschaft tatsächlich mehrere (männliche) Ratskandidaten namentlich bekannt sind.

Für nordrhein-westfälische Kommunen haben wir in unserem Forschungsprojekt Kommunalwahlen 1999 für Städte unterschiedlicher Größe in repräsentativen Bürgerbefragungen nachgewiesen, dass kein Ratsmitglied überhaupt mehr als 5% der Bürger namentlich bekannt war (Bovermann 2002). Ähnliches wurde auch für Baden-Württemberg am Stuttgarter Beispiel empirisch bestätigt (Gabriel et al. 1997). In der Stuttgarter Wählerumfrage wurden vor allem zwei Gründe angegeben, warum immerhin über 40 Prozent der Wählerschaft die Reihenfolge der Kandidaturen nicht veränderten: „Einverständnis mit dem Stimmzettel" und „Kandidaten nicht bekannt". Dass trotz sehr geringer Kandidatenkenntnisse in Stuttgart immerhin über 50% der Wählerschaft von der Möglichkeit zu kumulieren und panaschieren Gebrauch macht, deutet darauf hin, dass für die Personalentscheidungen der Wählerschaft in größeren Kommunen weitgehend nur die begrenzten Angaben auf dem Stimmzettel eine Rolle spielen (Andersen 2000: 88) und nicht ein wie auch immer gearteter öffentlicher Bekanntheitsgrad der Ratskandidaturen. Es ist dabei aber wohl in der Regel nicht davon auszugehen, dass Wähler die Angabe des Vornamens auf der Liste dazu nutzen, um gezielt Frauen zu diskriminieren.

Insgesamt wird also der Bekanntheitsgrad von männlichen Ratsmitgliedern in der Gender-Forschung deutlich überschätzt. Lediglich für kleine Gemeinden lässt sich noch relativ plausibel ein hoher Bekanntheitsgrad von Ratsmitgliedern annehmen.

Für größere baden-württembergische Kommunen wurde zudem nachgewiesen, dass die vorderen Listenplätze durch Kumulier- und Panaschierstimmen kaum so stark verändert werden, so dass Parteien häufig die Möglichkeit haben, durch die Listenplatzierung auch die Frauenrepräsentanz in den Räten maßgeblich zu steuern (Mielke/Eith 1994: 123; vgl. so auch Holuscha 1999). Dies gilt insbesondere für die Quotenparteien, deren Listen in baden-württembergischen Kommunen deutlich weniger verändert werden als die von FDP und Wählergemeinschaften. Insbesondere die Wählerschaft von Bündnis 90/Die Grünen und der SPD hat eine deutlich parteipolitisch-programmatische Haltung bei Kommunalwahlen und verändert durch die Stimmzettel die Listenplätze weniger gravierend (Gabriel et al 1997; Völkl 2001; Mielke/Eith 1994).

Insgesamt verwundert es deshalb nur wenig, dass in Fallstudien für baden-württembergische Großstädte immer wieder dargelegt wurde, dass Männer von der Wählerschaft nicht systematisch gegenüber Frauen bevorzugt werden, wenn in der Analyse die von den Parteien vergebenen Listenplätze berücksichtigt werden (Gabriel et al. 1997; Mielke/Eith 1994; vgl. zum Überblick Tiefenbach 2006, der nur für kleine Gemeinden mögliche negative Effekte auf die Frauenrepräsentanz konstatiert).

Bei dem Vergleich der kommunalen Karriere von weiblichen und männlichen Fraktionsvorsitzenden in Baden-Württemberg in den Kommunen über 20.000 Einwohner zeigte sich darüber hinaus anhand der Daten unserer Forschungsprojekts Bürgerkommune, dass Frauen dieses Amt in Baden-Württemberg in geringerer Zeit als Männer erringen (Holtkamp/Schnittke 2008). Bemerkenswert ist insbesondere, dass die weiblichen Fraktionsvorsitzenden im Durchschnitt fast ein Jahr weniger brauchen, um in Baden-Württemberg von der ersten Ratskandidatur zum Ratsmitglied aufzusteigen als ihre männlichen Kollegen (Frauen 1,5 Jahre; Männer 2,4 Jahre). Die Bewährung vor der Wählerschaft bereitet den weiblichen Kandidaten also auch in unseren landesweiten Befragungen offensichtlich nicht mehr Probleme als ihren männlichen Kollegen.

Dabei neigen allerdings lokale Akteure dazu, Einzelfälle, in denen Frauen nach unten gewählt werden, überzubetonen und nicht die durchschnittlichen Auswirkungen des Wahlrechts auf alle Kandidaturen zu beobachten (Mielke/Eith 1994). So können sich schnell Vorurteile und Mythen verfestigen („der Wähler will eher gestandene Männer"), die auch zur Legitimierung männlicher Kandidaturen genutzt werden können.

Auch für hessische Kommunen, in denen das stark personenorientierte Ratswahlrecht erst 2001 eingeführt wurde, konnte in diversen Fallstudien dargelegt werden, dass die Wählerschaft weibliche Ratskandidaten nicht stärker als männliche nach unten wählt (Gremmels 2001; Kersting 2004). Zum Teil wird sogar eine förderliche Rolle des neuen Wahlrechts auf der Grundlage von mehreren Fallstudien konstatiert.

„Das neue Wahlsystem (Kumulieren und Panaschieren) führte in vielen Fällen dazu, dass die Wähler den Geschlechteranteil zugunsten der Frauen beeinflussen" (Bauer et al. 2006: 142).

In einem aktuellen Bundesländervergleich der Auswirkungen des Kommunalwahlrechts wurde für Hessen und Bayern in einer Untersuchungen diese für die Frauenrepräsentanz förderliche Rolle bestätigt (Hofmann et al. 2007).

Auf der Grundlage der hier skizzierten Befunde gehen wir in dieser Untersuchung empirisch begründet davon aus, dass die Wählerschaft Frauen bei stark personenorientierten Wahlrecht durchschnittlich in mittleren und größeren Kommunen nicht gegenüber männlichen Kandidaturen benachteiligen.

Unstrittig ist hingegen, dass vor allem das Bildungsniveau der Kandidaturen für die Wählerschaft ein wesentliches Kriterium ist. In vielen empirischen Untersuchungen wurde festgestellt, dass Kandidat(innen) mit einem Doktortitel (der auf allen Stimmzetteln ersichtlich ist) vom personenorientiertem Wahlrecht stark profitieren (Gremmels 2003: 73; vgl. bereits Hamberger 1966). Aber auch dies dürfte im Zuge der Bildungsexpansion und Feminisierung der Wissenschaft durchschnittlich kaum noch eine Benachteiligung für Frauen sein. Der weibliche Anteil unter den Promovierten lag 2005 in Deutschland bei knapp 40%. 1980 war noch ein Frauenanteil von nur knapp 20% bei den Promotionen zu verzeichnen (Zimmer et al. 2007: 69).[15]

Ob mit der Promotion oder einer wissenschaftlichen Karriere tatsächlich eine bessere Eignung der Kandidaturen für die Aufgaben der kommunalen Selbstverwaltung verbunden ist, bleibt selbstverständlich offen.[16]

---

15 Damit soll nicht die These aufgemacht werden, dass in deutschen Universitäten mittlerweile eine geschlechtergerechte Verteilung der Wissenschaftspositionen konstatiert werden kann. Im Gegenteil: Der Frauenanteil unter den Wissenschaftler(innen) an deutschen Hochschulen beträgt lediglich 25%. Deutschland belegt damit zusammen mit Malta die letzten Plätze im europäischen Wissenschaftvergleich, was angesichts der hohen deutschen Promoventinnenquote auf eine ausgeprägte strukturelle Diskriminierung hinweist (Zimmer et al. 2007: 69).

16 Nicht unplausibel argumentiert Hans-Georg Wehling, dass Universitätsangehörige im Stadtrat eher zu härteren Meinungsverschiedenheiten und einer Rückbindung „an übergeordnete politische Positionen" neigen (Wehling 1991: 156). Ob dies angesichts begrenzter kommunaler Handlungsspielräume und Bockadegefahren bei ausgeprägtem Parteienstreit zu einer effektiven kommunalen Aufgabenerfüllung beiträgt, dürfte zumindest fraglich sein.

Insgesamt wurde damit auf einer breiten empirischer Basis die von der politikwissenschaftlichen Gender-Forschung aufgestellte Hypothese, nach der das Verhältniswahlrecht mit freien Listen über das Wählerverhalten zu einer Benachteiligung von weiblichen Ratskandidaturen führt, widerlegt. Zugleich gehen wir, wie skizziert, davon aus, dass die Auswirkungen des reinen Verhältniswahlrechts mit freien Listen (die dem mit starren Listen gleichen müssten) auf den Nominierungsprozess zu einer deutlich höheren Frauenrepräsentanz als bei personalisierter Verhältniswahl führt, so dass insgesamt ein positiver Einfluss von Kumulieren und Panaschieren auf die Frauenrepräsentanz in deutschen Kommunalparlamenten zu erwarten ist.

Zum Wahlverhalten bei Bürgermeisterwahlen gibt es demgegenüber nur wenige empirische Studien, die darüber Auskunft geben könnten, ob bei der Wahl des herausragenden kommunalen Regierungsamts damit zu rechnen ist, dass die Wählerschaft hierbei weibliche Kandidaturen benachteiligt.

Zunächst kann mit Verweis auf unsere Bürgerbefragungen in NRW festgehalten werden, dass die Bürgermeisterkandidaturen der SPD und CDU deutlich mehr Wähler(innen) im Vorfeld der Wahl bekannt sind als einzelne Ratsmitglieder, so dass prinzipiell deutlich stärkere Kandidateneffekte zu erwarten sind als bei den Ratswahlen (Bovermann 2002). In unserer Aggregatanalyse der erfolgreichen Bürgermeister(innen) in NRW konnten insbesondere zwei erklärungskräftige Faktoren herausgearbeitet werden – der Amtsbonus als Kandidateneffekt und die Parteizugehörigkeit als gesamtsystemarer Effekt bzw. als negativer Bundestrend gegenüber den Regierungsparteien. Die CDU-Kandidaten, die schon als (ehrenamtlicher bzw. hauptamtlicher) Bürgermeister oder Stadtdirektor 1999 zur ersten Direktwahl antraten, erreichten Wiederwahlquoten von 86 bis 96%. Die SPD-Amtsinhaber erreichten aber gerade mal Wiederwahlquoten von 50 bis 55% (Holtkamp 2008; Gehne 2002). Also auch für die Bürgermeisterwahlen in NRW gilt, dass ein nicht unerheblicher Teil der Wählerschaft die Kommunalwahlen als bundespolitisches Sanktionsinstrument nutzt – und sei es durch Wahlenthaltung gegenüber der normalen Partei seiner Wahl (Andersen 2000: 91). Noch ausgeprägter dürfte die bundespolitische Stimmungslage aber sicherlich bei den Ratswahlen durchschlagen, auch wenn Kommunalpolitiker(innen) in Befragungen dazu tendieren, kommunale Einflüsse und Kandidateneffekte deutlich stärker zu gewichten, wohl auch um ihre zeitintensive ehrenamtliche Arbeit und Wahlkampfaktivitäten für sich selbst zu legitimieren bzw. sich dazu zu motivieren (Holtkamp 2008). Ein Blick auf die Kommunalwahlergebnisse in Nordrhein-Westfalen zeigen neben der generell stark sinkenden kommunalen Wahlbeteiligung (mit einem starken Ausreißer 1994 aufgrund der Koppelung mit der Bundestagswahl), dass seit den 1980er Jahren, die Abstände zwischen den großen Parteien starken Schwankungen unterliegen und die CDU unter der Regierung Kohl und die SPD unter der Regierung Schröder starke Verluste hinnehmen mussten.

Die seit Jahren extrem rückläufige kommunale Wahlbeteiligung muss demgegenüber so gedeutet werden, dass u. a. aufgrund der Massenmedialisierung und Enträumlichung der Politik kurzfristige Bundestrends verstärkt auf Kosten von möglichen lokalen (Kandidaten-) Effekten bei Kommunalwahlen durchschlagen. Die sinkende kommunale Wahlbeteiligung entsteht auch dadurch, dass die jeweiligen Regierungsparteien im Bund in der Regierungsperiode die von ihnen enttäuschte Wählerschaft immer weniger mobilisieren können und durch diesen Effekt vor allem Kommunalwahlen zu Gunsten der Oppositionsfraktionen entschieden werden, wie es in verschiedenen empirischen Untersuchungen festgestellt wurde (Andersen et. al 2002; Gabriel et al. 1997).

Bezogen auf unsere analytische Fragestellung der Erklärung der Frauenrepräsentanz durch die unterschiedlichen Bekanntheitsgrade weiblicher und männlicher Ratskandidaturen bleibt festzuhalten, dass auch aufgrund des starken Einflusses von Bundestrends starke systematische Kandidateneffekte bei Ratswahlen in mittleren und großen Kommunen zugunsten eines Geschlechts ziemlich unwahrscheinlich sind.

Demgegenüber sind bei Bürgermeisterwahlen aufgrund der höheren Bekanntheit der Kandidat(innen) der größeren Parteien deutlich stärkere Kandidateneffekte zu erwarten. Mit dem Amtsbonus, dem Kandidatenfeld und dem Parteikontext wurden zudem bereits wesentliche zu kontrollierenden Drittvariablen für den Erfolg von Bürgermeisterkandidat(innen) benannt, wenn anhand von landesweiten Kandidaturen der Einfluss des Geschlechts (bzw. diesem von der Wählerschaft zugewiesene Kompetenzen oder aufgrund von gesellschaftlichen Elitepositionen errungene

Abbildung 22: Kommunalwahlergebnisse in NRW von 1946-2004

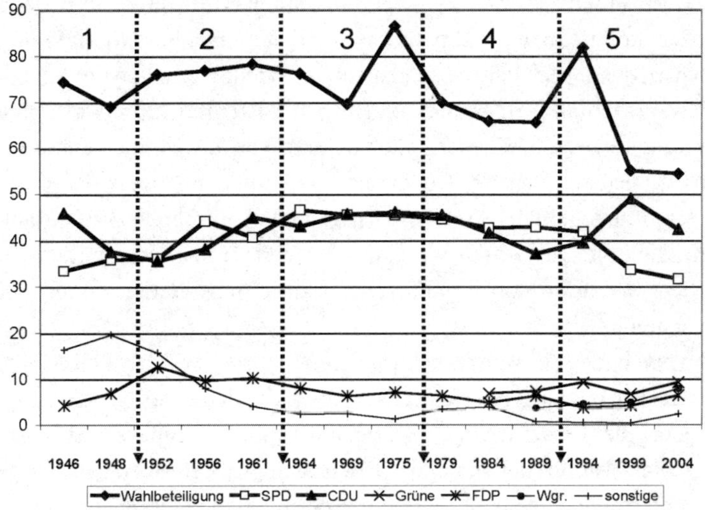

Quelle: Gehne 2008

unterschiedliche Bekanntheitsgrade) auf den Wahlerfolg untersucht werden soll. Die bisher hierzu vorgelegten empirischen Untersuchungen zu weiblichen Bürgermeisterkandidaturen in Sachsen-Anhalt und Nordrhein-Westfalen haben dies versäumt, so dass ihre Aussagekraft begrenzt ist. Für die überwiegend sehr kleinen Gemeinden in Sachsen-Anhalt wurde festgestellt, dass die multivariate Analyse der Bürgermeisterkandidaturen darauf schließen lässt, dass die Wähler männliche Kandidaturen als Bürgermeister bevorzugen (Rademacher 2007: 96). Dem steht allerdings entgegen, dass in Sachsen-Anhalt unter Berücksichtigung der hier durchschnittlich sehr kleinen Gemeinden Spitzenwerte beim weiblichen Anteil unter den gewählten Bürgermeistern (18,8%) erreicht werden.

Demgegenüber wurde in einer multivariaten Analyse für NRW festgestellt, dass kein diskriminierender Einfluss der Wählerschaft festgestellt werden kann, wenn die Parteizugehörigkeit der Bürgermeisterkandidaturen berücksichtigt wird (Schulenburg 2007). Danach erklärt sich die Wahl eines deutlich geringen Frauenanteils als kommunale Regierungsspitze im Vergleich zum größeren Anteil unter allen Bürgermeisterkandidaten, wenn berücksichtigt wird, dass die beiden großen Parteien, wie bereits skizziert, einen deutlich niedrigeren Frauenanteil aufgestellt haben. Folglich könnte man die Ergebnisse so deuten, dass das Nominierungsverhalten der großen Parteien und nicht das Wählerverhalten für die starke Unterrepräsentanz von Frauen im Bürgermeisteramt verantwortlich ist. Allerdings wurde bei dieser Untersuchung von Klaus Schulenburg der Bürgermeisterwahlen 1999 nicht das Kandidatenangebot in der jeweiligen Kommune und der Amtsbonus als zu kontrollierende Drittvariablen berücksichtigt. Das werden wir in unserer später folgenden multivariaten Analyse der nordrhein-westfälischen Bürgermeisterstichwahlen 2004 versuchen nachzuholen.

Im Nachgang der Bundestagswahl 2005 und der Wahl Angela Merkels zur Bundeskanzlerin interessiert sich auch die deutsche Wahlforschung vermehrt für Genderaspekte. In zwei aufwändigen empirischen Studien wurde das Wahlverhalten bei der Bundestagswahl in Bezug auf die Geschlechterfrage untersucht. In einem experimentellen Design wurden 912 Wähler(innen) interviewt und insbesondere die allgemeine Akzeptanz von weiblichen Kandidaturen für das Bundeskanzleramt untersucht. Die Untersuchung kommt zu einem eindeutigen Fazit:

„Weder die Wählerschaft insgesamt, noch das spezifische Wählerpotential der CDU / CSU neigen dazu, weibliche Kandidaten zu diskriminieren“ (Klein/Rosar 2007: 287).

In der zweiten Studie wurde das Wahlverhalten anhand der Repräsentativen Wahlstatistik zur Bundestagswahl 2002 und 2005 daraufhin untersucht, ob die Wählerinnen eher weibliche Bundestagskandidaturen bei den Erststimmen präferieren als die Wähler. Im Ergebnis zeigt sich ein leichter, aber signifikanter Zusammenhang, der für „geschlechterhomogenes“ Wahlverhalten spricht, nachdem Frauen tendenziell etwas stärker Politikerinnen wählen. Dieser Effekt wird stärker bei den Voten für Kandidatinnen linker Parteien (Westle/Kühnel 2007: 312). Die Analyse der Erfolgsquoten der Bundestagskandidatinnen und -kandidaten, bei der allerdings z. B. nicht das Kandidatenfeld im Wahlkreis berücksichtigt werden konnte, kommt zu dem Ergebnis, dass alle Anhaltspunkte dafür sprechen, „dass in der Bundesrepublik die Kandidatur von Frauen den Parteien bei der Wählerschaft nicht zum Nachteil gereicht“ (Westle/Kühnel 2007: 304).

Abbildung 23: Wirkungshypothesen zum Wahlrecht in Deutschland

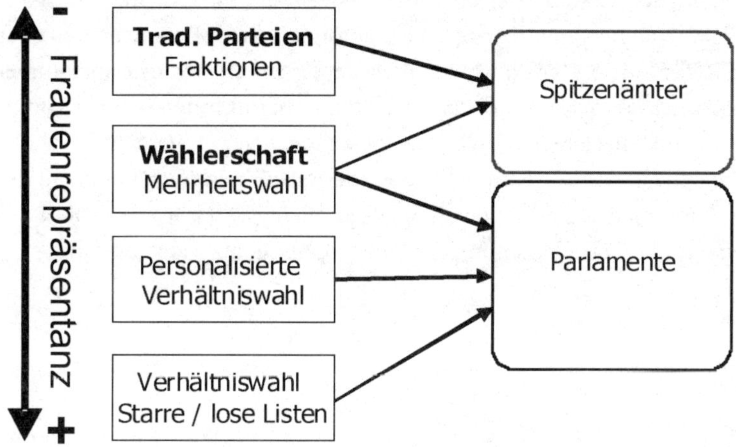

Für unsere Untersuchung der nordrhein-westfälischen Bürgermeisterstichwahlen 2004 gehen wir deshalb insgesamt von der Hypothese aus, dass die Wählerschaft auch beim Bürgermeisteramt nicht diskriminiert und die Unterrepräsentanz von Frauen in diesem herausgehobenen Wahlamt auf das Nominierungsverhalten in den großen Parteien zurückgeführt werden kann. Da zugleich aber die Mehrheitswahl zumindest den Nominierungsprozess gegenüber den Wahlen der Regierungsspitze durch Koalitionen für weibliche Kandidaturen etwas stärker öffnet, dürfte die Direktwahl insgesamt immerhin zu einer etwas höheren Frauenrepräsentanz beim Bürgermeisteramt im Vergleich zur noch durch den Stadtrat gewählte Verwaltungsspitze führen, was am Beispiel des nordrhein-westfälischen Zeitvergleichs zu untersuchen sein wird.

Insgesamt ergeben sich aus der Analyse der vorliegenden Untersuchungen in diesem Kapitel und den modifizierten Thesen des Rational-Choice-Institutionalismus, die nun stärker mikropolitische Angebotseffekte der Parteien berücksichtigen, die in der folgenden Abbildung dargestellten Wirkungshypothesen zum Wahlrecht.

Konkret auf die kommunale Ebene angewendet erwarten wir damit, dass die Frauenrepräsentanz bei nicht direkt gewählten Verwaltungsspitzen am niedrigsten ausfällt, gefolgt von den direkt gewählten Bürgermeistern. Bei den Kommunalparlamenten gehen wir davon aus, dass bei der personalisierten Verhältniswahl der Frauenanteil unter den Direktmandaten am niedrigsten ist, gefolgt von den Ratsmandaten über die Reserveliste. Der Frauenanteil bei der Reserveliste dürfte aber immer noch niedriger sein als bei der Verhältniswahl mit freien Listen (Kumulieren und Panaschieren), weil bei der personalisierten Verhältniswahl zu erwarten ist, dass die Reserveliste wiederum nur aus den Direktkandidaturen mit niedrigem Frauenanteil zusammengesetzt wird und somit nur bedingt über die Platzierung die Unterrepräsentanz reduziert wird.

5 Erklärungsmodell für Frauen-unterrepräsentanz in Kommunen

Fasst man die Ergebnisse der letzten Kapitel zusammen, ergeben sich daraus die folgenden Schlussfolgerungen für die Frauenunterrepräsentanz in Kommunalparlamenten:

a. Parteien sind die Gatekeeper

Wir können uns im Marktmodell stärker auf die Parteien als Verursacher von Frauenunterrepräsentanz konzentrieren, während in der Gender-Forschung und politischen Praxis in Deutschland die Effekte des Kandidatinnen-Pools und des Wählerverhaltens überschätzt wurden. Diese können zwar gerade auf kommunaler Ebene eine begrenzte Wirkung haben, aber den Parteien und Fraktionen (auch in der Rolle als Landesgesetzgeber) kommt eine deutlich höhere Bedeutung zu. Im Gegensatz zu den meisten anderen deutschen Studien zur Frauenrepräsentanz wollen wir uns bei unserer Untersuchung deshalb stärker auf die Parteien und Fraktionen fokussieren. In mittleren und größeren Kommunen ist die Parteipolitisierung in allen Bundesländern soweit fortgeschritten, dass die Parteien auch auf dieser Ebene als zentrale Gatekeeper im Nominierungsprozess gelten können.

b. Politische Kultur in Deutschland ist kein Hemmnis

Die Konzentration auf Parteien ist auch deshalb gerechtfertigt, weil nicht davon auszugehen ist, dass die deutsche Wählerschaft durchschnittlich Frauen an der Urne diskriminiert. Die politischen Einstellungen der deutschen Bevölkerung erteilen zumindest durchschnittlich der Diskriminierung von Frauen eine klare Absage. Im internationalen Vergleich nähern sich die Deutschen damit in Bezug auf die politische Kultur den skandinavischen Vorbildern.

c. Parteien machen den „feinen“ Unterschied

Je höher der Sitzanteil von Parteien mit hohen Quoten im Parlament, desto höher fällt die Frauenrepräsentanz insgesamt aus, wobei allerdings auch die Ausprägung der informellen Gleichstellungsnormen und das Akteurshandeln in den Quotenparteien zu berücksichtigen bleibt (Old-Boys-Networks contra aktive Parteifrauen).

d. Wettbewerb als Gaspedal

Transparenter Parteienwettbewerb fördert die Frauenrepräsentanz. Ziehen Parteien mit hohen Frauenanteilen in das Kommunalparlament ein, werden auch die anderen Parteien im gewissen Maß unter Anpassungsdruck gesetzt.

e. Direktmandate und Wahlrecht als Bremse

Personalisiertes Verhältniswahlrecht führt über die Direktmandate zu einer geringeren Frauenrepräsentanz als die reine Verhältniswahl bei starren und bei losen Listen. Kumulieren und Panaschieren fördert damit die Frauenrepräsentanz, weil die Parteien zentral über die gesamte Kandidat(innen)liste in einer Stadt abstimmen und damit ein bewusstes Unterlaufen von Quoten und modernen gesellschaftlichen Normen viel sichtbarer wird (zu den detailierteren Wahlrechtsthesen vgl. die Zusammenfassung des letzten Kapitels).

Weiterhin sind für die kommunale Ebene drei Besonderheiten in Bezug auf die Frauenrepräsentanz zu berücksichtigen, die in der ebenenübergreifenden Analyse der letzten Kapitel noch nicht angemessen hervorgehoben wurden:

f. Gemeindegröße

In kleineren Gemeinden dürfte eher eine politische Kultur dominieren, die die traditionelle Rollenverteilung favorisiert. Deshalb könnte es problematischer sein interessierte Kandidatinnen zu rekrutieren. In den Parteiorganisationen dürften zudem eher Männer die Kandidatenselektion kontrollieren, und die Wählerschaft könnte weiblichen Kandidaturen nicht so aufgeschlossen gegenüberstehen. Zudem hängt die Gemeindegröße stark mit der Parteienpräferenz und dem Parteiensystem zusammen. In kleineren Gemeinden werden eher konservativere Parteien gewählt, die nicht so stark auf eine ausgewogene Geschlechterrepräsentanz hinwirken dürften (Holuscha 1999: 307).

g. Wählergemeinschaften und Parteiensystem

Hinzu kommt als kommunale Besonderheit, dass Parteien auf kommunaler Ebene kein Wahlvorschlagsmonopol haben, sondern der Konkurrenz von freien Wählergemeinschaften im starken Maße ausgesetzt sind. Stark vertreten sind die Wählergemeinschaften traditionell im kreisangehörigen Raum insbesondere in Bayern, Rheinland-Pfalz und Baden-Württemberg (Holtkamp/Eimer 2006).

Im Hinblick auf die Frauenrepräsentanz gibt es bei Wählergemeinschaften recht große Schwankungen zu verzeichnen, die nur in einer detaillierten Analyse erfasst werden können. Deshalb werden sie aus dieser Untersuchung weitgehend ausgeklammert. Zumindest liegen aus Befragungen der Fraktionsvorsitzenden in mehreren Bundesländern Daten vor, die belegen, dass Frauen in den Führungspositionen von Wählergemeinschaften extrem unterrepräsentiert sind (Holtmann 2008: 87). Parteien, die häufig pauschal aufgrund „verkrusteter Strukturen" und der Dominanz der „Ochsentour" kritisiert werden, scheinen durchschnittlich also durchaus für eine etwas höhere Frauenrepräsentanz zu sorgen als die „parteifreien" Alternativen, insbesondere wenn ihnen von den höheren Parteigremien Quoten vorgegeben werden.

h. Organisationsgrad der Parteien

Damit verbunden ist die Einschätzung, dass starke Ortsparteien, die auch relativ viele Parteimitglieder im Verhältnis zur Wahlbevölkerung haben (Organisationsgrad der Parteien) sich zumindest leichter tun, eine höhere Frauenrepräsentanz zu realisieren. Allgemein kann aufgrund empirischer Untersuchungen davon ausgegangen werden, dass weniger Frauen als Männer Parteimitglied sind und sich aktiv in Parteien engagieren. Bei abnehmendem Organisationsgrad kann es damit schneller möglich sein, dass sich unter den Parteiaktiven zu wenige Frauen für eine geschlechte paritätische Repräsentation finden. Zwar ist es auch möglich, parteilose Frauen im stärkeren Maße zu nominieren, aber das ist eher bei hohen innerparteilichen Gleichstellungsnormen (bzw. bei gesetzlichen Quoten

Abbildung 24: Parteimitglieder der Quotenparteien in Ostdeutschland (2004)

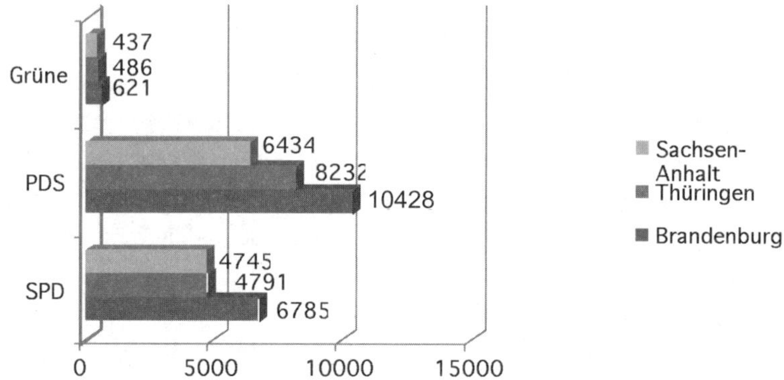

Quelle: Niedermayer, Oskar 2008: Parteimitglieder, http://www.polwiss.fu-berlin.de/osz/dokumente /PDF/mitglied.pdf;

wie in den französischen Kommunen) zu erwarten.[17] Hinzu kommt, dass ein Unterlaufen von Quotenregelungen bei einer sehr geringen Anzahl aktiver weiblicher Parteimitglieder auf eine geringere Gegenwehr treffen bzw. sogar im Konsens realisiert werden kann, was insbesondere mit sinkender Gemeindegröße (bei einer im Verhältnis zu den Mitgliedern ansteigenden Anzahl von Listenplätzen) immer wahrscheinlicher wird. Die wenigen aktiven Frauen erhalten dann einige gute Platzierungen, und alle restlichen Kandidaturen können dann unter den aktiven Männern aufgeteilt werden, sodass alle innerhalb der Partei zum Zuge kommen. Frauenunterrepräsentanz aufgrund von sehr niedrigem Organisationsgrad ist insbesondere für die SPD, Die Grünen und die FDP in den neuen Bundesländern zu erwarten. Die PDS / Die Linke hat demgegenüber in Ostdeutschland ihre organisatorischen Schwerpunkte, sodass die 50%-Quotierung in Hinsicht auf den Kandidatinnenpool hier realisierbar sein dürfte. Ein Blick auf die Parteimitglieder in absoluten Zahlen verdeutlicht die extrem unterschiedliche Ausgangsbasis der Quotenparteien in

17 Die Rekrutierung parteiloser männlicher Kandidaten dürfte demgegenüber häufig leichter fallen, weil diese ein deutlich höheres Ämterinteresse haben und eher von sich aus „den Hut in den Ring" werfen.

Ostdeutschland. Bei knapp jeweils 500 Mitgliedern pro Bundesland für Bündnis 90/Die Grünen dürfte schon für die Großstädte eine geschlechterparitätische Besetzung aus diesem Pool nur schwer möglich sein.

Insgesamt lassen sich die hier dargestellten Faktoren zu dem folgenden Erklärungsmodell für kommunale Frauenrepräsentanz verdichten, in dem die Parteien als Verursacher von Frauenunterrepräsentanz besonders hervorgehoben werden, aber zugleich auch die zu erwartenden „feinen" Unterschiede zwischen den Parteien konturiert werden. In erster Linie hierauf werden dann die Kontextfaktoren der jeweils zu untersuchenden Kommune bezogen (z.B. Kleinstadt mit einer CDU-FDP-Mehrheit bei personalisiertem Verhältniswahlrecht in NRW lässt starke Frauenunterrepräsentanz erwarten). In der quantitativen Analyse in unserem Forschungsprojekt wird vor allem der Zusammenhang dieser Kontextfaktoren mit der zwischen den Kommunen variierenden Frauenrepräsentanz untersucht. In den qualitativen Fallstudien werden die Strukturen und das Rekrutierungsverhalten der Ortsverbände, der konkrete Ablauf der Nominierungsverfahren im Wahlrechtsvergleich und die Bedingungen

Abbildung 25: Erklärungsmodell für die Frauenrepräsentanz in Kommunalparlamenten

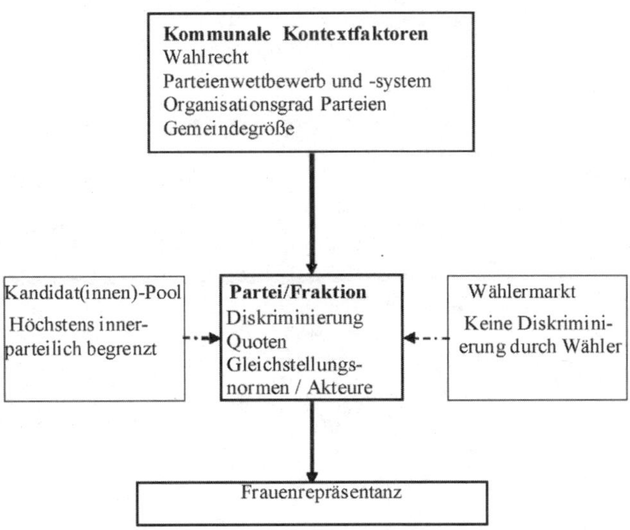

Quelle: eigene Darstellung

für die Implementation der Quoten in den unterschiedlichen Parteien zusätzlich in die Analyse miteinbezogen.

6 Ausmaß der Unterrepräsentanz in Kommunalparlamenten

Ergebnisse der Datenrecherche „offizielle Statistiken"

Unsere Recherche zu vorliegenden offiziellen Statistiken zur Frauenunterrepräsentanz in den Kommunalparlamenten war ziemlich ernüchternd. Es gibt keine über die Zeit vergleichbaren Daten zur Frauenunterrepräsentanz in den Kommunalparlamenten der Großstädte. Für die kleineren und mittleren Kommunen ist die Datenlage noch deutlich bescheidener.

Trotz Kampagnen und Gender-Berichten auf Bundesebene gibt es hierzu keine offiziellen Statistiken der Bundesregierung. Folglich ist Deutschland von einem kommunalen Gender-Ranking bzw. Gender-Index, wie er in Schweden und Norwegen schon seit Jahren auf Bundesebene fest institutionalisiert ist, weit entfernt. Derzeit ist es noch nicht einmal möglich, die kommunale Frauenrepräsentanz der Bundesländer miteinander zu vergleichen, weil im deutschen Föderalismus jedes Bundesland die Frauenanteile im Kommunalparlament nach nicht vergleichbaren Kriterien ausweist. Einige Bundesländer sammeln die Daten nach den offiziellen Gemeindegrößenklassen, andere wiederum (aus Tradition) nach dem rechtlichen Status der Kommunen (kreisangehörig, kreisfrei etc.).

Hinzu kommt als Problem, dass das Standardwerk zu kommunalen Statistiken (das vom Städtetag herausgegebene statistische Jahrbuch deutscher Gemeinden) zwar über die Frauenrepräsentanz in Parlamenten in Kommunen über 10.000 Einwohner genau Buch führt, aber selbst die neuste Ausgabe dieses Jahrbuchs 2007 nicht in digitaler Form erhältlich ist. Da im Laufe der Zeit immer wieder die Bezuggrößen in diesem Jahrbuch verändert wurden (z.B. ab 2002 keine getrennte Ausweisung der alten Bundesländer), ist es für Zeitreihenanalysen nur begrenzt geeignet. Letztlich müssen deshalb die einfachsten Daten zur

Frauenrepräsentanz für jede Großstadt per Hand aus allen Jahrbüchern abgeschrieben werden.

Zumindest die aktuellen Daten zum Frauenanteil der Parteien im Vergleich können als verlässlich eingeordnet werden, wobei diese allerdings nur für Gesamtdeutschland ausgewiesen werden.

Abbildung 26: Frauenrepräsentanz in Kommunalparlamenten 2007

	SPD	CDU / CSU	Grüne	FDP	PDS	Wählergruppen
über 100.000 Einwohner	37,8	28,1	48,2	24,6	35,7	24,9
50.000 - 100.000	31,5	24,6	43,2	17,6	36,9	24,6
20.000 - 50.000	30,3	20,7	39,0	16,8	38,5	18,9
10.000 - 20.000	26,2	19,1	35,2	17,5	32,9	17,7
Insgesamt	29,6	21,1	40,1	18,1	36,0	19,1

Quelle: Statistisches Jahrbuch deutscher Gemeinden 2007

Spitzenreiter ist in den Kommunen die Partei Bündnis 90/Die Grünen, die auch bei den Durchschnittswerten in den Kommunen über 50.000 Einwohner zumindest annähernd ihre Quote erfüllt. Demgegenüber verfehlt Die Linke/PDS relativ deutlich in allen Gemeindegrößenklassen im Durchschnitt ihre Quote, mit allerdings im Vergleich zu den anderen Parteien relativ hohen Frauenanteilen in kleinen und mittleren Kommunen (vgl. zu ähnlichen Befunden auf der Grundlage von Befragungsdaten Schnirch 2008: 150). Das kann bei der PDS als Regionalpartei auch auf ihren relativ hohen Organisationsgrad in Ostdeutschland zurückgeführt werden, bei dem es prinzipiell leichter ist, weibliche Ratsmitglieder zu rekrutieren. Die SPD und CDU erfüllen in Gesamtdeutschland durchschnittlich ebenfalls nur bedingt ihre bereits relativ niedrig festgelegten Quoten bzw. Quoren. Neben den Parteien sind in der Statistik auch die Frauenanteile der Wählergemeinschaften nach Gemeindegrößenklassen ausgewiesen. Hier bestätigt sich wiederum, dass Parteien im Durchschnitt (insbesondere durch die Quotenparteien) für eine stärkere Frauenrepräsentanz als Wählergemeinschaften sorgen. Allerdings ist die FDP noch etwas stärker als Männerpartei aufgestellt, wie dies bereits in früheren politikwissenschaftlichen Untersuchungen markant festgestellt wurde:

> „In Brandenburg und Thüringen sind die FDP-Fraktionen nahezu ‚frauenfrei'. In 82 bzw. 73 Prozent aller dortigen FDP-Fraktionen sind die Herren ganz unter sich... Die FDP ist auf allen Ebenen die frauenfeindlichste aller von uns untersuchten Parteien – im Osten und Westen!" (Pollach et al. 2000: 109).

Quantitativ am Wichtigsten ist aber die Frauenunterrepräsentanz der CDU, weil sie in allen Kommunen über 10.000 Einwohner(innen) die höchsten Parlamentsanteile stellt. Deutlich wird dieser Effekt, wenn in einem Szenario durchgerechnet wird, wie viele Männer die CDU durch Frauen in diesen Kommunen austauschen müsste, wenn sie tatsächlich ihren Quorumsbeschluss umsetzen würde (auf der Grundlage der Ratsmandate 2004). Die CDU müsste danach über 2.000 männliche Ratsmitglieder gegen Frauen auswechseln, um ihr (bereits niedrig veranschlagtes) Quorum durchzusetzen. Würde die FDP den Quorumsbeschluss der CDU umsetzen wollen, müsste sie „nur" 227 ihrer Mandatsträger gegen Frauen austauschen.

6.1 Vergleich zwischen Ost- und Westdeutschland

In der sozialwissenschaftlichen Literatur wird teilweise von einem höheren politischen Engagement der ostdeutschen Frauen ausgegangen. Dies wird auch auf die höhere politische und wirtschaftliche Integration der Frauen in der DDR zurückgeführt. Zum Teil werden deutlich höhere Frauenanteile in ostdeutschen, als in westdeutschen Kommunalparlamenten erwartet (Maier/Schmitt 2008: 77 Fn. 27).

In anderen empirischen Untersuchungen wurde im Vergleich zur DDR eine deutliche Abnahme der Frauenanteile in den kommunalen Vertretungskörperschaften „vermutet" (Geißel/Sauer 2001: 35). Lag der Anteil in der DDR bei den Stadt- und Landkreisen 1989 noch bei 44%, so wird am Beispiel der Stadt Weimar zehn Jahre später ein parlamentarischer Frauenanteil von 26,6 % konstatiert. Diese Entwicklung wird erstens damit begründet, dass die lokale Ebene in der zentralistisch organisierten DDR kaum eine Bedeutung hatte und deshalb Frauen stärker daran beteiligt wurden als im föderal organisierten Deutschland nach der Wiedervereinigung. Zweitens wird die These aufgestellt, dass nach Vorbild der westdeutschen, männerdominierten Politik die „zuvor auf der Ebene der Lokalpolitik stark vertretenen Frauen in großem Maße von Männern verdrängt worden" sind.

Prinzipiell ist aber aus unserer Sicht ein Vergleich zwischen totalitären und demokratischen Staaten hinsichtlich der Frauenrepräsentanz in Parlamenten wenig aussagekräftig und kann im schlechtesten Fall eine zweifelhafte frauenpolitische Ostalgie forcieren.

Wir haben uns deshalb darauf konzentriert, die Daten der Frauenrepräsentanz in den Großstadtparlamenten seit 1993 zu erheben, und können damit erstmals die Entwicklung in Ost- und Westdeutschland getrennt beschreiben und miteinander vergleichen. Während des gesamten Untersuchungszeitraums zeigt sich, dass die ostdeutschen Kommunen unter der Frauenrepräsentanz in den westdeutschen Großstädten lagen, und dass dieser Abstand in den letzten Jahren wächst, weil die Frauenrepräsentanz in den ostdeutschen Großstädten seit 1999 im Gegensatz zu der Konstanz in Westdeutschland leicht sinkt. Insofern spricht wenig dafür, dass sich

Abbildung 27: Großstädte von 1993 bis 2008 im Ost-West-Vergleich

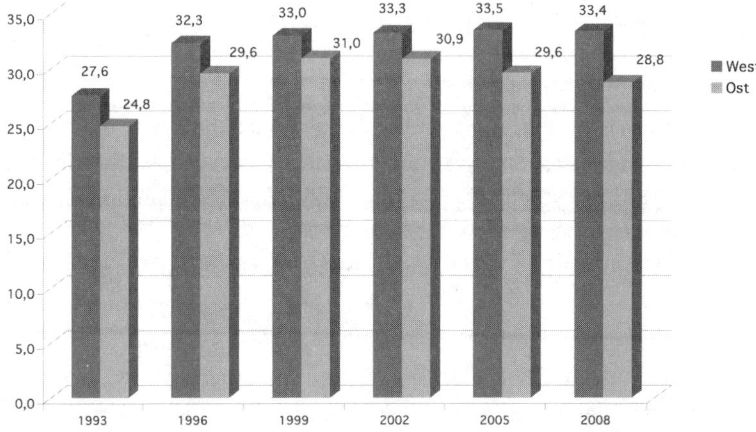

Quelle: Statistisches Jahrbuch deutscher Gemeinden, diverse Jahrgänge; eigene Interneterhebung 2008

die Kommunalpolitik in Ostdeutschland stark am westdeutschen Vorbild ausgerichtet hat, weil sonst eher ein Wachstum der Frauenrepräsentanz in Ostdeutschland zu erwarten gewesen wäre.

Eine Ursache für diesen bisher in der wissenschaftlichen Literatur so nicht erwarteten Unterschied im Ost-West-Vergleich dürfte darin liegen, dass viele Parteien in Ostdeutschland über einen deutlich niedrigeren (weiter stark sinkenden) Organisationsgrad verfügen und damit der innerparteiliche Kandidatinnenpool beschränkt ist. Zudem dürfte dadurch der Druck der aktiven weiblichen Parteimitglieder auf die Einhaltung von Quoten und Quoren bei Ratskandidaturen nicht sehr ausgeprägt sein.

Insgesamt sind damit die ostdeutschen Großstädte in punkto Frauenrepräsentanz nicht Vorreiter, sondern sie haben einen erheblichen Nachholbedarf, um sich zumindest langsam an eine geschlechterparitätische Repräsentation anzunähern.

6.2 Wahlrechtsvergleich

Allerdings muss bei dieser Gegenüberstellung von Ost- und Westdeutschland auch berücksichtigt werden, dass zwischen den westdeutschen Bundesländern seit den 1990er Jahren gravierende, über die Zeit konstante Unterschiede zu beobachten sind. In nordrhein-westfälischen Kommunen (mit personalisiertem Verhältniswahlrecht) ist die Frauenunterrepräsentanz deutlich stärker ausgeprägt als in den Bundesländern, die traditionell der Wählerschaft die Möglichkeit zum Kumulieren und Panaschieren offerieren. In den 30 nordrhein-westfälischen Großstädten lag der Anteil der weiblichen Ratsmitglieder 1996 bei 29,6 %, 2002 bei 30,5 % und 2008 bei unserer Internetauswertung wiederum bei 30,5 %. In den baden-württembergischen, niedersächsischen und bayerischen Großstädten wurde demgegenüber schon 1996 ein Frauenanteil von knapp 35 % erzielt.

Aufgrund unserer gesonderten Datenabfragen bei den Landesämtern für Statistik ist auch erstmals ein Wahlrechtsvergleich für kleine und mittlere Kommunen in den alten Bundesländern möglich. Die folgende Tabelle zeigt, dass das nordrhein-westfälische Wahlrecht der personalisierten Verhältniswahl auch in den unteren Gemeindegrößenklassen durchschnittlich schlechter abschneidet als das traditionell stark per-

Abbildung 28: Frauenrepräsentanz im Wahlrechtsvergleich

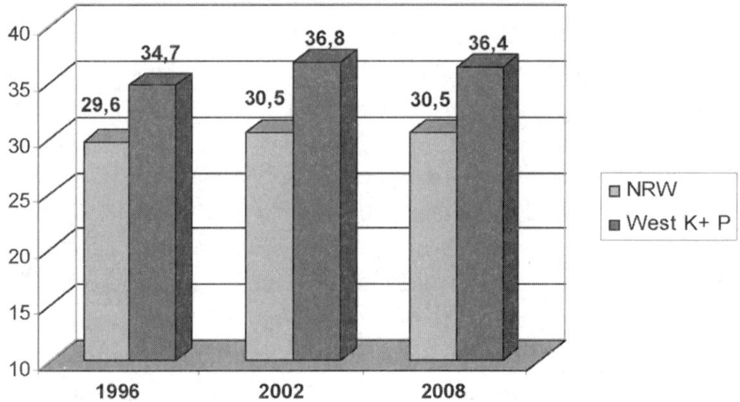

Quelle: Statistisches Jahrbuch deutscher Gemeinden, diverse Jahrgänge; eigene Interneterhebung 2008

sonenorientierte Wahlrecht in Baden-Württemberg und Bayern (trotz der dort extrem hohen Wahlerfolge von Wählergemeinschaften mit durchschnittlich sehr niedriger Frauenrepräsentanz).[18]

Damit ist allerdings noch wenig darüber ausgesagt, ob die Wählerschaft bei stark personenorientiertem Wahlrecht negativ diskriminiert und dieser Effekt nur durch die Zentralisierung des Nominierungsverfahrens, die nach unseren Wahlrechtsthesen für eine höherer Frauenrepräsentanz förderlich sein dürfte, überdeckt wird.

18 So ist davon auszugehen, dass die wahlrechtsbedingten Unterschiede zwischen den Bundesländern noch ausgeprägter sind, wenn der Einfluss des Parteiensystems in multivariaten Analysen konstant gehalten wird. In Bayern und Baden-Württemberg haben die Quotenparteien gerade in den kleineren und mittleren Kommunen deutlich niedrigere Parlamentsanteile als in Nordrhein-Westfalen.

Abbildung 29: Frauenanteil unter Ratsmitgliedern in allen Kommunen in NRW, Bayern und Baden-Württemberg

	NRW	Baden-Württemberg	Bayern
5000 – 10 000	19,9%	20,3 %	17,8 %
10000 – 20 000	18,4%	22,0 %	22,9 %
20 000 – 50 000	22,9%	24,5 %	26,5 %
50 000 – 100 000	27,1%	28,4 %	27,7 %
100 000 und mehr	30,7%	34,4 %	40,00 %

Quelle: Datenabfrage bei den Landesämtern Januar bis Dezember 2008

Die bisher umfassendste Auswertung aller Kommunen hinsichtlich der Frage, ob von der Wählerschaft eher Frauen oder eher Männer nach unten gewählt werden, wurde aktuell vom rheinland-pfälzischen Landeswahlleiter vorgelegt. Diese Analyse zeichnet ein differenziertes Bild, das sich hinsichtlich der in unserer Untersuchung vor allem betrachteten Kommunen über 5.000 Einwohner aber dahin verdichten lässt, dass die Wählerschaft Frauen nicht stärker diskriminieren. Gerade in den größeren Gebietseinheiten (Landkreise und kreisfreie Städte) werden Frauen weniger als Männer nach unten gewählt. Dabei ist zu berücksichtigen, dass die kreisfreien Städte in Rheinland-Pfalz mit durchschnittlich 90.000 Einwohner(innen) relativ klein sind. Die kleinste kreisfreie Stadt Zweibrücken hat lediglich 35.000 Einwohner(innen) und wäre in Nordrhein-Westfalen nach der Kommunalverfassung nur gerade noch als mittlere kreisangehörige Gemeinde einzustufen. Dementsprechend bezieht sich die Kategorie „übrige Gemeinderäte" in Abgrenzung zu großen kreisangehörigen Kommunen in Rheinland-Pfalz auf sehr kleine Kommunen, in denen dann aber Frauen auch deutlich stärker nach unten gewählt werden als ihre männlichen Kollegen.

Aber auch in den überwiegend kleineren kreisangehörigen Kommunen in Rheinland-Pfalz ist nicht von einer absichtsvollen Diskriminierung auszugehen, weil offensichtlich dieselbe Wählerschaft bei den Kreistagswahlen eher „frauenfreundlich" votiert. In größeren Gebietseinheiten mit geringerer ausgeprägter Dichte der Kommunikationsbeziehungen zwischen Wählerschaft und Politik, die auch bei einer Übertragung von Kumulieren und Panaschieren auf Landtags- und Bundestagswahlen dominieren würden, diskriminiert die Wählerschaft Frauen durchschnittlich nicht. Dies ist auch durchaus plausibel, weil der Bekanntheitsgrad der meisten Rats- und Kreistagskandidaten, bei dem Männer eventuelle Vorteile aufgrund ihrer anderen gesellschaftlichen Elitepositionen haben könnten (Hoecker 1995), bei den Durchschnittsbürger(innen) (mit Ausnahme der sehr kleinen Kommunen) außerordentlich gering ausfallen dürfte, wie wir es bereits im vierten Kapitel nachgewiesen haben.

Abbildung 30: Anteil der Kandidat(innen) in Rheinland-Pfalz, die sich durch Wählervotum verschlechterten

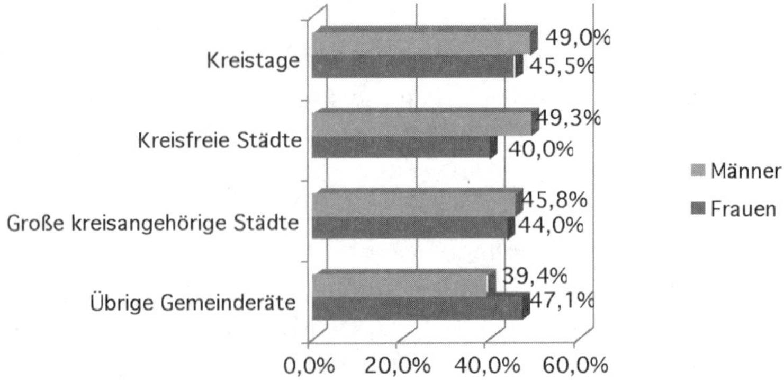

Quelle: Danzer 2008

6.3 Ost-West-Vergleich bei konstantem Wahlrecht

Da in Ostdeutschland ebenfalls die Möglichkeit zum Kumulieren und Panaschieren schon länger im Wahlrecht verankert ist, müsste die dortige Frauenrepräsentanz auch eher mit den Werten in Bayern und Baden-Württemberg verglichen werden und weniger mit den deutlich niedrigeren Werten in Nordrhein-Westfalen mit personalisiertem Verhältniswahlrecht.

In diesem Vergleich zeigen sich schon extreme Unterschiede zwischen Sachsen-Anhalt und Sachsen auf der einen Seite und Baden-Württemberg und Bayern auf der anderen Seite. In ostdeutschen Bundesländern sind bei niedrigem Organisationsgrad der Parteien die Frauenanteile in den größeren Kommunen ganz deutlich niedriger als in den alten Bundeslän-

Abbildung 31: Ost-West-Vergleich bei konstantem Wahlrecht

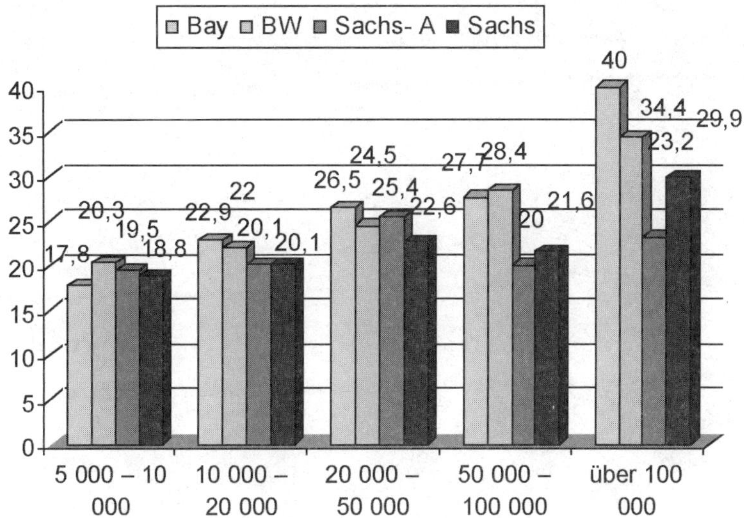

Quelle: Datenabfrage bei den Landesämtern Januar bis Dezember 2008

dern (bei allerdings niedrigen Fallzahlen in Ostdeutschland und noch in der quantitativen Analyse zu berücksichtigenden anderen Effekten).

In allen hier betrachten Bundesländern fällt zudem auf, dass die in Deutschland dominante Gemeindegrößenklasse zwischen 5.000 und 20.000 Einwohner(innen) mit durchschnittlich ca. 20% Frauenrepräsentanz deutlich unter den Großstädten liegt. Zudem ist zu berücksichtigen, dass nicht wenige Kommunen von diesen Durchschnittwerten stark nach unten abweichen, so dass in diesen kleineren Kommunen z.B. in NRW Frauenrepräsentanzwerte von 3 bis 12% keine Seltenheit sind.

Zugleich wird deutlich, dass die Gemeindegröße für die Erklärung der Frauenunterrepräsentanz in den ostdeutschen, im Gegensatz zu den westdeutschen Kommunen kaum eine Rolle spielt. Dies wurde auch in empirischen Untersuchungen bestätigt, in denen Kommunen mit unter 5.000 Einwohnern dieselben Frauenanteile unter den Mandatsträgern erreichten (immerhin 22%) wie die Kommunen mit über 50.000 Einwohnern (Maier/Schmitt 2008: 80). Die Ursachen hierfür werden allerdings auch in diesen Studien nicht erörtert und könnten zunächst wohl nur zur Hypothesenbildung in einem qualitativen Vergleich ostdeutscher Kommunen unterschiedlicher Größe erforscht werden, der in unserer Studie nicht geleistet werden kann.

7 Ausmaß der Unterrepräsentanz in Großstädten

Ergebnisse der Interneterhebungen

Im Jahre 2008 wurden in unserem Forschungsprojekt von allen 79 Großstädten in Deutschland die weiblichen Ratsanteile und Anteile in kommunalen Führungspositionen erhoben. Hierfür haben wir eine systematische Auswertung aller großstädtischen Internetseiten durchgeführt, die durch gezielte telefonische Abfragen in diversen Städten ergänzt werden musste. Dabei wurde deutlich, dass einige Großstädte auf ihren Internetseiten gänzlich darauf verzichten, den parlamentarischen Bereich nachvollziehbar abzubilden, und nur wenige Großstädte in ihren Präsentationen Daten zur Frauenrepräsentanz in der Kommunalpolitik berücksichtigen. Mit unserer Erhebung gibt es erstmals für die deutschen Großstädte einen flächendeckenden Überblick über die Repräsentanz von Frauen in wichtigen Schlüsselpositionen.

7.1 Führungspositionen im Vergleich

Das Ergebnis der Analyse der Führungspositionen ist eindeutig. Frauen sind in der großstädtischen Kommunalpolitik gemessen an ihrem Bevölkerungsanteil unterrepräsentiert. Im Stadtrat ist die Unterrepräsentanz dabei etwas weniger ausgeprägt als in den zentralen Führungspositionen. Auch in Großstädten wird, wie auf Bundes- und Landesebene, die „Luft für Frauen oben immer dünner".

Allerdings muss für die kommunale Verwaltungsspitze auch festgestellt werden, dass hier der weibliche Anteil mit 17,7% in allen deutschen Großstädten deutlich höher ist als beispielsweise unter den Ministerpräsidenten auf Länderebene, was nochmals darauf verweist, dass die Mehrheitswahl bei der Direktwahl zwar zu einer ausgeprägteren Frauenunterrepräsentanz als die Ratswahlen führt, dass aber die

Abbildung 32: Kommunale Führungspositionen

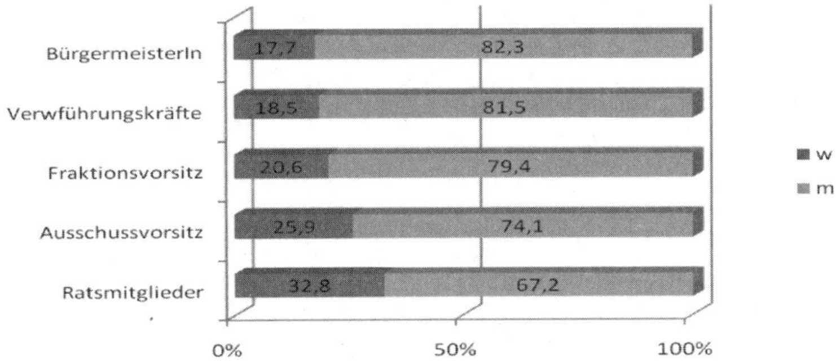

Quelle: eigene Interneterhebung 2008; Verwaltungsführungskräfte sind Beigeordnete etc.

Direktwahl für Spitzenpolitikerinnen im Vergleich zur indirekten Wahl von Regierungsspitzen durch Koalitionsfraktionen noch förderlich sein könnte.

Abbildung 33: Frauenteile in den unterschiedlichen Positionen nach Parteien[19]

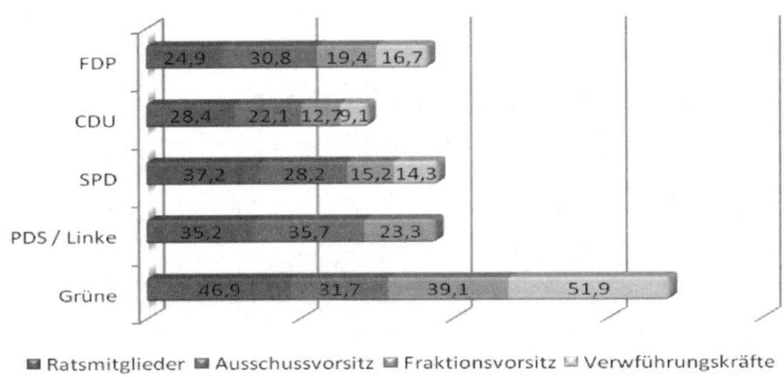

Quelle: eigene Interneterhebung 2008

19 Aufgrund zu niedriger Fallzahlen bei den meisten kleinen Parteien wurden die Bürgermeister(innen) nicht in die Abbildung aufgenommen sowie die Verwaltungsführungskräfte der Partei „Die Linke" nicht berücksichtigt.

Auch bei den Führungspositionen ist eine eindeutige Parteiendifferenz zu konstatieren. Die Partei Bündnis 90/Die Grünen liegt ganz ähnlich wie auf Bundes- und Landesebene vorne, gefolgt von der PDS. Dabei machen die Grünen auch auf kommunaler Ebene beim Fraktionsvorsitz von ihrer Institution der Doppelspitze Gebrauch. Allerdings gilt dies weniger in den neuen Bundesländern, in denen die Frauenanteile bei den grünen Ratsmitgliedern, Fraktionsvorsitzen und Ausschussvorsitzen deutlich niedriger als in den westdeutschen Kommunen ausfällt.

Bemerkenswert ist im gesamtdeutschen Vergleich, dass bei den Führungspositionen im Mittelfeld die FDP folgt, obwohl sie von allen Fraktionen den niedrigsten Frauenratsanteil stellt. Dieses zunächst überraschende Ergebnis kann möglicherweise darauf zurückgeführt werden, dass sich die FDP als durchschnittlich relativ kleine Fraktion keine stark männlich dominierte Arbeitsteilung leisten kann, sondern auch auf die Ressourcen ihrer Politikerinnen stärker angewiesen ist als die beiden großen Fraktionen, die die niedrigsten Frauenanteile bei den Führungspositionen vorzuweisen haben. Dabei ist insbesondere hervorzuheben, dass die SPD trotz 40%-Quote bei den Führungspositionen nur sehr geringfügig nach oben von der CDU abweicht. Wie schon für die Bundes- und Landesebene gezeigt, sind die SPD-Männer in den zentralen Führungspositionen, die von der Fraktion vergeben werden, absolut dominant. Diese durch die SPD- und CDU- Fraktionen induzierte starke Unterrepräsentanz in Führungspositionen prägt die westdeutschen Kommunen deutlich stärker als die Bemühungen der kleinen Fraktionen, weil letztere aufgrund ihres geringeren Stimmengewichts insgesamt nur sehr wenige Ausschussvorsitze und Verwaltungsführungskräfte stellen. Zudem dürften ihre Fraktionsvorsitzenden sicherlich nicht über eine so ausgeprägte Machtposition verfügen wie die überwiegend männlichen Fraktionsvorsitze der SPD und CDU. Bei den Führungspositionen lässt sich also bei noch feiner Aufgliederung feststellen, dass in den tatsächlich zentralen Machtpositionen die Frauenrepräsentanz noch deutlich niedriger zu veranschlagen ist.

Wir haben uns für eine noch feinere Aufgliederung auf die nordrhein-westfälischen Großstädte fokussiert. Die Auswertung, in welchen Ausschüssen Frauen den Vorsitz stellen, zeigt so beispielsweise, dass im Bereich Kultur und Soziales die Parität schon erreicht ist, während in den prestigeträchtigeren und einflussreicheren Bau- und Planungsausschüssen und im Haupt- und Finanzausschuss Frauen deutlich weniger häufig den Vorsitz einnehmen können.

Abbildung 34: Frauenanteil unter den Ausschussvorsitzen in den kreisfreien Städten NRWs

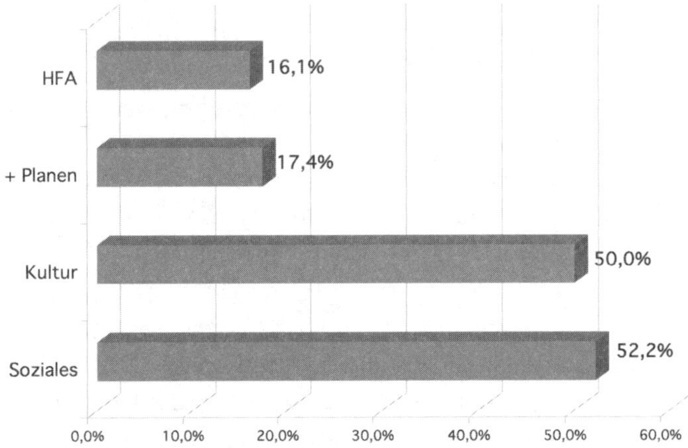

Quelle: eigene Interneterhebung 2008

Viele der nordrhein-westfälischen Großstädte gelten traditionell als SPD-Hochburgen, die erst mit den Kommunalwahlen 1999 „abgeschmolzen“ sind. Erwartungsgemäß sind damit aufgrund der traditionell stark herausgehobenen Führungsposition des SPD-Fraktionsvorsitzenden auch in unserer aktuellen Analyse Frauen extrem stark unterrepräsentiert. Der Frauenanteil unter den SPD-Fraktionsvorsitzenden in den NRW-Großstädten liegt 2008 unter 5%. Nur im Fall der katholisch geprägten Großstadt Paderborn, in der sich die SPD dauerhaft in der Oppositionsrolle etabliert hat und damit weitgehend von der Macht ausgeschlossen ist, kann eine weibliche Fraktionsspitze sich bei vermutlich geringer interessierter männlicher Konkurrenz durchsetzen.

Wir haben die Hypothese, dass Frauen sich in den beiden großen Fraktionen tendenziell nur in der Oppositionsrolle durchsetzen können und damit weiter systematisch von zentralen Machtpositionen ausgeschlossen werden, anhand der Ergebnisse unserer Fraktionsvorsitzendenbefragung des Forschungsprojekts Bürgerkommune in den nordrhein-westfälischen und baden-württembergischen Kommunen über 20.000 Einwohner untersucht. Die These konnte auf dieser größeren empirischen Basis auf signifikantem Niveau bestätigt werden.[20] In der SPD war nicht eine Fraktionsvorsitzende in den nordrhein-westfälischen und baden-württembergischen Kommunen in der Regierungsverantwortung.

Abbildung 35: Fraktionsvorsitzende in Oppositions- und Regierungsrolle 2002

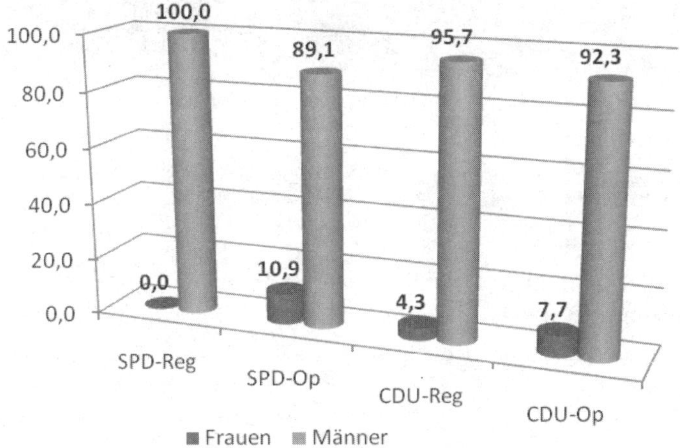

Quelle: Forschungsprojekt Bürgerkommune, Fraktionsvorsitzendenbefragungen in mittleren und großen Kommunen in BW und NRW

Vergleicht man mit diesen Daten der Fraktionsvorsitzenden die SPD-Oberbürgermeisterinnen in den nordrhein-westfälischen Großstädten als wichtige Führungsposition, werden gravierende Unterscheide deutlich. Fast ein Drittel der Amtsinhaber(innen) in dieser für die SPD zentralen Position sind weiblich. Wenn der SPD-Führungselite der direkte Zugriff durch die Direktwahl entzogen wird, dann scheint entsprechend unserer Hypothese zu den zentralen Führungspositionen doch über das Mehrheitswahlrecht eine etwas stärkere Öffnung für weibliche Kandidaturen realisiert zu werden.

20 n=312; sig. 0,001

Abbildung 36: Vergleich zentraler SPD-Führungspositionen

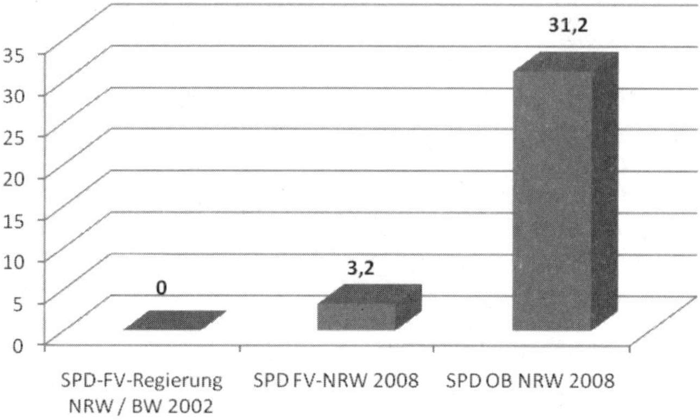

Quelle: eigene Interneterhebung 2008; Forschungsprojekt Bürgerkommune Fraktionsvorsitzendenbefragung 2002

Für den parteiübergreifenden Ost-West-Vergleich ist schließlich festzuhalten, dass die Unterrepräsentanz von Frauen im Rat stärker und unter den Dezernent(innen) in den neuen Bundesländern weniger ausgeprägt ist.

Abbildung 37: Führungspositionen im Ost-West-Vergleich

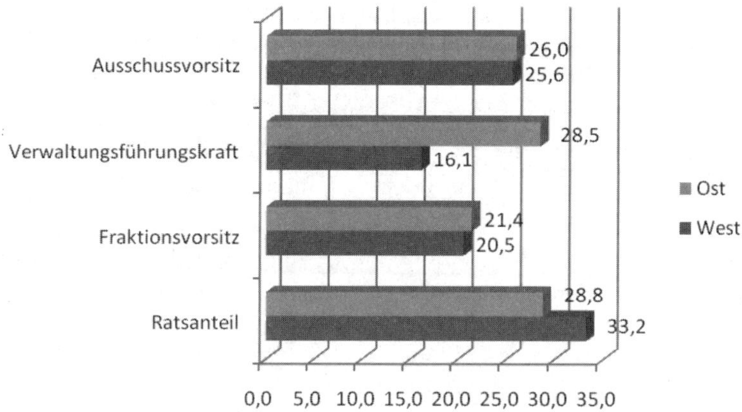

Quelle: eigene Interneterhebung 2008

7.2 Genderranking deutscher Großstädte

Aus den zuvor erhobenen Frauenanteilen in den einzelnen politischen Positionen lässt sich ein Genderindex bilden, der die Grundlage unseres ersten deutschen Genderrankings ist, das detaillierte Angaben über die Repräsentation von Frauen im Städtevergleich präsentiert. Während in Schweden und Norwegen schon seit Jahren auf Bundesebene ein Genderranking fest institutionalisiert ist, gab es hierzu bisher von Bundes- und Landesregierungen trotz ausgeprägter Genderrhetorik kaum nennenswerte Impulse.

Folgende politische Positionen gingen als Indikator in den Genderindex ein: Ratsmandate, Ausschussvorsitze, Fraktionsvorsitze, Dezernent(innen) und Bürgermeisteramt.

Für die ersten vier Positionen wurden die Gemeinden jeweils gesondert gerankt und in Quartile eingeteilt. Entsprechend der Quartilszugehörigkeit der Städte bei den einzelnen Positionen wurde der Wert 4, 3, 2, oder 1 zugewiesen, d.h. Großstädte, die unter den ersten 20 mit der höchsten Frauenrepräsentanz sind, beispielsweise bei den Ratsmandaten, bekommen für diese Position dann den Wert 4 zugewiesen. Für die Position der Oberbürgermeister(in) als Variable mit nur zwei möglichen Ausprägungen wurde dagegen bei männlicher Besetzung der Wert 1 und bei weiblicher Amtsausübung der Wert 2 vergeben. Diese Werte für die betrachteten 5 Positionen werden zum Gender-Index addiert. Haben Kommunen schließlich in einigen Fällen die gleiche Punktzahl auf dem Gender-Index, ist der weibliche Ratsanteil entscheidend für die letztendliche Platzierung.

Bei diesem ersten deutschen Gender-Ranking ist die Stadt Frankfurt/M. deutlich die Siegerin (siehe Abb. 38). In Frankfurt sind vierzig Prozent der Ratsmitglieder und der Dezernenten weiblich. Hinzu kommen selbstverständlich in der Wertung die Oberbürgermeisterin (Petra Roth) und die 50%ige Besetzung von Ausschussvorsitzen mit Frauen. Damit schneidet die Stadt Frankfurt bei fast allen Positionen mit der höchsten Punktzahl ab. Der Kontrastfall hierzu ist die Stadt Salzgitter auf dem letzten Platz des Gender-Rankings mit einer minimalen Punktzahl. Im Kommunalparlament dieser Großstadt sind nur 15,2% weibliche Ratsmitglieder vertreten. Bei den Fraktionsvorsitzenden, Dezernenten, Ausschussvorsitzenden und Bürgermeistern findet sich insgesamt nur eine Frau. Deutlicher können Frauen kaum unterrepräsentiert sein.

Abbildung 38: Gender-Ranking deutscher Großstädte

Platz	Großstadt	Ratsmandat in %	Ratsmandat	Fraktions-vorsitz	Dezernat	Ausschuss-vorsitz	OB	Index
2	München	47,5	4	2	4	4	1	15
3	Erlangen	40	4	4	4	2	1	15
4	Lübeck	38,8	4	4	3	3	1	15
5	Düsseldorf	37,8	4	4	3	3	1	15
6	Rostock	37,3	3	4	3	4	1	15
7	Kassel	34,8	3	4	3	4	1	15
8	Reutlingen	23,7	1	4	4	4	2	15
9	Münster	39,2	4	3	4	2	1	14
10	Dortmund	38,6	4	4	2	3	1	14
11	Oldenburg	36	3	2	4	4	1	14
12	Hannover	35,9	3	3	3	4	1	14
13	Hamm	34,5	3	4	4	2	1	14
14	Köln	33,3	3	4	3	3	1	14
15	Mülheim	32,7	3	2	3	4	2	14
16	Darmstadt	32,4	3	2	4	4	1	14
17	Moers	32,1	3	4	3	3	1	14
18	Ludwigshafen	43,3	4	2	1	4	2	13
19	Koblenz	39,3	4	4	1	3	1	13
20	Solingen	38,2	4	3	1	4	1	13
21	Freiburg	37,5	4	4	3	1	1	13
22	Potsdam	36,7	3	3	4	2	1	13
23	Würzburg	36	3	3	1	4	2	13
24	Aachen	32,8	3	1	4	4	1	13
25	Wolfsburg	32,6	3	2	4	3	1	13
26	Chemnitz	31,5	2	1	4	4	2	13
27	Halle	28,6	2	2	3	4	2	13

Platz	Großstadt	Ratsmandat in %	Ratsmandat	Fraktions-vorsitz	Dezernat	Ausschuss-vorsitz	OB	Index
28	Essen	28	1	4	4	3	1	13
29	Nürnberg	47,1	4	4	2	1	1	12
30	Wiesbaden	39,5	4	2	2	3	1	12
31	Ulm	35	3	3	4	1	1	12
32	Braunschweig	32,7	3	2	4	2	1	12
33	Saarbrücken	31,7	2	4	1	3	2	12
34	Krefeld	29	2	2	3	4	1	12
35	Gera	28,3	1	3	4	3	1	12
36	Pforzheim	27,5	1	4	1	4	2	12
37	Osnabrück	46	4	1	1	4	1	11
38	Stuttgart	41,7	4	2	3	1	1	11
39	Heidelberg	37,5	4	4	1	1	1	11
40	Ingolfstadt	32	3	3	1	3	1	11
41	Bonn	31,8	2	2	2	3	2	11
42	Göttingen	30,4	2	1	4	3	1	11
43	Kiel	28,6	2	3	1	3	2	11
44	Erfurt	26	1	4	4	1	1	11
45	Cottbus	22	1	3	4	2	1	11
46	Fürth	48	4	3	1	1	1	10
47	Trier	40,4	4	1	1	3	1	10
48	Offenbach	35,2	3	2	3	1	1	10
49	Remscheid	31	2	2	1	3	2	10
50	Hildesheim	30,4	2	1	4	2	1	10
51	Bergisch Glad.	28,8	2	2	2	3	1	10
52	Leverkusen	25,8	1	4	3	1	1	10
53	Augsburg	44,1	4	1	2	1	1	9
54	Karlsruhe	37,5	4	2	1	1	1	9

Platz	Großstadt	Ratsmandat in %	Ratsmandat	Fraktions-vorsitz	Dezernat	Ausschuss-vorsitz	OB	Index
55	Hagen	33,3	3	1	1	3	1	9
56	Mannheim	33,3	3	1	3	1	1	9
57	Neuss	32,8	3	1	2	2	1	9
58	Siegen	31,7	2	2	1	3	1	9
59	Bochum	31,6	2	1	2	2	2	9
60	Oberhausen	31	2	1	1	4	1	9
61	Mainz	30	2	4	1	1	1	9
62	Gelsenkirchen	28,8	2	1	3	2	1	9
63	Dresden	28,6	2	4	1	1	1	9
64	Wuppertal	28,4	1	2	2	3	1	9
65	Paderborn	27,6	1	4	1	2	1	9
66	Recklinghausen	24,1	1	4	1	2	1	9
67	Heilbronn	22,5	1	2	4	1	1	9
68	Herne	21,2	1	2	3	2	1	9
69	Leipzig	31,4	2	2	2	1	1	8
70	Regensburg	31,3	2	1	3	1	1	8
71	Iserlohn	29,6	2	2	1	2	1	8
72	Bielefeld	28,3	1	3	1	2	1	8
73	Witten	20,3	1	2	1	2	2	8
74	Magdeburg	17,9	1	1	2	3	1	8
75	Bottrop	31	2	1	1	2	1	7
76	Duisburg	28	1	2	1	2	1	7
77	Mönchenglad-bach	19,7	1	1	1	2	1	6
78	Jena	28,3	1	1	1	1	1	5
79	Salzgitter	15,2	1	1	1	1	1	5

Quelle: eigene Interneterhebung 2008

8 Quantitative Ursachenanalyse

8.1 Multivariate Analyse der weiblichen Parlamentsanteile in den Großstädten

Im Folgenden sollen die statistischen Beziehungen zunächst zwischen dem Frauenanteil in den Räten der einzelnen Großstädte als abhängiger Variablen und der im Erklärungsmodell zur Frauenunterrepräsentanz identifizierten potentiell erklärenden Variablen untersucht werden. Hierfür wird vorwiegend auf die Methode der multiplen linearen Regression zurückgegriffen. Dabei handelt es sich um ein Verfahren, das die in den einzelnen Großstädten variierenden Werte der abhängigen Variable „Frauenanteil im Stadtrat" durch die Werte einiger oder mehrerer unabhängiger Variablen aus dem Modell erklären soll. In dieser statistischen Analyse der Großstädte werden wir uns vorwiegend auf den Einfluss kommunaler Kontextfaktoren konzentrieren. Im letzten Teilabschnitt werden noch die Ergebnisse der statistischen Analysen zu den kreisangehörigen Kommunen in NRW kurz präsentiert.

In der Großstadtanalyse sollten die folgenden bereits im fünften Kapitel begründeten Hypothesen getestet werden:

- Mit steigender Gemeindegröße wächst der Frauenanteil in den großstädtischen Kommunalparlamenten.
- Mit steigendem Organisationsgrad der Parteien steigt auch der Frauenanteil
- Bei personalisiertem Verhältniswahlrecht insbesondere in nordrhein-westfälischen Kommunen, die unter den Großstädten in Deutschland den größten Anteil stellen, sinkt die Frauenrepräsentanz. Bei Kumulieren und Panaschieren ist demgegenüber mit einer höheren Repräsentanz in den Großstädten zu rechnen.
- Haben die Quotenparteien einen großen Anteil der Parlamentssitze, ist mit einer größeren Frauenrepräsentanz zu rechnen als in Großstäd-

ten, in denen die SPD, Die Linke/PDS und Bündnis 90/Die Grünen zusammen schlechtere Kommunalwahlergebnisse erzielt haben.

Diese Hypothesen gelten als bestätigt, wenn, wie üblich, eine Irrtumswahrscheinlichkeit von 5 Prozent unterschritten wird. Wir sprechen also von einer signifikanten Beziehung und damit einer bestätigten Hypothese, wenn die Signifikanz unter 0,05 liegt. Eine hoch signifikante Beziehung liegt vor bei einer Signifikanz von unter 0,01.[21] Bei diesen Signifikanzwerten wird bei der multiplen Regression der Einfluss aller erklärenden Variablen einbezogen, sodass im Gegensatz zur bivariaten Korrelation, in der nur der Einfluss einer Variablen auf die abhängige Variable Frauenrepräsentanz berücksichtigt wird, auch das Problem der Scheinkorrelationen[22] begrenzt wird. Als zweiter wichtiger statistischer Wert wird der standardisierte Regressionskoeffizient Beta angegeben, der Auskunft darüber gibt, um wie stark sich die abhängige Variable verändert, wenn die erklärende Variable um eine Einheit verändert wird. Der Wertebereich liegt zwischen -1 und +1 und je stärker sich der Koeffizient der Null nähert, desto geringer ist der Erklärungsbeitrag der betrachteten unabhängigen Variablen. Liegt der Regressionskoeffizient Beta über 0,2, wird in der lokalen Politikforschung von einem substanziellen Erklärungsbeitrag der Variable ausgegangen (Kunz 1998; Holtkamp 2008). Dasselbe gilt im Übrigen für den Fall, dass Beta unter -0,2 liegt, bei einem negativen Zusammenhang der Variablen. Wenn also beispielsweise Beta bei unserer Regressionsrechnung für die Variable Gemeindegröße bei -0,3 und die Signifikanz bei 0,000 liegt, würde das

21 Analog zu den Referenzstudien auf Bundesländerebene sprechen wir bei einer Signifikanz von 0,05 bis 0,099 von einer schwach signifikanten Beziehung (vgl. Kaiser/Hennl 2008: 178; vgl. zu weniger strengen Signifikanzwerten Davidson-Schmich 2006: 227).

22 Ein in der Statistik beliebtes Beispiel für Scheinkorrelationen ist der hohe Zusammenhang zwischen der Anzahl der Störche in Kommunen und der Geburtenquote. Auf hoch signifikantem Niveau lässt sich so feststellen, dass es hier einen hohen statistischen Zusammenhang gibt, ohne dass dies in der Bevölkerungssoziologie als überzeugender Befund für Klapperstorchgeschichten gelten würde. Werden zusätzlich als dritte (letztlich kausal zentrale) Variable die Unterschiede zwischen städtischen und ländlichen Regionen berücksichtigt, dann löst sich der statistische Zusammenhang zwischen Störchen und Geburtenraten in der Regel auf und wird als Scheinkorrelation eingeordnet.

bedeuten, dass mit steigender Gemeindegröße die Frauenrepräsentanz entgegen unserer Hypothesen im hoch signifikanten Maße sinkt. Liegt demgegenüber Beta bei 0,3 mit ähnlich hohen Signifikanzwerten, wäre demgegenüber unsere Hypothese, dass mit zunehmender Gemeindegröße die Frauenrepräsentanz steigt, in hoch signifikantem Maße bestätigt.

Die Frauenunterrepräsentanz in den Großstädten wurde anhand von Internetrecherchen und telefonischen Nachfragen in den Kommunen erhoben und soll in der multivariaten Analyse nur in Bezug auf die Kommunalparlamente betrachtet werden, um die zu berücksichtigenden Erklärungsvariablen eingrenzen zu können. Bei der Analyse der Untersuchungsfälle wurde deutlich, dass die Repräsentanz in Bayern, wie schon in anderen empirischen Analysen, systematisch von den anderen Bundesländern abweicht.

Das Parteiensystem und der Parteienwettbewerb in Bayern sind aufgrund der sehr starken Stellung der CSU als Regionalpartei kaum mit den Kommunen in anderen Bundesländern vergleichbar und eignen sich dementsprechend eher für vertiefende Fallstudien. Hinzu kommt als Besonderheit, dass der SPD-Landesverband hier seinen kommunalen Gliederungen abweichend von den allermeisten anderen Bundesländern eine 50%-Quote vorschreibt. Damit herrschen mit hoher Quotierung, ausgeprägtem Parteienwettbewerb und dem Verhältniswahlrecht mit freien Listen unseren Annahmen zur Folge in den bayerischen Großstädten die günstigsten Bedingungen für eine hohe Frauenrepräsentanz. Entsprechend der Hypothesen erzielen die bayerischen Großstädte mit einem durchschnittlichen Frauenanteil von knapp 40% auch deutlich die besten Ergebnisse im Bundesländervergleich. Die SPD-Fraktionen erreichen hier durchschnittlich eine paritätische Frauenrepräsentanz und erfüllen damit die in diesem Bundesland angestrebte Quote von 50%. Dies kann auch als ein weiterer Beleg für die größere Kompatibilität des Verhältniswahlrechts mit (in diesem Fall sogar hohen) Quotenlösungen gelten. Auch die CSU kommt auf einen Frauenanteil von immerhin 36% und liegt damit über dem Quorum ihrer Schwesterpartei, was für einen „Abfärbeeffekt“ von hohen Quoten über den Parteienwettbewerb spricht. Das kann auch als Hinweis gedeutet werden, welche zentrale Rolle die SPD im Wettbewerb um eine hohe Frauenrepräsentanz einnehmen kann, wenn sie sich ehrgeizige Ziele setzt und diese auch realisiert. Wenn neben den Grünen auch die SPD in Großstädten die paritätische Repräsentanz bei intensivem Parteienwettbewerb realisiert, dann geraten auch Mitte-Rechtsparteien ohne Quote, wie die CSU, unter Anpassungsdruck. So zumindest die aus unserer Sicht plausibelste Lesart des bayerischen „Frauenwunders“, der sicherlich weiter Fallstudien in bayerischen Großstädten folgen sollten.[23]

In die multivariate statistische Analyse werden die bayerischen Großstädte aufgrund dieser Sonderfaktoren im Parteien- und Quotensystem nicht berücksichtigt. Sie hätten sonst auch fast schon im „Alleingang“ (als „Ausreißer“ nach oben) den von uns unterstellten Zusammenhang von Wahlrecht und Frauenrepräsentanz bestätigt.

Damit wurden insgesamt 70 deutsche Großstädte in die folgende multivariate Analyse miteinbezogen. Von diesen Kommunen wies Osnabrück mit 46 Prozent die höchste und Salzgitter mit 15,2 Prozent die niedrigste Frauenrepräsentanz im Kommunalparlament aus. Die Spannweite ist damit zwischen den Großstädten sehr groß. Das führt schnell zu der Frage, was die Ursachen für diese große Varianz sind.

Als erklärende Variablen werden in der statistischen Analyse entsprechend den vorher skizzierten Hypothesen die Gemeindegröße (Stand der Einwohner(innen) 2004) und das Wahlrecht berücksichtigt. Zusätzlich werden der Organisationsgrad der Parteien in den jeweiligen Bundesländern und der Anteil der quotierten Parteien in den betrachteten Kommunalparlamenten miteinbezogen. Hierfür wird der in anderen empirischen Untersuchungen konzipierte Quotenindex verwendet (Kaiser/Hennl 2008), der die Ratsanteile der quotierten Parteien zusammenfasst.[24] Darüber hinaus wird aber auch der Einfluss der Anteile der Quotenparteien einzeln erfasst.

Vor der multiplen Regressionsrechnung wurden zunächst die bivariaten Korrelationen aller einbezogenen Variablen analysiert.

---

23 Zusätzlich wurde die Stadt Saarbrücken aus der Analyse ausgeschlossen, weil sie als einzige Stadt ein stark abweichendes Wahlrecht anwenden muss (Verhältniswahlrecht mit starren Listen).

24 Bei diesem Index werden die Ratsanteile der Grünen, der Linken und der SPD mit ihrer jeweiligen Quote multipliziert und anschließend addiert, sodass der Ratsanteil der SPD eine etwas niedrigere Gewichtung hat, weil sie im Gegensatz zu den beiden Mitkonkurrentinnen „nur“ eine Quote von 40% festgelegt hat.

Schwach signifikante Zusammenhänge zeigten sich hier bei der Gemeindegröße und beim Organisationsgrad in der erwarteten Richtung. Danach nimmt, ohne Berücksichtigung des Einflusses von Drittvariablen, mit zunehmender Gemeindegröße und wachsendem Organisationsgrad die Frauenrepräsentanz zu. Recht knapp gescheitert ist in der bivariaten Betrachtung die Wahlrechtsthese. Besonders hervorhebenswert ist, dass der Quotenindex keinen Zusammenhang mit der Frauenrepräsentanz aufweist. Während in Untersuchungen für Landesparlamente noch ein signifikanter Zusammenhang der Parlamentssitze der Quotenparteien nachgewiesen werden konnte (Kaiser/Hennl 2008), kann für die Großstädte nicht annähernd ein signifikanter Zusammenhang nachgewiesen werden. Schaut man sich demgegenüber den Einfluss der Parlamentsanteile der Quotenparteien einzeln an, ergibt sich ein differenziertes Bild. Während die SPD- und PDS-Anteile in den Kommunalparlamenten für die Frauenrepräsentanz insgesamt offensichtlich nicht einflussreich sind, ergibt sich zwischen den Ratsanteilen von Bündnis 90/Die Grünen und der Frauenrepräsentanz eine starker, hoch signifikanter Zusammenhang in der bivariaten Korrelation. Je mehr Sitze diese Partei in den Großstadtparlamenten einnimmt, umso höher ist die Frauenrepräsentanz.

Abbildung 39: Bivariate Korrelationen zu Frauenanteilen in Großstadtparlamenten

	Signifikanz	
Gemeindegröße	,067	*
Organisationsgrad	,090	(*)
Ratsanteil Grüne	,003	**
Ratsanteil SPD	,871	
Quotenindex	,982	
Ratsanteil Linke	,178	
Wahlrecht	,149	

*** Die Korrelation ist auf dem Niveau von 0,01 (2-seitig) signifikant.*
** Die Korrelation ist auf dem Niveau von 0,05 (2-seitig) signifikant.*
(*) Die Korrelation ist auf dem Niveau von 0,10 (1-seitig) signifikant

Allerdings ist die bivariate Betrachtung des statistischen Zusammenhangs von Variablen nur bedingt aussagefähig, weil Scheinkorrelationen oder andere, die eigentlich vorhandene Beziehung verdeckende, Drittvariablen die Interpretation der Daten erschweren. In das Modell der multiplen Regressionsrechnung wurden alle im Erklärungsmodell für Frauenunterrepräsentanz benannten kommunalen Kontextfaktoren miteinbezogen.

Auch in diesem multivariaten Regressionsmodell hat der Quotenindex keinen nennenswerten Einfluss, was vorwiegend auf den sehr geringen Zusammenhang der SPD-Ratsanteile mit der Frauenrepräsentanz in den Kommunalparlamenten zurückzuführen ist. Auch in diesem erweiterten Modell ist ein starker positiver Zusammenhang auf signifikantem Niveau der Ratsanteile der Grünen mit der Frauenrepräsentanz zu konstatieren. Der Einfluss der Gemeindegröße bleibt auf schwach signifikantem Niveau, was wohl darauf zurückzuführen ist, dass die Unterschiede zwischen den Nominierungsprozessen der Parteien in Großstädten mit differierender Einwohnerzahl wohl nicht so ausgeprägt sind, wie dies für den kreisangehörigen Raum zu erwarten ist.

Bemerkenswert ist hingegen der signifikante und sehr starke Einfluss des Organisationsgrads und des Wahlrechts. In der multivariaten Analyse zeigt sich somit, dass in Bundesländern mit Kumulieren und Panaschieren die Frauenrepräsentanz deutlich höher ist, wenn zusätzlich der Einfluss des Organisationsgrads berücksichtigt wird. Der zunächst in der bivariaten Analyse stärker überdeckte Zusammenhang zwischen Wahlrecht und Frauenrepräsentanz kann darauf zurückgeführt werden, dass in einigen Bundesländern (insbesondere in Ostdeutschland) der potentiell positive Einfluss dieses personenorientierten Wahlrechts dadurch nicht deutlich wurde, dass in diesen Kommunen zugleich die Parteien häufig einen niedrigen Organisationsgrad haben, der eher zu einer niedrigeren Frauenrepräsentanz führt. Damit kann auf hohem Niveau auch ohne die aus der Analyse ausgeschlossenen bayerischen Großstädte mit sehr hoher Frauenrepräsentanz die Wahlrechtthese, dass Kumulieren und Panaschieren zu einer höheren Repräsentanz führt als die personalisierte Verhältniswahl, bestätigt werden.

Im multiplen Regressionsmodell konnte insgesamt auf signifikantem Niveau die Wahlrechtsthese, die Organisationsgradthese und (im schwachen Maße auch) die Gemeindegrößenthese bestätigt werden. Verworfen hingegen wurde die Quotenthese in ihrer bisherigen Form.

Abbildung 40: Multiple Regression für die Frauenrepräsentanz in den Großstädten 2008

Koeffizienten[a]

Modell		Nicht standardisierte Koeffizienten B	Standardfehler	Standardisierte Koeffizienten Beta	T	Signifikanz
1	(Konstante)	18,246	5,423		3,364	,001
	Gemeindegröße	8,276E-06	,000	,232	2,002	,050
	Organisationsgrad	2,899	1,088	,335	2,663	,010
	Ratsanteil Grüne	,311	,141	,251	2,203	,031
	Wahlrecht	4,043	1,562	,329	2,588	,012
	Quotenindex	-,096	,182	-,062	-,525	,602

a. Abhängige Variable: Anteil Frauen im Rat

Signifikanten positiven Einfluss auf die Frauenrepräsentanz hat nur die Quotenpartei Bündnis 90/Die Grünen, während kein nennenswerter Einfluss der Linken/PDS und der SPD auf die Frauenrepräsentanz in Großstadtparlamenten insgesamt festgestellt werden konnte. Die Ursachen hierfür sollen nun in einem nächsten Schritt analysiert werden, in dem die Frauenrepräsentanz und die Quotentreue in den einzelnen Fraktionen der Großstädte näher betrachtet werden. Hier soll zusätzlich die CDU als Quorumspartei miteinbezogen werden, um auch in diesem Fall die „Gretchenfrage" zu überprüfen: Wie halten es die Parteien in der Praxis mit ihren Zielvorgaben zur Frauenförderung?

Ein Blick auf Abbildung 41 zeigt, dass die Quotentreue aller Parteien in den Großstadtparlamenten durchaus limitiert ist. Lediglich Bündnis 90/Die Grünen halten in über 50% der Großstädte ihre hohen Quoten ein. Die Linke/PDS fällt im Vergleich hierzu deutlich ab (vor allem in den ostdeutschen Großstädten). Die SPD tut sich noch schwerer, ihre deutlich niedrigere Quote von 40% in den Großstädten einzuhalten. Für die CDU hat das niedrige Quorum von 33% offensichtlich kaum eine Orientierungsfunktion. In weniger als einem Viertel der Städte erreichen die CDU-Fraktionen im Rat ihr Quorum.

Die multivariate Analyse der Ursachen für diese Unterrepräsentanz in CDU-Fraktionen ergab, dass diese nicht auf die Wählerschaft zurückgeführt werden kann. Gerade bei Kumulieren und Panaschieren erreicht die CDU häufiger ihr Quorum als bei der personalisierten Verhältniswahl in nordrhein-westfälischen Kommunen, bei denen die

Abbildung 41: Prozentanteil der Großstädte, in denen die Parteien ihre Quoten / Quoren 2008 einhalten

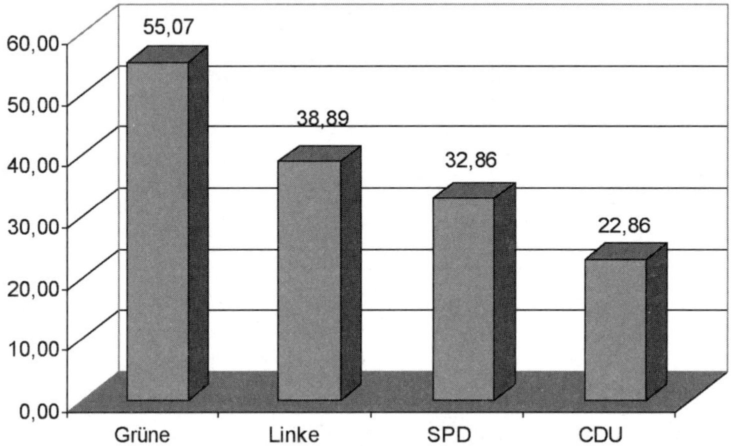

Quelle: Eigene Darstellung

Wähler(innen) nicht zwischen Parteiliste und Kandidaturen im Wahlkreis unterscheiden können (vgl. die Regressionsanalysen im Anhang). In nordrhein-westfälischen Kommunen bestimmen weitgehend die Parteien das Personalangebot, und die CDU setzt hier stark auf männliche Kandidaturen. Sie wird bei ihrem Nominierungsverhalten auch nicht durch den innerparteilichen Kandidatinnenpool eingeschränkt. Ihr Organisationsgrad in den Bundesländern weist keine signifikante Korrelation mit der Realisierung des Quorums in den CDU-Fraktionen auf.

Bei der SPD stellt sich die Situation in der multivariaten Analyse ähnlich dar. Die Wählerschaft kann für das häufige Unterlaufen der Quote nicht verantwortlich gemacht werden. Gerade in den Bundesländern, in denen die Wähler(innen) kaum personelle Mitbestimmungsmöglichkeiten haben, erreicht die SPD im starken und signifikanten Maße ihre 40-Prozent-Quote nicht. Allerdings kann anders als bei der CDU ein schwach signifikanter Zusammenhang zwischen dem Organisationsgrad und der Frauenrepräsentanz bilanziert werden. Bei niedrigem Organisationsgrad erreicht die SPD gerade in den neuen Bundesländern die Parteiquote schlechter.

Noch deutlicher tritt dieser Zusammenhang bei Bündnis 90/Die Grünen hervor. In starkem und signifikantem Maße erreicht die Partei bei niedrigem Organisationsgrad (und in den kleineren Großstädten) ihre 50%-Quote nicht. Bei den Grünen kann also noch am ehesten das Verfehlen der hohen Quote auf einen Kandidatinnenmangel (zumindest im direkten Parteiumfeld) zurückgeführt werden. Dennoch muss bei ostdeutschen Großstädten schon davon ausgegangen werden, dass die Quote auch von Bündnis 90/Die Grünen besser erfüllt werden könnte, wenn noch stärker Kandidatinnen gesucht würden, die nicht aus dem direkten Parteiumfeld kommen.

Aufgrund der geringen Anzahl der etwas größeren Fraktionen von Linke/PDS in deutschen Großstädten wurde aus methodischen Gründen auf eine multivariate Analyse verzichtet. Festzuhalten bleibt, dass die Linke/PDS bei sehr hohem Organisationsgrad in allen ostdeutschen Untersuchungsfällen nur in einer Großstadt ihre 50%-Quote erreicht. In Ostdeutschland führt die systematische Unterschreitung der Quote durch die Linke/PDS bei relativ hohen Ratsanteilen mit dazu, dass die ostdeutschen Großstädte – im Gegensatz zu den Landtagen – in Bezug auf die Frauenrepräsentanz deutlich schlechter abschneiden als die Kommunen in den alten Bundesländern.

Werden nur die Quotenparteien mit Bündnis 90/Die Grünen, Die Linke/PDS und SPD im Ost-West-Vergleich betrachtet, ist das Ergebnis eindeutig: Ostdeutschland ist kommunal weitgehend „quotenfrei". Hier halten die Quotenparteien nur in 19% der Fälle ihre jeweilige Quote ein. In den westdeutschen Großstädten erreichen sie die Quote in der Hälfte der untersuchten Fälle. Für Ostdeutschland ist also zu bilanzieren, dass das Quotensystem bereits in den Großstädten durchschnittlich nicht greift, während es in den westdeutschen Großstädten insbesondere bei Kumulieren und Panaschieren eine recht hohe Zielerreichung zu verzeichnen hat. Das gilt selbst für die höheren Quoten der SPD (mit 50%) in den bayerischen Großstädten, die in dieser Analyse noch gar nicht näher miteinbezogen wurden.

8.2 Multivariate Analyse der weiblichen Parlamentsanteile in kleineren und mittleren Kommunen

In der anschließenden multivariaten Analyse der kreisangehörigen Kommunen in NRW zwischen 5.000 und 100.000 Einwohner wurde insbesondere der Einfluss der Parteien auf die Frauenrepräsentanz untersucht, wobei zugleich aufgrund der größeren Fallzahl im Vergleich zu den Großstädten deutlich mehr sozialstrukturelle Variablen in den Regressionsmodellen berücksichtigt werden konnten. Der Blick auf die Kommunalwahlergebnisse 2004 verdeutlicht zunächst, dass im Vergleich zu den Großstädten in den niedrigeren Gemeindegrößenklassen die CDU stärker dominiert und die beiden Quotenparteien SPD und Grüne hier deutlich schlechter abschneiden. Die Wählergemeinschaften spielen im Vergleich zu Baden-Württemberg aber auch in den kleineren Gemeinden keine herausragende Rolle, so dass ihr Einfluss (bei relativ unterschiedlichen Entstehungskontexten) herausgerechnet wurde und damit der Prozentsatz der Frauen im Stadtrat abzüglich der Anteile von Wählergemeinschaften die zu erklärende Variable bildete. Zudem wurden nur die gut 300 Kommunen untersucht, in denen die SPD, die CDU und die Grünen 2004 auch zu den nordrhein-westfälischen Kommunalwahlen angetreten sind.

Abbildung 42: Ratswahlergebnisse 2004 in den fünf nordrhein-westfälischen Gemeindegrößenklassen

Wahlergebnisse 2004	SPD	CDU	Grüne	FDP	Wgr	Sonstige
unter 10.000	23,8	51,7	5,9	6,5	12,1	0,1
10.000 bis unter 20.000	27,8	49,7	6,3	6,6	9,5	0,2
20.000 bis unter 50.000	28,5	46,2	7,1	7,2	10,6	0,5
50.000 bis unter 100.000	34,6	42,5	7,7	6,9	7,2	1,1
über 100.000	33,7	38,6	10,9	6,0	6,8	4,0

Quelle: Gehne 2008

In der multivariaten Analyse der kreisangehörigen Kommunen in NRW zwischen 5.000 und 100.000 Einwohner bestätigte sich der hoch signifikante Effekt der „grünen" Parlamentsanteile auf die Frauenrepräsentanz in den Gemeinderäten eindrucksvoll. Hohe grüne Parlamentsanteile führen zu einer höheren Frauenrepräsentanz. Das gilt im Übrigen auch, wenn man die grünen Ratsfrauen aus der abhängigen Variable herausrechnet. Das spricht für einen Abfärbeeffekt auf die anderen Parteien, die bei Kontrolle aller Drittvariablen auch eine höhere Frauenrepräsentanz erzielen, wenn die Grünen stark im Kommunalparlament vertreten sind (siehe Anhang).

Hoch signifikant ist auch der negative Zusammenhang zwischen CDU-Ratsanteilen und Frauenrepräsentanz. Je besser die CDU bei Kommunalwahlen abschneidet und umso mehr Ratsmandate sie stellt, desto weniger Frauen sind im Kommunalparlament insgesamt vertreten. Es zeigt sich weiterhin der erwartete Gemeindegrößeneffekt, dass mit abnehmender Gemeindegröße auch die Frauenrepräsentanz sinkt. Das unterstreicht auch noch mal den politischen Handlungsbedarf im kreisangehörigen Raum. Bemerkenswert ist darüber hinaus, dass keine der sozioökonomischen Variablen einen mittleren oder hohen signifikanten Einfluss auf die Frauenrepräsentanz hatte, was auch darauf zurückzuführen ist, dass die CDU-Ratsanteile in die Analyse miteinbezogen wurden.

Zusätzlich haben wir in einem zweiten Schritt mit dem katholischen Schüleranteil und dem landwirtschaftlichen Bruttoinlandsprodukt im jeweiligen Kreis unabhängige Variablen aufgenommen, die in ähnlicher Form schon als Indikatoren für den Einfluss von regionaler politischer Kultur verwendet wurden (Davidson-Schmich 2006). Auch diese Variablen tragen nicht im signifikanten Maße zur Erklärung der Frauenrepräsentanz bei. Entscheidend ist auch hier neben der Gemeindegröße die Parteipräferenz der Wähler, die sicherlich nicht beispielsweise die CDU darin einengt 10% mehr Kandidatinnen auf den starren Listen aufzustellen. Besonders für den kreisangehörigen Raum gilt also, dass Parteien einen zentralen Unterschied in Bezug auf die Frauenrepräsentanz machen.

Die Rolle der Grünen als Schrittmacher für eine höhere Frauenrepräsentanz bestätigte sich auch bei der Analyse der Quotentreue der Parteien. Fraktionen von Bündnis 90/Die Grünen erreichen immerhin auch hier bei sehr wenigen Mitgliedern (im Verhältnis zu den Ratskandidaturen) in 42% der Fälle ihre hohe Quote. Die SPD und die CDU fallen demgegenüber ganz deutlich bei der Realisierung ihrer niedrigeren Quoten und

Quorumsbeschlüsse ab. Fast keine CDU-Fraktion erfüllt den niedrigen Quorumsbeschluss von 33%, was noch mal den hoch signifikanten Zusammenhang von CDU-Ratsanteilen und stark ausgeprägter Frauenunterrepräsentanz unterstreicht.

Abbildung 43: Regressionsanalyse für die kreisangehörigen Gemeinden 2004[25]

Koeffizienten[a]

Modell		Nicht standardisierte Koeffizienten		Standardisierte Koeffizienten		
		B	Standardfehler	Beta	T	Signifikanz
1	(Konstante)	14,490	6,110		2,372	,018
	Gemeindegröße	,000	,000	,348	4,566	,000
	Wanderungsbilanz.	,004	,003	,077	1,466	,144
	Grüner Anteil	,624	,126	,266	4,940	,000
	Landwi. Fläche	,020	,024	,048	,849	,397
	Bevölkerungsdichte	-6,6E-05	,001	-,003	-,045	,964
	Geburtenrate	,450	,357	,068	1,261	,208
	Frauenerwerbsquo.	-,031	,066	-,027	-,479	,632
	Landwi. Beschäfti	,316	,181	,097	1,743	,082
	Sozialvers. Beschä	,103	,057	,113	1,810	,071
	CDU Anteil	-,157	,055	-,185	-2,835	,005
	SPD Anteil	-,037	,056	-,043	-,661	,509

a. Abhängige Variable: ABHÄOWG

Dass die SPD als mitgliederstarke und traditionsreiche Partei in Nordrhein-Westfalen in 87% der analysierten Kommunen ihre 40%-Quote verfehlt, ist bemerkenswert und verweist auf die allgemeinen Nachteile von freiwilligen Parteiquoten und ihre zum Teil durchaus begrenzte Wirkung im Vergleich zu gesetzlichen Kandidatinnenquoten in französischen Kommunen gleicher Größe. Freiwillige Parteiquoten wirken nur, wenn sie von Frauen in der Partei massiv eingefordert werden, wenn die nicht per Parteisatzung bestimmten informellen Geschlechternormen hoch sind oder wenn die Öffentlichkeit und der Parteienwettbewerb über die Einlösung der Parteiversprechen wachen. Mit abnehmender Gemeindegröße sind alle drei Voraussetzungen insbesondere in den traditionellen Parteien prekär und die Quote wird zunehmend wirkungslos. Von außen bleibt

25 Frauenrepräsentanz in den Kommunalparlamenten anhand von LDS-Daten nach der Kommunalwahl 2004

damit als Handlungsoption im bestehenden Kommunalrecht weitgehend nur die Möglichkeit, diese ziemlich veränderungsresistenten männlich dominierten Parteistrukturen in kleineren Kommunen durch Öffentlichkeit, Parteienwettbewerb und Stimmenentzug unter Anpassungsdruck zu setzen. Dies kann beispielsweise durch die Gründung und Stärkung von grünen Ortsverbänden wie in NRW oder durch die Gründung von Frauenwählergemeinschaften wie in einigen dokumentierten Fällen in Baden-Württemberg erreicht werden (Holuscha 1999). Wettbewerb belebt auch hier das „Geschäft", während in sehr kleinen Kommunen, in denen z.B. in Rheinland-Pfalz nur eine Liste zur Abstimmung steht, die Frauenrepräsentanz in den Gemeinderäten einen Negativrekord von durchschnittlich unter 8% erzielt.

Abbildung 44: Prozentanteil der NRW-Gemeinden, in denen die Parteien ihre Quoten bzw. Quoren 2004 einhalten

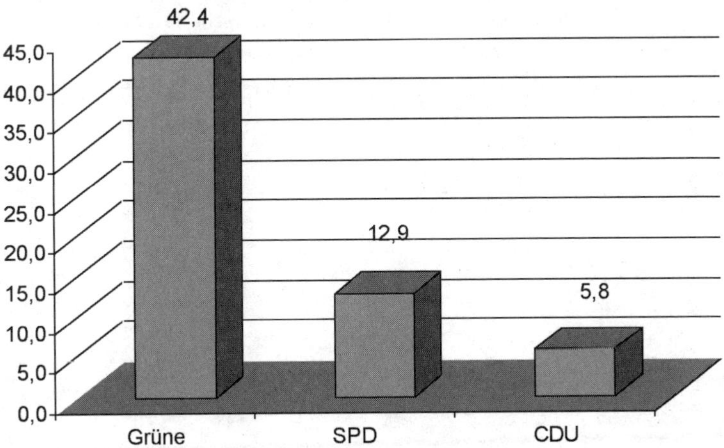

Quelle: Eigene Darstellung

Zusätzlich könnten für die SPD in NRW bei der Realisierung der Quote Probleme des personalisierten Verhältniswahlrechts auftreten. Paradoxerweise hat die SPD nämlich gerade in den Kommunen erhebliche Probleme mit der Einhaltung der Quote, die eher als ihre Hochburgen einzuordnen sind. Je höher der Ratsanteil der SPD, desto weniger hält die Partei die Quote ein (siehe Anhang). Normalerweise sollte man erwarten können, dass Parteien gerade in ihren Hochburgen genügend Frauen rekrutieren können, zumal diese dann im Stadtrat tatsächlich die Kommunalpolitik über dementsprechend günstige Mehrheitsverhältnisse mitgestalten können, was ein zusätzlicher Kandidaturanreiz sein dürfte. Auch auf den gendersensibilisierten Teil der Öffentlichkeit könnte es schon irritierend wirken (und im Wahlkampf als Argument gegen die SPD gewendet werden), dass Frauen umso schlechter in der SPD-Fraktion repräsentiert sind, je mehr Wähler(innen) der Partei ihr Vertrauen schenken.

Für diesen zunächst etwas ungewöhnlichen Zusammenhang gibt es aus der Perspektive unseres Erklärungsmodells vor allem zwei mögliche, sich durchaus ergänzende, Ursachen. Erstens könnte es bei Fraktionen mit hohen Ratsanteilen auch für männliche Politikinteressierte reizvoller sein sich als Ratsmitglied zu engagieren und damit potentiell Frauen zu verdrängen. Zweitens ist zu erwarten, dass bei sehr guten Wahlergebnissen der Partei die Ratmandate stärker über erfolgreiche Direktkandidaturen vergeben werden, die stärker als die vorderen Plätze auf der Reserveliste von Männern dominiert werden. Diese Erklärungen werden wir noch in unseren Fallstudien und der damit verbundenen detailierteren Analyse der Wahlstatistik untersuchen.

9 Direktwahlen aus der Genderperspektive

Mit den Kommunalverfassungsreformen in den 1990er Jahren hat sich die Kommunalpolitik in vielen Bundesländern grundlegend verändert. Die Kommunalparlamente haben Kompetenzen abgeben müssen, die Bürgermeister haben sich in nicht wenige Kommunen zur „exekutiven Führerschaft“ aufschwingen können und die Verwaltungschefs setzen jetzt allein schon aus Wiederwahlinteresse auf mehr Bürgerbüros und Bürgerbeteiligung (vgl. zu einem Überblick über alle empirischen Trends Bogumil/Holtkamp 2006). Verfassungsrechtler wie Hans Herbert von Arnim empfehlen deshalb auch, die Ministerpräsidenten direkt wählen zu lassen (von Arnim 2000, 2004).

Weniger diskutiert wurde bisher, welche Auswirkungen die Einführung der Direktwahl auf die Frauenrepräsentanz in der Verwaltungsspitze gehabt hat. Bspw. wird auch von der Bundesregierung bemängelt, dass immer noch wenige Frauen in das Bürgermeisteramt gewählt werden, wobei mögliche Fortschritte, von sehr niedrigem Niveau ausgehend, bisher nicht untersucht wurden. Im vierten Kapitel haben wir als Hypothesen dargelegt, dass die Direktwahl gegenüber der indirekten Wahl des Verwaltungschefs möglicherweise eine gewisse Öffnung für Frauen mit sich gebracht hat und das Frauen auch bei diesem höchsten Regierungsamt auf kommunaler Ebene ähnliche Wahlchancen nach der Parteinominierung haben dürften wie die männlichen Kandidaturen. Ob dies zutreffend ist, wollen wir in diesem Kapitel mit einem Fokus auf die nordrhein-westfälischen Kommunen untersuchen. Schließlich werden wir diskutieren, ob die Direktwahl auch auf die Landesebene und damit auf das Ministerpräsidentenamt übertragen werden sollte und dabei auch einige Probleme der Direktwahl der Verwaltungsspitze in den Großstädten näher betrachten. Selbst wenn die Direktwahl die Frauenrepräsentanz erhöhen sollte, ist immer zu berücksichtigen, dass ein Wahlrecht auch andere zentrale Funktionen in der Demokratie zu erfüllen hat und diese insbesondere bei grundlegenden Reformvorschlägen gegeneinander abzuwägen sind.

9.1 Direktwahlen in nordrhein-westfälischen Kommunen

Im gewissen Maß ist die Untersuchung der Bürgermeisterwahlen noch mal der „Härtetest" für die These, dass die Wählerschaft Parlamentskandidatinnen nicht diskriminiert. So wird häufig angenommen, dass die Wählerschaft eher für Politiker als für Politikerinnen votiert, je prestigeträchtiger ein politisches Wahlamt ist (Klein/Rossar 2007). Aus dem Nachweis, dass Frauen bei der Wahl um das kommunale Spitzenamt keine Nachteile erfahren, könnte gefolgert werden, dass die Wählerschaft auch bei den weniger einflussreichen Kommunalparlamentarierinnen nicht diskriminiert.

In Nordrhein-Westfalen – dem Bundesland mit den mit Abstand meisten Großstädten – hat die Direktwahl des Bürgermeisteramtes 2004 gerade bei der SPD zu einer Öffnung gegenüber weiblichen Regierungsspitzen geführt, die auf Landes- und Bundesebene bisher nicht konstatiert werden kann. Bei strukturell schwieriger Ausgangslage (nach massiven Verlusten bei den Kommunalwahlen 1999) hat die SPD gerade in den Großstädten viele Oberbürgermeisterkandidatinnen aufgestellt, die landesweit nicht selten auch Wahlerfolge in Diasporagebieten und gegen männliche CDU-Amtsinhaber erzielen konnten. Stellte die SPD 1999 noch nur 8,8% weibliche Bürgermeisterkandidaturen auf, waren es in den Stichwahlen 2004 schon 18,9%. Bei der CDU stagnieren demgegenüber die Kandidaturen auf niedrigem Niveau (1999: 6,2% und Stichwahlen 2004: 5,4%)

Der bei Mehrheitswahlen bekannte Effekt, dass Frauen von den großen Volksparteien eher bei schwierigen Wählerkonstellationen für die eigene Partei aufgestellt werden, ist also auch hier zwar zu beobachten, aber im Vergleich zur indirekten Wahl durch Regierungskoalitionen konnte der Frauenanteil unter den kommunalen Verwaltungsspitzen bei der SPD durch die Unterstützung der Wählerschaft entscheidend erhöht werden. So kann die SPD nach der Kommunalwahl 2004 in den 30 nordrhein-westfälischen Großstädten auf einen Frauenanteil unter

„ihren“ Bürgermeister(innen) von 31% verweisen. In den Kommunen unter 100.000 ist es immerhin bei der SPD noch ein Frauenanteil von 14%. Zum Vergleich: Die CDU erzielte in NRW in diesen Gemeindegrößenklassen nur einen weiblichen Anteil von 3%. In den Kommunen über 100.000 liegt der weibliche Anteil der eigenen Oberbürgermeister(innen) bei 0%.

Dass die Einführung der Direktwahl zumindest in bescheidenem Maße zu einer Feminisierung der Verwaltungsspitzen in NRW geführt hat, zeigt insbesondere der Zeitvergleich mit 1996. Noch 1996 gab es unter der alten Kommunalverfassung in ganz Nordrhein-Westfalen nur zwei weibliche Verwaltungsspitzen (vgl. ausführlich zu Stadtdirektor(innen) Schulenburg 1999), was sich drei Jahre später nach der Einführung der Direktwahl gravierend änderte. Damit kann die Wahlrechtsthese, dass die Direktwahl im Vergleich zur koalitionsinternen Vergabe von Spitzenämtern die Frauenrepräsentanz (in bescheidenem Maße) stärkt.

Abbildung 45: Anzahl der weiblichen Verwaltungsspitzen in den 396 nordrhein-westfälischen Kommunen

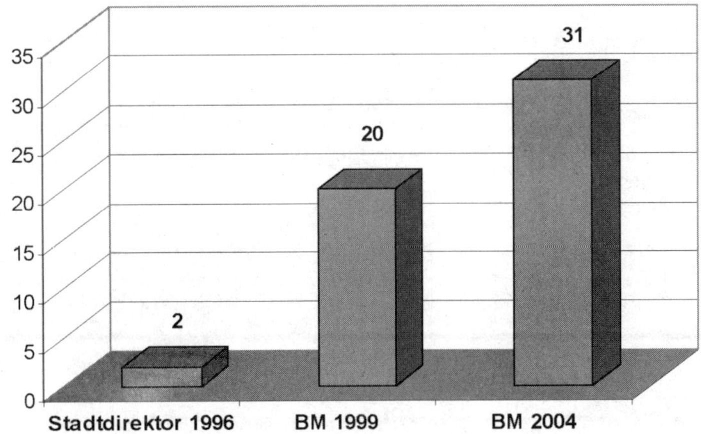

Quelle: Schulenburg 1999; eigene Erhebungen

Dieser Vorstoß der Frauen in die Verwaltungsspitze wurde nach unserer Hypothese nicht durch diskriminierendes Wählerverhalten gedämpft. Diese Hypothese haben wir am Beispiel der Bürgermeisterstichwahlen 2004 in NRW überprüft. In Stichwahlen ist die Kontrolle des Kandidatenangebots und parteiorientiertem Wählerverhaltens einfacher möglich als bei den Hauptwahlen, zu denen im Übrigen auch in keinem Bundesland tatsächlich aussagekräftige Statistiken der Landesämter vorliegen.

Ausgewählt für die Analyse wurden die Stichwahlen, in denen weibliche und männliche Bürgermeisterkandidaturen der SPD auf männliche CDU-Kandidaturen trafen. Diese Konstellation galt für die überwiegende Zahl der Fälle, so dass insgesamt die Ergebnisse von immerhin 69 Stichwahlen in den kreisangehörigen und kreisfreien Kommunen NRWs im Hinblick auf den Gendereffekt analysiert werden konnten. Dabei wurde erstens der parteipolitische Kontext durch die Stimmenanteile der SPD bei der Bundestagswahl 2002 als möglicher Erklärungsfaktor in die Analyse einbezogen. Ein Blick auf die nächste Tabelle auf alle Wahlsieger 2004 zeigt, dass gerade die SPD-Kandidaturen sich in den Stichwahlen erfolgreich durchsetzen konnten.

Zweitens wurde bei allen Kandidaturen der Amtsinhaberbonus berücksichtigt, um auch diesen Drittvariableneinfluss kontrollieren zu können.

Abbildung 46: Wahlsieger nach Nominierungsgruppen und Wahlgang in allen NRW-Kommunen 2004

Wahlgang		SPD	CDU	Grüne Amt	FDP	Wgr	EB	EB Amt	Gesamt
Gewinner 1. Wahlgang	n	48	183	2	-	1	8	32	274
	%	51,6	83,9	100,0	-	20,0	38,1	80,0	72,1
Gewinner Stichwahl	n	45	35	-	1	4	13	8	106
	%	48,4	16,1	-	100,0	80,0	61,9	20,0	27,9
Gesamt	n	93	218	2	1	5	21	40	380
	%	24,5	57,4	0,5	0,3	1,3	5,5	10,5	100,0

Quelle: Gehne 2008; EB =Einzelbewerber und EB Amt = Einzelbewerber aus dem Bürgermeisteramt

Das Ergebnis der multivariaten Regressionsanalyse der Bürgermeisterstichwahlen 2004 ist eindeutig. Weibliche SPD-Bürgermeisterkandidaturen hatten unter Berücksichtigung des Drittvariableneinflusses keine signifikant schlechteren Wahlchancen als ihre männlichen Kollegen.

Vielmehr ist ein leicht positiver, aber nicht signifikanter, Effekt zwischen weiblichen SPD-Kandidaturen und Wahlerfolg zu konstatieren. Den stärksten, und hoch signifikanten, Zusammenhang gibt es demgegenüber zwischen den Ergebnissen der SPD bei der Bundestagswahl 2002 und Wahlerfolg der SPD-Kandidaturen zu verzeichnen. Dies verweist wieder darauf, dass die Parteiorientierung bei den Bürgermeisterwahlen in NRW für das Wahlverhalten offensichtlich eine zentrale Rolle spielt.

Insgesamt ist also auch für die Direktwahlen festzuhalten, dass die Wählerschaft weibliche Kandidaturen nicht diskriminiert.

Abbildung 47: Regressionsanalyse zu den Bürgermeisterwahlen in NRW

	Beta	Signifikanz
SPD-Kandidatin bzw. Kandidat	,119	,281
SPD Bundestagswahlergebnisse 2002	,478	,000
Amtsbonus CDU	,047	,689
Amtsbonus SPD	-,102	,412
Gemeindegröße	-,173	,176

N=69; alle Stichwahlen 2004 mit SPD Präsenz und CDU-Männern; R^2*= 0,179*

Nach der Abschaffung der Stichwahlen für die Bürgermeisterwahlen 2009 in allen nordrhein-westfälischen Kommunen haben wir schon früh darauf hingewiesen, dass grüne Gegenkandidaturen gegen diese SPD-Amtsinhaberinnen programmatisch nicht einfach legitimierbar sind (Holtkamp/Schnittke 2008). Damit würden die SPD-Amtsinhaberinnen erhebliche Wiederwahlprobleme bekommen, weil ihnen ohne die Möglichkeit der Stichwahl durch grüne Gegenkandidaturen eindeutig Stimmen abgezogen werden, wovon indirekt die in der Regel männlichen CDU-Kandidaten profitieren werden. In diesen Konstellationen würde in Nordrhein-Westfalen der paradoxe Effekt auftreten, dass die Nominierung von weiblichen grünen Bürgermeisterkandidaten die Frauenunterrepräsentanz in der Verwaltungsführung weiter verstärkt (was sich für die anderen Bundesländer mit Stichwahl selbstverständlich nicht als Problem stellt).

Die Abschaffung der Stichwahl ist ein nordrhein-westfälisches „Unikum“, das wohl auch die Parteiinteressen der jetzigen Landesregierung widerspiegelt. Immerhin konnten in vielen Stichwahlen 2004 die SPD-Kandidaturen die CDU-Bewerber noch überrunden, nachdem sie bei der Hauptwahl zuvor noch hinter der CDU lagen. Dies gelang demgegenüber keinem CDU-Kandidaten in den von uns analysierten Kommunen über 50.000 Einwohner. Aus der Rational-Choice-Perspektive ist also die Abschaffung der Stichwahl seitens der Landesregierung nachvollziehbar. Bürgermeister(innen) werden so ab 2008 in NRW mit (relativer) Mehrheit im ersten Wahlgang gewählt, sodass das Kandidat(innen)-Feld entscheidend für den Wahlausgang ist. Das wird sicherlich im Wahlkampf und nach der Wahl zu erheblichen Konflikten, intransparenten Absprachen und Akzeptanzproblemen führen und kann deshalb aus demokratietheoretischer Sicht anderen Bundesländern nicht zur Nachahmung empfohlen werden.

9.2 Personenorientiertes Wahlrecht für die Landesebene?

Mit Blick auf die Kommunen konnte festgestellt werden, dass die Direktwahl die Frauenrepräsentanz in der Regierungsspitze, wenn auch in bescheidenem Maße, forciert hat. Dieses Ergebnis ist zwar wissenschaftlich interessant, aber kann für die Kommunen kaum institutionelle Reformen anleiten. Die Direktwahl ist seit einem Jahrzehnt in allen Kommunalverfassungen der Bundesländer eingeführt und angesichts der starken Präferenzen der Wählerschaft für diese Personalwahlrechte steht die Direktwahl in keinem Bundesland politisch zur Disposition.

Institutionelle Reformvorschläge sind allerdings naheliegend für die Regierungssysteme der Bundesländer, für die die Einführung der Direktwahl der Ministerpräsident(innen) aus gänzlich anderen Gründen von wissenschaftlicher Seite seit Jahren immer wieder gefordert wird. Juristen wie Hans-Herbert von Arnim bekommen mit diesen empirischen Befunden von der kommunalen Ebene ein neues Argument in der Debatte zur Reform der Landesverfassungen „zugespielt“, das parteiübergreifend öffentlich sicherlich akzeptabel ist.

Prinzipiell spricht wenig dagegen, dass die mit zunehmender Gemeindegröße deutlich hervortretende Öffnung für Frauen zu den bisher nahezu unzugänglichen Regierungsspitzen nicht auch auf die Ministerpräsidenten in den Bundesländern und insbesondere auf die regierenden Bürgermeister in den Stadtstaaten übertragbar ist. Ein wenig mehr weibliche Konkurrenz in dieser reinen Männerdomäne durch die Einführung der Direktwahl könnte sicherlich die Szenerie gerade in den Stadtstaaten beleben. Bei einer Übertragung des kommunalen Wahlrechts auf die Wahl des Ministerpräsidenten wäre allerdings zu bedenken, dass sich das Regierungssystem auf der Landesebene dadurch grundlegend wandeln würde. So würde bspw. die Einführung der Direktwahl des regierenden Bürgermeisters in Hamburg, Bremen und Berlin eine grundlegende verfassungsstrukturelle Umstellung vom parlamentarischen in Richtung eines präsidentiellen Systems beinhalten.

Für die Wahlen zur Legislative gelten jedoch andere Erwägungen. Das Verhältniswahlrecht mit freien Listen für die Landesparlamente könnte vielleicht mittelfristig die Fraktionsdisziplin etwas lockern, aber das parlamentarische Regierungssystem dürfte sich dadurch nicht wesentlich verändern. Selbst das politische Personal in Großstädten und großen Gebietseinheiten wird durch die Wählerschaft nicht im starken Maße ausgetauscht. Die Wähler(innen) bestätigen hier häufig weitgehend die Listenplätze (vgl. die Ergebnisse des vierten Kapitels) und schreiten nur bei den wenigen bekannten Politiker(innen) ein (Kersting 2004: 147), die sich aus ihrer Sicht zu stark von den Wählerpräferenzen entfernt haben. Diese in Großstädten verhalten genutzte Abwahloption ist damit nicht nur unproblematisch, sondern kann als Damoklesschwert zumindest eine zu große Entfernung einzelner Berufspolitiker(innen) von der Wählerbasis vermeiden. Zumindest kann der im personalisierten Verhältniswahlrecht nicht seltene legitimationsgefährdende Fall ausgeschlossen werden, dass Politiker der Volksparteien gegen das eindeutige Wählervotum in ihrem Wahlkreis immer wieder über die Landesliste ins Parlament einziehen. Deshalb wird auch aus politikwissenschaftlicher Sicht richtigerweise die Einführung von Kumulieren und Panaschieren anstelle des personalisierten Verhältniswahlrechts auf Landesebene häufiger befürwortet. Wir werden deshalb und zur Erhöhung der Frauenrepräsentanz in den Landesparlamenten im letzten Kapitel ebenfalls dafür plädieren:

> „Dieses Verfahren verhindert dann sichere Plätze für die vorn auf den Listen Platzierten und schafft die Möglichkeit der Abwahl (...) Die Bürger können von derartigen Reformen nur profitieren, ebenso die Demokratie als lebendiges Organisationsprinzip“ (Borchert 2003: 221ff.).

Vor einer Übertragung kommunaler Wahlrechtsmodalitäten auf die Landesebene ist also insgesamt abzuwägen, dass diese zwar einerseits sicherlich eine „Auffrischung“ des Personals und der politischen Routinen mit sich bringen würden. Insbesondere bei der Einführung von Direktwahlen der Ministerpräsidenten wäre allerdings zu prüfen, welche Veränderungen des politischen Systems und der Entscheidungsmuster auf der Landesebene dadurch zu erwarten wären und wie diese normativ zu bewerten sind. Auch bei dieser Fragestellung stehen wiederum die mittlerweile reichhaltigen empirischen Erkenntnisse aus den Kommunen zu den Auswirkungen der Kommunalverfassungsreformen im Mittelpunkt des Interesses.

9.2.1 Bundesländer in schlechter Verfassung?

Der Jurist Hans Herbert von Arnim gehört derzeit wohl zu den prominentesten und schärfsten Kritikern des bundesdeutschen Parteienstaats. Neben den von ihm immer wieder thematisierten Diätenskandalen der Abgeordneten zielt seine Kritik auf die spezifische Ausprägung der „real existierenden“ Demokratie in Deutschland. Als Medizin gegen Parteienverdrossenheit verschreibt er zunächst eine grundlegende Reform der Landesverfassungen, die vor allem eine Einführung der Direktwahl der Ministerpräsident(innen) und des Verhältniswahlrechts mit freien Listen für die Landtagswahlen beinhaltet. Bei diesen Reformelementen handelt es sich also exakt um die auf kommunaler Ebene eingeführten kommunalverfassungsrechtlichen Rahmenbedingungen, die nach den Ergebnissen unserer Untersuchung dazu geführt haben, dass die Frauenrepräsentanz in der Kommunalpolitik gestärkt wurde. Diese dürften auch bei einem Transfer auf die Landesebene prinzipiell zu positiven Effekten für die Frauenrepräsentanz führen, auch wenn von Arnim sich bisher nicht als Vorkämpfer für eine geschlechtergerechte Repräsentanz profiliert haben mag. Seine Argumente zielen eher auf den problematischen Zustand und die Reformnotwendigkeiten der Parteiendemokratie. Empirisch durchaus zutreffend, wenn zum Teil auch in der Diktion und extremen Zuspitzung problematisch („Scheindemokratie" etc.), konstatiert von Arnim, dass die Parteien zunehmend ihre gesellschaftliche Verankerung verlieren, aber zugleich seit Jahrzehnten im wachsenden Maße den Staat durchdringen. Parteien formulieren danach einen exklusiven Herrschafts- und Vertretungsanspruch, während sie aufgrund stetig sinkender Parteimitgliederzahlen und abnehmender Parteibindung der Wählerschaft real für immer weniger Bürger sprechen. Gegen den steigenden Anteil der Wechselwähler und die sinkenden Einnahmen aus Mitgliederbeiträgen „versichern" sie sich gemeinsam mit der Absicherung der Berufspolitik über die Landeslisten im personalisierten Verhältniswahlrecht und durch eine hohe staatliche Parteienfinanzierung. Der Wettbewerb um diese Privilegien wird durch die „politische Klasse" und die „Kartellparteien" weitgehend ausgeschaltet.

Die Erfahrungen mit den Kommunalverfassungsreformen empirisch auswertend, kommt von Arnim zu dem richtigen Schluss, dass diese institutionelle Reformen, die er zur Reform des Parteienstaats für dringend erforderlich hält, auch auf die Landesebene „zurückschwappen" könnten. Die Kommunalverfassungsreformen haben belegt, dass über die Androhung bzw. Realisierung von Volksentscheiden stärker personenorientierten Wahlrechtsformen mit hohen Zustimmungsraten der Wählerschaft umgesetzt werden können. Dies ist nicht nur prinzipiell für das Landtagswahlrecht denkbar, sondern wurde schon, wie im vierten Kapitel bereits skizziert, im Fall von Hamburg für das Verhältniswahlrecht mit freien Listen erfolgreich angewendet.

Von der Einführung der Direktwahl des Ministerpräsidenten und des personenorientierten Wahlrechts für die Landesparlamente erhofft von Arnim sich insbesondere eine Lockerung des Parteienmonopols. Insgesamt werde die Politik dadurch bürgernäher, unabhängiger von den Parteien, handlungsfähiger und weniger korrupt (von Arnim 2000; 2002). Er orientiert sich hierbei weitgehend an häufig kolportierte Erfahrungen mit der baden-württembergischen Kommunalverfassung, nachdem die präsidentielle Verfassung dort zu überwiegend parteilosen Bürgermeistern und zu gemeinsam diskutierenden Ratsmitgliedern, die keine „Parteisoldaten", sondern „wirkliche Repräsentanten" sind und den Parteienstreit hinten anstellen, geführt habe (von Arnim 2004). Mit diesem Konzept erzielt von Arnim regelmäßig eine hohe massenmediale Aufmerksamkeit, wie zuletzt, als er beispielsweise anlässlich der Hessenwahl 2008 die Direktwahl der Ministerpräsident(innen) als Lösung für Regierungsbildungsprobleme im „neuen Fünf-Parteien-System" empfahl.[26] Hiervon hätte sicherlich Andrea Ypsilanti bei der ersten Kandidatur aufgrund ihrer damals noch hohen Sympathiewerte profitieren können und wäre dann nicht mehr durch das Parlament aufgrund von Koalitionsproblemen abwählbar gewesen.

In der Politikwissenschaft wird das von Arnimsche Reformmodell schon seit Jahren auch aufgrund der großen Medienresonanz diskutiert und mit recht allgemeinen normativen Hinweisen verworfen, die angesichts der konkret benannten kommunalen Vorbilder für das von Arnimsche Verfassungsmodell nicht befriedigen können. So ist der Hinweis, dass die von Arnimsche Fundamentalkritik an der parlamentarischen Demokratie bei den traditionellen Vorbehalten vieler Deutscher gegenüber dem konkurrenzdemokratischen Parlamentarismus bedenklich ist, zwar sicherlich zutreffend, lässt sich aber nicht als Argument gegen die vorgeschlagene Verfassungsreform auf Landesebene wenden (Jung 1999: 177f.). Den Reformentwurf schließlich selbst als im Kern autoritär, vordemokratisch und der Staatsrechtslehre der Weimarer Republik um Carl Schmitt verpflichtet einzuordnen (van Ooyen 2006, Wirthensohn 1999), wirkt vollkommen überzogen.

Die Argumente von Arnims gegen diese politikwissenschaftliche Kritik wirken demgegenüber auf den ersten Blick deutlich nachvollziehbarer. Wenn die Politik doch von überwiegenden Teilen der Politikwissenschaft als Kartell der Berufspolitiker gedeutet werde, das aus Eigeninteressen den Wettbewerb um Ämter stark eingeschränkt habe, würde dies allen normativen Demokratietheorien und dem Grundgesetz widersprechen und müsse zu starken institutionellen Reformen führen. Der Politikwissenschaft wirft er deshalb vor, dass sie auf die „Pervertierung" der für repräsentative Demokratien konstitutiven Wahlen mit „positivistischem Affirmatismus" (von Arnim 2007: 226) reagiert.

---

26 vgl. Hans Herbert von Arnim 2008: Lasst die Ministerpräsidenten vom Volk wählen, Spiegel Online 9.3.08

Die Kritik an seinem Verfassungsentwurf für die Landesebene weist er schließlich mit der Frage zurück, wo denn der grundlegende Unterschied zwischen Großstädten, wie Stuttgart, Köln und München, im Vergleich zu den Stadtstaaten bei der Direktwahl der Regierungsspitze liege (von Arnim 2000: 158).

Im Konkreten lohnt es sich deshalb insbesondere die empirischen Erfahrungen mit der Einführung der Direktwahl in deutschen Großstädten, wie z. B. Köln, genauer zu analysieren. Funktioniert die Direktwahl hier tatsächlich so gut, wie es Hans Herbert von Arnim Glauben machen will und welche Schlüsse kann man hieraus für seine Reformvorschläge auf Landesebene ziehen?

9.2.2 Mit der Direktwahl gegen „parteipolitischen Klüngel"?

Ein Blick auf die empirischen Studien zu Großstädten und die in diesem Buch im vierten Kapitel präsentierten Ergebnisse der Nominierungsforschung verdeutlichen, dass die von Arnimschen Vorstellungen der Wirkung des Wahlrechts von einer romantisierenden Wertschätzung der Verhältnisse in kleinen baden-württembergischen Gemeinden geprägt ist, die sicherlich für kleine und mittlere Kommunen zu effektiven und legitimen Strukturen der kommunalen Selbstverwaltung führen können (Holtkamp 2008).

Aber bereits in baden-württembergischen Großstädten ist eine relativ hohe personelle Parteipolitisierung zu konstatieren, die von Arnim negativ als „Ochsentour" einordnen würde. Auch bei den Oberbürgermeistern ist eine stärkere Parteiorientierung der Normalfall. Dies ist auch auf das in diesen Gemeindegrößenklassen stark parteiorientierte Wählerverhalten trotz personenorientiertem Wahlrecht zurückzuführen und damit nicht allein den Eigeninteressen des parteipolitischen Personals anzulasten. Aufgrund der nachlassenden Nähe von Bürgern und kommunalen Entscheidungsträgern nutzen die Bürger stärker die Orientierungsleistungen von Parteien, senken ihre Informationskosten und greifen vorwiegend auf ihre nationalen Parteipräferenzen zurück, weshalb eine Übertragung dieser konkordanzdemokratischen Vorstellungen auf höhere föderale Ebenen wenig überzeugend erscheint.

Auch seine zweite Erwartung, dass die Direktwahl zu einer Reduzierung des Parteienklüngels und der Korruption auf Landesebene führen könnte, erweist sich mit Blick auf die vorliegenden nordrhein-westfälischen Erfahrungen in den Großstädten als trügerisch. Dies verdeutlicht beispielsweise ein Zeitvergleich anhand der vorliegenden empirischen Studien zu den politischen Entscheidungsstrukturen in der Stadt Köln.

So beschreiben die Soziologen Erwin K. und Ute Scheuch (1994) noch vor der Kommunalverfassungsreform die Kölner Kommunalpolitik als ein kleines Netzwerk von Berufspolitikern, die vor allem über die parteipolitische Versorgungspatronage erhebliche Vorteile aus ihrem Engagement ziehen. Die Versorgungspatronage führe dazu, dass entgegen den Bestimmungen der Gemeindeordnung nicht wenige Ratsmitglieder ihr Mandat nicht mehr ausschließlich ehrenamtlich ausüben bzw. zumindest am Ende der Ausübung ihres Mandates durch Patronage abgesichert werden. In der Studie wird schließlich analog zur Argumentation von Hans Herbert von Arnim die Einführung der Direktwahl der Oberbürgermeister gefordert (Scheuch und Scheuch 1994: 123), um die massiven Legitimationsprobleme der Kölner Kommunalpolitik zu reduzieren.

Aus einigen nach der Einführung der Direktwahl durchgeführten Untersuchungen kann man entnehmen, dass die Versorgungsnetzwerke in Köln nicht reduziert werden konnten. Neben weiterhin konstanter Versorgungspatronage in von der Stadt kontrollierten Unternehmen gingen beispielsweise in den Jahren 2000 bis 2002 ca. 80% aller Aufträge für Rechtsvertretung und -gutachten der Stadt Köln an die Anwaltsbüros aktueller und ehemaliger Kommunalpolitiker. Danach bestand ein Pool für diese Aufträge bei der Stadtverwaltung, aus denen sich die Ratsmitglieder (zumindest der großen Fraktionen) bedienen konnten (Überall 2007: 107).

In politikwissenschaftlichen Untersuchungen des Kölner Müllskandals zeigt sich zudem, dass die Einführung der Direktwahlen die Kommunalpolitik eher noch korruptionsanfälliger macht. Bei dem bundesweit bekannt gewordenen Entsorgungsunternehmen haben aus gerichtlicher Sicht der ehemalige SPD-OB-Kandidat und der SPD-Fraktionschef von Köln durch das Anwerben und Annehmen der Geldspende den „Anschein der Bestechlichkeit“[27] erweckt.

---

27 „Müllaffäre in Köln: Gericht verurteilt SPD-Politiker“; Die Welt-Online, 8.8.08.

> „Beim fraglichen Oberbürgermeister-Wahlkampf wollte Klaus Heugel einen besonders intensiven und damit kostenaufwändigen Wahlkampf führen, weil er um seine Chancen bangte (…) Als eine Konsequenz wurde offenbar im Bereich der Entsorgungsbranche (erfolgreich) um Spenden gebeten“ (Überall 2007: 176).

Auch die CDU hatte für den OB-Wahlkampf 1999 hohe Spenden von einem anderen Unternehmen vereinnahmt, das im darauf folgenden Finanzskandal rund um die Kölner Messehallen maßgeblich involviert war (Rügemer 2008: 99).

Die Zunahme der Korruptionsgefahr durch die Einführung der Direktwahl und den daraus resultierenden kapitalintensiven Wahlkampf, um die Kandidaten in den Großstädten bei nur mäßigem Interesse der Wählerschaft überhaupt bekannt machen zu können, ist für NRW belegt. Die meisten Bürgermeisterkandidaten in NRW haben, wie unsere landesweite Befragung zeigte, die hohen Wahlkampfkosten auch durch Spenden und Sponsoren finanziert, was für die vergangenen Ratswahlkämpfe in den meisten Fällen unüblich war (Holtkamp 2008). Für NRW wird nicht unbegründet befürchtet, dass die im Zusammenhang mit der Einführung der Direktwahl bekannt gewordenen Korruptionsverdachtsfälle in Köln und Wuppertal keine Einzelfälle sind (Naßmacher 2006).

Die Einführung der Direktwahl von Ministerpräsident(innen) und regierenden Bürgermeister(innen) dürfte damit insgesamt sicherlich nicht die Parteipolitisierung reduzieren und könnte die Korruptionsgefahr bei kapitalintensiven Personenwahlkämpfen forcieren.

9.2.3 Eine Verfassung, zwei Bürgermeisterwelten

Noch gravierender ist aus unserer Sicht aber der Einwand, dass die Einführung von Direktwahlen von Regierungsspitzen bei konkurrenzdemokratischen parlamentarischen Strukturen, wie sie auf Landesebene und in den nordrhein-westfälischen Großstädten vorliegen, in der Praxis zu erheblichen Legitimationsproblemen führen.

In vielen Studien wurde dargelegt, dass seit der Einführung der Direktwahl des Bürgermeisters das Kommunalparlament durchschnittlich an Einfluss erheblich verloren hat. Bei starker konkurrenzdemokratischer

Strukturierung der nordrhein-westfälischen Kommunalparlamente, die insbesondere an einer starken Trennung zwischen Regierungs- und Oppositionsfraktionen und einer ausgeprägten Parteipolitisierung deutlich wird, hat der direkt gewählte Bürgermeister einen extrem hohen Einfluss, wenn seine Partei in Koalitionen die Mehrheit im Kommunalparlament stellt. Bei einer derartig ausgeprägten Machtposition des Bürgermeisters stellt sich schon auf kommunaler Ebene das Problem der mangelnden Gewaltenteilung und parlamentarischen Kontrolle bei allerdings begrenzten kommunalen Handlungsspielräumen (Bogumil/ Holtkamp 2005) Unter diesen Bedingungen sind die Bürgermeister in Nordrhein-Westfalen ähnlich wie in Baden-Württemberg die „Spinne im Netz“ (Wehling 2000b: 185).

Immer wenn der direkt gewählte Bürgermeister in nordrhein-westfälischen Kommunen über keine verlässliche Mehrheit verfügt, droht demgegenüber das Gegenteil: Blockadesituationen und tiefe Eingriffe auch in die Verwaltungsführung des Bürgermeisters, wie wir sowohl aus vielen Fallstudien als auch aus bundesländerübergreifenden schriftlichen Befragungen der Entscheidungsträger wissen (Holtkamp 2002; Holtkamp 2008). Es ist sogar davon auszugehen, dass der hauptamtliche Bürgermeister in Kohabitationskonstellationen (Kommunalparlament mit Mehrheit der anderen Parteien) über einen geringeren Einfluss verfügt, als der ehemalige schwache Stadtdirektor vor der Kommunalverfassungsreform im Durchschnitt ausüben konnte. Für diese Hypothese sprechen zumindest die dem Bürgermeister vom Rat per kommunales Satzungsrecht zugeordneten Kompetenzen (Bogumil et al. 2003). Weiterhin besteht in diesen Kohabitationsfällen und bei unklaren Mehrheitsverhältnissen in NRW die Möglichkeit für den Rat, extensiv von seinem Rückholrecht Gebrauch zu machen bzw. die Geschäftskreise der Beigeordneten so weit zu fassen, dass der Bürgermeister kaum noch eigene Zuständigkeiten hat. Von beiden Möglichkeiten wurde nach Auffassung einer vom Innenministerium NRW initiierten Expertengruppe nach der Kommunalwahl 1999 verstärkt Gebrauch gemacht (Innenministerium 2002: 24, 43). Die Bürgermeister können sich im Gegenzug mit der mangelhaften Implementation von Ratsbeschlüssen oder mit der Einschaltung der Kommunalaufsicht dafür revanchieren (Holtkamp 2008). In größeren Kommunen kommt es deshalb schon vor, dass das Kommunalparlament und die Bürgermeisterin gemeinsam die Kommunalaufsicht anrufen, damit diese für mehrere Jahre einen Moderator für diese Kohabitationskonflikte stellt, der wenig später angesichts der Konflikteskalation aber auch seine Arbeit aufgibt (Holtkamp 2009).

Diese empirischen Befunde aus nordrhein-westfälischen Großstädten decken sich mit Analysen der vergleichenden Regierungsforschung. In Phasen, in denen sich der direkt gewählte Präsident auf eine Mehrheit seiner Partei im Parlament stützen kann, hat er danach bei starkem Wettbewerb eine absolut dominante Stellung, während er in Phasen der Kohabitation bzw. des „divided government" nur einen sehr begrenzten Einfluss hat und Blockadegefahren deutlich zunehmen (Sundquist 1988: 629, Bolleyer 2001: 1528). Damit beeinträchtigt der politische Wettbewerb unter den Bedingungen der Kohabitation effektive Problemlösungen (Scharpf 2000: 318).

Bei einer Übertragung der Direktwahl auf die Landesebene drohen in Kohabitationskonstellationen nicht nur ineffektive Lösungen, sondern bei gleichläufigen parteipolitischen Färbungen von direkt gewähltem Ministerpräsident und Mehrheitsfraktionen eine starke Schwächung des Parlaments und eine mangelnde Kontrolle der Exekutive, was angesichts der deutlich höheren Gestaltungsspielräume und rechtlichen Kompetenzen als auf der kommunalen Ebene (Gesetzgebungsbefugnisse, Erlasse, Mitwirkung im Bundesrat etc.) als normativ deutlich problematischer einzuordnen ist.

Insgesamt kann aufgrund der hier dargestellten Legitimations- und Effektivitätsprobleme aus unserer Sicht die Einführung der Direktwahl (anders als das Verhältniswahlrecht mit freien Listen) auf Landesebene nicht empfohlen werden, selbst wenn damit wahrscheinlich eine höhere Frauenrepräsentanz in der Regierungsspitze erreicht werden könnte.

9.3 Exkurs: Korruptionsnetzwerke und Old-Boys-Networks in nordrhein-westfälischen Großstädten

Mit der Skizze des Kölner Fallbeispiel wurden bereits Machtstrukturen und informelle Netzwerke in der großstädtischen Kommunalpolitik angesprochen, die maßgeblich auch Einfluss auf innerparteiliche Strukturen und Nominierungsverfahren nehmen können und aus denen Frauen in der

Regel exkludiert sind. Wir wollen dieses und ähnliche nordrhein-westfälische Fallbeispiele an dieser Stelle noch etwas vertiefen, weil hierbei insbesondere durch unterschiedliche Gerichtsprozesse und empirische Untersuchungen detaillierte Daten über informelle Machtstrukturen vorliegen, die deutliche Ähnlichkeiten zu den in mikropolitischen Studien des „Systems Kohl" dokumentierten Praktiken aufweisen. In den kommunalen Fraktionen dominieren danach in zentralen Positionen Männer, die in und außerhalb der Partei mit allen Mitteln Partner zur gemeinsamen Nutzenmaximierung suchen. Hierbei handelt es sich ganz offensichtlich um Old-Boys-Networks, die auch einen maßgeblichen Einfluss auf alle durch die Parteien kontrollierten politischen Karriereoptionen nehmen.

Mit der Analyse dieser Extremfälle sollen mögliche Einflusspfade von Old-Boys-Networks auf politische Karrieren herausgearbeitet werden, die besonders deutlich von den formellen Regeln abweichen und potentiell eher den Aufstieg von Männern durch homosoziale Kooptation befördern.

Dabei kann zunächst festgestellt werden, dass Korruptionsnetzwerke aus der Rational-Choice-Perspektive zumindest ähnliche Funktionsvoraussetzungen wie innerparteilichen Old-Boys-Networks haben: Die ökonomische Theorie definiert Korruption leidenschaftslos als einen Tauschakt, bei dem etwas getauscht wird, was eigentlich nicht tauschbar sein sollte (Engerer 1998). Dies kann durchaus mit den informellen Nominierungszirkeln verglichen werden, in denen nicht selten die politischen Ebenen übergreifend Ämter und Mandate getauscht werden, damit die zentralen innerparteilichen Machtgruppen geschlossen in die anschließenden Delegiertenversammlungen gehen. Auch diese Ämter dürften häufig nicht in dieser Form getauscht werden, wenn man das Gebot der innerparteilichen Demokratie als Maßstab heranziehen würde.

In den hier interessierenden Fällen richtet sich Korruption auf der Nehmerseite an führende Kommunalpolitiker und findet in vertraulichen Netzwerken statt. Die Kommunalpolitiker müssen relativ autonom über die Gewährung individueller Vorteile entscheiden und häufig über einen langen Zeitraum bestimmte Ratsentscheidungen garantieren können. Um diese Verpflichtungsfähigkeit gegenüber den Korruptionsanbietern gewährleisten zu können, müssen sie auch Einfluss auf innerparteiliche und politische Entscheidungen und Karrieren nehmen können.

Die Kriminologin Britta Bannenberg hat in ihren empirischen Untersuchungen festgestellt, dass fast ausschließlich Männer in Fällen struktureller Korruption zu den Tätern in Deutschland gehören. Die sehr weniger Frauen (insgesamt nur 2,8%), die als Täterinnen in Fällen struktureller Korruption aufgefallen sind, waren in der Regel Ehefrauen und Partnerinnen von Tätern und hatten eher untergeordnete Position (Bannenberg 2002). Die sehr geringe Beteiligung von Frauen an diesen Korruptionsnetzwerken kann einerseits darauf zurückgeführt werden, dass Frauen nur selten zentrale Führungspositionen einnehmen und damit kaum die Gelegenheit zur Korruption erhalten. Zweitens ist aber auch davon auszugehen, dass Frauen aufgrund ihrer Sozialisation eher einen offenen Kommunikations- und Politikstil pflegen, der mit Korruptionsnetzwerken nur schwer kompatibel ist. So gelten beispielsweise die skandinavischen Länder als besonders resistent gegen Korruption, weil dort wesentlich mehr Frauen in Schlüsselpositionen der unterschiedlichen Organisationen tätig sind.

> „Die sind weniger korruptionsanfällig als Männer. Sie verstoßen seltener gegen Normen und begehen weniger Straftaten. Kommen sie in Führungspositionen, können sie die alteingesessenen Strukturen von Männerbünden aufbrechen" (Bannenberg 2007: 29)[28]

Zu ganz ähnlichen Ergebnissen kommt auch Frank Überall in seiner politikwissenschaftlichen Dissertation zum Kölner Klüngel. In den Interviews betonen die Kommunalpolitiker(innen), dass Frauen nicht so gut „klüngeln" können, sondern stärker auf Transparenz und eine offene Kommunikationskultur setzen (Überall 2007: 223). Um überhaupt in diese politischen Vorentscheidernetzwerke in Köln einbezogen zu werden, gilt es als die Voraussetzung für die Kooptation selbst „eine Leiche im Keller" (Scheuch / Scheuch 1994: 78) zu haben, weil so der vertrauliche Tauschhandel innerparteilich und interfraktionell gewährleistet ist. Für die Stadt Köln wurde schon früh in soziologischen Untersuchungen nach-

28 Interview mit Britta Bannenberg im Magazin „Flute" (3/07), Bundeszentrale für politische Bildung.

gewiesen, dass führende männliche Kommunalpolitiker, die eigentlich ein ehrenamtliches Mandat wahrnehmen, über diese Netzwerke verlässlich über Jahrzehnte abgesichert werden.

> „Die Berufspolitiker in den Ratsfraktionen erwarten mit Ausscheiden aus der aktiven Politik eine von den Parteien geförderte Karriere. In den letzten vierzig Jahren haben die Partei- und Fraktionsvorsitzenden sowie die Fraktionsgeschäftsführer – die Inhaber der drei Schlüsselämter – in Köln alle eine solche Karriere gemacht… Eine Minderheit stieg in Parlamente mit Berufspolitikern auf, die Mehrheit machte eine Karriere bei Betrieben, die entweder direkt oder indirekt von der Stadt abhängen" (Scheuch/Scheuch 1994: 90).

Um nur ein aktuelles Beispiel für diese Kölner Karrieren aufzunehmen, die im Kern innerparteilich nach dem Muster des „Systems Kohl" ablaufen, sei hier auf den ehemaligen CDU-Fraktionsvorsitzenden in Köln verwiesen, der im aktuellen Sparkassenskandal von allen seinen politischen Ämtern zurücktrat. Er soll in den Jahren 2006 und 2007 rund 900.000 Euro von der Kölner Sparkasse für Beratertätigkeiten bekommen haben.[29] Er trat von seinem Aufsichtratsvorsitz der Rheinenergie AG, eines der bedeutendsten Beteiligungsunternehmen der Stadt Köln und von einer erneuten Bundestagskandidatur zurück. Zuvor war er bis 2003 Fraktionsvorsitzender der Kölner CDU, gehörte von 1975 bis 2004 dem Rat der Stadt Köln an und war von 2002 bis 2005 Bundestagabgeordneter. Aus den wissenschaftlichen Untersuchungen zur Stadt Köln ist er hinreichend bekannt. Danach wurde auch seine Rechtsanwaltskanzlei während seiner Ratstätigkeit mit städtischen Aufträgen versorgt (Überall 2007: 139). Gegen ihn wurde auch ermittelt im Zusammenhang mit dem Kölner Müllskandal als bekannt wurde, dass seine Kanzlei einen Beratervertrag mit dem in den Skandal verstrickten Entsorgungsunternehmen abgeschlossen hatte. Die Staatsanwaltschaft führte in diesem Kontext aus, „dass der Verdacht der Vorteilsnahme im Zusammenhang mit einem Beratervertrag begründbar sei" (140). Auch anderen Unternehmen soll

29 Vgl. Die Welt 2.2.09 „Dubiose Beraterverträge stürzen CDU in Krise"

er diese „Beratungstätigkeiten“ immer wieder angeboten haben. Für seine Hilfestellungen in Kölner Entscheidungsgremien sprach er danach offen gegenüber den Firmen aus, dass er im Gegenzug entsprechende Mandate erwarte (Hippe 2004: 179). Von Korruptionsforschern wird er als die „Spinnen im Netz“ in der Kölner CDU eingeordnet (Überall 2007: 140), der bereits seit den 1980er Jahren einen innerparteilichen Flügel anführte und mit dem anderen „feindlichen“ Lager immer wieder schriftliche Vereinbarungen traf, wer demnächst als Landtags- und Bundestagskandidat aufgestellt werden soll (Scheuch/Scheuch 2002; Scheuch / Scheuch 1994). Nominierungs- und Wahlprozesse wurden in solchen Pakte kurzgeschlossen und die eigene Karriere abgesichert.

Um die nötige Disziplin für viele derartige Verhandlungspakete sicherzustellen hat die Fraktions- und Parteiführung in Köln in CDU und SPD einen Zugriff auf die Karriereverläufe und Nominierungsprozesse. Die durch das Wahlrecht formal dezentrale Aufstellung der Ratskandidaturen in den Ortsvereinen, die zumindest einen gewissen Kontrollverlust für die Fraktionsführung zur Folge hat, kann dabei durch informelle Strategien in erheblichem Maße gesteuert werden. Ratsmitgliedern, die aus Sicht der Fraktionsführung ausgetauscht werden sollen, kann beispielsweise angedroht werden, dass sie ihre lukrative Beschäftigung in den stadteigenen Gesellschaften verlieren, wenn sie sich wieder von ihrem Ortsverein aufstellen lassen (Scheuch / Scheuch 1994). Alternativ können auch die Betriebsgruppen der Partei in der Stadtverwaltung unter Führung des Amtsleiters mobilisiert werden, um Mehrheiten in den Ortsvereinen zu kippen (Überall 2007: 206).

Köln ist dabei kein Einzelfall, sondern diese innerparteiliche Machtstellung männlicher Mehrfachfunktionsträger, die Verwebung unterschiedlichster Berufspolitikerkarrieren auf lokaler Ebene und die hieran zumindest „anschlussfähigen“ Korruptionsnetwerke sind für nordrhein-westfälische Großstädte ab 200.000 Einwohner nicht als untypisch anzusehen, wie erst nach dem Kölner Müllskandal überwiegend durch die extensiveren staatsanwaltlichen Ermittlungen bekannt wurde. So kommt beispielsweise der anlässlich dieser Skandale beim Innenministerium NRW gegründete Untersuchungsstab „Antikorruption“ in seinem unveröffentlichten Abschlussbericht zu dem Fazit, dass auch in vielen anderen Vergabeverfahren im Zusammenhang mit Müllverbrennungsanlagen eine derartig enge Verflechtung zwischen Ratsmitgliedern und Entsorgungswirtschaft zu konstatieren sei. Diese festgestellten Abhängigkeiten seien isoliert betrachtet nicht zu beanstanden, aber in ihrem Zusammenwirken äußerst bedenklich:

- „Ratsmitglieder stehen in einem Arbeitnehmerverhältnis zu einem Bewerber eines öffentlichen Auftrages.
- Ratsmitglieder werden nach Beendigung der politischen Karriere durch den privaten Vertragspartner der Kommune weiter beschäftigt.
- Ratsmitglieder stehen in ihrem Hauptberuf in einem Auftragsverhältnis zu einem Bewerber eines öffentlichen Auftrages (...)
- Es bestehen Beraterverträge zwischen privatem Investor und Mandatsträgern bzw. arrivierten Politikern ohne Mandat, deren fachlicher Hintergrund zumindest fragwürdig erscheint“ (Innenministerium NRW 2003: 44).

In Einzelfällen ergaben sich aus Sicht des Untersuchungsstabes Indizien dafür, dass diese flächendeckenden Netzwerke von den privaten Vorhabensträgern bewusst aufgebaut wurden (47).

Insgesamt ist zwar die Ausbreitung von Versorgungspatronage und Korruption aufgrund empirischer Untersuchungen nur schwer abschätzbar, aber zumindest geben die staatsanwaltschaftlichen Ermittlungen im Anschluss an den Kölner Müllskandal einen tieferen Einblick in kommunalen Machtstrukturen in NRW-Großstädten als die meisten sozialwissenschaftlichen Analysen. Erst mit der Verhaftung führender Kommunalpolitiker (z. B. in Bonn, im Rhein-Sieg-Kreis, in Essen und Wuppertal) werden die parteiinternen und parteiübergreifenden Machtstrukturen offen gelegt und sind damit empirisch auch besser zu untersuchen.

In diesen Fällen wurde immer wieder deutlich, dass die führenden männlichen Parteipolitiker ein auf sie zentriertes Herrschaftssystem in ihrer Partei aufgebaut hatten, indem Loyalität in Seilschaften ertauscht wurde. Um nur einen weiteren nordrhein-westfälischen Fall anzusprechen, der besonders gut dokumentiert ist, sei hier auf den ehemaligen Fraktionsvorsitzenden der SPD in Essen eingegangen. Wie sein Vater war er zugleich Landtagsabgeordneter im selben Bezirk. Gegen seinen autoritären Führungsstil regte sich bereits starker innerparteilicher Protest als wir im Rahmen unseres Forschungsprojektes „Kommunalwahlen 1999“ die Nominierungsprozesse zu den Oberbürgermeisterwahlen in der Essener Fallstudie untersuchten (Holtkamp/Gehne 2002). In der SPD kam es zu der interessanten Konstellation, dass für die innerparteiliche Opposition eine Sozialwissenschaftlerin gegen den von dem SPD-Fraktionsvorsitzenden favorisierten Europaabgeordneten kandidierte. Beim anschließenden Votum der Parteimitglieder hatte die Sozialwissenschaftlerinnen schließlich aber keine Chance, weil „'der starke Mann' in der SPD“ (Gehne 2008: 262) alle Hebel in Bewegung setzte, um seinen Kandidaten durchzusetzen.

Der SPD-Europaabgeordnete, der sein europapolitischen Engagement nach informellen Absprachen schon früh einstellte und seine Kraft ganz auf den Oberbürgermeisterwahlkampf fokussierte, verlor als eindeutiger Favorit schließlich doch die Kommunalwahl. Aber seine politische Karriere war, wie es typisch für diese Netzwerke ist, noch nicht beendet, weil er bald darauf als Minister in die Landesregierung berufen wurde, um dann nach einigen Monaten allerdings wieder wegen einer Steueraffäre zurücktreten zu müssen.

Seinem Unterstützer erging es als SPD-Fraktionsvorsitzender in Essen zunächst besser. Nach der verlorenen Kommunalwahl versuchte die parteiinterne Opposition als „SPD von unten“ unter Führung der ehemaligen ASF-Vorsitzenden durch Unterschriftensammlungen eine Reform der Nominierungsprozesse zu erreichen, damit zukünftig stärker die Parteibasis an allen Personalentscheidungen partizipieren könne. Dass sei derzeit nicht möglich, weil der SPD-Fraktionsvorsitzende Kandidaturen der Basis auf den Parteitagen „durch seine Strohmänner ersetzt“.[30] Das System des Fraktionsvorsitzenden sei von dem Grundsatz so wenig Demokratie wie möglich geprägt. In diesem Zusammenhang wurden auch viele andere Praktiken des Fraktionsvorsitzenden bekannt, der sich die Parteidisziplin teilweise teuer erkaufte. So wurden zum Beispiel 100 Gastarbeiter aus Polen importiert und in einem problematischen Orts-

30 Vgl. Taz Ruhr vom 11.11.99

verein kurzfristig angemeldet, um dort andere Mehrheiten für genehme Kandidaturen zu beschaffen.[31]

Die Initiative „SPD von unten" scheiterte schließlich, nachdem ihre Vertreter häufiger bedroht wurden. So erhielt beispielsweise der Sohn eines der Hauptvertreter nächtliche Drohanrufe: „'Wenn Ihr Vater die Partei nicht in Ruhe lässt, schwimmt er bald im Rhein-Herne Kanal'" (Hippe 2004: 16). Die Karriere des „starken" SPD-Mannes als Fraktionsvorsitzender und Landtagsabgeordneter wurde, wie in den meisten anderen Fällen, erst durch staatsanwaltliche Ermittlungen beendet. Schließlich wurde er u. a. wegen Vorteilsnahme zu 15 Monaten Haft auf Bewährung verurteilt (Gehne 2008: 265). Er forcierte Entscheidungen zugunsten einer Baumarktkette gegen Geld und beschaffte sich zinsgünstige Kredite von der Essener Sparkasse, die er hinterher wegen Insolvenz nicht mehr zurückzahlte.

> „Die Sparkasse Essen, in deren Kreditausschuss XXX saß, lieh der Firma des Politikers rund eine Million Euro ohne Absicherung. Im zweiten Schritt genehmigte sich XXX aus den Kassen seiner Firma Darlehen, die er nach Ansicht der Staatsanwaltschaft nicht zurückzahlen konnte. Er habe so die Zahlungsunfähigkeit seiner Firma in Kauf genommen"[32]

Die Spenden der Baumarktfirma will er zur Finanzierung des Kommunalwahlkampfs 1999 verwendet haben, um auch die Oberbürgermeisterkandidatur des ehemaligen Europaabgeordneten zu unterstützen.[33] Der in der überregionalen Presse „als Pate der Kruppstadt" verurteilte Politiker wurde aber auch nach seinen Vorstrafen bis in jüngster Zeit immer wieder als Vorsitzender des mitgliederstärksten Ortsvereins in Essen mit großer Mehrheit wiedergewählt.

Auch der Wuppertaler Fall wird ähnlich wie Köln als parteiübergreifende „korrupte Koalition" (Rügemer 2004: 71) eingeordnet. In

---

31 Vgl. Welt am Sonntag vom 21.8.05 „Ex-Fraktionschef wegen Untreue vor Gericht"

32 Vgl. Welt am Sonntag vom 21.8.05 „Ex-Fraktionschef wegen Untreue vor Gericht"

33 Vgl. Taz 30.12.04 „Skandal-Genosse könnte die SPD Geld kosten"

Wuppertal wurde der OB-Kandidat mit 500.000 DM von einem dortigen Bauunternehmer – ausgehandelt in einer nächtlichen Rotweinrunde – unterstützt, der sich davon ein Entgegenkommen des Verwaltungschefs bei einem Bauprojekt versprach. Der Bauunternehmer spendete nicht nur an beide Parteien im Kommunalwahlkampf, sondern auch die baupolitischen Sprecher beider Parteien sind beide Inhaber eines Ingenieurbüros und erhielten seit Jahren Aufträge des Unternehmers. Hierbei handelte es sich nicht nur um Aufträge ohne reale Gegenleistungen der Sprecher in ihrer Rolle als Statiker. Vielmehr forderten die Kommunalpolitiker über das Statikerhonorar hinaus weitere Zahlungen ein. „Für einen solchen Hungerlohn könne er nicht arbeiten", so wird zumindest einer der angeklagten Kommunalpolitiker im Urteil des BGHs[34] wiedergegeben und bezieht sich dabei auf seine umfassende Lobbytätigkeit in Fraktion und Rat. In einem anderen Zusammenhang wurde auch ein als „kritischer Störenfried" geltender Ratsherr in Wuppertal wegen Bestechung verurteilt. Allerdings waren die Bestechungsgelder für das grüne Ratsmitglied vergleichsweise niedrig. Der in „bescheidenen wirtschaftliche Verhältnissen lebende Sozialwissenschaftler"[35] erhielt ca. 14.000 Euro dafür, dass er für ein ökologisches Förderprogramm der Stadt sorgte, von dem der Spender profitierte.

Die nordrhein-westfälischen Fälle der letzten Jahre zeigen zudem, dass vorwiegend Ratsmitglieder, die über Patronage Geschäftsführer kommunaler Unternehmen geworden sind oder die als Rechtsanwälte, Architekten und Bauunternehmer tätig sind, besonders häufig in Korruption und Versorgungsnetzwerke verwickelt sind. Aus den hier nur kurz skizzierten Fällen, die in Gerichtsurteilen gut dokumentiert[36] sind, sollte man sicherlich nicht gleich schließen, dass die kommunale Partei- und Fraktionseliten in NRW sich nur derart stark engagieren, weil sie sich davon andere erhebliche Vergünstigungen über Versorgungspatronage und Korruption versprechen. Aber zumindest begünstigt dieses starke Engagement die Einstellung, dass einem bei vielen in Kauf genom-

---

34 BGH 5 StR 453/05

35 BGH 5 StR 77/06

36 vgl. LG Wuppertal 22KLs 37/03; LG Dortmund 14 V P 3/05, LG Bonn 1 O 517/32

menen Nachteilen auch einige Vergünstigungen „zustehen". In vielen Fällen, wie auch in Köln, Essen und Wuppertal deutlich wurde, zeigen die Tatverdächtigen auch nach bekannt werden der Korruptionsfälle aufgrund ihrer großen Leistungsbereitschaft kein Schuldgefühl und kandidieren nach ihrer Verurteilung wieder für Parteiämter und Mandate (Bannenberg/Schaupensteiner 2007: 168). Die hohen zeitlichen Belastungen bei ungeregelter finanzieller Absicherung von politischen Ehrenämtern können neben anderen Faktoren, wie Scheuch dies vor dem Hintergrund des Kölner Müllskandals formulierte, zur Entstehung einer kommunalpolitischen Subkultur führen, die ihre eigenen Normen entwickelt. Spendenquittungen für nicht geleistete Spenden sind dann beispielsweise „ein verständlicher finanzieller Ausgleich für eigene Leistungen" und kein „Grund für Unrechtsempfinden" (Scheuch 2003: 63). Zugleich haben die Partei- und Fraktionsführung in den Großstädten verschiedene Möglichkeiten über Mandate und Versorgungspatronage erheblich aufzusteigen und diese Interessen sind zumindest eine Ursache für die mitunter extremen Konflikte und Mittel innerhalb der Parteien.

Damit ist auch zugleich das für die Frauenrepräsentanz zentrale Fazit dieser ausgewählten nordrhein-westfälischen Korruptionsfälle markiert. Die Großstadtparteien sind die Drehscheiben für berufspolitische Karrieren in den Kommunen und für Mandate im Bund und Land, die häufig in sehr kleinen Old-Boys-Networks ausgehandelt bzw. zumindest vorbereitet werden, zu denen Frauen in den hier betrachteten Großstädten offensichtlich keinen Zugang finden.

Die hier beschriebenen Fälle, die zumindest in NRW noch um einige Großstädte ergänzt werden könnten, verdeutlichen zugleich, dass zwar in gewissem Maße Frauen empfohlen werden kann, Netzwerke zu knüpfen und mikropolitische Taktiken einzusetzen, aber dass dieser Vorgehensweise auch klare normative Grenzen (allerdings für beide Geschlechter) gesetzt werden sollte. Anders als der in der Literatur zu Frauen im wirtschaftlichen Top-Management häufiger empfohlenen Anpassung an die Kampfrituale in mikropolitischen Arenen kann hier mit Blick auf die skizzierten Nominierungs- und Korruptionspraktiken dies für Parteien sicherlich nicht empfohlen werden. Zugleich zeigen diese Fälle in Großstädten auch, dass politische Kampagnen, die mehr Frauen für die Kommunalpolitik werben wollen und auf Überzeugung der kommunalen Parteieliten setzen, ohne dabei die Machtstrukturen und mikropolitischen Kämpfe zu berücksichtigen, wohl deutlich zu kurz greifen. Auch dies spricht vorrangig für klare institutionelle Lösungen, die einen hohen Frauenanteil in den wesentlichen Positionen garantieren und zugleich über das Wahlrecht einen transparenteren Parteienwettbewerb und innerparteiliche Kandidatenaufstellung zumindest ermöglichen.

Deutlich wird vor dem Hintergrund dieser empirischen Ergebnisse auch, dass die häufig Frauen attestierte geringere Affinität zum politischen Geschäft bzw. deren geringere Kompatibilität mit dem Politikbetrieb kaum überzeugend zur Legitimation von Frauenunterrepräsentanz angeführt werden kann. Nicht die geringe Passungsfähigkeit zwischen den Engagementmotiven von Frauen und den Parteistrukturen sind das zentrale Problem, sondern diese männlichen-dominanten Parteikulturen, die durch die führenden Akteure bei ausgeprägter Frauenunterrepräsentanz immer wieder reproduziert werden, sind ganz offensichtlich normativ problematisch und reformbedürftig. Aus mikropolitischer Perspektive kann die Pfadabhängigkeit und Reformresistenz dieser Organisationsstrukturen vor allem dann überwunden werden, wenn durch Institutionen, wie durch hohe Quoten und geschlechterparitätische Doppelspitzen, die kritische Masse geschaffen und kritische Schwellen möglicherweise überbrückt werden können. „Vorher kommen die Frauen langsam, jenseits solcher Schwellen aber vielleicht gewaltig“ (Ortmann 2005: 115).

10 Qualitative Ursachenanalyse in ausgewählten Großstädten

Ziel der qualitativen Studien ist vorrangig die Ursachen von Frauenrepräsentanz in den Kommunalparlamenten vergleichend zu untersuchen, während weitere Karriereschritte nach dem Erwerb des Ratsmandates und das Verhalten im Rat zwar abgefragt wurden, aber für die in diesem Buch angestrebte fokussierte Analyse nicht vertiefend ausgewertet werden. Die Auswertung der halbstandardisierten Interviews konzentriert sich auf vier Problembereiche, die weitgehend an dem Marktmodell der Politikerinnenrekrutierung (Kandidatinnenpool – Parteien als Gate Keeper – Wählerschaft) und an den institutionellen Hypothesen anknüpfen:

- Welche Zugangsmöglichkeiten und -barrieren zum innerparteilichen Kandidatenpool lassen sich konstatieren, wie offen sind die Ortsvereine für Neueinsteiger(innen), und welche Auswirkungen auf die Frauenrepräsentanz in der Parteiarbeit haben diese Strukturen unter Berücksichtigung der unterschiedlichen Lebenslagen und Zugänge zur Politik von Frauen und Männern?
- Wie werden Ratsmitglieder in den Kommunen nominiert, und welche Auswirkungen hat das variierende Wahlrecht auf die Nominierungsprozesse und die parlamentarische Frauenrepräsentanz?
- Wie verhält sich die Wählerschaft gegenüber Ratskandidaturen unterschiedlichen Geschlechts? Werden nach der kommunalen Wahlstatistik Frauen stärker als Männer nach unten gewählt? Was erwarten die Parteiakteure für ein Wählerverhalten, und wie fließen diese Erwartungen wiederum in die Nominierungsprozesse ein?
- Wie wirken die Quoten und Quoren im Parteienvergleich?

In vier ausgewählten Großstädten wurden die qualitativ-vergleichenden Fallstudien durchgeführt. Erstes Auswahlkriterium für die Untersuchungskommunen war entsprechend unserer institutionellen Hypothesen die Zugehörigkeit zu unterschiedlichen Bundesländern mit traditionell stark variierendem Ratswahlrecht, wofür sich auch aufgrund der großen Anzahl der Großstädte insbesondere NRW und Baden-Württemberg anboten. Zugleich wollten wir in diesen Bundesländern die Ursachen für Varianz untersuchen, von denen zu erwarten ist, dass sie den Einfluss des Wahlrechts begrenzen. Durch dieses Untersuchungsdesign können auch Auskünfte über Akteursstrategien, die sich über Anreize und „Restriktionen" des Wahlrechts hinwegsetzen, erwartet werden. Damit sollten die in unserer Untersuchung dominanten institutionellen Hypothesen zu Wahlsystemen – durchaus entsprechend unserem theoretischen Vorverständnis der prägenden Wirkung von institutionellen Rahmenbedingungen bei in der Regel verbleibenden größeren Handlungsspielräumen der Akteure – in besonderem Maße kritisch überprüft werden. In den beiden Bundesländern wurden deshalb jeweils eine Großstadt mit hoher Frauenrepräsentanz im Kommunalparlament und eine Kommune mit sehr niedriger Frauenrepräsentanz ausgewählt. Der mögliche Einfluss der Gemeindegröße in den Großstädten wurde dadurch weitgehend konstant gehalten, dass nur Kommunen zwischen 100.000 und 250.000 Einwohner ausgewählt wurden.

Das Kriterium der Fallauswahl ist insgesamt das Vorhandensein von Varianz bei der abhängigen (Frauenrepräsentanz im Kommunalparlament) und der in dieser Untersuchung besonders interessierenden unabhängigen Variable (Wahlrecht), die weitgehend die Varianz der Grundgesamtheit aller kleineren westdeutschen Großstädte abdecken soll. Kerngedanke der Auswahl ist also die Maximierung der Varianz bei der abhängigen und unabhängigen Variablen.

Hierbei wird allerdings zu berücksichtigen sein, dass es sich bei dieser Fallauswahl möglicherweise nicht um die typischen bzw. durchschnittlichen Auswirkungen von Institutionen handeln wird und deshalb die Ergebnisse vor dem Hintergrund der durchschnittlichen Effekte des Wahlrechts in allen Großstädten dieser Bundesländer einzuordnen sind. Deshalb fließt in die qualitativ-vergleichenden Fallstudien im stärkeren Maße auch eine Detailanalyse der Wahlstatistik aller baden-württembergischen und nordrhein-westfälischen Großstädte ein (sofern diese auf den Internetpräsenzen der Städte verfügbar war).[37]

Befragt wurden in den vier Untersuchungskommunen weibliche Ratsmitglieder aus den beiden Volksparteien CDU und SPD sowie der „Grünen". Entsprechend der zu untersuchenden Quotenthese konzentrierten wir uns damit auf die im Kommunalparlament vertretenen Parteien mit Quoten bzw. Quorum.[38] Der Fokus der Untersuchung wird hierbei insbesondere auf die beiden Volksparteien gerichtet, weil in der quantitativen Analyse hier die größeren Repräsentationsdefizite im Vergleich zu Bündnis 90/Die Grünen ausgemacht wurden und ihnen aufgrund ihrer höheren Ratsanteile eine zentrale Bedeutung für die paritätische Besetzung der Kommunalparlamente zukommt. Interviewt wurden deshalb in den Untersuchungskommunen zusätzlich die Parteivorsitzenden der beiden Volksparteien CDU und SPD, um auch aus dieser Perspektive zusätzliche Einblicke in die Nominierungsprozesse und in die Parteiarbeit zu erhalten. Während die Parteivorsitzenden „gesetzte" Befragte waren, wurden die Kommunalparlamentarierinnen per Zufallsauswahl nach dem Alphabet ausgewählt, um die „Zuweisung" von Ratsfrauen nach den Selektionskriterien der Fraktionsführung zu vermeiden. Insgesamt wurden 11 Parteivorsitzende und 19 Ratsfrauen[39] in einem halbstandardisierten Interview befragt (Beispiel für den Interviewleitfaden siehe Anhang). Die Parteivorsitzenden waren ausschließlich Männer, die häufig auch Ratserfahrungen hatten, so dass wir auch weibliche und männliche Sichten von Kommunalpolitik systematisch miteinander vergleichen konnten.

---

37 Im Rahmen der Analyse wurden alle Listen der SPD, CDU und Grünen analysiert und die Veränderung der Reihenfolge durch die Wählerschaft in Baden-Württemberg, sowie die Direktkandidaturen in den nordrhein-westfälischen Kommunen. Aufgrund hierzu vorhandener Daten auf den städtischen Internetpräsenzen konnten die folgenden Großstädte voll in die Auswertung miteinbezogen werden: für BW: Freiburg, Heidelberg, Heilbronn, Karlsruhe, Mannheim, Stuttgart, Ulm; für NRW: Aachen, Bonn, Köln, Leverkusen, Witten, Dortmund, Bochum, Gelsenkirchen, Solingen, Bottrop, Münster, Mülheim, Oberhausen, Wuppertal.

38 Die Partei „Die Linke" war vor den Kommunalwahlen 2009 noch nicht im nennenswerten Maße in den meisten westdeutschen Großstadtparlamenten vertreten und wird deshalb in diese qualitative Analyse nicht einbezogen.

39 Dabei wurden auch einige Interviews in einer ostdeutschen Großstadt geführt, die für eine spätere Veröffentlichung noch ausgewertet werden.

Die Interviews dauerten im Durchschnitt ca. eine Stunde, wurden in der Regel mit Tonband aufgenommen und hinterher komplett verschriftlicht. Dabei soll in der folgenden Analyse möglichst viel mit Zitaten gearbeitet werden, um das „pralle Leben“ in Ortsvereinen und Nominierungsmustern zu dokumentieren. Die Zitate sollen dabei auch Aufschlüsse über mögliche mikropolitische Kämpfe und Intrigen geben, die bisher in der politikwissenschaftlichen Parteienforschung weitgehend ausgeblendet wurden.

Damit verbunden ist die Zusicherung auf Anonymität für die Befragten, weil sie sonst befürchten müssten, dass ihre sehr offene Beschreibung von parteiinternen Konflikten ihnen „wahrscheinlich den Hals brechen“ (CDU-Ratsfrau) könnte. Dementsprechend werden nicht die realen Städtenamen verwendet und die Akteure werden zudem nicht erkennbar den Städten zugeordnet. Letzteres war nötig, weil insbesondere unter den wenigen Großstädten in Baden-Württemberg die Städte auch bei anonymer Beschreibung der Grundstrukturen erkennbar sein könnten.

Bevor nun im Einzelnen die Frauenrepräsentanz im Städte- und Parteienvergleich vertiefend analysiert wird, sollen zunächst die Sichtweisen der Interviewten zur Kommunalpolitik aus der Genderperspektive allgemein beschrieben werden und in Bezug gesetzt werden zu möglichen Zugangsbarrieren in den Parteiarenen.

10.1 Zugänge zur Kommunalpolitik aus der Genderperspektive

Auch wenn der Schwerpunkt unserer Interviews nicht auf der Rekonstruktion der Biographien von Kommunalpolitikerinnen liegt, haben wir uns doch bemüht, die geschlechtsspezifischen Zugänge und mögliche Barrieren der Parteien aus der Sicht der Interviewten zu erfassen. In älteren Studien werden gewöhnlich nur Kommunalpolitikerinnen nach den Belastungen des Ehrenamtes befragt; dadurch wird die Abkömmlichkeitsthese belegt. Danach sind Frauen aufgrund der Doppelbelastungen in Familie und Beruf häufig nur schwer für die Kommunalpolitik zu gewinnen und daher unterrepräsentiert.

In einer neueren Untersuchung weiblicher und männlicher Ratsmitglieder in deutschen Großstädten wird aber argumentiert, dass die Abkömmlichkeitsthese offensichtlich nicht zutrifft, weil trotz steigender Arbeitsbelastung in den größeren Kommunen deutlich höhere Frauenanteile im Stadtrat realisiert würden. Zudem würde die Abkömmlichkeitsthese in den Großstädten kaum gelten, weil sich die Rahmenbedingungen für Ratsmitglieder mit kleinen Kindern verbessert hätten, „um eine Vereinbarkeit von Familie und Mandat zu erleichtern" (Reiser 2006: 146; mit Bezug auf Regelungen in den Gemeindeordnungen zu entgeltlicher Kinderbetreuung).

In unseren Interviews zeigt sich ein differenzierteres Bild. Zunächst einmal ist festzustellen, dass die meisten interviewten Ratsfrauen berufstätig waren und keine Kinder (mehr) im schulpflichtigen Alter haben. Frauen mit kleinen Kindern können aus Sicht der Interviewten kaum in der großstädtischen Kommunalpolitik Fuß fassen:

> „Wenn mich eine Frau um die 30 mit zwei kleinen Kindern, die voll berufstätig ist, fragt, soll ich das nicht mal machen, würde ich sagen, lass die Finger davon" (SPD-Ratsfrau).

Städtische gesonderte Hilfen für Ratsfrauen mit Kindern gab es in der Vergangenheit zum Teil nicht. So berichtet eine SPD-Ratsfrau, dass ihre Fraktion schon vor Jahren für eine junge Mutter eine Kinderbetreuung beantragt habe. Der Antrag stieß auf Unverständnis und wurde abgelehnt. Heute sind von den Frauen in der Fraktion „alle Kinder erwachsen. Die eine junge Frau, die drin ist, die hat keine. Also momentan stellt sich das Problem nicht" (SPD Ratsfrau).

Nach außen gerichtet managen die Ratfrauen ihre verschiedenen Lebensbereiche (Politik, Familie und Beruf) zumeist vorbildlich und mit erheblicher Energie:

> „Wenn ich [in einem politischen Gremium, a.d.V] um 21.00, 21.30 Uhr auf die Uhr gucke und langsam unruhig werde, dann liegt das nicht daran, dass ich meine Kinder hüten muss, die sind dann längst im Bett. Sondern, dass ich noch produktive Arbeitszeit bis nachts um 1.00 Uhr habe, die mir dann verloren geht. Man braucht so eine Art Patchwork-Alltag, um das alles unterbringen zu können" (SPD Ratsfrau).

Sie müssen dabei allerdings nicht selten bei ihrer eigenen Freizeit Abstriche machen und sind stark auf Absprachen mit der Familie angewiesen.

> „Da habe ich mit meiner Tochter [13 Jahre, a.d.V.] abgesprochen, ob es ihr etwas ausmacht, wenn sie in Zukunft abends öfter allein im Haus ist… Wenn sie mir gesagt hätte, ich will abends nicht allein zuhause bleiben, da habe ich Angst, dann hätte ich mit Sicherheit meine politische Tätigkeit ganz stark eingeschränkt“ (SPD Ratsfrau).

> „Ich bin von meinem Mann unterstützt worden, es ging deshalb gut, weil mein Mann Lehrer war und er war nachmittags zu Haus. Er konnte dann auf die Kinder aufpassen und später die Hausaufgaben betreuen“ (SPD-Ratsfrau).

Bei Männern stellt sich das Problem der Vereinbarkeit von Familie und Mandat offensichtlich weniger, weil Frauen den Männern den „Rücken freihalten“. „Wenn die nach Hause kommen, sind die fertig“ (SPD-Ratsfrau).

Auch die vagen Antworten der befragten Parteivorsitzenden auf die Frage nach der Vereinbarkeit von Familie und Mandat deuten darauf hin, dass diese sich für sie bisher nicht so zentral gestellt hat.

> „Schwer, es muss gehen, aber wenn ich ehrlich bin, dann hat die Familie darunter sicher gelitten“ (CDU-Parteivorsitzender).

Hieraus ergeben sich unfraglich erhebliche Belastungen für die Ratsfrauen, wobei aber keine deshalb auf ihr Ratsmandat zukünftig verzichten will. Die Erfahrungen im Stadtrat sind überwiegend nicht negativ und deshalb wird in der Regel eine erneute Kandidatur angestrebt, wenn nicht aus Altergründen oder wegen massiver Konflikte in der eigenen Partei, auf die wir noch zu sprechen kommen, der „politische Ruhestand“ angestrebt wird. Die Frauen berichten einhellig über kleine Erfolge in der Ratsarbeit, sind zum Teil auch stolz als Ratsmitglied dabei zu sein, so dass für nicht wenige Frauen das Ratsmandat in Großstädten bei allen Belastungen durchaus attraktiv ist.

Für die Aufgabenstellung unserer Untersuchung heißt dies, dass durch einen allgemeinen Kandidatinnenmangel die Unterrepräsentanz von Frauen in den Großstadtparlamenten sicherlich nicht erklärt werden kann. Zwar ist die zeitliche Belastung als Großstadtparlamentarierin häufig größer als in kleinen Kommunen, aber dafür steht mit steigender Gemeindegröße auch ein deutlich größerer Kandidatinnenpool für die im Verhältnis wenigen Ratsmandate prinzipiell zur Verfügung. Das wird von den Ratsfrauen auch mehrheitlich bestätigt, wobei allerdings in den Kommunen mit starker Frauenunterrepräsentanz auch von einigen Ratsfrauen auf Rekrutierungsprobleme hingewiesen wird. Der Kandidatinnenmangel wird gerade in den Kommunen mit hoher Frauenrepräsentanz im Kommunalparlament als innerparteiliche Strategie eingeordnet, um die Abweichung von Quoten oder männliche Kandidaturen zu legitimieren. Offensichtlich fällt es den Ratsfrauen vor dem Hintergrund einer höheren Frauenrepräsentanz leichter diese Argumente zu entkräften, auch wenn sie von den männlich dominierten Ortsvereinen immer wieder angeführt werden.

> „Natürlich sind da Frauen. Dann muss man sich fragen, warum sind die Frauen nicht aktiv, warum machen sie nicht den nächsten Schritt. Wir haben viele Frauen als Bezirksbeiräte, also der Ebene unterhalb des Gemeinderates, aber warum gehen sie nicht, trauen sie sich nicht oder werden nicht genug motiviert, den nächsten Schritt zu machen?“ (SPD Ratsfrau)

Allerdings sind beim prinzipiell für die Großstädte anzunehmenden hinreichend großen Kandidatinnenpool drei Einschränkungen wichtig:

Erstens sind junge Frauen mit Kindern in den Kommunalparlamenten auch aufgrund ihrer schwierigeren Abkömmlichkeit sehr stark unterrepräsentiert, so dass eine geschlechterparitätische Repräsentanz unter den derzeitigen Rahmenbedingungen zum Teil nur durch die stärkere Berücksichtigung von Frauen in anderen sozialen Lebenslagen realisierbar ist.

Zweitens wird durch die Zeitbelastung des Ratsmandates der Aufstieg von Frauen in Führungspositionen erschwert, die häufig in den größeren

Fraktionen nach dem Senioritätsprinzip vergeben werden. Wenn Frauen erst in die Ratsarbeit einsteigen, nachdem die Kinder schon älter geworden sind, haben sie es schwerer, sich beispielsweise zum Fraktionsvorsitz hochzuarbeiten. Hinzu kommt, dass auch die weiter bestehenden Zeitbelastungen durch die Familie (inklusive der späteren Pflege von Angehörigen) mit dazu beitragen, dass die interviewten Frauen häufiger nicht noch an den ganzen informellen „Vorbereitungen" von Sitzungen teilnehmen können und damit möglicherweise weniger politische Beziehungsnetzwerke knüpfen können als ihre Fraktionskollegen. Auch dies kann den Aufstieg in der Partei und Fraktion behindern, zumal wenn von den meisten Interviewten festgestellt wird, dass Frauen ein geringer ausgeprägtes Ämterinteresse haben.

> „Frauen sind sehr viel zielgerichteter als Männer. Sie gehen nicht in die Partei, um etwas zu werden, sondern um etwas durchzusetzen. (...) Während bei vielen Männern mehr das Amt im Vordergrund steht, habe ich den Eindruck." (SPD-Parteivorsitzender).

> „Die eigene Person steht bei den Frauen gar nicht im Vordergrund – das gibt es zwar auch bei Männern. Aber bei ihnen erlebe ich häufiger: ‚Hier komme ich!'" (CDU-Ratsfrau).

> „Die Männer setzen sich auch einfach mehr durch... Politik bedeutet Macht. Macht macht sexy. Das wird von vielen so empfunden" (Grüne Ratsfrau).

Damit bringen Frauen zwar sicherlich gute Voraussetzungen für die Sacharbeit in Partei und Kommunalparlament mit, aber sie haben aus Sicht aller Befragten durchschnittlich keinen so starken Antrieb Mandat und Ämter mit allen Mitteln anzustreben. Zwar machen einige Frauen in den Interviews auch deutlich, dass sie mit Mandaten nicht nur altruistische oder zumindest inhaltlich bezogene Motive verbinden, sondern auch schon ein Interesses an Mandaten an sich bestehen kann:

> „Generell finde ich die Gestaltung des eigenen Umfelds reizvoll. Dann die Aufmerksamkeit, die man als Stadträtin bekommt, ich gebe zu, dass ich ein bisschen eitel bin und das genieße. Dann bekommt man Einladungen…, das kann alles sehr interessant sein“ (CDU-Ratsfrau).

Dieses Motiv, das auch in anderen Interviews deutlich wurde, ist durchaus in anderen Untersuchungen auch schon für einige männliche Ratsmitglieder konstatiert worden (Ratsmandat als „Verdienstmedaille“), wobei dies allerdings meist mit einer geringen Konfliktbereitschaft einhergeht. Konflikte können eher das angestrebte Ansehen und die unstrittige gesellschaftliche Wertschätzung beschädigen (Holtkamp 2008), sind aber in vermachteten Parteistrukturen für den eigenen Aufstieg zumindest als Option zentral.

Während bei diesem *auch* für Frauen typischen amtsbezogenen Motiv der angestrebte Nutzen durch Konflikte eher gefährdet wird (was auf die Art der „Währung“ zurückgeführt werden kann), ist dies bei den stärker Männern in den Interviews zugeordneten machtbezogenen Motiven nicht der Fall. Ohne kleinere Konflikte kann man sich nicht in der angestrebten Machtposition bewähren. Nur so kann demonstriert werden, dass man die Partei als umkämpfte Arena „im Griff hat“, wie es das noch weiter unten zu skizzierende Amtverständnis der männlichen Kreisvorsitzenden prägt. Dabei wird sicherlich häufiger versucht, größere und damit machtgefährdende Konflikte zu vermeiden, aber man will schon Macht ausüben und der Partei seinen Stempel auch gegen den Willen Einzelner aufdrücken können. Die auch aus diesen Amts- und Mandatsmotiven sich speisende „mittlere“ Konfliktbereitschaft dürfte prinzipiell für den Aufstieg und den Mandatserwerb förderlicher sein als konfliktaverse Einstellungen. Letztlich geht es auch darum bei in Großstädten ausgeprägter Nominierungskonkurrenz sich mit den „Ellenbogen“ durchzusetzen.

Und dies kann bei der dritten wichtigen Einschränkung zentral sein. Der für Nominierungsprozesse in den größeren Parteien in Frage kommende Kandidatinnenpool verkleinert sich häufig auf diejenigen, die in diesen Organisationen bereits längere Zeit aktiv mitarbeiten und bereit sind innerparteilich zu kandidieren mit allen möglichen damit einhergehenden Konflikten (innerparteilicher Kandidatinnenpool). Dies sind zumindest die informellen Normen und Selektionskriterien in den Volksparteien, wobei das Wahlrecht auf diese Normen durchaus einen Einfluss haben kann, wie weiter unten noch zu zeigen sein wird.

10.2 Kandidatinnenpool und innerparteiliche Strukturen

Im Folgenden sollen die Interviewergebnisse getrennt nach unterschiedlichen Arenen in den Parteien dargestellt werden, die jeweils spezifische Zugangschancen und -barrieren für Frauen mit sich bringen können. Viele Ratskandidaturen fangen in den größeren Parteien zunächst in den Ortsvereinen bzw. Ortsverbänden an und müssen sich langsam nach oben hocharbeiten. Denkbar ist für Frauen aber auch der Weg über die parteiinternen Frauenorganisationen auf Kreisebene oder auch die direkte Mitarbeit auf der Kreisverbandsebene, insbesondere bei Bündnis 90/Die Grünen. Zugleich soll mit der folgenden Skizze ein allgemeiner Überblick über zentrale Parteiakteure gegeben werden, deren konkreter Einfluss auf die Nominierungsprozesse zum Kommunalparlament im anschließenden Unterkapitel getrennt nach Kommunen dargestellt wird.

10.2.1 Ortsvereinsstrukturen

Wie Ortsvereine bzw. Ortsverbände zukünftig arbeiten sollten, um wieder attraktiver zu werden und den Bundesparteien aus der Mitgliederkrise zu helfen, darüber sind sich die Vordenker in den Parteizentralen und die universitäre Politikwissenschaft weitgehend einig. Die Ortsvereine sollen mehr als Netzwerke agieren, Gelegenheit zur thematisch fokussierten Projektarbeit geben, die Bürger(innen) an „runden Tischen“ beteiligen, und die Lokalparteien sollten professioneller gemanagt werden (Mielke 2005; Langguth 2003). Die Netzwerkbildung zu anderen zivilgesellschaftlichen Akteuren wird von der Parteienforschung als nahezu einzige Chance gesehen, um „die gesellschaftliche Verankerung der Parteien zu erhalten bzw. zurückzugewinnen“ (Florack et al. 2005: 107). Nur so können sie bei der größer werdenden Kluft zwischen Parteien und Gesellschaft als Interessenvermittlungsagenturen fungieren (Kersting 2002).

Ob dies dem tatsächlichen Profil der Ortsvereinsarbeit entspricht, wie die „widerborstigen Ehrenamtlichen“ (Wiesendahl 1998) zu diesem neuen Kommunikationsstil motiviert werden sollen und was überhaupt die Bedürfnisse und Interessen der heute Aktiven in den Parteien sind, damit hat sich die Parteienforschung bisher fast gar nicht befasst. Im Hinblick auf die Repräsentanz von Frauen sind diese Fragen deshalb zentral, weil so auch ein Interesse bestehen könnte vermehrt Frauen anzusprechen und als Kandidatinnen aufzubauen, weil die Ortsvereine in der Mitgliederkrise so besser ihr dauerhaftes Überleben sichern können.

Die uns in den Interviews vermittelte Welt der Ortsvereine richtet sich aber nicht nach politikwissenschaftlichen Lehrbüchern und normativ aufgeladenen Funktionskatalogen für Parteien im demokratischen System. Sie scheint relativ unverändert und unbeeindruckt gegenüber dem zunehmenden Mitgliederschwund fortzubestehen. Ein erheblicher Anteil der Ortsvereine wird von den Akteuren als für Neuzugänge – zunächst einmal unabhängig vom Geschlecht – eher abschreckend eingestuft. Die Schilderung des persönlichen Eintritts vor Jahren und die Beurteilung des heutigen Ortsvereinsgeschehens durch die Interviewten lassen dabei auch kaum eine positive Entwicklung erkennen.

> „Wenn jemand in die Partei kommt, dann denkt er doch, es würden große politische Themen besprochen, das ist ja nicht der Fall... Deshalb warne ich immer, wenn neue Mitglieder kommen, lasst die nicht ohne Begleitung in die Ortsvereine, dann sind die nur einmal da... Es geht eigentlich nur um Geschäftsabläufe und Verwaltung des Ortsvereins, was dort besprochen wird“ (SPD-Parteivorsitzender).

> „Ortsvereine, die sich mit sich selbst befassen, wo dann wichtig ist, dass die Heike etwas machen muss, aber nein doch nicht. Das ist für Externe, die neu hinzukommen, absolut tödlich“ (SPD-Parteivorsitzender).

Die eher bürokratischen Routinen gehen aus Sicht der Interviewpartner häufig mit langatmiger Berichterstattung aus den Fraktionen einher, über Themen, die schon vor Wochen in der Lokalpresse abgehandelt wurden. Über muntere inhaltliche Diskussionen in den Ortsvereinen bzw. Ortsverbänden wird kaum berichtet. Eher beschreiben die Kreisparteivorsitzenden die Selbstbezüglichkeit und den gemeinschaftlichen Autismus der Ortsverbände mit nachsichtiger Ironie:

> „Die waren vor 40 Jahren zusammen in der Jungen Union und sind miteinander alt geworden... Jetzt haben wir ganz komische Mechanismen... Im gealterten Stadtbezirksverband wird der Neue als Fremdkörper gesehen, der stört einen Freundeskreis, der seit 40 Jahren gewachsen ist... Wenn er unbedingt Mitglied werden will, setzt er sich durch, oder eben nicht (CDU-Parteivorsitzender).

An die Möglichkeit diese Ortsvereins-Strukturen grundlegend zu reformieren, glauben nicht viele der Interviewten. „So wie die Parteien jetzt sind, sind sie strukturiert“ (SPD-Ratsfrau). Zwar gibt es in einigen Kreisparteien durchaus Überlegungen einige Ortsvereine zusammenzulegen, um auch wieder eine größere Öffnung dieser kleinen geschlossenen Zirkel allein schon dadurch zu erreichen, dass diese unterschiedlichen Kleingruppen dann zumindest lernen müssen miteinander zu kommunizieren. Aber die Kreisparteivorsitzenden befürchten, dass dann nicht wenige der seit Jahren aktiven Mitarbeiter abspringen könnten, auch weil das Heimatgefühl und reservierte Parteiämter für den Einzelnen prekär werden. Am Ende eines solchen Reformprozesses könnten nach zu erwartenden massiven Widerständen dann auch noch weniger und nicht mehr Ehrenamtliche stehen, so dass das Risiko von grundlegenden Organisationsreformen von der Parteiführung gescheut wird.

Deutlich ist sowohl für die Parteivorsitzenden als auch die befragten Ratsfrauen, dass diese Ortsvereinsstrukturen besonders abschreckend auf interessierte Frauen wirken können.

> „Was die Frauen angeht, ist es insofern nicht attraktiv, als es zum Teil relativ undiszipliniert zugeht. Dann geht es nach Lautstärke. Das ist natürlich vollkommen unakzeptabel“ (SPD-Parteivorsitzender).

Die befragten Frauen sprechen nicht selten auch von „zu vielen alten Männern“ in den Ortsvereinen, an deren Zeitguthaben niemand heranreicht. Damit fällt es diesen leichter, Führungspositionen im Ortsverein einzunehmen und der zeitintensive, verwaltungsorientierte Kommunikationsstil kann auf Frauen mit in der Regel knapperer Zeit und konkreteren inhaltlichen Anliegen abschreckend wirken.

Bereits der erste Kontakt zum Ortsverband kann aufgrund seiner gemeinschaftlich zelebrierten Selbstbezüglichkeit für Frauen (mit intensiven familiären Verpflichtungen) zum kaum überwindbaren Hindernislauf mutieren. Dazu ein Beispiel aus Sicht einer interviewten CDU-Ratsfrau: Eine junge Frau mit Kleinkind interessiert sich für die politische Mitgestaltung in einer Partei. Sie geht den üblichen Weg über den Ortsverband. Die ersten beiden Anläufe misslingen, da die Sitzungen des Ortsvereins ausfallen bzw. zu einem anderen Termin stattfinden, aber öffentlich nicht kommuniziert wurden – sie stand also zweimal vor verschlossener Tür. Immer noch motiviert organisiert sie (mit Betreuung für ihr Kleinkind) einen dritten Versuch, um den Ortsverband kennen zu lernen. Der Vorsitzende bittet sie jedoch sogleich wieder vor die Tür, weil zunächst der nicht-öffentliche Teil auf der Tagesordnung steht – sie solle in einer Stunde wiederkommen. Geblieben ist sie nur, weil eine Parteifrau sie aufgehalten und dafür gesorgt hat, dass sie bleiben konnte.

Sind Frauen allerdings schon Jahre im Ortsverband tätig, dann sind sie in der Regel Teil der gemeinschaftlichen Kommunikation. Dadurch bekommen sie nach eigenen Aussagen teilweise die nötige Stärkung und den Spaß, „um weiter Politik zu machen" (CDU-Ratsfrau).

Eine Reformoption für die Öffnung der Ortsverbände wäre es auch stärker auf Frauen als Vorsitzende zu setzen. Sie haben aus Sicht der Interviewten eher einen kommunikativeren als einen hierarchischen Führungsstil. Allerdings kann dies einerseits durchaus zu Irritationen bei den männlichen Mitgliedern führen, wie es eine SPD-Ratsfrau anschaulich schildert:

> „Frauen haben einen anderen Politikstil, sie haben nicht diese Stammtischgeschichten. Fünf Jahre, in denen ich in der Leitung als Ortsvereinsvorsitzende war, habe ich diesen anderen Politikstil auch in den Ortsverein gebracht. Ich glaube, da haben sich viele Männer nicht mehr mitgenommen gefühlt. Dann kam da ein Mann, so ein typischer Mann aus meiner Generation, der

> aber auf diesem Stammtischniveau poltert, der auch mal laut wird, der mal cholerisch wird. Das war der Punkt zu sagen, jetzt müssen wir an anderer Stelle mal zeigen, dass wir noch da sind" (SPD-Ratsfrau).

Andererseits geben einige Kreisparteivorsitzende an, die die Dominanz der älteren Männer durchaus problematisieren, dass sie auf dieses örtliche Führungspersonal angewiesen sind, um überhaupt kampagnefähig in einer Großstadt zu bleiben. Ihre Einsatzbereitschaft, Abkömmlichkeit und ihr Erfahrungswissen gilt für die Volksparteien als zentrale Ressource vor Ort.

Zugleich gibt es eine informelle Arbeitsteilung zwischen Ortsvereinen und Kreisvorstand. Danach sind (zumindest theoretisch) die Ortsvereine für die Mitgliederrekrutierung und -betreuung in ihrem Bezirk zuständig, und der Kreisvorsitzende kann sich auf die Kontrolle und Moderation der Konflikte auf der Kreisebene konzentrieren.

> „Natürlich kann ich gucken, dass jeder Ortsverein da noch ein Grillfest macht, einen bunten Abend, ein Kulturevent, da sage ich, das kann ich nicht auch noch leisten… ich bin nicht derjenige, der noch einmal im Ortsverein eine gemütliche Runde hat" (SPD-Parteivorsitzender).

Die Mitgliederrekrutierung hat für die meisten Kreisvorsitzenden nicht die höchste Priorität. Die Mitgliederentwicklung vor Ort wird meist als noch vergleichsweise positiv interpretiert. Auch Mitgliederverluste werden so als im bundesweiten Trend etc. noch akzeptabel dargestellt. Ganz offensichtlich werden aus Sicht des Kreisverbands keine Rekrutierungsprobleme für zentrale Funktionen befürchtet. Auf dieser Ebene muss in den Volksparteien immer noch ein Überangebot friedlich verarbeitet werden, worin die Kreisvorsitzenden ihre eigentliche Aufgabe sehen, was zugleich wenig dazu anspornen dürfte unbedingt neue Aktive zu rekrutieren. Die Kontrolle und Moderation der Kreisarena wird mit großer aktiver Mitgliederbasis eher schwieriger:

> „Sagen wir mal, je höher man kommt, desto dünner wird die Luft. Ich habe einen Verband von 1000 Leuten, da gibt es schon einige, die am Stachel lecken“ (CDU-Parteivorsitzender).

Dabei wird in den Interviews auch deutlich, dass die Kreisvorsitzenden schon lebendige Diskussionen und auch Heterogenität befürworten und intellektuell schätzen, aber zugleich es als ihre zentrale Aufgabe ansehen, starke öffentliche Konflikte zu vermeiden. Damit „ist in dem Laden Ruhe“ (CDU-Parteivorsitzender). Das ist zunächst der angestrebte Zustand, um ein geschlossenes öffentliches Auftreten der Partei zu gewährleisten.

> „Die Kreisdelegiertenkonferenz ist eine öffentliche Veranstaltung. Da wäre es mir nicht so recht, wenn es da den großen Zoff gibt.“ (SPD-Parteivorsitzender).

Das ist sicherlich auch auf die wenig kompatiblen Anforderungen der Mediendemokratie und der Wählerschaft zurückzuführen. Zwar wird abstrakt der innerparteilichen Demokratie in der veröffentlichten Meinung eine hohe Wertschätzung entgegengebracht, aber konkrete innerparteiliche Konflikte führen zu Negativschlagzeilen und fallen auf die Kreisvorsitzenden zurück. Deshalb gilt Ruhe in einer konfliktreichen Arena erstmal als vordringliche Leistung, insbesondere in den noch zu analysierenden Nominierungsverfahren. Zugleich können in der Regel nur offene Konflikte zur Abwahl der Kreisvorsitzenden führen und Konflikte können als mangelnde Führungsqualitäten gedeutet werden, so dass die Kreisvorsitzenden auch aus Eigeninteressen starke öffentliche Auseinandersetzungen vermeiden wollen.

Dieses starke Interesse am „Parteifrieden“ kann auch dazu führen, dass man sich möglichst nicht in interne Angelegenheiten der Arbeitsgemeinschaften und Ortsvereine einmischt und die dortigen hierarchischen bzw. homogenen Strukturen auch als Vorteil gelten können, weil zur Wahrung des Parteifriedens dann „nur noch“ die jeweiligen Vorsitzenden in personelle Proporzlösungen eingebunden werden müssen und diese zugleich eine überschaubare Gruppe von Ansprechpartnern für den Kreisvorsitzenden bilden.

Nichtöffentliche Verhandlungen als Charakteristikum von Proporzlösungen (als innerparteiliche Friedensformel) setzen zudem relativ hierarchische Strukturen in den vertretenen Parteigruppierungen voraus, weil sonst nicht durch exklusive Verhandlungen in diesen Gruppierungen die Akzeptanz beschafft und öffentliche Konflikte vermieden werden können.

Es entspricht eher zufälligen personellen Konstellationen und Einzelbiographien, wenn von der informellen Arbeitsteilung zwischen Ortsverbänden und Kreisvorsitz abgewichen wird und der Kreisparteivorsitzende durchaus im Sinne der Strategien der Parteizentralen die Mitgliederrekrutierung als zentrale Aufgabe ansieht. In einer Untersuchungskommune ist ein Quereinsteiger in relativ kurzer Zeit (in der CDU-Diaspora) zum Parteivorsitzenden aufgestiegen. Als gelernter Unternehmensberater war er selbst über die hierarchisierten, öffentlichkeitsscheuen Routinen der Ortsverbände irritiert:

> „So wie das vor Jahren gelaufen ist, hat es mich gar nicht motiviert, deshalb habe ich es geändert. Es war so, dass der Ortsverband damals zwei Programmpunkte hatte, abends, 18.00 Uhr Vorstandssitzung, 19.00 Uhr Bürgerversammlung. Vorstandssitzung waren immer die gleichen. Ich als frisches Mitglied durfte nicht zur Vorstandssitzung und wenn um 19.00 Uhr die Bürgerversammlung war, dann war alles gelaufen." (CDU-Parteivorsitzender).

Der Unternehmensberater wirbt stattdessen aktiv Mitglieder und formuliert im Interview, dass nur jedes CDU-Parteimitglied ein neues Mitglied werben müsse und dann habe sich die Partei verdoppelt. Dies ist nicht nur ein Gedankenspiel, sondern er verweist darauf, dass in seinem Ortsverband in einem relativ homogenen Stadtteil der Untersuchungskommune innerhalb von wenigen Jahren tatsächlich die Mitgliederzahl auch durch seinen persönlichen Einsatz verdoppelt wurde. Aber diese Art von politischem Unternehmertum, die sich auf die Akkumulation von Mitgliedern fokussiert, ist in den Interviews der absolute Ausnahmefall.

Zudem ist seine Bilanz in Bezug auf die Erhöhung der Frauenrepräsentanz in den Kommunalparlamenten wenig ermutigend. Jüngere Neumitglieder in seinem Ortsverband seien in der Regel männlich, Frauen als Neumitglieder wären überwiegend der Gruppe der Seniorinnen zuzuordnen. Diese Rekrutierung von Seniorinnen, die zum Teil auch in der Wissenschaft für neue weibliche Ratsmitglieder im Hinblick auf die Abkömmlichkeitsthese empfohlen wird (Bauer u.a. 2006: 149), ist in der Praxis unbedeutend für den innerparteilichen Kandidatinnenpool. Sie befinden sich gerade in dem Alter, in dem durchaus einflussreiche weibliche Ratsmitglieder aufgrund wahrgenommener Partei- und Fraktionsnormen „rechtzeitig" zurücktreten. Hierfür entwickeln die Ratsmitglieder ein feines Gespür, wie die folgende Aussage einer 65-jährigen Ratsfrau verdeutlicht:

> „Ich habe gesagt, ich bestimme den Zeitpunkt, wann ich gehe. Sicher hätte ich darauf bestehen können, da ich eine ganz gute Position habe, weiterzumachen. Ein anständiger Abgang ist besser als ein Tritt in den Hintern (Lachen). Man hat ja im Laufe der Jahre die Erfahrungen gesammelt, wie die Schwingungen sind" (CDU-Ratsfrau).

10.2.2 Kreisarena

Die Mitglieder- und Delegiertenversammlungen auf der Kreisverbandsebene unterscheiden sich nach Aussagen der Befragten grundlegend von den Ortsverbänden. Während gerade CDU-Ratsfrauen sich in den gemeinschaftlich orientierten Ortsverbänden, in deren Bedeutungshierarchie sie einen festen Platz einnehmen, nach eigenen Aussagen relativ wohl fühlen, ist in den Untersuchungskommunen die Kreisebene für die CDU-Frauen eher eine „feindliche" Arena. Hier lauern nach Angaben der Interviewten grundlegende Konflikte und Spannungen, wenn die unterschiedlichen innerparteilichen Gruppen aufeinanderprallen. Damit können die CDU-Frauen sich offensichtlich nur schwer abfinden und nehmen auch als erfahrene Ratsmitglieder eine eher reservierte Zuschauerrolle ein.

„Die glühenden Telefondrähte vor solchen Sitzungen, damit nur die und die rangekarrt werden, die auch an der richtigen Stelle das Kreuz machen, da kommen sie in einen solchen Saal rein, da wissen sie sofort, aha, der wird gewählt, der nicht, und da gibt es Krawall“ (CDU-Ratsfrau).

„Wir hatten Turbulenzen, weil es eine Abspaltung gegeben hat, nach einem unseligen Parteitag. Als der neue Parteivorsitzende gewählt wurde, haben sich mehrere Ratsmitglieder aus der Partei verabschiedet, unter Mitnahme ihres Mandats und haben eine neue Gruppierung gegründet. Weil menschliche Verletzungen stattgefunden haben, verbaler Art natürlich. Das war unter der Gürtellinie, einfach unwürdig“ (CDU-Ratsfrau).

Letzteres verweist auch für die Vorsitzenden auf eine bedrohliche Situation. Konfliktvermeidung durch Einbindung zentraler Akteure ist nicht nur wegen der öffentlichen Wirkung, sondern auch wegen der Exit-Option der Ratsvertreter eine zentrale Strategie. Auf kommunaler Ebene sind die meisten Mandatsträger keine Berufspolitiker und können sich damit eher erlauben aus der Fraktion auszutreten, als dies bei Landtags- und Bundestagsabgeordneten der Fall ist. Zudem haben sie fast nur auf kommunaler Ebene die Möglichkeit erneut als Wählergemeinschaft anzutreten, so dass selbst wenn der Kreisvorsitzende mehrheitlich Abstimmungsschlachten gewinnen sollte, dies eine für die Partei erodierende Wirkung haben kann. Aber diese latenten Spannungen, die im Gegensatz zu den Ortsverbänden auch öfter offen aufbrechen, scheinen die Kreisvorsitzenden eher als Herausforderung und Möglichkeit zur Selbstbehauptung zu deuten, während die CDU-Frauen diesem Ringen distanziert gegenüberstehen. Wenn die CDU-Parteifrauen u. a. aufgrund konfliktaverser Vorstellungen als Akteure aber kaum einen Zugang zur Kreisarena finden und in der Zuschauer- und Beisitzerinnenrolle verharren, ist es eher unwahrscheinlich, dass sie zentrale Führungspositionen in der Partei oder attraktive Direktkandidaturen für den Landes- und Bundestag erringen können oder die Umsetzung der Quorumsbeschlüsse mit Nachdruck begleiten können.

Die SPD-Ratsfrauen bzw. deren Parteivorsitzenden sprechen kaum derartige Probleme an. Lediglich in einem Fall wird über solche starken Konflikte berichtet, in dem Frauen aber Akteurinnen sind, auch wenn dies als ziemlich anstrengend wahrgenommen wird.

> „Man verschleißt sich da auch Sachen durchzusetzen, jetzt zum Beispiel eine Landtagskandidatur von einer Frau ging an den Parteivorsitz, das war eine blutige Nase, ... das haben sie erfolgreich durchgesetzt... Solche Dinge, da holt man sich Feindschaften, das kostet ungeheure Energie" (SPD-Ratsfrau).

Das hinderte aber die erfahrene SPD-Ratsfrau in wichtigeren „Stellvertreterpositionen" nicht daran, immer wieder zu versuchen, Mehrheiten für weibliche Kandidaturen auf der Kreisebene zu organisieren. Ein derartig gemeinsames Vorgehen auf der Kreisebene in Frauennetzwerken konnte uns von den CDU-Frauen demgegenüber nicht berichtet werden. Die innerparteilichen Fronten verlaufen in der CDU in allen Untersuchungskommunen nicht zwischen dem männlichen Führungspersonal und den Parteifrauen, denen dabei manchmal auch eine „blutige Nase" zugefügt wird, sondern zwischen den Parteifrauen, die sich zum Teil sehr abfällig über ihre Fraktionskolleginnen äußern. Die sonst eher konfliktaversen Einstellungen kommen hierbei offensichtlich nicht zum Tragen, wie viele Passagen in unseren Interviews verdeutlichen. An dieser Stelle soll zum Beleg nur ein Zitat einer CDU-Ratfrau über ihre Fraktionskollegen angeführt werden, wobei diese Konflikte uns im weiteren Verlauf der Analyse noch näher beschäftigen werden:

> „Ich habe bestimmt eine Handvoll von denen, die dann frisch gestylt kommen und ihr Köfferchen vor sich hertragen und das war es dann. Die habe ich noch nicht mal in der Fraktion etwas sagen hören oder geschweige denn im Rat... Wenn ich die ganzen frisch gestylten vom Frisör sehe, dann frage ich mich, wie viel hat der heute wieder verdient (lacht)" (CDU-Ratsfrau).

Bei den Grünen geht es demgegenüber auf der Kreisebene weniger konfliktreich zwischen den Frauen zu. Alle Interviewpassagen deuten auf eine bessere Kooperation zwischen den Mandatsträgerinnen hin. Die Konflikte auf der Kreisebene sind eher inhaltlicher Art, aber in einigen Fällen ebenfalls auf einem beachtlich hohen Niveau. Dabei ist zu berücksichtigen, dass die Grünen in der Regel aufgrund von Rekrutierungsproblemen keine Ortsverbände unterhalb der Kreisebene in den untersuchten Großstädten aufbauen konnten. In den Kreisverbänden geht es bei den Grünen teilweise etwas familiärer zu:

So berichtet beispielsweise eine grüne Ratsfrau, dass ihre Familie in drei Wahlkreisen kandidierte: „Mein Mann, ich und unser Sohn… Wir hatten auch ein gemeinsames Plakat. Das hat auch Spaß gemacht sich so als Familie zu positionieren“ (Grüne Ratsfrau).

Mag dies sicherlich auch ein Extremfall sein, steht dies doch für häufig sehr intensive Beziehungen zwischen den wenigen tatsächlich aktiven Grünen, die es auf der Kreisebene Außenstehenden nicht immer einfach machen in diesen Gruppen Fuß zu fassen.

> „Ich finde es auch für Nachfolgende schwierig, wenn man in Diskussionsprozesse kommt, die lange Jahre an gemeinsam Erlebten im Hintergrund reflektieren. Das erlebe ich auch bei anderen Frauen, die neu hinzukommen… Einige setzen sich darüber hinweg und bleiben, andere gehen dann wieder“ (Grüne Ratsfrau).

10.2.3 Frauenunion und ASF

Die parteipolitischen Unterorganisationen der Frauen, die eine Alternative für politisch interessierte Frauen zu den männlich dominierten, homogenen Ortsvereinen und den potentiell konfliktreichen Kreisverbänden darstellen könnten, sind in allen Untersuchungskommunen offensichtlich politisch eher inaktiv. Selbst existierende Programme zur Unterstützung von politischem Nachwuchs (auch für Frauen) werden von den Frauenbasisorganisationen offenbar nicht aufgegriffen.

Dennoch ist zwischen der Frauenunion und der Arbeitsgemeinschaft Sozialdemokratischer Frauen (ASF) hinsichtlich der Untersuchungsbefunde zu unterscheiden. Nicht wahrgenommene politisch inhaltliche Aktivitäten können sehr unterschiedliche Ursachen haben. Für die

Frauenunion wird einheitlich von den Interviewten festgestellt, dass dies häufig gar nicht das Selbstverständnis der Gruppen ist. Die Frauenunion ist teilweise durchaus im gesellschaftlichen Bereich oder im Wahlkampf aktiv, kann für die Vorsitzende über den Verteilungsproporz auf Kreisebene teilweise auch ein Mandat sichern, aber fällt aus Sicht aller Interviewten kaum durch politisch inhaltliche Positionierung auf.

> „Die Frauenunion ist sehr rührig, allerdings für mein politisches Verständnis zu sehr im vorpolitischen Raum. Sie engagiert sich sehr stark in sozialen Bereichen, beschränkt sich allerdings manchmal zu sehr auf die Rolle des Kaffee- und Kuchenverkaufs – mal etwas überspitzt formuliert" (CDU-Ratsfrau).

> „Es ist peinlich zu sagen, aber eine Hauptaufgabe der Frauenunion ist es, Kuchen für diesen Stand zu besorgen. Ich weigere mich, ich backe keinen Kuchen... die sind vielleicht ganz glücklich da, weil es ein gemütlicher Verein ist. Das entspricht aber nicht meinen Vorstellungen" (CDU-Ratsfrau).

> Die Frauenunion war „immer in Flügel aufgespalten, die so ein bisschen entlanggingen des Grades der Hausfrauen – berufstätige Frauen" (CDU-Parteivorsitzender).

Diese Distanz der interviewten CDU-Ratsfrauen in zwei Untersuchungskommunen zur Frauenorganisation ihrer Partei dürfte auch in ihrer Biografie begründet liegen. Beide sind keine Hausfrauen, sondern weisen eine starke Berufsorientierung und ein höheres politisches Selbstbewusstsein auf, was aus ihrer Sicht für die Aktivposten in der Frauenunion weniger gilt. Auch aus Sicht der CDU-Parteivorsitzenden zeichnet sich hier teilweise ein Konflikt zwischen Frauen mit unterschiedlichem Rollenverständnis ab, wobei das traditionelle Familienbild eher in der Frauenunion dominiere. Da zugleich die zitierten Ratsfrauen aus den baden-württembergischen Kommunen kommen, könnten hier auch Auswirkungen des Wahlrechts vermutet werden. Die Partei könnte bei personenorientiertem Wahlrecht darauf achten Frauen in angesehenen Berufspositionen und weniger Hausfrauen zu rekrutieren, was eine größere Distanz einiger CDU-Ratsfrauen zur eher traditionell ausgerichteten Frauenunion mit sich bringen dürfte.

Für diese Tätigkeiten wird die Frauenunion zwar von den Parteivorsitzenden geschätzt, aber politisch offenbar weniger ernst genommen. Dies gilt zumindest, wenn die wiederholten Versicherungen in den folgenden Interviewpassagen, man wolle etwas nicht abwerten, als indirekter Hinweis interpretiert wird, dass die Parteiführung eher andere inhaltliche Herausforderungen sieht:

> „Bei der Frauenunion ist es so, die ist ein bisschen unauffälliger. Die führen Frauen an die CDU heran, unterhalten sich über Frauenthemen, backen auch Kuchen oder so etwas, das will ich nicht abwerten." (CDU-Parteivorsitzender).

Diese Orientierung liegt aus der Sicht dieses Parteivorsitzenden auch in der Historie begründet. Häufig waren damals vor allem Hausfrauen Mitglieder, „die ihre Männer politisch unterstützen wollten und deswegen dieses Gremium nahmen und die Nebentätigkeiten ausführten, wie eben eine Kaffeetafel gestalten oder so etwas, ich will es gar nicht abwerten, sie waren sehr fleißig, die Frauen" (CDU-Parteivorsitzender).

Die ASF könnte demgegenüber von den SPD-Parteivorsitzenden ernst genommen werden, wenn sie über genügend Organisationskraft verfügen würde. Aber die ASF ist offensichtlich in keiner der untersuchten Kommunen richtig aktiv und wird von den SPD-Parteivorsitzenden offensichtlich auch wenig gefördert. Die ASF „gibt es nur auf dem Papier… Es gibt keine Gruppierung mehr, die sich regelmäßig trifft, die den Klassenkampf der Frauen [!] vorantreibt" (SPD-Parteivorsitzender). Die potentiell stärkere politische Ausrichtung der ASF wird auch in der anderen Untersuchungskommune mit schwacher Frauenrepräsentanz im Stadtrat bestätigt und ähnlich ablehnend kommentiert.

> „In so einer Enklave zu sitzen und etwas auszuarbeiten – äußerst schlecht. Man kann Ideen entwickeln, muss aber dann damit raus" (SPD-Ratsfrau).

In einer Untersuchungskommune konnte der SPD-Kreisvorsitzender die Inaktivität der ASF aber auch nachvollziehbar als Erfolgsfall für die Gleichstellung darstellen. Immerhin würde nun in der Partei und in der Fraktion die Quote deutlich übererfüllt und die politisch aktiven Frauen hätten ihrer Kräfte stärker auf zentrale Positionen fokussiert. Dies wird von der SPD-Ratfrau in zentralen Führungspositionen bestätigt:

> „...dass die aktiven Frauen der ASF dann begonnen haben, andere Ämter wahrzunehmen. Weil wir gesagt haben, wir müssen Frauenpolitik in die allgemeine Politik tragen und das beinhaltet, dass wir dort Ämter übernehmen. Dann sind wir wieder bei der Frage der Vierfach-, Fünffachbelastung, wo die Frauen sich dann entscheiden müssen. Meine persönliche Meinung war dann auch, wenn ich die Möglichkeit habe Haushaltssprecherin und Fraktionsvorsitzende zu werden, dann kann ich da noch mehr bewirken" (SPD-Ratsfrau).

Zugleich wird in diesem Interview deutlich, dass in nicht unerheblichem Maße ASF-Frauen in der Kommunalpolitik aufgestiegen sind und diese zunächst in einer aktiven ASF auch eine wichtige Kommunikationsplattform gefunden haben. Die Frauenrepräsentanz in den SPD-Fraktionen hängt damit in den Untersuchungskommunen auch mit dem Aktivitätsgrad und der Akzeptanz der ASF zusammen. Für die Frauenunion konnte ein derartiger Zusammenhang hingegen nicht konstatiert werden, was auch auf die berichtete geringe inhaltliche Ausrichtung der Frauenunion zurückgeführt werden könnte.

Darüber hinaus berichten die SPD-Ratsfrauen in den Kommunen mit hoher Frauenrepräsentanz, dass informelle Frauennetzwerke zum Teil durchaus auch unter Beteiligung einiger anderer Parteien eine zentrale Rolle für ihr „Standing" in der Politik spielen:

> „Es sind nicht unbedingt die klassischen Versammlungen [der ASF: a.d.V.], sondern da muss man schon mal nebenher zusammenkommen und muss auch mal Kontakte schmieden, die nicht unbedingt bekannt sind. Man muss den Männerbünden mal was entgegensetzen... Wenn da eine gemeinsame Solidarität ist, dass

wir uns auch durchsetzen, bereit sind Konflikte einzugehen, Verbündete zu suchen, was natürlich nicht gern gesehen wird, dann können wir was erreichen“ (SPD-Ratsfrau).

„Wir Frauen haben aber ganz früh, initiiert durch eine SPD Stadträtinnen vor ca. 20 Jahren, einen Hexenbund gegründet. Wir nennen es Hexenbund und die Hexen sind alle Stadträtinnen... Wir treffen uns einmal im Jahr zur Weiberfastnacht als Hexen verkleidet, immer bei einer Hexe zuhause zum gemütlichen Beisammensein. Wir sind auch alle per du. Dieses Treffen hat die Nähe gebracht, dass wir über Frauen – interfraktionell – Dinge vorantreiben“ (SPD-Ratsfrau).

In diesem Frauennetzwerk mit dem durchaus ironisch gemeinten Titel des Hexenbunds sieht die SPD-Ratsfrau eine effiziente Alternative zu den aus ihrer Sicht üblicherweise die Kommunalpolitik dominierenden Männerbünden. Bezeichnend ist, dass die Ratsfrauen gerade bei starker Frauenrepräsentanz in SPD und Bündnis 90/Die Grünen Männerbünde und Old-Boys-Networks deutlich ansprechen und hierzu dann auch Gegenstrategien entwickeln, die in Bezug auf die Frauenrepräsentanz auch in Führungspositionen offensichtlich förderlich sind. Die Deutung von Kommunalpolitik als männliche Machtstruktur, wie sie für die überwiegenden Kommunen als typisch anzunehmen ist, forciert die gemeinsame Strategiebildung von Frauen, die zumindest potentiell dazu geeignet ist, die Frauenrepräsentanz in den Parteien zu stärken.

Derartige Frauenbünde werden von CDU-Frauen tendenziell eher abgelehnt, wie die folgende Äußerung einer CDU-Ratsfrau verdeutlicht: Es gebe nicht nur Männerbünde, sondern „genauso gut auch Frauenbünde. Frauen sind viel schlimmer als die Männer“ (CDU-Ratsfrau). Der bei einigen SPD-Ratsfrauen und grünen Ratsfrauen im Zentrum stehende Gedanke der Frauensolidarität, die zwar immer fragil, aber anstrebenswert zur Erhöhung der Frauenrepräsentanz sei, wurde von keiner der interviewten CDU-Ratsfrauen hervorgehoben.

10.2.4 Zwischenfazit

Zusammenfassend kann für die folgende Analyse der Nominierungsprozesse festgehalten werden, dass nur wenig systematische Aktivitäten in den untersuchten Parteien zu konstatieren sind sich stärker gegenüber der Bürgerschaft zu öffnen und neue Mitglieder zu werden. Die Struktur der Ortsverbände wird von den Interviewten häufig als abschreckend dargestellt. Die Selbstbezüglichkeit und die damit verbundenen bürokratischen, hierarchischen Riten, die Zeitintensität und die Distanz zu „Fremden" erschwert ganz erheblich den Zugang für Politikinteressierte, zunächst unabhängig vom Geschlecht. Zugleich wurde aber auch deutlich, dass das überwiegend männliche Führungspersonal einen Kommunikations- und Arbeitsstil pflegt, der kaum mit den Engagementmotiven von Frauen kompatibel ist. Das stärkere Bedürfnis von Frauen nach inhaltlicher Veränderung der Politik, nach effizienten Arbeitsformen und weniger „lautstarken" Auseinandersetzungen wird in den Orts- und Kreisverbänden der Volksparteien weniger befriedigt. Diese Parteistrukturen sind nach Ansicht der Interviewten für Politikinteressentinnen durchschnittlich noch abschreckender als für politikinteressierte Männer. Insofern kann es also durchaus sein, dass ohne systematische Frauenförderung und Ermutigung der innerparteiliche Kandidatinnenpool (im Gegensatz zu den vielen nicht parteipolitisch engagierten Interessentinnen) im Nominierungsprozess in einigen Großstädten relativ klein ist und bei unreflektierter Fortschreibung dieser Nominierungsmuster teilweise auch innerparteiliche Rekrutierungsprobleme auftreten können. Öffnen sich demgegenüber die Parteien etwas stärker, ist für Großstädte sicherlich kein Kandidatinnenmangel zu erwarten.

Weiterhin sind zentrale Unterschiede zwischen den beiden Volksparteien zu konstatieren. In der SPD haben die Frauen in einigen der Untersuchungskommunen auch Zugang zur Parteielite auf der Kreisebene gefunden, setzen sich hier häufiger für die Kandidaturen von Frauen ein und können hierbei auch auf Frauennetzwerke und bedingt auch auf die ASF zurückgreifen. In der CDU hingegen haben die Frauen zu der Kreisebene in den Untersuchungskommunen keinen Zugang. Sie sind dort keine Akteurinnen, sondern bestenfalls Zuschauerinnen, die untereinander zudem zerstritten sind und politisch inhaltlich kaum von der Frauenunion unterstützt werden können.

Für die Strategiebildung und Erhöhung der Frauenrepräsentanz gerade in der SPD ist es zudem offensichtlich förderlich, wenn Kommunalpolitik als Old-Boys-Networks bzw. Männerbund gedeutet wird. Damit wird die dominante Machtkonstellation in den Volksparteien klar erfasst und diese Erkenntnis ist offensichtlich auch der Ausgangspunkt dem informelle Frauennetzwerke und die Einnahme von wichtigen Führungspositionen entgegenzusetzen, die letztlich auch die parlamentarische Frauenrepräsentanz erhöhen können.

Von den ausschließlich männlichen Kreisvorsitzenden sind demgegenüber ohne inner- oder außerparteilichen Druck eher keine gleichstellungspolitischen Reformen der Ortsvereine oder der Kreispartei zu erwarten. Sie sehen ihre Hauptaufgabe darin, dass Aufbrechen von offenen Konflikten in der deutlich stärker umkämpften Kreisarena (als in den eher konsensual-hierarchischen Gemeinschaften der Ortsvereine) weitgehend zu vermeiden. Sie sehen hierin sicherlich einerseits ihre Aufgabe, um die Kampagnefähigkeit und die geschlossene Präsentation der Partei im Wahlkampf zu gewährleisten und ein Auseinanderbrechen der Kommunalfraktion und Partei zu vermeiden. Deshalb sind auch die männlichen Vorsitzenden der mitgliederstarken Ortsvereine ihre wichtigen Bündnispartner, die sie häufig frühzeitig in Personalentscheidungen mit einbeziehen. Diese verfügen über wesentliche Ressourcen und können über exklusive Verhandlungen auch eine dementsprechende Folgebereitschaft ihrer Delegierten in der Kreisarena garantieren. Damit können die Kreisvorsitzenden nicht nur parteipolitische, sondern auch ihre eigenen berufspolitischen Interessen absichern. Von den acht in die Untersuchung einbezogenen Kreisparteivorsitzenden der SPD und CDU konnte in der vertiefenden Internetanalyse bei immerhin sechs ein eindeutig berufspolitisches Interesse nachgewiesen werden.[40] Insofern geht es bei der Vermeidung von grundlegenden Konflikten in der Kreisarena für die Kreisvorsitzenden nicht nur um die Wahrnehmung eines Ehrenamtes, sondern auch um ihre berufliche und finanzielle Zukunft. Auch deshalb kann es mikropolitisch rational sein auf die starken männlichen Ortsvereinsvorsitzenden zu setzen und nicht in die Ortsvereine hineinzuregieren.

Allerdings könnte es zumindest auch rational sein, weibliche Ortsvereinsvorsitzende neu aufzubauen, um sich als Kreisvorsitzender im Netzwerk nicht nur von wenigen starken Ortsvereinsvorsitzenden abhängig zu machen, die durchaus auch in der Kreisarena als Konkurrenten auftreten könnten.

Hierbei dürften dann allerdings die Wahrnehmungen der Geschlechter in Organisationen eine erhebliche Rolle spielen, wie es auch viele andere mikropolitische Studien zu Unternehmen und Verwaltungen nahe legen.

Gerade in Parteien und Fraktionen mit starker Frauenunterrepräsentanz können sich Geschlechterstereotypen immer wieder reproduzieren, die Frauen von wichtige Positionen fernhalten, weil sie als das Fremde bzw. eigentlich nicht passende in der Organisation wahrgenommen werden (Ortmann 2005, Meuser 2006). So ist auch aus Sicht einiger Kreisvorsitzenden das eigentliche politische Wesen der von ihnen maßgeblich mitgeprägten Partei kaum kompatibel mit den Präferenzen oder gar der Natur von Frauen. Politik ist aus ihrer Sicht vor allem der mikropolitische

---

40 Wir konnten bei SPD und CDU darunter einen aktuellen aussichtsreichen Wahlvorschlag eines Kreisvorsitzenden für die Stelle des ersten Beigeordneten der Stadt verzeichnen. Zudem waren zwei Kreisvorsitzende bereits Landtagsabgeordnete, ein anderer erwirkte erst für 2010 eine Landtagskandidatur, und der fünfte Kreisvorsitzende errang eine aussichtsreiche Oberbürgermeisterkandidatur 2009 in seiner Stadt. Der sechste Kreisvorsitzende war schließlich ein junger Mitarbeiter eines Landtagskandidaten, der parteiintern ganz erhebliche Konflikte in Kauf nahm, um den Kreisvorsitz einzunehmen. Von Hause aus Jurist und bereits als aufstrebender Mitarbeiter fest in der Landtagsfraktion integriert, dürfte, wenn man typische Abgeordnetenkarrieren zugrunde legt, eine Landtagskandidatur in dem Wahlbezirk des Kreisverbandes ein nicht unwahrscheinlicher nächster Schritt sein. Lediglich für die SPD in Baden-Württemberg konnten berufspolitische Ambitionen der Kreisvorsitzenden nicht nachgewiesen werden, was auch auf die dortige Diasporasituation der SPD und die damit einhergehende niedrigere Patronagefähigkeit der Kreisverbände im Hinblick auf berufspolitische Kandidaturen im Wahlbezirk zurückgeführt werden kann.

Kampf um Machtpositionen, von dem sie annehmen, dass Frauen diesem nicht gewachsen sein könnten.

> „Die Partei ist sehr brutal, es geht um Macht und Machtverteilung. Uns gibt es nur, um Bürgerkriege zu verhindern, sage ich mal übertrieben. Wir schlagen keinen tot, wir haben ein System entwickelt, die Demokratie, die es uns erlaubt mit allen Facetten und Schwierigkeiten miteinander zu leben. Eine Frau, die da reingeht, überlegt sich, ob sie das kann und durchhält“ (CDU-Parteivorsitzender)“.

Oder es wird auf eher biologistische Legitimationsmuster zurückgegriffen:

> „Ja, aber das ist kein parteispezifisches Problem. Das fängt klein an. Wenn ich gucke ich habe drei Kinder, zwei Jungs, ein Mädel, die verhalten sich ganz anders und ich glaube auch nicht, dass die genetisch gleich sind… Meine beiden Jungs die gucken wer ist der Stärkere und wer setzt sich, wo durch und das Mädchen übt Klavier. Dazu muss ich die Jungs ermahnen“ (SPD- Parteivorsitzender).

Für großstädtische Führungspositionen gelten sie in den Fällen von starker Frauenrepräsentanz aufgrund des tobenden „Machtkampfs“ für die Parteivorsitzenden als weniger geeignet. Hier gebe es schon erhebliche Begehrlichkeiten im Hinblick auf Ämter und berufspolitische Positionen. Deshalb gehe es um „Durchsetzungsvermögen, Strippen ziehen, wer bringt wen hinter sich“ (SPD-Parteivorsitzender). Für diese Kämpfe gelten Frauen als eher ungeeignet, wobei ihnen in den Parteien mit hoher Frauenrepräsentanz dies eher als an Sachinhalten interessierter, intelligenter Führungsstil von den Kreisvorsitzenden ausgelegt wird, der durchaus erfolgreich für die Frauen und die Gesamtpartei sei. Auch dies spricht wieder dafür, dass in männlich absolut dominierten Organisationen die „Passfähigkeit“ von Frauen negativer beurteilt wird, weil die männlichen Strategien und Kampfrituale als einziger, vermeintlich geschlechtsloser Maßstab an die Eignung und Fähigkeiten von Frauen angelegt werden. Damit werden kognitiv immer wieder die kulturellen Barrieren für eine höhere Frauenrepräsentanz reproduziert (Ortmann 2005). Erst wenn eine „kritische Masse an Frauen" beispielsweise durch hohe Frauenquoten übersprungen wurde, werden häufiger pfadabhängige kulturelle Deutungsmuster in Organisationen brüchig und die differenzierte Wahrnehmung der Leistung Einzelner unabhängig vom Geschlecht ist eher möglich. Aber sowohl in Parteien mit hoher als auch mit niedriger Frauenrepräsentanz blieb die Einschätzung der Kreisvorsitzenden und Parteifrauen zum eher offenen Kommunikationsstil von Frauen konstant. Bei ausgeprägten berufspolitischen Interessen der Kreisvorsitzenden dürfte es auch deshalb weniger interessant sein, Frauen in vertrauliche Netzwerke einzubinden, es sei denn sie haben tatsächlich zentrale Ämter inne.

Weiterhin könnte in Richtung von Old-Boys-Networks mit den Kreisvorsitzenden als einem zentralen Akteur wirken, dass bei stärkerer Frauenunterrepräsentanz, wie es auch aus der Managementforschung bekannt ist (Schunter-Kleemann 2007: 59), die individuelle Förderung von Frauen durch die männliche Führung für beide nicht positiv ausgelegt wird.

> „Das kann es doch nicht sein, wer am besten schmust oder was weiß ich, dass der aufgrund dieser Tatsache in den Rat kommt" (CDU-Ratsfrau).

Insgesamt bestehen also eher Anreize und Wahrnehmungsmuster in den untersuchten Volksparteien, dass die Kreisvorsitzenden eher Bündnisse mit dominanten männlichen Ortsvereinvorsitzenden eingehen und vorwiegend männliche Karrieren in vertraulichen Verhandlungen fördern, um Loyalität und innerparteiliche Geschlossenheit auch zugunsten der eigenen Ambitionen zu sichern. Wenn allerdings in der Kreisarena ein stärkerer Gegendruck von Frauen zu verzeichnen ist und Quoten bei zentraler Nominierung (aufgrund des Wahlrechts) auch rechtlich auf Kandidatenpakete anwendbar sind, dann ist es zugleich für den Kreisvorsitzenden mikropolitisch rational, eine etwas höhere Frauenrepräsentanz durchzusetzen, um grundlegende Konflikte, die die eigene Autorität und die berufspolitische Karriere gefährden könnten, zu vermeiden. So zumindest unsere Wahlrechtsthese, die nun näher im Vergleich der

Nominierungsprozesse in den baden-württembergischen und nordrhein-westfälischen Großstädten untersucht werden soll.

10.3 Nominierung und Wahl von Ratkandidatinnen im Städtevergleich

Nachdem die Parteiarenen und Barrieren aus der Gender-Perspektive grob abgesteckt wurden, sollen nun in einem zweiten Schritt die konkreten innerparteilichen Entscheidungsprozesse zur Aufstellung von Ratskandidaturen untersucht werden. Im Mittelpunkt sollen dabei die Ursachen für Frauenrepräsentanz aus qualitativ-vergleichender Sicht unter Einbezug der Wahl- und Sozialstatistik stehen. Wir wollen dabei systematisch die in unserem Erklärungsmodell zur kommunalen Frauenrepräsentanz hervorgehobenen unabhängigen Variablen durchgehen und ihren Erklärungswert für die Varianz der Frauenrepräsentanz abklopfen.

Nach der Auswahl der vier Untersuchungskommunen in Baden-Württemberg und NRW nach dem Kriterium der hohen Varianz zwischen den Werten der abhängigen Variablen, um hiermit hinsichtlich der Frauenrepräsentanz Erfolgs- und Misserfolgsfälle zu generieren, wurden anhand gängiger Sozialindikatoren und Kommunalwahlstatistiken die strukturellen Ausgangsbedingungen in den Städten erhoben, die bereits einen Beitrag zur Erklärung der Varianz leisten können. Damit die Städte zur Gewährleistung der Anonymität der Interviewten nicht unmittelbar erkennbar sind, wird im Folgenden auf der Grundlage dieser Datenanalyse nur eine grobe Charakterisierung der Städte vorgenommen.

Abbildung 48: Untersuchungskommunen nach Auswahlkriterien

	NRW	BW
Großstädte 100.000 bis 250.000 Hoher weiblicher Ratsanteil	Stadt B Starker Parteienwettbewerb zwischen SPD und CDU	Stadt C Gute Sozialstruktur Starker Parteienwettbewerb Hoher grüner Ratsanteil
Niedriger weiblicher Ratsanteil	Stadt A Dominanz SPD	Stadt D Dominanz CDU

Quelle: Eigene Darstellung

Hinsichtlich der Sozialstruktur unterscheidet sich insbesondere die baden-württembergische Großstadt C von den anderen Untersuchungskommunen. Als Universitätsstandort verfügt die Bevölkerung über ein überdurchschnittliches Bildungsniveau, der Dienstleistungsanteil der sozialversicherungspflichtig Beschäftigten vor Ort ist sehr hoch, die Wanderungssalden für die deutsche Bevölkerung ist ausgeprägt positiv und die Arbeitslosenquote niedrig. Die beiden Untersuchungskommunen in NRW weisen als nicht universitäre Städte hinsichtlich dieser Indikatoren große Ähnlichkeiten auf, die auf eine eher problematische Sozialstruktur hindeuten. Die baden-württembergische Stadt D rangiert hinsichtlich der Sozialstruktur zwischen der baden-württembergischen Großstadt C mit hoher Frauenrepräsentanz einerseits und den beiden ausgewählten Großstädten in NRW andererseits. Die Sozialstruktur kann damit zwar für die hohe Frauenrepräsentanz in der Großstadt C als eine Erklärung angeführt werden, erklärt aber nicht den Unterschied zwischen den anderen beiden nordrhein-westfälischen Untersuchungsstädten. Dass in einer traditionellen Universitätsstadt mit vielen Studentinnen vor Ort die Parteien und auch die Wählerschaft bei stark personenorientiertem Wahlrecht für eine paritätische Repräsentanz offener sind, scheint plausibel und wurde in der wissenschaftlichen Literatur zum Teil bereits konstatiert (Wehling 2000), so dass hierin einer der Erklärungsfaktoren für die hohe Frauenrepräsentanz in der baden-württembergischen Großstadt C liegen dürfte:

> „Es gibt hier Straßen, da können Sie jeden mit Frau Doktor anreden, völlig atypisch. Das hat Frauen auch in die Politik gebracht" (SPD-Parteivorsitzender).

Hinsichtlich des Parteiensystems sind ebenfalls in der baden-württembergischen Großstadt C die Ausgangsbedingungen für eine hohe Frauenrepräsentanz besonders günstig. Die Grünen erzielen hier traditionell sehr gute Wahlergebnisse und liegen bei den Kommunalwahlen fast gleichauf mit der CDU und der SPD. Entsprechend unserer Quotenthese könnte die starke grüne Fraktion bei diesem intensiven Parteienwettbewerb auch zwischen CDU und SPD auf diese hinsichtlich der Frauenrepräsentanz positiv „abfärben". In der anderen baden-württembergischen

Untersuchungskommune erzielen die Grünen nur unterdurchschnittliche Ergebnisse. Die CDU dominiert hier traditionell die Szenerie und mit ihr sind auch andere Parteien ohne Quotenlösung im Kommunalparlament noch leicht stärker vertreten als die Grünen, was diese Stadt auch von den beiden nordrhein-westfälischen Untersuchungskommunen unterscheidet. Ingesamt können damit von der „Papierform“ die Unterschiede zwischen den beiden baden-württembergischen Kommunen gut mit der Quotenthese erklärt werden.

Die Quotenthese führt als Erklärung für die Unterschiede zwischen den beiden nordrhein-westfälischen Städten allerdings nicht weiter. Die Grünen erzielen in beiden NRW-Kommunen durchschnittliche Werte und die SPD hat gerade in der untersuchten Großstadt mit starker Unterrepräsentanz ihre besten Kommunalwahlergebnisse. Allerdings ist für die Stadt mit hoher Frauenrepräsentanz eine hierfür günstige Wettbewerbssituation zu verzeichnen. Die SPD und die CDU liefern sich in Stadt B bei Kommunalwahlen traditionell ein Kopf-an-Kopf-Rennen, auch wenn in den letzten Jahren die CDU etwas klarere Wahlsiege erzielen konnte. Demgegenüber kann die nordrhein-westfälische Stadt A als noch eine der wenigen verbliebenen sozialdemokratischen Hochburgen in NRW gelten, in der die SPD traditionell keine besonderen Anstrengungen unternehmen muss, um bei der Wahl deutlich vor der CDU zu liegen. Dieser geringe Parteienwettbewerb könnte für die Frauenrepräsentanz in beiden Parteien hemmend sein.

10.3.1 Baden-württembergische Großstädte

Bevor im Einzelnen der Nominierungsprozess in den beiden baden-württembergischen Untersuchungskommunen analysiert wird, soll zunächst das Endergebnis dieses Prozesses vergleichend in den Blick genommen werden. Wenn man die Anzahl der Ratsmandate, mit denen die Parteien schließlich in die Kommunalparlamente eingezogen sind, auf die ursprünglich aufgestellte Liste bezieht (also noch nicht die Veränderung durch die Wählerschaft berücksichtigt), ergibt sich folgendes Bild: In der baden-württembergischen Kommune mit hoher Frauenrepräsentanz ist eine starke grüne Fraktion vertreten, die wie im Durchschnitt aller Großstädte in Baden-Württemberg die 50%-Quote erreicht. Dies hätte entsprechend der These vom Abfärbeeffekt über den Parteienwettbewerb auch zu einer hohen Frauenrepräsentanz bei SPD und CDU führen können. Die SPD erreicht ihre Quote (aufgrund der ungeraden Anzahl der Ratsmandate) in C-Stadt jedoch knapp bei der Listenaufstellung nicht und liegt damit unter dem Durchschnitt der baden-württembergischen Großstädte. Damit ist die hohe Frauenrepräsentanz im Stadtrat C nicht auf den Abfärbeeffekt zurückführbar, der bereits bei der SPD in dieser Stadt kaum mehr in Bezug auf die Parlamentarierinnen konstatiert werden kann. In den Führungspositionen sind die SPD-Frauen in der Fraktion allerdings sehr dominant und dies führt bei den Kandidaturen auch zu einigen Widerständen. Die Quote, die in der Parteisatzung der Bundes-SPD als Geschlechterquote konstruiert ist, wird bei Listenaufstellung von den Männern kurioser Weise genutzt, um eine stärkere Frauenrepräsentanz auf den ersten Listenplätzen zu verhindern. Die Parteifrauen setzen schließlich eine deutlich höhere Frauenrepräsentanz in der Fraktion nur über die Aufstellung von promovierten Kandidatinnen, die von der Wählerschaft, wie noch zu zeigen sein wird, nach oben gewählt werden, durch:

> „Auf Platz eins stand auch schon eine Frau, eine Stadträtin, die schon lange Stadträtin war (...) und ich hätte auf Platz zwei kommen müssen als amtierende Stadträtin. Ein Mann wäre auf Platz drei gekommen. Dagegen hat er sich gewehrt, auch mit der Argumentation der Quote zum Schutz des Mannes.“ (SPD-Ratsfrau).

Die hohe Frauenrepräsentanz ist bei Berücksichtigung der Nominierungsergebnisse in C-Stadt insgesamt vorwiegend auf die guten Wahlergebnisse der Grünen zurückzuführen, die die paritätische Repräsentanz auch tatsächlich auf ihrer Liste realisieren.

Anders sieht die Situation in der baden-württembergischen Kommune D aus. Von den Grünen gehen hier keine nennenswerten Impulse für eine höhere Frauenrepräsentanz aus. Erstens stellen die Grünen aufgrund unterdurchschnittlicher Wahlergebnisse insgesamt nur drei Ratsmitglieder. Zweitens halten sie auf der Liste auf den vorderen Plätzen, im Gegensatz zu den anderen grünen Großstadtfraktionen in Baden-Württemberg, nicht die Quotierung ein. Zusätzlich, und das werden wir später noch genauer analysieren, wird von der Wählerschaft die einzige grüne Frau auf den vorderen Listenplätzen „abgewählt", so dass in der Großstadt D der Extremfall einer reinen grünen Männerfraktion zu verzeichnen ist. Während die SPD sich bei der Listenaufstellung noch an die Quote hält, hat die CDU mit 18,8% einen sehr niedrigen Frauenanteil. Eine Ursache hierfür könnte sein, dass die CDU sich als hegemoniale Partei kaum in einem ernsthaften Wettbewerb mit der SPD und den Grünen befindet und deshalb kaum einen externen Anreiz hat, ihre Partei stärker für weibliche Kandidaturen zu öffnen. Dadurch dass die CDU-Fraktion stärkste Fraktion ist, schlägt ihr sehr niedriger Frauenanteil zudem besonders durch und ist zentral für die Erklärung der besonders starken Unterrepräsentanz im Kommunalparlament von D-Stadt. Dass diese hegemoniale Position der CDU einen starken Zusammenhang mit der Frauenunterrepräsentanz aufweist, konnten wir auch in unserer quantitativen Analyse der kreisangehörigen Kommunen in NRW zeigen.

Abbildung 49: Frauenanteile auf den Parteilisten in den baden-württembergischen Großstädten 2004

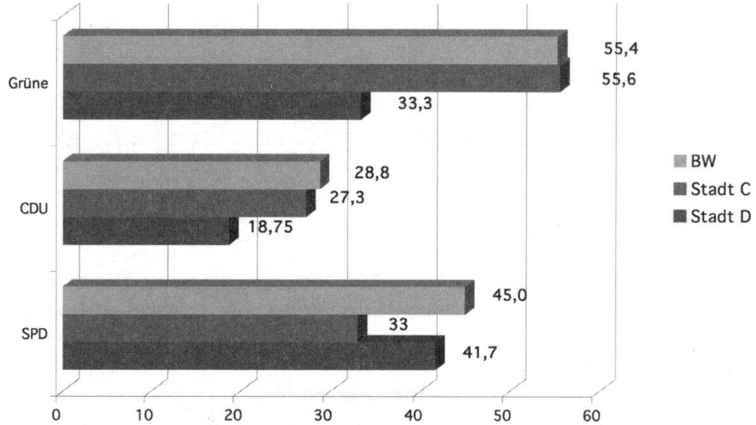

Quelle: eigene Interneterhebung 2008

Die allgemeinen Nominierungsmuster sind in den großen Parteien in den beiden baden-württembergischen Großstädten relativ ähnlich und zeichnen sich durch eine relativ starke Zentralisierung auf der Kreisverbandsebene im Vergleich zur nordrhein-westfälischen Kommunalpolitik aus, wie wir es bereits in unseren Wahlrechtshypothesen erwartet haben.

So spielen gerade mitgliederstarke Ortsvereine und Ortsverbände in CDU und SPD im Nominierungsprozess zwar häufiger eine Rolle, aber die Kreisverbandsebene kann in den baden-württembergischen Kommunen auch einige Kandidaturen unabhängig vom OV-Votum auf die Listen setzen. Insgesamt hat der Kreisparteivorsitzende eine zentrale Bedeutung im Nominierungsprozess und muss zugleich die Verantwortung für die gesamte Liste übernehmen.

> „Ich habe ganz viele Beraterinnen und Berater und noch mehr Kritikerinnen und Kritiker, aber wenn es darauf ankommt, dann bin ich der Herr der Liste... Den Kopf muss letztendlich ich hinhalten" (SPD-Parteivorsitz).

Der konsequente Verzicht auf eine Besetzung nach Ortsvereinen und Stadtteilen wird aber nach den Akteursaussagen nur in der SPD in einer Untersuchungskommune realisiert, in der die SPD auch die Quote bei Listenaufstellung realisiert.

> „Wir hatten das ganz früher. Das wird aber nicht mehr gemacht. Letztes Mal haben wir es so gemacht, dass wir die Fraktion weitgehend nach Wahlergebnis besetzt haben... Der Kreisvorsitzende und die Fraktionsvorsitzende machen zusammen den Vorschlag. Dann wird es im Kreisvorstand eingebracht. Dann gibt es eine Kreisdelegiertenversammlung" (SPD-Ratsfrau).

In den anderen untersuchten Parteien wird der Ortsteilproporz demgegenüber zumindest im bedingten Maße gepflegt und ist in einem Fall traditionell deutlich stärker ausgeprägt:

> „Aber das ist ein so komisches System mit Vorschlägen, wer vorschlägt, wer auf die Liste kommt. Wir haben 10 Ortsverbände, also kommen alle einmal dran" (CDU-Parteifrau).

Dieses dezentrale Nominierungsverfahren wird von der Interviewten als Hindernis in der CDU für eine höhere Frauenrepräsentanz betrachtet.

Allerdings können in allen Untersuchungskommunen Probleme innerhalb der CDU festgestellt werden, die eine niedrigere Frauenrepräsentanz begründen könnten. Während die mikropolitische Situation in der SPD sich für die Parteifrauen erheblich unterscheidet und damit auch zum Teil die Varianz zwischen den Untersuchungskommunen erklärt, sind die CDU-Frauen in allen Untersuchungskommunen ähnlich wenig einflussreich, was im nächsten Unterkapitel stärker im Parteienvergleich zu analysieren sein wird. Für die Analyse der Varianz zwischen den Untersuchungskommunen ist deshalb die mikropolitische Ausrichtung der Ratsfrauen in der SPD zentraler, wie dies insbesondere noch für die nordrhein-westfälischen Untersuchungskommunen zu zeigen sein wird.

Bei aller Varianz des Nominierungsverfahrens vor Ort haben die Kreisvorsitzenden wahlrechtsbedingt eher die Möglichkeit von den Vorschlägen der Ortsverbände abzuweichen. Sie können argumentieren, dass neben der Berücksichtigung der bisherigen Mandatsträger auch die Rekrutierung von Kandidaturen außerhalb des Ortsverbandssystems für die Partei wichtig sein kann, wenn diese aufgrund ihres Ansehens zusätzliche Panaschierstimmen für die Partei einwerben könnten.

> „Wir haben eine offene Liste, dass auch Quereinsteiger, die Nichtmitglied in der SPD sind, kandidieren können... Letztendlich geht es bei so einer Liste einzig und allein darum, wie viele Stimmen man insgesamt ziehen kann“ (SPD-Parteivorsitzender).

Wer allerdings aufgrund welcher Fakten beurteilt, was ein potentieller Stimmenbringer und eine wohl eher bei der Wählerschaft unbekannte oder unbeliebte Person ist, wird in den Interviews nicht problematisiert und dürfte deshalb insbesondere für die Kreisvorsitzenden einen nicht unerheblichen Interpretationsspielraum erbringen.

Übereinstimmend gehen die Akteure davon aus, dass die Wählerschaft Kandidaturen präferiert, die als „etablierte Persönlichkeiten“ wahrgenommen werden. Dazu zählen aufgrund ihres allgemeinen

Bekanntheitsgrades zunächst die amtierenden Ratsvertreter(innen).[41] Ein weiteres Nominierungskriterium sind „attraktive“ Berufsgruppen, die von der Wählerschaft als besonders „glaubwürdig“ oder kompetent anerkannt werden: Polizist(innen), Krankenpfleger(innen), Ärzt(innen), Unternehmer(innen). Wer über Initiativen- oder Verbändearbeit in die lokale Politik kommt, erhält ebenfalls aus Sicht der Interviewten einen Wählerbonus. Weniger chancenreich sieht die Nominierungssituation für jüngere, noch nicht im Beruf etablierte Personen aus. Andere Aussagen von Parteivorsitzenden lassen zum Teil darauf schließen, dass diese unterstellten Kandidateneffekte zumindest durchschnittlich nicht sehr ausgeprägt sind:

> „Die Erfahrung ist die, dass es bis Platz 10 (…) relativ sichere Listenplätze sind. Dann kommt so ein Feld bis 16, 17, 18, wo alles möglich ist“ (SPD-Parteivorsitzender).

Damit hätten die Parteien schon den zentralen Einfluss auf die personelle Besetzung der Fraktionen und dies kann beim stark personenorientierten Wahlrecht tendenziell nur dann der Fall sein, wenn die Kandidatenorientierung beim Wählerverhalten nicht so stark ausgeprägt ist. Diese Annahme deckt sich auch eher mit den Ergebnissen der Wahlforschung in Großstädten, die im vierten Kapitel dargelegt wurden.

Die Attraktivität von Frauen für die Wählerschaft könnte so einen Anreiz für die Kreisvorsitzenden bieten mehr Frauen zu rekrutieren bzw. sie könnte als Legitimationsformel angeführt werden, um als Vorsitzender so zu verfahren.

> „Wenn jetzt ein Druck der Bevölkerung käme, wir wählen mehr Frauen, dann stelle ich mehr Frauen auf. Das ist keine Frage,

---

41 Häufig wird ein strukturkonservativer Effekt des Verhältniswahlrechts mit freien Listen von den Interviewten konstatiert. Ratsmitglieder würden immer wiedergewählt, was den Austausch von Ratseliten erschweren würde. Allerdings ist für NRW kein höherer Austausch festzustellen, weil die Parteien ebenfalls zuerst die Ratsmitglieder als gesetzt ansehen, sofern sie wieder kandidieren möchten. In der praktischen Konsequenz unterscheidet sich also der Amtsbonus nicht nach Wahlrecht, weil die Selektoren in beiden Fällen vorrangig auf die „Altgedienten“ zurückgreifen.

dann würde ich gucken, dass ich die nach vorn drücke“ (CDU-Parteivorsitzender).

Im konkreten Fall sieht der Parteivorsitzende hierfür keine Anzeichen und legitimiert damit den für diese Untersuchungskommune relativ niedrigen Frauenanteil. Generell könnte zumindest ein Anreiz für die Parteivorsitzenden aus mikropolitischer Sicht bestehen, die Wahlchancen von Frauen nicht als sehr positiv darzustellen. In den Untersuchungskommunen haben die Vorsitzenden entsprechend ihrer Rolleninterpretation ein Überangebot an Kandidaturen, insbesondere von Männern, friedlich zu verarbeiten, so dass die Ermutigung von zusätzlichen weiblichen Kandidaturen durch positive Wahlprognosen die Verteilungskonflikte eher verstärken könnte.

> „Bei der Erstellung der Kommunalwahlliste, das ist ganz aktuell, weil die Liste nächste Woche verabschiedet werden soll, haben wir deutlich mehr Männer die von sich aus Interesse äußern auf unserer Liste zu sein. Wir haben mehr Anfragen als Plätze“ (SPD-Parteivorsitzender).

Grundlegend unterscheiden sich die beiden baden-württembergischen Untersuchungskommunen danach, ob von den Interviewten eher eine positive oder negative Diskriminierung von Frauen bei der Wählerschaft konstatiert wird. In der Kommune mit niedriger Frauenrepräsentanz wird die negative Diskriminierung hervorgehoben:

> „Das spielt bereits im Nominierungsprozess eine Rolle – wer bringt genügend Stimmen, ist bekannt genug… Eine normale berufstätige Frau hat es deshalb schwerer gegenüber Männern zu bestehen“ (CDU-Ratsfrau).

> „Ich würde sagen, die Frauen werden nicht gewählt. Bei uns sind letztes Mal vier Männer neu gewählt worden und keine neue Frau… Die Grünen haben drei Männer, obwohl die bei der letzten Wahl eine Spitzenkandidatin hatten. Die ist nicht gewählt worden “ (SPD-Ratsfrau).

Genau umgekehrt wird hingegen in der zweiten Untersuchungskommune in Baden-Württemberg argumentiert:

> „Es werden auch teilweise reine Frauenlisten abgegeben, wo nur die Frauen gewählt wurden" (SPD Ratsfrau).

Dieses offensichtlich gegensätzliche Wahlverhalten wird von den Akteuren vorwiegend sozialstrukturell erklärt. In der Universitätsstadt gibt es aus Sicht der Akteure eine stärkere Präferenz der Wählerschaft für Kandidatinnen.

Dass die Sozialstruktur so stark auf die Frauenrepräsentanz im Rat durchschlägt, wie dies ein Teil der Interviewten konstatiert, ist aus Sicht der bisherigen Ergebnisse der Wahlforschung eher fraglich. Auch deshalb haben wir genauer die Kandidatenlisten der Parteien und die Wahlergebnisse in den beiden Untersuchungskommunen analysiert. Bereits bei der Analyse der Ratslisten zeigte sich, dass die Akteure zum Teil von Fehleinschätzungen ausgingen. So ist es zwar beispielsweise richtig, dass die Partei Bündnis 90/Die Grünen in der Untersuchungskommune D mit niedriger Frauenrepräsentanz als reine Männer-Fraktion mit drei Ratsmandaten eingezogen ist, aber es gab keine grüne Spitzenkandidatin. Auf Platz 1, 3 und 4 wurden abweichend von der Quotierung Männer platziert. Die gelernte Diplomsozialarbeiterin kandidierte auf dem 2. Platz für Bündnis 90/Die Grünen, und an ihrer Stelle wurde ein Fachhochschulprofessor von Listenplatz 4 auf 2 gewählt. Bei der den Akteuren bekannten starken Präferenz der Wählerschaft für Akademiker dürfte dieses Votum die Partei wenig überrascht haben. Damit ist die grüne Männerfraktion eher auf das von der Quote deutlich abweichende Nominierungsverhalten der Partei und nicht auf das Wählervotum zurückzuführen. Dieses für die anderen Untersuchungskommunen untypische Verhalten der Partei Bündnis 90/Die Grünen wurde von den Akteuren auf politische Richtungsstreitigkeiten vor der Nominierung zurückgeführt. Von der Quotierung wurde möglicherweise auch deshalb abgewichen, um mit „bewährten Kräften" ein Auseinanderbrechen der Partei zu verhindern.

Schaut man sich insgesamt das Ausmaß des durch das Wählervotum veränderten Frauenanteils für die CDU und SPD als Quoten- bzw.

Quorumsparteien in der Untersuchungskommune D an, kann festgestellt werden, dass für die SPD bei unveränderter Liste 5 Frauen nach dem Wählervotum jedoch nur 3 eingezogen sind. Demgegenüber sind bei der CDU immerhin 4 Frauen gewählt worden, während nach der Liste nur 3 Frauen eingezogen wären. Insgesamt sind also bei den betrachteten drei Parteien 2 Frauen durch das Wählervotum weniger eingezogen, so dass, wenn auch in geringerem Maße als behauptet, von einer Benachteiligung von Frauen durch die Wählerschaft in der Untersuchungskommune D ausgegangen werden kann. In der Untersuchungskommune C sind demgegenüber leicht positive Effekte des Wahlrechts für Frauen bei diesen drei Parteien insgesamt zu verzeichnen. Während sich bei den Grünen und der CDU insgesamt der Frauenanteil in den Fraktionen durch das Wählervotum nicht verändert hat, sind für die SPD 5 Frauen anstelle von zu erwartenden 3 nach ursprünglicher Listenreihenfolge eingezogen. Nur durch dieses Wählervotum konnte die SPD die Quote erfüllen. Nach oben wurden für die SPD zwei promovierte Frauen gewählt. Damit bestätigt sich insgesamt für die beiden Untersuchungskommunen die in der Wahlforschung formulierte Hypothese, dass Kandidaturen mit Promotion von der Wählerschaft bevorzugt werden, aber dass dies heute aufgrund

Abbildung 50: Listen- und Wahlergebnis der SPD in Bezug auf den Frauenanteil in den beiden baden-württembergischen Untersuchungskommunen

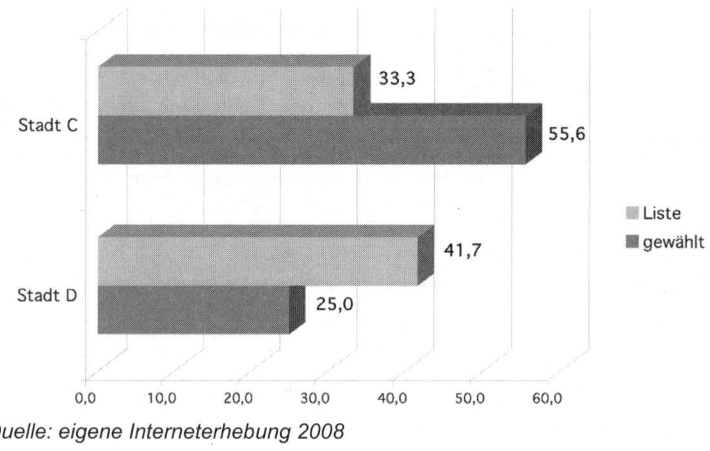

Quelle: eigene Interneterhebung 2008

eines hohen weiblichen Anteils unter den Promovierten kaum noch als indirekte Benachteiligung von Frauen interpretiert werden kann.

Insgesamt sind aber die Veränderungen relativ gering, wenn man berücksichtigt, dass wir hinsichtlich der Frauenrepräsentanz die beiden Extremfälle unter den baden-württembergischen Kommunen ausgesucht haben. Allerdings variieren zumindest für die SPD-Fraktionen in den beiden Untersuchungskommunen die Wahlergebnisse beträchtlich.

Während in der Stadt C die SPD nur 33% Frauen auf den Plätzen aufgestellt hatte, die ohne Veränderungen der Wählerschaft zum Einzug ins Kommunalparlament berechtigt hätten, ziehen im Endeffekt nach der Wahl 56% Frauen für die SPD-Fraktion ein. Die SPD-Akteure haben diesen Effekt offensichtlich aufgrund der hohen Promotionsquote ihrer Kandidatinnen erwartet[42], und hierin könnte ein Grund liegen, dass die Frauen im Nominierungsprozess ihre sehr gute Stellung in Partei und Fraktion nicht schon für einen höheren Frauenanteil auf der Liste genutzt haben. Die innerparteilichen Widerstände wurden mikropolitisch dadurch umgangen, dass promovierte Frauen im Mittelfeld der Liste zu den „titellosen" Männern platziert wurden, die entsprechend des bekannten Wählerverhaltens in baden-württembergischen Universitätsstädten dann nach oben und damit ins Kommunalparlament gewählt wurden.

In der Stadt D unterschreitet die SPD durch das Wählervotum demgegenüber klar die Quote. Dieses Signal der Wählerschaft ist auch deshalb als negativ für die Frauenrepräsentanz einzustufen, weil die SPD in dieser Stadt als einzige Quoten-/ Quorumspartei sich an ihre Vorgaben zur Frauenförderung gehalten hat und darin nicht von der Wählerschaft bestätigt wurde. Allerdings handelt es sich bei der Stadt D um einen Extremfall für Frauenunterrepräsentanz, der nicht als repräsentativ gelten kann.

In der Feinauswertung der Wahlstatistiken von sieben baden-württembergischen Großstädten bestätigt sich so schließlich auch unsere

---

42 Unsere Auswertung der insgesamt betrachteten 247 Ratsmandate in den sieben baden-württembergischen Großstädten ergab relativ unabhängig vom Geschlecht eine sehr günstige Quote für Promovierte. Nur drei Kandidaturen mit Doktortitel wurden von der Wählerschaft von den zum Einzug berechtigenden Listenplätzen der Fraktionen heruntergewählt. Demgegenüber stiegen 20 Promovent(innen) durch das Wählervotum so hoch auf der Liste, dass sie hinterher doch ins Kommunalparlament einziehen konnten (abweichend von ihrem ursprünglichen Listenplatz durch Nominierung).

Abbildung 51: Einfluss der Wählerschaft auf die Frauen–repräsentanz in den baden-württembergischen Großstädten

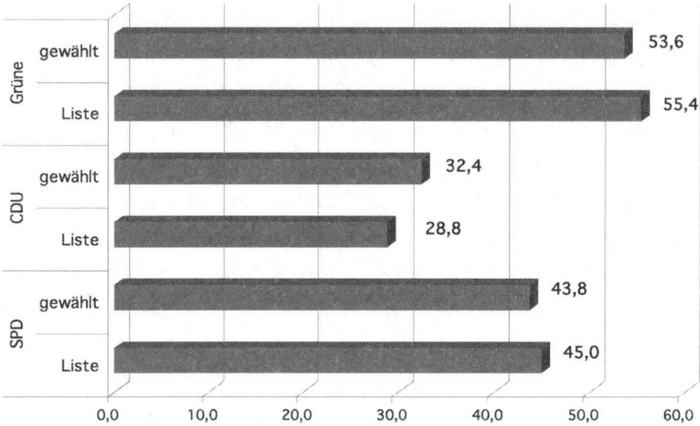

Quelle: eigene Interneterhebung 2008

Wahlrechtshypothese. Im Durchschnitt der analysierten Parteilisten diskriminiert die Wählerschaft weder negativ noch im starken Maße positiv. Insgesamt sind in den sieben baden-württembergischen Großstädten für die drei Parteien 101 Frauen in die Kommunalparlamente eingezogen, nach ursprünglicher Liste der Parteien wären es zusammen betrachtet 99 Frauen gewesen. Im Parteienvergleich gibt es für die sieben Kommunen zusammen betrachtet allerdings schon bemerkenswerte Veränderungen zu konstatieren. Hervorhebenswert ist insbesondere, dass die CDU-Ratsfrauen am stärksten von dem Wählervotum profitieren, während die CDU-Akteure die Wahlchancen von Frauen durchweg eher schlechter einschätzen. In den baden-württembergischen Großstädten sind promovierte Kandidatinnen der CDU mit Abstand die erfolgreichsten Aufsteigerinnen. So starten in zwei Großstädten jeweils eine Doktorin für die CDU auf dem letzten bzw. vorletzten Platz der Liste, machten durch das Wählervotum 40 Plätze gut und zogen schließlich dadurch noch für die CDU ins Kommunalparlament ein. Der Wunsch der Wählerschaft nach gut ausgebildeten CDU-Kandidatinnen scheint extrem stark ausgeprägt zu sein, während in der SPD promovierte Frauen häufiger zwar auch einige Plätze gut gemacht haben, aber die Parteiführung bei einer Platzierung auf den hinteren Plätzen schon sicher gehen kann, dass keine „absoluten Überraschungsgäste“ in das Kommunalparlament einziehen.

In jedem Fall gibt es Indizien dafür, dass Parteien und Kommunen mit starker Unterrepräsentanz dazu tendieren, die „Schuld“ dafür ausschließlich bei der Wählerschaft und den Kandidatinnen zu suchen, während sie den Einfluss der Parteien und der innerparteilichen Akteure deutlich unterschätzen. Mag es der Legitimierung des eigenen Nominierungsverhaltens dienen oder auf die begrenzte Rationalität von Parteien, die mit überzogenen Faustformeln auf Komplexitätsüberforderungen reagieren, zurückzuführen sein, im Ergebnis sind nicht unerhebliche Fehleinschätzungen zu konstatieren, die die Handlungschancen von Parteien als zentrale Gatekeeper wegdefinieren. Zudem werden dadurch in den Kommunen mit starker Unterrepräsentanz zügig realisierbare Veränderungsmöglichkeiten übersehen. Die Parteien haben auch bei Berücksichtigung des Wählervotums relativ freie Hand, z.B. mehr Frauen weiter oben für eine höhere Frauenrepräsentanz zu platzieren oder noch mehr nach Akademikerinnen Ausschau zu halten oder Frauen durch Kandidaturen etc. bekannt zu machen, damit sie zumindest bei der nächsten Wahl ein Ratsmandat erringen können.

10.3.2 Nordrhein-westfälische Großstädte

Für die beiden nordrhein-westfälischen Untersuchungskommunen sollen zunächst die Frauenanteile im Stadtrat nach Parteien getrennt analysiert werden, bevor nach Direktmandat und Einzug über die Reserveliste differenziert wird.

Zunächst fällt auf, dass Bündnis 90/Die Grünen in beiden Städten ihre Quote erfüllen und, wie die Analysen zuvor gezeigt haben, eher mit einem durchschnittlichen Wahlergebnis eingezogen sind. Die Volksparteien haben aber offensichtlich sehr unterschiedlich in den beiden Untersuchungskommunen darauf reagiert. In der Stadt B ziehen die SPD und die CDU offensichtlich stark mit und haben im Parteienwettbewerb auf die hohen Frauenanteile der Grünen reagiert. Dies wird uns in dieser Kommune (im Gegensatz zu den drei anderen Kommunen) auch von den Akteuren berichtet:

Abbildung 52: Frauenanteile der Ratsfraktionen in den beiden Untersuchungskommunen in NRW

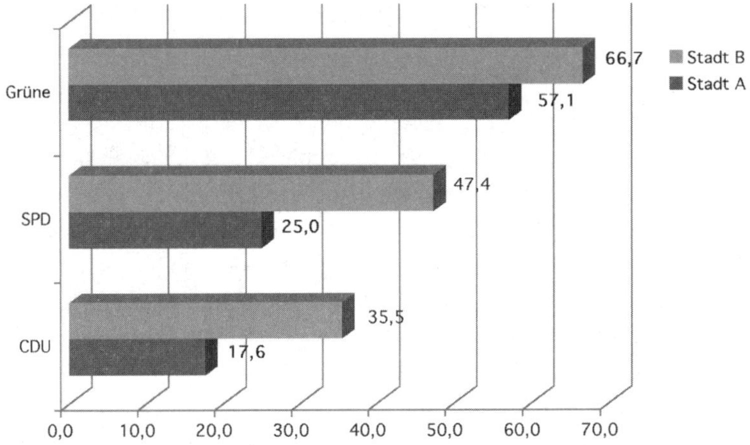

Quelle: eigene Interneterhebung 2008

> „Ich glaube, dass die von der CDU bei uns nachgezogen haben.... Das hat auch die Frauen in der CDU gestärkt. Die Grünen sind in der Beziehung die Vorreiter. Ich glaube, dass das Einfluss auf die anderen Parteien hat" (SPD-Ratsfrau).

Insofern kann der Abfärbeeffekt bei starkem Parteienwettbewerb (bei Kopf-an-Kopf-Rennen der beiden Volksparteien) mit für die insgesamt hohe Frauenrepräsentanz im Kommunalparlament von B-Stadt mitverantwortlich gemacht werden.

Demgegenüber ziehen die SPD und die CDU in der Stadt A, die aufgrund ihrer starken Unterrepräsentanz ausgesucht wurde, kaum mit. Die SPD und die CDU erreichen hier Tiefstwerte bei den weiblichen Ratsmitgliedern, obwohl die Herausforderung durch eine mittelstarke grüne Fraktion mit hoher Frauenrepräsentanz in ähnlichem Maße wie in der anderen nordrhein-westfälischen Untersuchungskommune gegeben ist. Eine erste Begründung könnte darin liegen, dass in dieser Stadt der Parteienwettbewerb nicht besonders stark ausgeprägt ist, weil die SPD dort seit Jahrzehnten eine hegemoniale Stellung einnimmt.

Das führt zugleich über das personalisierte Verhältniswahlrecht dazu, dass für die SPD traditionell nur Ratsmitglieder über die Direktmandate einziehen, während in der nordrhein-westfälischen Vergleichstadt B alle Kandidaten der SPD über die Reserveliste in den Rat kamen. Zudem erhielt die SPD in A bei der Kommunalwahl 2004 drei Überhangmandate, so dass ihr sehr niedriger Frauenanteil von 25% noch stärker auf die Unterrepräsentanz im Stadtparlament insgesamt durchschlägt. Weil die SPD mehr Direktkandidaturen gewann als ihr Ratssitze nach den Stimmen für die Reserveliste zustanden, erhielt sie für diese erfolgreichen Direktkandidaturen drei zusätzliche Ratssitze.

Auch eine Auswertung aller Großstädte in NRW, deren Daten auf den städtischen Internetseiten verfügbar waren, zeigt, dass dies für die SPD ein systematischer Effekt ist. Je mehr Ratsmitglieder über die Reserveliste und nicht über die Direktkandidatur gewählt werden, desto höher ist der Frauenanteil in den SPD-Fraktionen. Das entspricht soweit unseren Wahlrechtsthesen. Dass dieser Effekt weitgehend nicht bei der CDU auftritt, muss eine andere Ursache im konkreten Akteursverhalten haben, die später noch in einem gesonderten Unterkapitel zum Parteien- und Quotenvergleich detaillierter zu diskutieren ist.

Abbildung 53: Frauenanteile von Direktmandaten und Ratsmitgliedern über die Reserveliste in den Großstädten NRWs

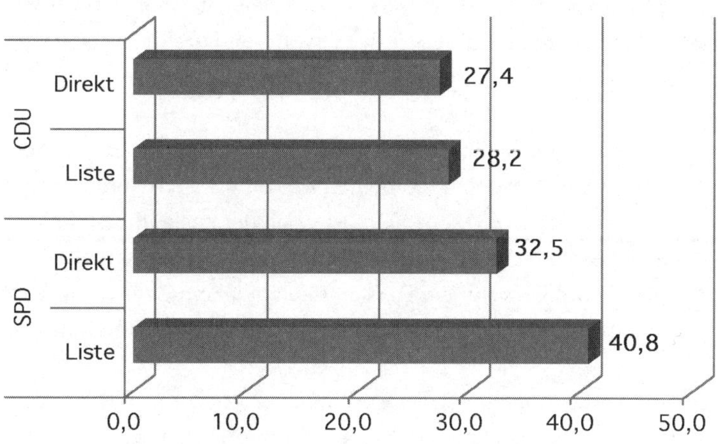

Quelle: eigene Interneterhebung 2008

Der Nominierungsprozess in den beiden nordrhein-westfälischen Untersuchungskommunen bei personalisiertem Verhältniswahlrecht unterscheidet sich grundlegend von dem in baden-württembergischen Großstädten. In NRW geht, entsprechend unseren Hypothesen im vierten Kapitel, immer erst die Initiative für Ratskandidaturen von den Ortsverbänden aus, die in einem zweistufigen Nominierungsprozess zunächst getrennt voneinander ihre Direktkandidaturen in den kleinen Wahlbezirken bestimmen, während der Kreisverband hinterher lediglich die Platzierung auf der Reserveliste vornimmt und damit weitgehend nur die erfolglosen Direktkandidaturen platzieren kann.

> „Die Ortsverbände sind aufgefordert, es geht ja um zwei Ebenen. Als Erstes müssen wir die Direktkandidaten für die Kommunalwahlen aufstellen, als Zweites daraus eine Reserveliste." (CDU-Parteivorsitzender).

> „Eine Besonderheit, das wird bei der CDU nicht viel anders sein, die Aufstellung der Ratskandidaten in ihren Wahlbezirken erfolgt in den Ortsvereinen. Die Liste macht der Parteivorsitz." (SPD-Parteivorsitzender).

Die Begründung für diese starken Kompetenzen der Ortsverbände ergibt sich aus der Zuständigkeit der jeweiligen Direktkandidat(innen) für ihre kleinen Wahlbezirke:

> „Also wir haben in unserem Ortsverein zwei Ratsmandate, zwei Wahlkreise und die beiden haben wir auch vorgeschlagen. D. h. wo der Ortsverein ist, da ist auch der zuständige Wahlkreis, aus diesem Bereich werden die Kandidaten vorgeschlagen… Es wäre sinnlos, wenn ein Ratskandidat aus dem Norden im Süden wohnt und da überhaupt nicht hinkommt" (SPD-Ratsfrau).

In den Ortsvereinen gibt es aus Sicht der Interviewten offensichtlich auch kaum Nominierungskonflikte. Wer nominiert wird, steht offensichtlich durch Absprachen schon lange vorher fest und richtet sich vorwiegend nach der Dauer der geleisteten Mitarbeit. Daraus ergibt sich offenbar eine klare gemeinsame, unhinterfragte Statushierarchie, während auf der Kreisebene latent grundlegendere Konflikte erwartet werden und alle Listenplätze etwas schwerer durch Absprachen und innerparteiliche Normen festlegbar sind.

Bei der personalisierten Verhältniswahl kann der Kreisverband nur unter zwei Bedingungen einen stärkeren Einfluss auf die Frauenrepräsentanz seiner Fraktion nehmen. Erstens müssen genügend Frauen von den Ortsvereinen als Direktkandidatinnen benannt werden, weil sonst der Parteivorsitzende für die Reserveliste einen zu kleinen Kandidatinnenpool hat:

> „Wir sind uns darüber einig, dass auf der Reserveliste nur Leute stehen sollten, (...) die auch einen Wahlkreis haben... Erst dann kann ich sie auf die Liste setzen. Aber sie können davon ausgehen, dass, sobald [!!!; a.d.V.] eine Frau für einen Wahlkreis nominiert wird, sie schon sehr, sehr gut steht auf der Liste" (CDU-Parteivorsitzender).

Damit ist zugleich klar, dass der Kreisvorsitzende, anders als in Baden-Württemberg in der Regel keine Seiteneinsteigerinnen aufnehmen kann, zumal er in NRW bei wenig personellen Entscheidungskompetenzen der Wählerschaft hierfür nicht als Begründung anführen kann, dass die Partei über Panaschierstimmen von diesen profitieren könnte. Anders als in der SPD in den baden-württembergischen Großstädten gibt es in NRW informelle Parteinormen, nach denen Seiteneinsteiger(innen) insbesondere an der Parteibasis unerwünscht sind.

> „Wenn ich selbst bestimmen könnte, würde ich Seiteneinsteigerinnen holen. Das ist in unserer Partei sehr schwer durchzusetzen. Habe ich schon probiert" (SPD-Ratsfrau).

Zweitens darf die Partei nicht zu gute Stimmergebnisse erzielen, weil sonst nur die Direktmandate zum Zuge kommen. Der Kreisvorsitzende, der nur seinen persönlichen Einfluss maximieren wollte, der müsste also paradoxerweise eher ein durchschnittliches Ergebnis der SPD bzw.

CDU anstreben, weil nur dann die Liste bei relativ vielen Ratsmandaten greift:

> „Bei der CDU zieht die Liste nicht. Die haben kein Steuerungsinstrument, sondern nur die Direktkandidaturen. Deshalb müssen sie die Frauen auf Wahlkreise positionieren“ (SPD-Parteivorsitzender).

Dass bei den Direktkandidaturen der SPD durchweg weniger Frauen zum Einsatz kommen als auf der Liste, ist nicht darauf zurückzuführen, dass davon ausgegangen wird, dass bei Mehrheitswahlelementen die Wählerschaft im direkten Duell eher Männer präferiert. Im Gegenteil wird eher ein größerer Zuspruch für Frauen vermutet.

> „Ich glaube schon, dass Frauen, wenn sie sich zur Wahl stellen, ein gewisses Plus haben, also wenn sie ein nettes Äußeres haben“ (SPD-Parteivorsitzender).

Auf Frauen reagiert die Wählerschaft „vielleicht eher ein bisschen besser, tendenzmäßig“ (SPD Ratsfrau).

Auffällig im Vergleich zu Baden-Württemberg ist nicht nur, dass Frauen durchschnittlich bessere Wahlchancen eingeräumt werden, sondern dass die Formulierungen sehr vage sind und nicht anhand von gewonnenen Direktkandidaturen der letzten Wahl belegt werden. Dies deutet darauf hin, dass diese Frage kaum im Brennpunkt des Parteiinteresses steht, weil wahlrechtsbedingt von nur geringen Kandidateneffekten beim Wahlverhalten ausgegangen wird. Wahlerfolge im Wahlbezirk werden der Partei und nicht im starken Maße der Kandidatin zugeschrieben. Insgesamt kann damit die perzipierte Wählernachfrage hinsichtlich des Kandidatengeschlechts kaum eine Rolle spielen, wie es im Rational-Choice-Institutionalismus teilweise unterstellt wird, sondern die Männerdominanz bei Direktkandidaturen muss eher mikropolitische Ursachen in den Ortsvereinen haben: Die überwiegend männlichen Ortsvereinsvorsitzenden sichern sich häufig für die Mehrheitswahlrechtselemente des personalisierten Verhältniswahlrechts die erfolgversprechenden Wahlbezirke:

> „Dann geht bei einem Ortsverein der Vorsitzende hin und sagt, ist doch klar, dass der Ortsvereinsvorsitzende an die erste Stelle kommt, oder?“ (SPD-Parteivorsitzender).

Wenn der OV-Vorsitzende bei den Kandidaturen nicht gut berücksichtigt wird, „dann schmeißt der die Klamotten hin, dann ist die Ortsvereinsarbeit kaputt“ (SPD-Parteivorsitzender). Damit scheinen die Ortsvereinsvorsitzenden als ehrenamtlich engagierte Kräfte über ein hinreichendes Drohpotential in ihrem Ortsverein und gegenüber der Kreisparteiführung zu verfügen.

Darüber hinaus ist zu berücksichtigen, dass die Männer in einem kleinen Ortsverband ein freiwerdendes erfolgversprechendes Mandat auch als „Erbhof“ bewachen könnten. So weist eine schon etwas ältere SPD Ratsfrau darauf hin, dass einige Männer im OV „schon scharf auf das Mandat sind (Lachen). Weiß ich gar nicht, ob die daran interessiert sind, dass wir neue Frauen in den Ortsverein holen“ (SPD-Ratsfrau). Diese Vermutung ist gerade bei der SPD als strengere Quotenpartei nicht von der Hand zu weisen. Mit engagierten Frauen im Ortsverein wird es schwieriger ausschließlich männliche Direktkandidaturen gegenüber der Kreispartei zu legitimieren. In einer gemeinschaftlich verfassten Kleingruppe lässt sich der Zugang von Neuen effektiver als auf Kreisebene „regulieren“ oder man kann zumindest darauf verzichten dies durch eine stärkere Außenorientierung anzustreben. So bleibt man unter sich und kann jedem ein Amt oder Mandat nach angemessen langer Parteiarbeit in Aussicht stellen. Das Wahlrecht in NRW mit der damit in der Regel einhergehenden festen Zuweisung von Kandidaturen an kleine Ortsvereine schafft eher Anreize zur Abschottung gegenüber Neuen und insbesondere gegenüber Frauen in der SPD. Während bei den Grünen die Direktkandidaturen bei der Quotierung in der Regel keine Rolle spielen, sind männliche Zukunftsoptionen auf Direktkandidaturen in der SPD (aufgrund höherer Erwartungen an den Frauenanteil in Großstadtparlamenten im Vergleich zur CDU) besonders stark von weiblichen Neuzugängen „bedroht“.

Dadurch, dass die beiden Stufen des Nominierungsprozesses nicht unabhängig voneinander sind, können sich diese Selektivitäten der Direktkandidaturen zum Teil auch bei der späteren Listenaufstellung durch einen sehr kleinen Pool an Direktkandidatinnen fortsetzen.

Insgesamt scheint insbesondere die SPD in der Stadt B diese Hürden von den Volksparteien in beiden Kommunen am besten überwunden zu haben und hat die Quote übererfüllt. Zudem ist dies auch deshalb zentral, weil bei stark ausgeprägtem Parteienwettbewerb auch die CDU aus Akteurssicht dazu motiviert wurde ihren Frauenanteil zu erhöhen. Die hohe Frauenrepräsentanz in der SPD ist erstens auf die für die Parteifrauen „günstige“ Situation zurückzuführen, dass die Partei keine so guten Wahlergebnisse erzielt wie in der anderen nordrhein-westfälischen Untersuchungskommune. Dadurch erhält die SPD in B-Stadt keine Direktmandate und die Ratsmitglieder ziehen ausschließlich über die Reserveliste ein. Zweitens greifen seit Jahren einige Parteiakteurinnen in allen Phasen des Nominierungsprozesses gezielt ein, um die Frauenrepräsentanz sowohl bei den Direktkandidaturen als auch auf der Reserveliste zu erhöhen. Zunächst wurde bereits frühzeitig zentral auf die Direktkandidaturen der Ortsvereine eingewirkt:

> „Vor Jahren habe ich mal eine Art Reform gemacht …, dass wir uns andere Strukturen gegeben haben, als das bei der ASF üblich war. Dann haben wir auch versucht in die Ortsvereine zu gehen und auch diejenigen anzusprechen, die nicht aktiv sind als Frauen. Daraus haben wir relativ viele Frauenkandidaturen bekommen“ (SPD-Ratsfrau).

Damit konnte die in der SPD der anderen nordrhein-westfälischen Untersuchungskommune übliche Legitimationsformel für die starke Unterrepräsentanz, nachdem es einfach zu wenig aktive Frauen in einigen Ortsvereinen gebe, bereits frühzeitig entkräftet werden. Es scheint plausibel, dass, wenn Parteifrauen aktiv ihr Kandidaturinteresse in den Ortsvereinen anmelden und dies auch noch zentral von Frauen in mittleren Führungspositionen unterstützt wird, damit deutlich mehr weibliche Direktkandidaturen durchsetzbar sind.

Zudem hat sich der SPD-Unterbezirk frühzeitig durch Satzungsbeschluss den Zugriff auf einen Kandidaten jedes Ortsvereins gesichert, um beispielsweise Frauen oder Migranten stärker auf der Liste berücksichtigen zu können.

> „Wir haben das noch nie so richtig ausgeübt, aber wir dürfen das. Das halte ich auch für eine Option, die wichtig ist, um mit der Aufstellung der Liste gewisse Akzente zu setzen" (SPD-Parteivorsitzender).

Damit handeln die Ortsvereine im gewissen Maße im „Schatten der Hierarchie". Nominieren sie zu unausgewogen, gefährden sie eine ihrer Kandidaturen, so dass in bedingtem Maße Anreize entstehen, die durchschnittlich stärker auf balancierte Tickets ausgerichtete Präferenz der Kreispartei zu internalisieren. Aber in den Hochburgen der Partei in NRW, in denen seit Jahrzehnten die Ratsmandate nur über erfolgreiche Direktkandidaturen vergeben werden, dürfte dies kaum von den Ortsvereinen berücksichtigt werden, weil seitens des Kreisverbandes nicht glaubhaft mit hierarchischen Eingriffen über die Liste gedroht werden kann.

Schließlich gilt für den Fall, dass der Kreisvorsitzende in der Stadt B nicht energisch diese Präferenz für die Reserveliste verfolgt, haben auch wenige Parteiakteurinnen Möglichkeiten durch mikropolitisches Handeln die Liste des Parteivorsitzenden zu verändern und damit auch seine Autorität zu beschädigen.

> „Da muss man auch eine Mehrheit organisieren, das bedeutet also Konflikt und Krach und so und dass will man in seinem politischen Leben nicht immer permanent haben. Es ist alles nicht so ganz einfach, aber nicht unlösbar" (SPD-Ratsfrau).

Dies scheint der Parteivorsitzende als durchaus ernsthafte Drohoption seinerseits präventiv zu berücksichtigen.

> „Wie werden Listenplätze vergeben? Da gibt es ziemlich Streit. Da bin ich immer gut beraten gewesen aus den ersten 80% ein Reißverschlusssystem zu machen, ein Mann, eine Frau. (SPD-Parteivorsitzender).

Der Druck der Frauen auf die Reserveliste in der Stadt B ist relativ hoch, weil die Ratsmandate aufgrund der letzten Wahlergebnisse wahrscheinlich weitgehend per Liste und nicht per erfolgreiche Direktkandidatur vergeben werden. Im Gegensatz hierzu erwartet die SPD in der Stadt A, dass die Liste nicht zum Zuge kommen wird.

> „Ich denke nicht, dass wir sichere Listenplätze haben werden... dann werden wir viele Direktmandate holen, aber keine Listenplätze" (SPD-Ratsfrau).

Diese traditionelle Dominanz der Direktmandate in der SPD von A-Stadt hat auch zur Folge, dass die ASF als parteiinterne Gruppe auf zentraler Ebene keine Mandate mitvergeben kann, womit ein Engagement in der ASF aus einer Rational-Choice-Perspektive unattraktiver wird. Hierin könnte auch die ausgesprochene Distanz der SPD-Ratsfrau zur parteiinternen Frauenorganisation in dieser Kommune mitbegründet liegen. Auch werden keine informellen Netzwerke in der SPD auf Kreisebene erwähnt, die wie in der Stadt B auf eine stärkere Frauenrepräsentanz innerparteilich hinwirken.

Relativ hilflos und stark fokussiert auf „ihren" Ortsverein reagiert die SPD-Ratsfrau in A-Stadt auf die Frage, wie die SPD bei derzeit lediglich 25% Frauen in der Fraktion diesen Anteil steigern könnte:

> „Wenn ich das wüsste, dann wäre unser Ortsverein zusammengestellt aus 50:50. Sind wir aber nicht, ich bin die einzige im Vorstand, die arbeitet. Wir haben zwar noch eine Frau, aber die kommt nur alle zwei Jahre... Ja, aber man kann niemand mit Gewalt zwingen... Ich will keine Frau davon abhalten. Wenn mich eine Frau fragen sollte, würde ich sagen: bist du engagiert, bist du bereit Abende zu opfern... Und wenn jemand richtig interessiert und engagiert ist, der wird auch das in Kauf nehmen" (SPD-Ratsfrau).

Deutlich wird in diesem Statement auch, dass von potentiellen Kandidatinnen erwartet wird, dass sie von sich aus zur Partei regelmäßig kommen, also keine aktiven Rekrutierungsstrategien wie bei der SPD in B-Stadt erwogen werden. Zugleich werden mit der Opferbereitschaft hohe verbindliche Normen offensiv formuliert, die auf interessierte Frauen abschreckend wirken könnten. Dass so ohne aktive Rekrutierung der Frauenanteil unter den Aktiven in einigen Ortsvereinen sehr niedrig sein kann, verwundert wenig. Da auch zwischen den Ortsvereinen keine Umverteilung von Direktkandidaturen wahrscheinlich ist, weil jeder OV über diese Ratsoptionen „wacht", können auch nicht Parteifrauen aus anderen OVs diese Plätze einnehmen. Die OVs können schließlich auch nicht über eine mögliche Umverteilung auf der Reserveliste durch die Kreispartei dazu motiviert werden, Frauen aktiv zu rekrutieren, da die Liste traditionell nicht zum Zuge kommt.

Während in der baden-württembergischen Stadt mit starker Unterrepräsentanz die Akteure mit der Sozialstruktur und dem damit möglicherweise verbundenen ungünstigem Wählerverhalten eine in diesem Fall nicht unwesentliche Erklärungsvariable benennen konnten, sind die Erklärungen für Unterrepräsentanz in der nordrhein-westfälischen Stadt A wenig überzeugend. Entweder wird die extreme Unterrepräsentanz auf Zufallsereignisse zurückgeführt oder es wird von empirisch falschen Annahmen ausgegangen.

> „Ich glaube nicht, dass das an den Strukturen der Stadt liegt. Das findet auf der untersten Ebene statt. Ein einfaches Beispiel: Viele Chöre, Gesangvereine usw. beklagen mangelnden Nachwuchs. Wenn wir einen Gesangsverein haben, in dem eine Gruppe ist von drei Zwanzigjährigen, dann sammeln sich andere drum herum… Gruppendynamik ist das richtige Wort. Hat weder mit der Struktur der CDU, noch mit den Verhältnissen [in A-Stadt; a.d.V] was zu tun. Das ist eine individuelle Geschichte" (CDU-Parteivorsitzender).

> „Ich weiß es nicht, ich sehe keinen Indikator dafür, ich weiß auch gar nicht, wie viele Frauen und Männer in der Stadt wohnen. Ob da auch ein Missverhältnis besteht?" (Grüne Ratsfrau).

Wie in jeder der Untersuchungskommunen sind in der Stadt A mehr als 50% der Gesamtbevölkerung Frauen, so dass dieser Deutungsversuch nicht zutreffen kann. Im Laufe des Interviews entwickelt die grüne Ratsfrau eher narrativ aber ein wichtiges Argument für die niedrige Frauenrepräsentanz. Sie berichtet über ein „Feldexperiment" der Gleichstellungsbeauftragten, die durch öffentliche Aufrufe und Veranstaltungen sowie durch Patinnen und Mentorenprojekte den Frauenanteil in der Kommunalpolitik erhöhen wollte. Die Reaktion der Akteure auf diese Aktionen legt eines der zentralen Probleme in A-Stadt offen:

> „Wir hatten gehofft, dass sich Frauen mehr engagieren würden. Das habe ich jetzt falsch gesagt, es sind schon einige mehr da, nur die kommen nicht an die Positionen, um in den Rat zu kommen, weil in den traditionellen Fraktionen die ersten Plätze von Männern belegt werden. Frauen haben da wenig Möglichkeiten hinzuzukommen, weil keine Quote da ist" (Grüne Ratsfrau).

Danach ist also nicht ein unveränderbarer Kandidatinnenmangel die Ursache der Frauenunterrepräsentanz, was bei dem prinzipiell großen Kandidatinnenpool bei nur wenigen zu vergebenden Ratsmandaten in Großstädten auch verwundern würde, sondern die beiden Volksparteien sind für diese Kandidaturen nicht offen, weil die Männer nicht freiwillig Platz machen wollen.

Damit bestätigt sich auch der in den anderen Interviews entstandene Eindruck, dass die SPD-Akteure in dieser Untersuchungskommune von sich aus nur wenig Anstrengungen unternehmen, die Quote einzuhalten und diese auch deshalb nicht greift, weil sie formal nur für die Reserveliste, aber nicht für die Direktkandidaturen vorgeschrieben ist. Die Stadt A ist damit ein sehr anschauliches Beispiel dafür, dass die personalisierte Verhältniswahl nur schwer mit Quotenlösungen kompatibel ist. Insbesondere in den Hochburgen der SPD hat die Quote unter diesen Wahlrechtsbedingungen keine Bindewirkung (und die ASF und innerparteiliche Frauennetzwerke haben kaum Ansatzpunkte), wie sich auch in der quantitativen Analyse der nordrhein-westfälischen Kommunen zeigt. Dass die SPD besonders bei guten Ratswahlergebnissen hier einen geringen Frauenanteil zu verzeichnen hat, ist somit auch auf die durchschnittlich zu erwartenden Effekte der personalisierten Verhältniswahl über die Direktmandate zurückzuführen. Zwar ist es auch hier durch ein Engagement einiger Parteiakteure mit mikropolitischen Strategien möglich, in den Ortsvereinen systematisch weibliche Direktkandidaturen zu fördern, aber ein solcher ehrenamtlicher Einsatz für andere weibliche Kandidaturen dürfte eher der Ausnahmefall sein. Zugleich wird bei diesen Mehrheitskonstellationen auch die CDU nur wenig unter Wettbewerbsdruck gesetzt, zumindest ihr Quorum zu realisieren. So weist auch die interviewte CDU-Ratsfrau in diesem Untersuchungsfall darauf hin, dass es keinen Kandidatinnenmangel zu verzeichnen gibt. Vielmehr sei die innerparteiliche Konkurrenz zwischen Männern und Frauen härter geworden. Einige Frauen könnten generell die innerparteilichen Kämpfe nicht ertragen und würden sich nach einiger Zeit dann wieder zurückziehen.

Das Beispiel der grünen Ratsfrau bestätigt zudem die Skepsis gegenüber kurzfristigen Werbeaktionen (rote Teppiche für Frauen ausrollen etc.), weil hierdurch nur wenig die innerparteilichen Machtkonstellationen beeinflussbar sein dürften, die die maßgeblichen Hürden für eine höhere Frauenrepräsentanz darstellen. Diese sicherlich publizitätsträchtigen Aktionen basieren im Kern auf der Fehldiagnose, dass das bisher mangelnde Interesse der Frauen an der verfassten Großstadtpolitik die wesentliche Ursache für Frauenunterrepräsentanz ist. Diese Vermutung könnte auch deshalb so attraktiv und verbreitet sein, weil sie die zentrale Rolle von Parteien als Gatekeeper ausblendet und die erhebliche Differenz zwischen den Parteien dethematisiert.

10.3.3 Zwischenfazit

Insgesamt ergaben sich in der Analyse getrennt nach Städten die folgenden Erklärungen für die variierende Frauenrepräsentanz in den Kommunalparlamenten:

Baden-württembergische Stadt C mit hoher Frauenrepräsentanz: Durch die sehr hohen Ratsanteile der Grünen ziehen auf einer durch die Wählerschaft unveränderten paritätischen Liste viele Frauen in den Rat ein. Zugleich haben die Parteien ohne Quote in dieser Stadt im interkommunalen Vergleich nur niedrige Ratsanteile. Die SPD als Quotenpartei erringt allerdings nur aufgrund des Wählervotums eine paritätische Repräsentanz. Hier hat sich auch die Aufstellung von mehreren Frauen mit Doktortitel offensichtlich ausgezahlt.

Baden-württembergische Stadt D mit niedriger Frauenrepräsentanz: Die Parteien ohne Quoten stellen in dieser Stadt eindeutig die Mehrheit der Ratssitze, was annahmegemäß mit einer sehr niedrigen Frauenrepräsentanz in diesen Fraktionen einhergeht. Bündnis 90/Die Grünen erzielen hier vergleichsweise sehr schlechte Wahlergebnisse und ziehen zudem vorrangig durch das untypische Nominierungsverhalten als reine Männerfraktion ein. Die SPD als Quotenpartei stellt entsprechend der Vorgaben zwar die Liste auf, aber die Wählerschaft wählt in diesem Fall – bei keiner Frau mit akademischem Titel auf den vorderen Listenplätzen – Männer stark nach vorne.

Nordrhein-westfälische Stadt B mit hoher Frauenrepräsentanz: Bei mittlerem grünem Ratsanteil mit paritätischer Besetzung haben SPD und CDU einen vergleichsweise sehr hohen Frauenanteil. Die Ursachen hierfür liegen in den mikropolitischen Taktiken der Frauen in der SPD und der institutionell abgesicherten starken Rolle der Kreispartei gegenüber den Ortsvereinen begründet, die zu einer nahezu paritätischen Repräsentanz in der SPD-Fraktion führen. Zudem erreicht die SPD ein für die Frauenrepräsentanz insgesamt günstiges Wahlergebnis. Sie erringt keine Direktmandate, aber immerhin insgesamt noch einen dafür relativ hohen Ratsanteil mit der Folge, dass ausschließlich die Liste für viele weibliche Ratskandidaturen zieht. Bei insgesamt stark ausgeprägtem Parteienwettbewerb in der Stadt B haben aus Akteurssicht die hohen Frauenanteile der SPD und Grünen auch auf die CDU „abgefärbt“.

Nordrhein-westfälische Stadt A mit niedriger Frauenrepräsentanz: Bei mittleren grünem Ratsanteil mit paritätischer Besetzung haben SPD und CDU einen vergleichsweise sehr niedrigen Frauenanteil. Dies ist vorwiegend darauf zurückzuführen, dass die Stadt A traditionell noch eine der wenigen verbliebenen sozialdemokratischen Hochburgen ist. Der Parteienwettbewerb ist damit wenig ausgeprägt und kann somit nicht zu einer höheren Frauenrepräsentanz anspornen. Darüber hinaus gewinnt die SPD traditionell alle Direktmandate, so dass die Kreispartei nie im Sinne der Quote eingreifen konnte, um damit die in den männlich dominierten Ortvereinen „sorgsam bewachten“ Einzelkandidaturen zumindest potentiell korrigieren zu können.

10.4 Frauenrepräsentanz im Parteienvergleich

Die bereits angerissenen Unterschiede zwischen den Parteien wollen wir im Folgenden detaillierter untersuchen und uns von der Städte vergleichenden Sicht lösen, auch um die Anonymität für unsere Interviewpartner(innen) noch besser gewährleisten zu können.

10.4.1 CDU

In der CDU scheint der Quorumsbeschluss der Partei in den Untersuchungskommunen kaum eine Wirkung zu entfalten. In drei der vier Untersuchungskommunen hält die CDU bei der Listenaufstellung das Quorum nicht ein. Das Quorum wird auch von selbst von keinem der CDU-Akteure in den Interviews angeführt, obwohl nach den Parteisatzungen klare Empfehlungen und Berichtspflichten zur Einhaltung des Quorums festgeschrieben sind. So weist die CDU parteiintern auch im Vorfeld der Kommunalwahl 2009 darauf hin, dass der Quorumsbeschluss von den Vorständen vor Ort zumindest mit seinen prozeduralen Vorgaben nach dem Parteistatut der CDU Deutschland umgesetzt werden muss:

> „Der zuständige **Vorstand ist parteirechtlich verpflichtet** auf eine ausreichende Beteiligung von Frauen hinzuwirken. Eine erfolgreiche Kommunalwahl setzt dabei sicherlich ohnehin eine entsprechende Einbindung von engagierten Frauen voraus. Bei der Aufstellung der **Reserveliste** soll der zuständige Vorstand **unter drei aufeinander folgenden Listenplätzen jeweils mindestens eine Frau** vorschlagen. Ist eine ausreichende Berücksichtigung von Frauen z. B. wegen einer Staffelung nach Ortsteilen oder Stadtbezirken, wegen fehlender Bewerberinnen oder aus sonstigen Gründen nicht möglich, ist dies in der Versammlung **darzulegen und zu begründen** (§15 Abs. 5 Statut der CDU Deutschlands)“ (KPV CDU NRW 2008: 22; Hervorhebungen im Original).

Die von uns interviewten CDU-Kreisvorsitzenden definieren ihre eigene Rolle offensichtlich aber nicht so, dass sie auf die Einhaltung der Quorumsbeschlüsse aktiv hinwirken müssen. Die vielen gestaltbaren Ausnahmeregeln scheinen eher die Deutung nahezulegen, dass die Beschlusslage der Partei nicht beachtet werden muss.

> „Ich mache nicht die Frauenpolitik. Ich bin Parteimann, ich will gewinnen, ganz einfach“ (CDU-Parteivorsitzender).

Dabei ist die ablehnende Haltung gegenüber Quotenlösungen unter den Parteivorsitzenden offensichtlich keine Generationsfrage. Der seit den 1970er Jahren stattfindende gesellschaftliche Wertewandel und die später einsetzende Gleichstellungspolitik haben offensichtlich nicht zu einer stärkeren Akzeptanz der Quote bei den jüngeren männlichen Parteikohorten geführt. Im Gegenteil werden sie als allgemein erfahrbare Benachteiligung von jüngeren Männern gedeutet:

> „Als wir mit dem Studium fertig waren, stand überall in den Stellenausschreibungen, Frauen werden bei gleicher Eignung bevorzugt… Bei den Männern hat das die Reaktion ausgelöst, was kann ich dazu, dass die Jahrgänge vorher Frauen haben links liegen lassen. Ja, das war so“ (CDU-Parteivorsitzender).

Eine verbindliche Quote wird von den CDU-Parteivorsitzenden auch mit Verweis auf die Bundeskanzlerin Angela Merkel abgelehnt.

> „Die Quote ist kein Medium. Außerdem sind wir die erste Partei, die eine Kanzlerkandidatin hatte, es hat noch keine andere Partei nachgezogen. (…) Wir haben eine Bundeskanzlerin, und von daher sind wir auf einem guten Weg. In der Spitze ist die CDU gut aufgestellt mit Frauen“ (CDU-Parteivorsitzender).

Im Parteienwettbewerb hat die CDU mit der ersten Bundeskanzlerin unfraglich ein Alleinstellungsmerkmal, das auch dazu genutzt werden kann, über die sonst stark ausgeprägte Frauenunterrepräsentanz der Partei hinwegzugehen. Ob die Kanzlerschaft von Angela Merkel tatsächlich zu einer stärkeren Frauenrepräsentanz der CDU in den Parlamenten beitragen kann, ist aus Sicht der CDU-Ratsfrauen fraglich:

> „Wir haben Angela Merkel, von der Leyen, das sind tolle Frauen, aber ob das auf die Partei abfärbt?" (CDU-Ratsfrau).

Während sich die SPD-Ratsfrauen sicher sind, dass bei aller gebotenen parteipolitischen Distanz die Wahl Angela Merkels zur Bundeskanzlerin „der Sache der Frauen einen großen Dienst erwiesen" (SPD-Ratsfrau) hat, wird dies von den CDU-Ratsfrauen nicht thematisiert und auf Nachfrage eher skeptisch gesehen.

Auch die CDU-Frauen distanzieren sich auf Nachfrage persönlich von Quotenlösungen. Sie wollen keine „Quotenfrauen" sein, sondern wegen ihrer Qualifikationen aufgestellt und gewählt werden. Die Quote wird offensichtlich als Instrument gedeutet, im Vergleich zu Männern unterqualifizierte Frauen für Ratskandidaturen durchzusetzen. Dahinter steht die Prämisse, dass sich im innerparteilichen Wettbewerb die Qualität der Kandidaturen durchsetzt und dass die Quote diesen funktional notwendigen Elitewettbewerb einschränkt und damit die Qualität der kommunalen Elite reduziert.

> „Ich war immer ziemlich liberal und habe immer gesagt, wir müssen was erreichen. Ich hatte nie das Problem, dass ich wegen der Quote irgendwo aufgestellt worden bin. Hätte ich auch nicht gut gefunden" (CDU-Ratsfrau).

Auch die CDU-Parteivorsitzenden bestätigen diese Sicht ihrer Ratfrauen. Sie wollen nicht unter Bezugnahme auf ihr Geschlecht aufgestellt werden, sonst „springen die Ihnen ins Gesicht: Pass mal auf, ich will den Platz nicht, weil ich eine Frau bin, sondern weil ich gute Arbeit geleistet habe" (CDU-Parteivorsitzender). Die auch ohne Quote nahe liegende Legitimation für die Repräsentanz von Frauen, dass diese besser für die (weibliche) Bevölkerungsmehrheit die Interessen und Sichtweisen vertreten können, wird von den CDU-Ratsfrauen teilweise abgelehnt. So sei überhaupt unklar, wie eine Interessenvertretung für Frauen aussehen soll, weil diese alle unterschiedlichen Interessen je nach Gruppe (alt, jung, etc.) hätten. Dennoch berichten die CDU-Ratsfrauen (als einzige Parteifrauen) zum Teil über diskriminierende Praktiken in der Partei und Fraktion, die die Vorstellungen von einem freien Elitewettbewerb zwischen Frauen und Männern fragwürdig erscheinen lassen:

> „Dann hat man mir einen Vertreter geschickt, da fühlte ich mich auf den Arm genommen... Dann habe ich mich beschwert, dass man mir so jemanden nicht noch einmal schicken soll. Da fühle ich mich auch diskriminiert. Ich will ernst genommen werden in meiner politischen Arbeit" (CDU-Ratsfrau).

Noch deutlich drastischer berichtet eine andere CDU-Ratsfrau nicht nur über persönlich erlebte Schwierigkeiten, sondern über eine insgesamt männlich dominierte Parteikultur, in der strukturell kaum Platz für emanzipatorische Politik bleibt und die selbst politisch sehr engagierten, aber dadurch auch isolierten CDU-Frauen den Mut für eine offensive Artikulation ihrer Bedürfnisse nimmt:

> „In der CDU-Politik war die Familienpolitik bisher sehr konservativ… Und diese frechen Frauen, die auch was verlangen, sind nicht gewollt. Ich muss sagen, persönlich habe ich deswegen viele Schwierigkeiten gehabt. Ich kam von außen, jung im Vergleich zum Durchschnitt und ich habe eine ungezwungene Art und Weise mit Männern umzugehen… Das Thema Frauen ist in der [Stadt-; a.d.V.] CDU zugeschlossen mit sieben Schlössern. Keine neuen Anregungen da. Bloß nicht so viel Arbeit machen, und da ist Kuchenbacken und so, aber es ist kein Protest da… ich habe es aufgegeben. Das heißt schon was" (CDU-Ratsfrau).

Wie die Analyse der Parteistrukturen gezeigt hat, werden die CDU-Ratsfrauen bei einer stärker emanzipatorischen-inhaltlichen Politik auch nicht von der Frauenunion maßgeblich unterstützt, die nach Aussagen der Akteure noch stark in traditionellen Rollenbildern verhaftet ist bzw. zumindest die parteiinterne geschlechtsspezifische Arbeitsteilung weitgehend akzeptiert, in der ihnen zumindest traditionell weniger eine aktive politische Rolle zugedacht ist. Diese von anderen Parteien abweichende Arbeitsteilung wird auch von den CDU-Akteuren mit der Parteiidentität und dem Entstehungsprozess begründet, dem zumindest im gewissen Maße eine Pfadabhängigkeit in Bezug auf die informellen Normen zugeschrieben wird:

> „Die CDU ist eine Gründung der Nachkriegszeit, in der Frauen eher wieder in hausfrauliche Tätigkeiten eingeordnet waren, also 50er Jahre. Solche Dinge müssen rauswachsen… Bei den Grünen war es sicher leichter, weil die aus einer Zeit gekommen sind, in der Gleichberechtigung eine Selbstverständlichkeit war, aus ihrer Entstehungsgeschichte heraus" (CDU-Parteivorsitz).

Auf die innerparteiliche Konkurrenz unter den CDU-Parteifrauen wurde bereits in Bezug auf die Parteistrukturen eingegangen. Diese Konkurrenz verschärft sich offensichtlich im Nominierungsprozess in Kommunen mit hoher Frauenrepräsentanz. Hier formulieren die CDU-Ratsfrauen doch relativ herbe Kritiken an ihren Fraktionskolleginnen und vermuten, dass sie nur aufgrund von Liebesbeziehungen mit dem Führungspersonal in den Rat gekommen sind. Kompetente CDU-Ratsfrauen werden aus dieser Sicht ausgetauscht, weil die Lebensgefährtin des Vorsitzenden „auch in den Rat möchte" (CDU-Ratsfrau). Offensichtlich sinken diese starken Rivalitäten zwischen den CDU-Frauen auch nicht mit steigendem Bildungsniveau, sondern werden lediglich analytischer dargestellt:

> „Wenn zwei Frauen, beide Akademikerinnen, die gleich gut aussehen, dann ist da viel Konkurrenz und es ist dann ein Bedürfnis da, der anderen bei jeder Gelegenheit zu zeigen, dass das was sie sagt der größte Blödsinn ist… Das ist so kränkend" (CDU-Ratsfrau).

Auch die CDU-Parteivorsitzenden bestätigen diese starke innerparteiliche Konkurrenz der Frauen in Kommunen mit höherer Frauenrepräsentanz:

> „Die Frauen, die ich hier habe, sind engagiert und für sich allein genommen sehr wertvoll mit vielen Kenntnissen und Erfahrungen. Wenn ich sie zusammen in einem Zimmer habe, wird es fast

> tödlich. Sie sind teilweise untereinander sehr stark zerstritten" (CDU-Parteivorsitzender).

Diese konfliktreichen innerparteilichen Erfahrungen führen bei drei der vier interviewten CDU-Ratsfrauen zu erheblichen Einschnitten in ihrer individuelle Lebensqualität:

> „Von den Sitzungen in der Partei komme ich bedrückt, traurig, verärgert nach Hause. Das ist gesundheitlich nicht gut" (CDU-Ratsfrau).

Eine andere CDU-Frau sieht sich selbst für Politikinteressentinnen als „abschreckendes" Beispiel aufgrund eines wahrzunehmenden hohen Stresspegels, je besser man sie kennt, desto eher treffe dies zu (CDU-Ratsfrau). Eine andere CDU-Ratsfrau führt im Zusammenhang mit intensiven parteiinternen Konflikten und ihren Rücktrittsgedanken Folgendes aus:

> „Der Doktor hat mir gesagt, machen Sie ruhig weiter so, Sie sind prädestiniert für einen Herzinfarkt oder Schlaganfall. Man wird dann nachdenklich" (CDU-Ratsfrau).

Im Vergleich zu den SPD-Ratsfrauen und grünen Ratsfrauen, die gerade bei hoher Frauenrepräsentanz eher mit ihren Leistungen zufrieden sind und die kollegiale Zusammenarbeit untereinander betonen, deuten diese und andere zuvor zitierte Äußerungen darauf hin, dass es für Frauen in der CDU schwerer fällt sich zu engagieren. Der in den Untersuchungskommunen von den Interviewten angeführte geringe Zusammenhalt der CDU-Frauen, die geringe inhaltlich politische Unterstützung durch die Frauenunion bzw. Frauennetzwerke, die sehr geringe Vertretung in Spitzenpositionen, die divergierenden Rollenverständnisse, das harmonische Politikverständnis und der individualisierende „freie" Elitenwettbewerb bei zum Teil diskriminierenden Parteistrukturen dürften für diese Unzufriedenheit einige wesentliche Gründe sein. Dass gerade bei stärkerer Frauenrepräsentanz diese Konflikte offenbar zunehmen, ist vorwiegend aber wohl darauf zurückzuführen, dass in der CDU keine höheren Quoten implementiert sind und das Quorum faktisch keine Bindung hat. Das hat zur Folge, dass bei relativ großem Kandidatinnenpool in einigen Städten, Frauen gegen Frauen kandidieren müssen. Je höher die Frauenrepräsentanz in einer CDU-Fraktion ist, desto weniger gelingt es bei ausgeprägter Konkurrenz der Frauen, gemeinsame Interessen zu vertreten, wodurch in Bezug auf die Frauenrepräsentanz ein „Sperrklinkeneffekt" einsetzen kann. Ist eine etwas höhere Frauenrepräsentanz erreicht, ist es sehr unwahrscheinlich, dass die Parteifrauen gemeinsam ihre Aufstiegsinteressen vertreten, sondern durch die zunehmende innerparteiliche Konkurrenz um knappe und keineswegs fest für Frauen insgesamt zugewiesene Listenplätze dürfte es schwer fallen, sich für das „Kollektivgut höhere Frauenrepräsentanz" zu engagieren. Hierbei könnte es sich um systematische Effekte bei nicht fest institutionalisierter Frauenförderung handeln, die nicht nur auf die CDU in diesen Untersuchungskommunen beschränkt sind.

10.4.2 SPD

Die SPD erreicht innerhalb der vier Untersuchungskommunen in immerhin zwei Fällen die in der Parteisatzung verbindlich festgelegte Quote für ihre Ratsfraktionen. In einem Fall wird zudem die Quote nur deshalb nicht erreicht, weil die Wählerschaft die quotierte Liste zum Nachteil von Frauen verändert hat. Diese im Vergleich zur CDU relativ hohe Quoten- / Quorumstreue ist weniger darauf zurückzuführen, dass die SPD-Parteivorsitzenden (bis auf einen Fall mit starker Frauenrepräsentanz) persönlich besonders von der Frauenförderung und der Artikulation von Fraueninteressen überzeugt wären:

> „Ich bin kein ganz großer Freund der Quote, aber sie trägt zumindest dazu bei, dass wir immer wieder, wenn es um Nominierungen auf Parteitagen und solche Dinge geht, einen entsprechenden Frauenanteil haben und somit in Anführungszeichen eine „Frauenförderung" stattfindet" (SPD-Parteivorsitzender).

> „Es würde auffallen, wenn sich die SPD erlauben würde, eine Liste vorzulegen mit 10 Frauen und 30 Männern… Dann wären wir bei 25% Frauenanteil, dann wäre der Aufschrei groß … nicht

nur intern, auch von außen. Das wäre ein gefundenes Fressen für die politischen Gegner“ (SPD-Parteivorsitzender).

Im Kern sind die Kreisvorsitzenden der SPD zur Vermeidung parteiinternen und externen Drucks in einigen Untersuchungskommunen, anders als ihre Kollegen von der CDU, bemüht auf die Quote zu achten. Es entspricht ihrem Rollenverständnis als Kreisvorsitzender die Streitigkeit bei deutlichem Unterlaufen der Quote zu vermeiden und ist weniger eine persönlich-inhaltliche Überzeugung, dass mit diesem Mittel ein zentrales Politikziel – die geschlechterparitätische Repräsentanz – erreicht werden soll. Die Quote wird in diesem Rollenverständnis als extern unter Beobachtung stehender Maßstab und innerparteiliche Friedensformel gedeutet, um die in einigen Untersuchungskommunen durchaus konfliktbereiten, sozialdemokratischen Führungsfrauen zu integrieren, wie wir es schon in den Unterkapiteln zuvor mit einigen Zitaten belegt haben.

Zum Teil meinen die Frauen in der SPD schon so gut Fuß gefasst zu haben, dass diskutiert wird, wie mit übergangenen Männern umzugehen ist:

> „Da muss man sich frauenpolitisch überlegen, wie man auch Männern diese Freiräume lässt, damit die diese Gefühle abbauen können, damit sich dieses Gefühl nicht gegen die Frauen richtet“ (SPD-Ratsfrau)

Allerdings sollte hierbei nicht übersehen werden, dass die SPD in diesen Kommunen mit sehr hoher Frauenrepräsentanz deutlich anders aufgestellt ist als in den Kommunen mit niedriger Frauenrepräsentanz und dass diese Unterschiede neben wahlsystemaren Ursachen auch auf das Handeln und die Konfliktbereitschaft sehr weniger Akteurinnen zurückzuführen ist. Eine parteikulturelle Selbstverständlichkeit ist die Umsetzung der Quote in einigen der SPD-Kreisverbände offensichtlich noch nicht. Wenn der innerparteiliche Druck nachlässt, einzelne Frauen sich nicht stark engagieren oder keine Frauennetzwerke oberhalb der Ortsvereinsebene geknüpft werden, ist die Umsetzung der Quotierung schon in den Großstädten bei der SPD gefährdet, womit zugleich einige plausible Gründe genannt sind, warum die Quote im kreisangehörigen Raum für die SPD, wie gezeigt, kaum noch eine Bindung hat.

Besonders schwierig ist die Situation für Parteifrauen in SPD-Hochburgen in den nordrhein-westfälischen Großstädten. Hier wird es innerparteilich auch nicht problematisiert, wenn die SPD, wie in A-Stadt, nur einen Frauenanteil von 25% in der Fraktion erzielt. Ziehen Ratsmitglieder über Jahre nur durch Direktmandate in das Kommunalparlament ein, scheinen sich die SPD-Akteure weder innerparteilich noch in der Öffentlichkeit für eine niedrige Frauenrepräsentanz rechtfertigen zu müssen, so dass es für die männlichen Parteiakteure nur wenig Anreize gibt die Quote einzuhalten, die nach Akteursaussagen demgegenüber in baden-württembergischen Großstädten bei zentraler Aufstellung der Liste generell gegeben sind. Greift die öffentliche Kontrolle und der Parteienwettbewerb kaum, wie dies bei Direktmandaten (und generell bei wenig kritischer Berichterstattung im kreisangehörigen Raum) zu erwarten ist, hat die Quote in der SPD offensichtlich auch als informelle Norm kaum eine Bindewirkung.

10.4.3 Bündnis 90/Die Grünen

Die Quotierung wird von den grünen Ratsfrauen in den Interviews immer als richtig und wichtig hervorgehoben. In drei der untersuchten Kommunen wird die Quotierung bei den Grünen eingehalten bzw. „übererfüllt". Die grünen Ratsfrauen berichten auch über keine nennenswerten Zugangsprobleme, als sie mit grüner Kommunalpolitik anfingen. Zumindest im Vergleich zu den interviewten CDU-Frauen könnten diese persönlichen Erfahrungen kaum unterschiedlicher sein:

> „Dann bin ich sehr schnell in der grünen Fraktion akzeptiert worden, das war kein Problem" (Grüne Ratsfrau).

> „Ich habe schon gemerkt, dass ein Interesse da ist, dass ich ziemlich schnell einbezogen wurde" (Grüne Ratsfrau).

Das dürfte im starken Maße auch institutionelle Gründe haben. Die Nominierungsprozesse sind in der Regel stark zentralisiert, weil es unterhalb der Kreisverbände in den kreisfreien Großstädten kein weitverzweigtes Netz von Ortsverbänden gibt und in NRW auch keine nennenswerte Anzahl von grünen Direktmandaten zu verzeichnen ist. Damit greift die hohe Quote auf der Kreisverbandsebene, und bei eingeschränktem innerparteilichem Kandidatinnenpool ist auch deshalb die Konkurrenz unter den Frauen nicht so stark wie unter ihren Parteikollegen:

> „Es gibt relativ harte Diskussionen, für die Frauen, die jetzt im Rat sind, wird es wenige Probleme geben, wenn sie im Rat bleiben möchten. Ich denke mal, dass keine anderen Frauen da sind, und darum werden sie wiedergewählt. Bei den Männern wird es erhebliche Diskussionen im Vorfeld geben“ (Grüne Ratsfrau).

Dabei gibt es auch bei der Partei Bündnis 90/Die Grünen nicht unerhebliche Konflikte zwischen Frauen und Männern zu verzeichnen, wobei die Männer aber weniger über formale Führungspositionen und Autorität Einfluss nehmen (können), sondern eher auf „basisdemokratische“ Strategien setzen, die auch schon bei politikwissenschaftlichen Untersuchungen von grünen Parteitagen als „Regime der Zeitreichen“ identifiziert wurden:

> „Dass sie die Sachen bis zum Erbrechen wieder auf die Tagesordnung setzen, um doch noch ihre Meinung durchzukriegen. Und schließlich allein dasitzen, weil keiner mehr zuhören möchte und die das dann beschließen. In ein paar Punkten setzen sie das wirklich durch“ (Grüne Ratsfrau).

Aber auch hier gilt: Durch die Quotierung sind die Mehrheitsverhältnisse so, dass Frauen effektiv auch solche Strategien abwehren können:

> „Aber an bestimmten Punkten ärgern wir uns über diese Strategie. Wir haben schon durchgesetzt, dass wir jetzt eine zweite Sprecherin haben“ (Grüne Ratsfrau).

Solche Lösungen sind für die CDU-Ratsfrauen in der umkämpften Kreisarena in der Zuschauerrolle kaum denkbar und wohl in den Untersuchungskommunen nicht umsetzbar. CDU-Ratsfrauen und grüne Ratsfrauen trennen zumindest in unseren Untersuchungskommunen (Partei-) Welten, was wir in diesem Ausmaße vorher weniger angenommen haben. Der Parteienvergleich in der Praxis hätte kaum unterschiedlicher ausfallen können. Welche Auswirkungen diese unterschiedlichen Parteistrukturen auf die Rekrutierung von politikinteressierten Frauen haben können, vermittelt die bisher umfassendste biographisch angelegte Studie zu Kommunalpolitikerinnen:

> „Es wurde in den bisherigen Kapiteln ersichtlich, dass die Mehrzahl der Interviewten weitgehende Partizipations- und Ämterinteressen wie auch Kompetenzen erst im Verlauf ihres Engagements entwickelten. Verschiedene innerparteiliche Voraussetzungen begünstigen diese Prozesse. Erstens muss die politische Beteiligung von Frauen im Ortsverband erwünscht sein. Zweitens muß die politische Aktivität ‚Spaß machen' und damit ein gewisses ‚Lern- und Motivaktivierungspotential' beinhalten. Ferner müssen drittens Kandidaturen von Frauen Erfolgsaussichten erkennen lassen. Nicht zuletzt müssen viertens die Ortsverbände gerade für Frauen mit parteiferner und -untypischer Vorsozialisation als ‚Lernfelder' fungieren. Die quotierten Parteien erfüllen häufiger die genannten Kriterien und erweisen sich als ‚Politisierungsagenturen' und Orte der Kompetenzaneignung. Dies scheint mir ein hinsichtlich praktisch-politischer Reformvorschläge zentrales Ergebnis meiner Studie zu sein" (Geißel 1999: 170-171).

Auch die von uns in den Untersuchungskommunen interviewten grünen Ratsfrauen bestätigen diese Sozialisationsfunktionen für Frauen und dass sie mit der Rekrutierung von sog. Seiteneinsteiger(innen) eher negative Erfahrungen gesammelt haben:

> „Dass wir auf Blender, die kurzfristig kamen, hereingefallen sind. Die machen viele Versprechungen und nach einem bis eineinhalb Jahren haben sie die Fraktion verlassen.... Frauen sind

da meiner Meinung nach zuverlässiger. Wir haben uns geschworen, dass wir das nie wieder tun" (Grüne Ratsfrau).

„Es gibt da eine interessante Variante, dass die Nichtparteimitglieder versuchen in den Gremien zu dominieren, was teilweise zu sehr bösen Auseinandersetzungen geführt hat" (Grüne Ratsfrau).

Die häufig in der Öffentlichkeit kritisierte Ochsentour in den Parteien kann also zumindest bis zu einem gewissen Grade funktional sein, um die Arbeitsfähigkeit von Fraktionen gerade in großstädtischen Parlamenten gewährleisten zu können. Zudem schafft die Berücksichtigung der Parteikarriere selektive Anreize für die parteipolitisch Engagierten, die die Rekrutierung von Seiteneinsteigern als ungerecht empfinden können. Last but not least bestätigt sich in der ersten Interviewpassage unsere Hypothese, dass eher Männer, die von sich aus – ohne Politikerfahrungen – selbstbewusst ein Interesse an Mandaten anmelden („Blender", wie es in dem Interview überspitzt formuliert wurde), bei Rekrutierungsproblemen und niedrigem Organisationsgrad zum Zuge kommen. Frauen müssen offensichtlich auch bei Bündnis 90/Die Grünen eher langsamer an Mandate herangeführt werden, um sich dies zuzutrauen bzw. ein ausgeprägteres Mandatsinteresse zu entwickeln.

10.4.4 Unterschiedliche Auswirkungen des Wahlrechts im Volksparteienvergleich

Wenn man insgesamt für alle in die Wahlstatistikanalyse einbezogenen nordrhein-westfälischen und baden-württembergischen Großstädte ein Fazit in Bezug auf unsere Wahlrechtsthesen zieht, kann festgestellt werden, dass diese insbesondere für die SPD zutreffen. Bei Direktmandaten hat sie, wie erwartet, im parteiinternen Vergleich durchschnittlich den niedrigsten Frauenanteil in NRW, der bei der Reserveliste, die aber eng verkoppelt ist in NRW mit den für die Frauenrepräsentanz negativen Direktkandidaturen, schon höher ausfällt und durchschnittlich die selbstgesetzte Parteiquote erreicht. Noch höher fällt der Frauenanteil auf allen baden-württembergischen SPD-Listen aus, der nicht durch die Direktkandidaturen, wie in NRW, tendenziell nach unten gezogen werden kann. Die Wählerschaft reduziert diesen hohen Frauenanteil über Kumulieren und Panaschieren nur in sehr geringem Maße. Der in den multivariaten Analysen aller deutschen Großstädte in den Kapiteln zuvor zu verzeichnende positive Effekt dieses Wahlrechts auf die Frauenrepräsentanz ist damit auf Angebotseffekte zurückzuführen. Kumulieren und Panaschieren motiviert also die SPD, insbesondere durch die damit verbundene Zentralisierung des Nominierungsverfahrens auf Kreisebene, dazu mehr Kandidatinnen aufzustellen. Insgesamt kann für die westdeutschen Großstädte für die SPD von einer relativ hohen Quotentreue ausgegangen werden, sofern größere „Kandidat(innen)pakete" zentral aufgestellt werden.

Die Analyse für die CDU bestätigt unsere Wahlrechtsthesen nur zum Teil und auch nur sehr knapp. Zunächst ist entsprechend der Quotenthese in allen analysierten Kategorien ein niedrigerer Frauenanteil der CDU im Vergleich zur SPD zu konstatieren. Der parteiinterne Vergleich für die CDU zeigt aber, dass im Durchschnitt aller einbezogenen nordrhein-westfälischen Großstädte der Frauenanteil auf der Reserveliste für die CDU nur geringfügig höher ausfällt als bei den Direktmandaten. Die baden-württembergische CDU hat ebenfalls kaum höhere Frauenanteile auf ihren Listen zu verzeichnen und die Unterschiede zwischen den Frauenanteilen der gewählten CDU-Ratsmitglieder in Großstädten in NRW und BW ist vorwiegend auf das Wählervotum zurückzuführen. Damit wären im Kern eher Nachfrageeffekte des Wahlrechts für diese (durchaus erwarteten) Unterschiede der CDU im Bundesländervergleich verantwortlich. Die Zentralisierung des Nominierungsprozesses durch die Verhältniswahlelemente, die zum Teil auch für die CDU in den Fallstudien zu konstatieren waren, führt danach also nur wenig zu höheren Frauenanteilen.

Allerdings sollte man bei dieser Analyse berücksichtigen, dass Extremwerte das arithmetische Mittel schon in erheblichem Maße verzerren können. In den vier intensiver untersuchten Fallstudienkommunen, die gerade nach dem Kriterium der extremen Varianz ausgewählt wurden, zeigen sich für die CDU gerade recht untypische Nominierungsmuster, wenn man im Vergleich dazu die Durchschnittswerte betrachtet. Aus Sicht der Wahlrechtshypothese kommt es zu der sehr überraschenden Konstellation, dass die CDU bei der Nominierung nur in der einen Fallstudie

Abbildung 54: Frauenanteil in baden-württembergischen und nordrhein-westfälischen Großstädten

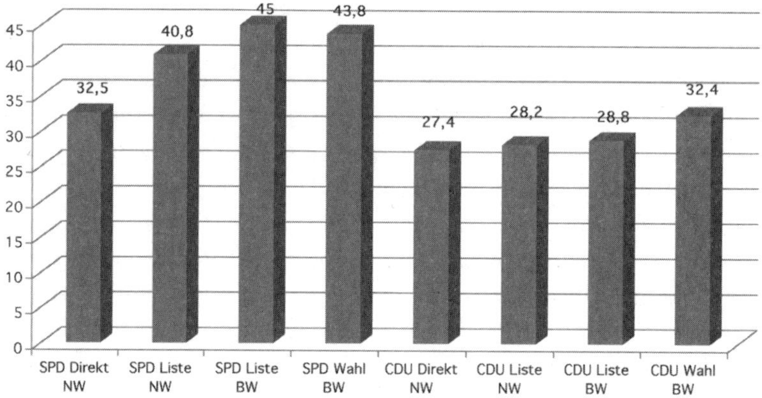

Quelle: eigene Interneterhebung 2008

ihr Quorum erreicht, in der sie alle Direktkandidaturen gewonnen hat. Dies ist in diesem Fall zumindest auch auf den intensiven Parteienwettbewerb bei hoher Frauenrepräsentanz von SPD und Grünen durch den „Abfärbeeffekt" zurückzuführen, was die extreme Abweichung von der Wahlrechtsthese im gewissen Maße erklärt.[43] Klammert man die vier Fallstudienkommunen wegen ihrer Extremwerte aus der wahlstatistischen Analyse aus, ergibt sich für die SPD und die CDU zumindest in NRW bei Direktkandidaturen und Reservelisten das entsprechend unserer Wahlrechtsthesen erwartete Bild.

43 Hierfür könnten zudem besondere politischkulturelle Ursachen verantwortlich gemacht werden, wie es aus Akteurssicht mehrfach für diese Stadt formuliert wurde: „Dass viele Frauen hier im Rat sind, hängt damit zusammen, dass wir ein sehr reges Leben an Verbänden, Vereinen haben, wo auch sehr viele Leute aktiv sind. So dass viele aus dem sozialen Bereich kommen, unabhängig von der Parteizugehörigkeit, die in bestimmten Bereichen aktiv sind, Vereinsvorstände oder Vereinsmitglieder sind und auf dieser Schiene in die Politik kommen, und dann sind sie in bestimmten Bereichen bekannt und werden dann auch mit dem Namen gesetzt. Die bringen dann schon ein gewisses Netzwerk mit. Das ist etwas, das mir insbesondere bei der CDU auffällt, dass viele der Frauen, die da sind, auch in Gruppen wirken und auch öffentlich wirken, und auch für das Sammeln von Wählerstimmen nicht uninteressant sind" (Grüne Ratsfrau).

Abbildung 55: Frauenanteil in baden-württembergischen und nordrhein-westfälischen Großstädten ohne die Fallstudienkommunen

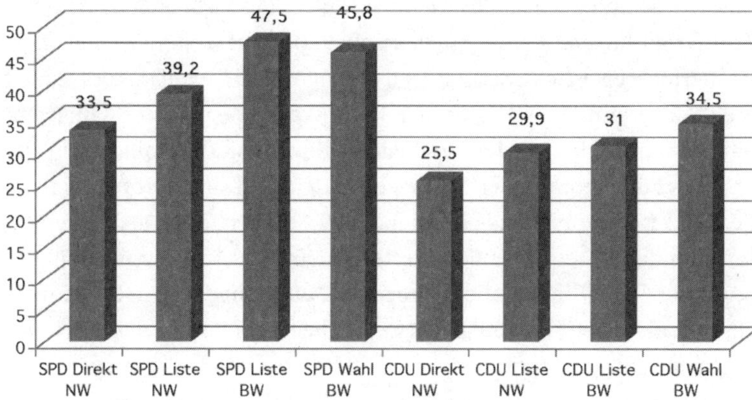

Quelle: eigene Interneterhebung 2008

Die Zentralisierung der Nominierungsprozesse durch die Verhältniswahlelemente wirkt sich auch im Fall der CDU positiv auf die Frauenrepräsentanz aus, auch wenn zugleich ein positiver Nachfrageeffekt durch die Wählerschaft bei Kumulieren und Panaschieren bestehen bleibt. Dass die Zentralisierung des Nominierungsprozesses in der CDU keinen so starken Effekt auf die Frauenrepräsentanz hat wie bei der SPD, lässt sich erstens durch den erwarteten Unterschied zwischen Quoten und Quoren erklären. Die Quorumsbeschlüsse gelten in der Union (ohne weitere Sanktionen der Parteizentrale) als umgesetzt, wenn der Vorstand sich an die prozeduralen Regeln hält und selbst trotz hinreichend geäußerter Kandidaturinteressen von Frauen mehrheitlich eine Abweichung von dem 33%-Anteil beschließen lässt. Das ist in der SPD formal nicht zulässig. Von der Quote kann nur abgewichen werden, wenn sich nicht genügend

Frauen für die reservierten Listenplätze melden.[44] Damit verbleibt für die Frauen in der SPD immer eine glaubwürdige Drohoption bei zentraler Listenaufstellung, im Gegensatz zu den CDU-Frauen, die sich in jedem Fall den Mehrheitsbeschlüssen fügen müssen. Darüber hinaus deutet die mikropolitische Analyse in den Fallstudien auf weitere Ursachen für den geringeren Effekt der Zentralisierung auf die Frauenrepräsentanz in der CDU hin: Die CDU-Frauen haben kaum Zugang zur Kreisarena und verharren eher in der Zuschauerrolle, sie sind zumindest in den Untersuchungskommunen stark zerstritten und das Quorum hat für die CDU-Kreisvorsitzenden und die CDU-Frauen, auch als freiwillige Selbstbindung, keine nennenswerte Bedeutung. Aus diesen Gründen haben die CDU-Frauen in der Kreisarena nur in bedingtem Maße mehr Chancen als in den Ortsverbänden weibliche Kandidaturen durchzusetzen (sofern dies ihre Intention ist).

Damit zeigen sich insgesamt beim Vergleich der Unterschiede der beiden Volksparteien wie beim Vergleich der Untersuchungskommunen ziemlich ähnliche Ursachen für eine durch das Verhältniswahlrecht bewirkte höhere Frauenrepräsentanz, die allerdings durch die Akteure je nach ihrer normativen Orientierung, ihrer Machtstellung und ihren mikropolitischen Strategien durchaus stark variieren kann.

10.5 Fazit

An dieser Stelle, kurz vor der Zusammenfassung der Gesamtuntersuchung und nach dem Zwischenfazit zur Erklärung der Unterschiede im Städtevergleich sollen lediglich die Ergebnisse zu den zentralen Wahlrechtsthesen resümiert werden. Im Rückgriff auf die im vierten Kapitel

44 Besonders scharf und unmissverständlich sind die Bestimmungen der kommunalpolitischen Vereinigung (SGK) und der SPD-Bayern zur Realisierung der Quote, die als Landesverband von der Gestaltungskompetenz stark Gebrauch machen und rechtlich das Reißverschlussverfahren mit 50%-Frauenanteil vorschreiben: „Es kann nur dringendst geraten werden, diese Bestimmungen [zur Quotierung] einzuhalten.... Frage: Was ist, wenn bei der Wahl für einen Frauenplatz, für den sich auch eine Kandidatin zu Wahl stellt, zusätzlich auch noch ein Mann vorgeschlagen wird und kandidiert? Antwort: Die Kandidatur und gegebenenfalls Wahl des Mannes ist unzulässig bzw. nichtig"; vgl. SGK Bayern / SPD Bayern 2008: Handreichung – Kandidatenaufstellung für die Kommunalwahlen 2008. Ms.

entwickelten Thesen hat sich in den Fallstudien und in der wahlstatistischen Detailanalyse aus unserer Sicht die Plausibilität insbesondere der folgenden Wahlrechtsthesen, bei ebenfalls durch diese Thesen miterklärbaren Varianzen im Parteienvergleich, bestätigt:

Erstens diskriminiert die Wählerschaft beim Verhältniswahlrecht im Durchschnitt Frauen nicht im entscheidenden Maße negativ, so dass man sich bei den Auswirkungen des Verhältniswahlrechts mit freien Listen stärker auf die (ähnlich wie beim Verhältniswahlrecht mit starren Listen) positiven Effekte auf das Nominierungsverfahren fokussieren kann.

Zweitens sind Frauenquoten mit dem Verhältniswahlrecht und der damit verbundenen Zentralisierung des Nominierungsprozesses besser kompatibel und parteienrechtlich eher umsetzbar.

Drittens besteht bei der Verhältniswahl für die Parteien ein Anreiz, der Wählerschaft eine sozial ausbalancierte Liste vorzulegen („ticket balancing"). Der Kreisvorsitzende fühlt sich dafür durch die Zentralisierung des Verfahrens und die zeitgleich zu präsentierenden Kandidatenpakete eher verantwortlich, auch um den öffentlichen und parteiinternen Eindruck von Diskriminierung zu vermeiden. Bei Mehrheitswahl der Direktkandidaturen in NRW stellen sich demgegenüber diese Legitimationsfragen kaum für die einzelnen Ortsverbände bzw. die interviewten Parteiakteure. Sie begründen auch nicht die nachgewiesene Dominanz von männlichen Direktkandidaturen mit ihrer möglicherweise größeren Attraktivität bei der Wählerschaft, wie es im Rahmen des Rational-Choice-Institutionalismus angenommen wird. Im Kern dient zumeist der parteiinterne Kandidatinnenmangel als einziges Argument, wobei aber kaum ein Interesse bzw. praktische Maßnahmen zur verstärkten Rekrutierung von Frauen seitens der Ortsverbände ausgemacht werden konnten.

Viertens bietet sich bei einer zentralen Listenerstellung im Rahmen der Verhältniswahl auch zumindest potentiell eher die Möglichkeit, dass Frauen sich innerhalb der Partei organisieren und sich für „ihre" Kandidatinnen stark machen. Solange hingegen der Nominierungsprozess dezentral verläuft, ist eine organisationsfähige parteiinterne Opposition in den kleinen Einheiten kaum zu realisieren. Auf der Kreisebene kann dieser Druck von Parteiakteurinnen auch eher in die Nominierung einfließen, weil anders als bei der drohenden Duellsituation im Ortsverein auf dieser Ebene Koppel- und Paketgeschäfte auf der Liste möglich sind, bei denen dominierende männliche Interessen mit der Berücksichtigung von weiblichen Kandidaturen besser und flexibler verbunden werden können. Beim Duell im Ortsverein um lediglich ein oder zwei Plätze kann der Konflikt stärker durch Nullsummenspielkonstellationen eskalieren bzw. ist der Einsatz von Macht-, Sanktions- und Drohmitteln des überwiegend männlichen Führungspersonals im Ortsverein mit hoher sozialer Kontrolle deutlich wahrscheinlicher.

Fünftens wird bei der personalisierten Verhältniswahl als Mischwahlsystem in den nordrhein-westfälischen Kommunen auch der über die Reserveliste durchschnittlich effektiv zu realisierende Frauenanteil durch Interaktionseffekte mit den Direktkandidaturen beschränkt. Dadurch wird der effektive Kandidatinnenpool für die Reserveliste durchschnittlich extrem auf die wenigen Direktkandidatinnen verengt, deren Absicherung über die Liste auch nur realisiert werden kann, wenn nicht zu viele männliche Direktkandidaturen bei gutem Parteiergebnis ins Kommunalparlament einziehen. Damit lässt sich auch der zunächst paradoxe Effekt erklären, warum die SPD als Quotenpartei gerade in ihren Hochburgen eine besonders niedrige Frauenrepräsentanz aufweisen. Durch das gute Parteiergebnis kommen hier traditionell die SPD-Ratsmitglieder nur über Direktmandate in das Kommunalparlament. Die Listenaufstellung und Quotierung durch die Kreispartei hat in diesen Fällen praktisch keine Bedeutung und kann nicht mal glaubwürdig angedroht werden, um für die männlich dominierten Ortsvereine als „Schatten der Hierarchie" disziplinierend im Sinne der Quote zu wirken.

11 Zusammenfassung der Untersuchungsergebnisse

Ähnlich wie im Bund und in den Ländern sind Frauen in Großstädten immer noch stark unterrepräsentiert. Die parlamentarische Repräsentanz von Frauen liegt auf allen Ebenen bei knapp über 30%, und in politischen Führungspositionen sind Frauen in den meisten Parteien noch eine eher seltene Spezies. Zumindest hat die flächendeckende Einführung der Direktwahl der Regierungsspitze in den größeren Kommunen zu einem deutlich höheren Frauenanteil als unter den Ministerpräsidenten der Länder geführt.

Positiv bleibt für die 1980er und 1990er Jahre auf allen Ebenen zu bilanzieren, dass die parlamentarische Repräsentanz von Frauen extrem stark angestiegen ist. Das Erfolgsrezept, das sich durchaus auch im internationalen Vergleich sehen lassen kann, war hier das Zusammenspiel von freiwilligen Parteiquoten, Parteienwettbewerb und einer steigenden gesellschaftlichen Ächtung von Diskriminierung. Konkreter: Mit dem Einzug der Grünen als erster Partei mit hoher Frauenquote in die Parlamente gerieten gerade die SPD und dann auch die CDU unter erheblichen Anpassungsdruck und führten ebenfalls Quoten und Quoren auf niedrigerem Niveau ein, auch um ihre politischen Marktanteile zu verteidigen und bei dem rapiden gesellschaftlichen Wertewandel nicht zunehmend als unmodern zu gelten. So stieg in den deutschen Großstädten die parlamentarische Repräsentanz von Frauen von 14,8% im Jahre 1980 auf 32,3% in 1996 an. Diese tiefgreifende Entwicklung verlor allerdings im 21. Jahrhundert deutlich an Dynamik, und mittlerweile herrscht auf allen parlamentarischen Ebenen Stagnation. Die Gründe hierfür sind in Bund, Ländern und Großstädten durchaus ähnlich:

1. Parteien machen auch in den Großstadtparlamenten den „feinen" Unterschied. Sie werden weder durch den häufig zitierten Mangel an Kandidatinnen noch durch das Wählervotum in den Großstädten entscheidend daran gehindert, eine geschlechterparitätische Repräsentation

zu gewährleisten. Von diesen Möglichkeiten macht insbesondere die CDU als in den Parlamenten sehr stark vertretene Kraft keinen Gebrauch. Der nach außen im politischen Wettbewerb als Erfolg präsentierte Quorumsbeschluss der Partei von bereits sehr niedrigen 33% hat offensichtlich keine innerparteiliche Relevanz für die Nominierung von Parlamentskandidat(innen) auf Kommunal-, Landes- und Bundesebene. Auch wenn die Vorstände nach den Parteistatuten auf allen Ebenen zur Förderung von Frauen verpflichtet sind und auf drei aufeinander folgende Listenplätze mindestens eine Frau vorschlagen sollen, bleibt zu bilanzieren, dass das Drittel-Quorum schon in den Großstädten von 77% der CDU-Fraktionen nicht eingehalten wird. In den durchschnittlich im Vergleich zu allen anderen Bundesländern noch relativ großen kreisangehörigen Kommunen in NRW erfüllen 94% der CDU-Fraktionen diesen Richtwert nicht. Sie sind damit aufgrund ihrer hohen Parlamentsanteile entscheidend mitverantwortlich für die sehr niedrige Frauenrepräsentanz im kreisangehörigen Raum in allen deutschen Kommunen ab 10.000 Einwohnern. Zwar werden sie bei der parlamentarischen Frauenrepräsentanz noch leicht von den Wählergemeinschaften und der FDP unterboten, aber diese fallen aufgrund deutlich niedriger Parlamentsanteile etwas weniger ins Gewicht. Die CDU müsste, wenn sie ihr Quorum zumindest einmal in allen Kommunen über 10.000 Einwohner(innen) in Deutschland erfüllen wollte, ca. 2000 ihrer männlichen Ratsmitglieder gegen Kommunalpolitikerinnen austauschen. In den hierbei zu erwartenden parteiinternen Widerständen kann sicherlich ein wesentlicher Grund gesehen werden, warum die CDU bisher versucht, sich dem Parteienwettbewerb um höhere Frauenrepräsentanz durch weitgehend symbolische Gleichstellungspolitik zu entziehen. Ob die starke Präsenz der Bundeskanzlerin und der couragiert auftretenden Familienministerin als Vorbilder und Parteiführerinnen hieran etwas Grundlegendes ändern werden oder ob sie für viele CDU-Verbände nur eine ähnliche Funktion wie die Quorumsbeschlüsse haben werden, bleibt abzuwarten. Zumindest ist es der CDU bisher noch nicht gelungen, durch symbolische Gleichstellungspolitik die Abwanderung der jüngeren Wählerinnen bis 40 Jahre zu stoppen, sodass der Anpassungsdruck des politischen Wettbewerbs weiter anhalten könnte. Vor Ort wird dies allerdings von den CDU-Vorsitzenden bisher kaum wahrgenommen. Hier verweist man eher darauf, dass die CDU die erste deutsche Bundeskanzlerin „gemacht“ hat. Zugleich wurde in den halbstandardisierten Interviews deutlich, dass auch die CDU-Ratsfrauen nicht auf die Einhaltung des Quorums insistieren, wohl auch weil sie nicht als Quotenfrau eingeordnet werden wollen. Hierin spiegelt sich auch die konservative Parteiidentität, die auf einen „freien“ Elitewettbewerb setzt. Frauen wollen sich dementsprechend aufgrund ihrer Leistungen im innerparteilichen Wettbewerb durchsetzen und deuten Quotenlösungen als Widerspruch zu diesem Prinzip. Im Kern unterstellt dieses Prinzip aber, dass es in der Partei keine diskriminierenden Effekte zu konstatieren gibt, was angesichts der Ergebnisse unserer Fallstudien aber nicht bestätigt werden kann. Damit Frauen bei gleicher oder höherer Leistung nominiert werden können, bedarf es in den Großstädten eindeutiger Quoten. Sonst geraten Frauen insbesondere in einen starken Wettbewerb untereinander, der gerade in der CDU, zumindest wenn man die Ergebnisse der vier Fallstudien zusammenfasst, zu extrem emotionalen Konflikten und zur Entsolidarisierung führen kann. Politisches Engagement und das in der Frauenunion vor Ort offensichtlich noch eher dominierende traditionelle Rollenverständnis lassen sich nur schwer unter einen Hut bringen.

2. Das personalisierte Verhältniswahlrecht bremst den transparenten Parteienwettbewerb um Frauenrepräsentanz, erschwert die innerparteiliche Umsetzung von Quoten gerade in Parteien mit hohen Parlamentsanteilen und privilegiert das in diesen Parteien überwiegend männliche Führungspersonal vor Ort. Kumulieren und Panaschieren bietet hierzu eine attraktive Alternative und führt in baden-württembergischen und bayrischen Großstädten zu einer höheren Frauenrepräsentanz als in NRW-Kommunen (und in vielen Landtagen und im Bundestag). Das liegt vor allem daran, dass die Kreisverbände hier das personelle Gesamtpaket aufstellen und so eher auf eine soziale Ausgewogenheit und Einhaltung von Quotenbeschlüssen hinwirken (und die Wählerschaft in der Regel nicht diskriminiert). In NRW werden demgegenüber bei personalisiertem Verhältniswahlrecht in den kleinen Ortsvereinen von SPD und CDU wesentliche Personalentscheidungen getroffen. Hier werden sehr viele kleine Personalpakete geschnürt, auf die die Quote häufig nur bedingt anwendbar ist. Zudem erobert sich der in der Regel männliche Ortsvereinsvorsitz wahrscheinlich eher den sichersten Wahlkreis. Hinzu kommt, dass die Ortsvereine, wie unsere Fallstudien ergaben, häufig gegenüber

neuen politisch Interessierten kaum offen sind und trotz sinkender Mitgliederzahlen und „sterbender“ Ortsvereine aus Sicht der interviewten Parteivorsitzenden und Ratsfrauen häufig kaum systematisch versuchen, neue Mitglieder zu werben. Traditionelle Riten und der Zusammenhalt gegenüber einer den Parteien zunehmend eher feindlich gesinnten Umwelt bestimmen danach das Gemeinschaftsprogramm nicht weniger Ortsgruppierungen. Damit dürfte sich häufig die Dominanz „zeitreicher“ älterer Männer in den Ortsvereinen reproduzieren.

Auf Kreisverbandsebene der SPD und der CDU werden in Nordrhein-Westfalen dann häufig nur noch die überwiegend männlichen Kandidaturen aus den Ortsvereinen zu einem Personalpakete zusammengefügt, und über die Listenplatzierung werden dann häufiger die weiblichen Direktkandidaturen abgesichert. Damit wird dann die einseitige Auswahl der Ortsvereine nur in begrenztem Maße „repariert“ (und dies auch nur, wenn die Liste bei nicht zu gutem Gesamtwahlergebnis für die Partei zum Zuge kommt). Auffällig ist dabei, dass in der detaillierten Analyse der Wahlstatistik deutlich wurde, dass nicht nur der weibliche Anteil bei Direktkandidaturen, sondern auch auf den Listen in nordrhein-westfälischen Großstädten deutlich niedriger ist als auf den baden-württembergischen Listen. Dies spricht für die These, dass bei personalisierter Verhältniswahl die wenig transparenten Interaktionseffekte zwischen dem Mehrheitswahl- und den Verhältniswahlelementen stärker berücksichtigt werden müssen, die im Ergebnis offensichtlich dazu führen, dass Frauen in deutlich geringerem Maße auch auf der Liste zur Absicherung vorne platziert werden, als dies bei Kumulieren und Panaschieren der Fall ist. Das dürfte auch darauf zurückzuführen sein, dass die Kreisverbände bei personalisiertem Verhältniswahlrecht ihre Kandidatinnen für die Reserveliste nur aus den wenigen weiblichen Direktkandidaturen der Ortsvereine schöpfen.

Als Besonderheit in den Großstädten ist festzuhalten, dass in Ostdeutschland Frauen stärker unterrepräsentiert sind als in den westdeutschen Kommunalparlamenten. Das ist auch darauf zurückzuführen, dass Die Linke/PDS hier ganz im Gegensatz zu den Landesparlamenten in der Regel ihre 50%-Quote nicht einhält, obwohl sie unter den im Vergleich zu den anderen Parteien vielen Mitgliedern genügend Ratskandidatinnen in den Großstädten finden dürfte. In kleineren und mittleren Kommunen erreicht die Partei in Ostdeutschland aber im Vergleich zu anderen Parteien relativ hohe Frauenrepräsentanzwerte und trägt mit dazu bei, dass sich die Lücke zwischen Ost und West in diesen Gemeindegrößenklassen wieder schließt. Bündnis 90/Die Grünen haben demgegenüber schon in den ostdeutschen Großstädten Rekrutierungsprobleme und erfüllen hier nur selten die Quote.

Bemerkenswert ist, dass Bündnis 90/Die Grünen trotz ostdeutscher Mitgliederschwäche im gesamtdeutschen Großstadtvergleich Spitzenreiter bleiben. Sie erfüllen die hohe Quote am häufigsten und stellen zudem den höchsten Frauenanteil beim Führungspersonal, was auch auf die häufig noch praktizierte Institution der Doppelspitze bei den Fraktionssprecher(innen) zurückgeführt werden kann. Die Quote in Verbindung mit hohen informellen Gleichstellungsnormen, die auch aus einer bei Mitgründung durch Teile der Frauenbewegung geprägten Parteiidentität resultieren dürften, führt zu einer in westdeutschen Großstädten weitgehend geschlechterparitätischen Repräsentanz. Damit setzen die Grünen ihre Grundsätze von der Bundes-, zur Landes- bis hin zur kommunalen Ebene von allen Quotenparteien am konsequentesten durch, und ihr Abschneiden bei Wahlen erklärt in nicht unerheblichem Maße die Varianz zwischen der Frauenrepräsentanz in den Kommunen. Die geschlechterparitätische Besetzung ist offensichtlich in der Partei in vielen Kommunen zu einer kulturellen Selbstverständlichkeit geworden, was die Implementation der Quote erheblich erleichtert, aber zugleich auch eine „Gewinnwarnung" in sich trägt, wie auch an einer reinen grünen Männerfraktion in einer unserer baden-württembergischen Fallstudien deutlich wurde:

> „Die Frauen sind wichtige Akteure, wenn es darum geht, Quotierung einzufordern. Wenn die Frauen der jüngeren Generationen Quotierung als selbstverständliche Routine betrachten, kann die Kontrolle ihres Vollzuges nachlassen. Betrachtet der Rest der Partei Quotierung nicht als selbstverständlich, sondern als eine Option unter mehreren, kann die fehlende Kontrolle dazu führen, dass der Vollzug des Quotenverfahrens abbricht" (Inhetveen 2006: 223).

Bemerkenswert ist auch, dass die Partei auch in den kreisangehörigen Kommunen in NRW, in denen sie nur über sehr wenige aktive Mitglieder verfügt, in der Lage ist, für die einzelnen Reservelisten in den Gemeinden in immerhin noch über 40% der Fälle die hohe Quote zu erfüllen und bei guten Wahlergebnissen andere Parteien unter Anpassungsdruck zu setzen. Dies zeigt analytisch vor allem eines: Ein Kandidatinnenmangel in den gegenüber Bündnis 90/Die Grünen mitgliederstarken Parteien ist auch in Kommunen zwischen 5.000 und 100.000 Einwohnern kaum begründbar anzunehmen. Insofern könnte auch das Ergebnis, dass die SPD-Fraktionen in diesen Kommunen in über 85% der Fälle selbst die niedrigere Parteiquote nicht einhalten, dafür sprechen, dass die Akzeptanz der Quote und informeller Gleichstellungsnormen in der SPD vor Ort noch nicht stark ausgeprägt sind. Hierfür würde auch die sehr starke Unterrepräsentanz in Führungspositionen der Partei und Fraktion (im Gegensatz zu den höheren Frauenanteilen bei den direkt gewählten Oberbürgermeisterinnen) sprechen. Die Analyse der Korruptionsnetzwerke in nordrhein-westfälischen Großstädten und die vergleichenden Fallstudien ergaben einige empirische Hinweise, dass in beiden Volksparteien häufiger noch Old-Boys-Networks dominieren, die zentrale Positionen im Ortsverein, in der Kommune und auch Bundestags- und Landtagskandidaturen weitgehend unter sich aufteilen. Ähnliches wurde allgemein auch immer wieder für die Landes- und Bundesebene konstatiert (McKay 2004: 77), wonach die wenigen Ausnahmen in der Regierungsspitze des Bundes und der Länder vor allem dadurch zu erklären sind, dass hier die innerparteilichen Netzwerke durch einschneidende Parteiskandale schwer erschüttert wurden. Wenn die Quote in der SPD, wie bei Direktkandidaturen und Spitzenpositionen, formal nicht greift, dann steht einer derartigen einseitigen Aufteilung durch die männlichen Vorentscheider offensichtlich nur wenig im Weg.

Aus der empirischen Analyse ergibt sich bereits der Hauptansatzpunkt für die Empfehlungen. Der erfolgreiche Reformpfad der 1980er und 1990er Jahre als Kombination von Parteiquoten und Wettbewerb muss in den Kommunen, Bundesländern und im Bund noch konsequenter fortgesetzt werden. Alles, was den transparenten Wettbewerb zwischen den Parteien erhöht, ist zu forcieren; Wettbewerbsbremsen wie das personalisierte Verhältniswahlrecht sind auszuwechseln und Fälle von sehr niedriger Frauenrepräsentanz sind als Verstöße gegen moderne gesellschaftliche Normen zu „outen".

Allerdings ist zweifelhaft, ob durch diese Maßnahmen die extreme Unterrepräsentanz von Frauen gerade in den kreisangehörigen Kommunen, in denen die CDU und SPD systematisch ihre Quorums- und Quotenbeschlüsse nicht einhalten, ohne gesetzliche Kandidatinnenquoten durch ein Paritätsgesetz im erforderlichen Maße abgebaut werden kann. Das Beispiel der französischen Kommunen nach der Einführung des Paritätsgesetzes verdeutlicht wiederum, dass Parteien häufig relativ unabhängig von der Gemeindegröße eine geschlechterparitätische Repräsentation realisieren können, wenn sie nur genügend Anreize haben, sich um politisch interessierte Frauen als Kandidatinnen auch außerhalb der Ortsvereine stärker zu bemühen.

12 Folgerungen für die Wissenschaft

Insgesamt hat die vorliegende Untersuchung für die wissenschaftliche Forschung einige neue empirische und theoretische Befunde erbracht. Insbesondere die für die deutsche Gender-Forschung bisher noch ungewohnte theoretische Perspektive hat aus unserer Sicht zu diesen neuen Erkenntnissen beigetragen. Mit der die Untersuchung anleitenden neoinstitutionalistischen Perspektive ist die „Hälfte der Macht" zumindest in dem Sinne fest ins Visier, dass mit den Wahl- und Quotensystemen die entscheidenden Faktoren für eine zügig realisierbare paritätische Repräsentanz in den Blick genommen werden. Die mikropolitische Ergänzung dieser Perspektive sensibilisiert zugleich für mögliche Implementationsprobleme von Quotenlösungen und die Wirkung des Wahlrechts auf die innerparteilichen Nominierungsprozesse.

Im Gegensatz zu den dominanten Thesen der deutschen Gender-Forschung eignen sich weder die politische Kultur noch die geschlechterspezifische Arbeitsteilung, um die Repräsentanz von Frauen auch in ihrer Dynamik überzeugend zu erklären. Wesentlich wichtiger zur Erklärung der extrem hohen Varianz der Frauenrepräsentanz im subnationalen Vergleich und im Zeitvergleich sind das Wahlrecht, die Quotenmodelle und der Parteienwettbewerb bzw. die Wahlergebnisse der einzelnen Quotenparteien.

Die bisher zudem in der Wahlforschung eher seltenen Untersuchungen zu den Wahlchancen von Politikerinnen, die nahe legen, dass die Wählerschaft in Deutschland nicht diskriminiert, konnten in ihren Aussagen auf breiter empirischer Basis in mittleren und großen Kommunen in unserer Untersuchung bestätigt werden. Sowohl in Bezug auf Parlamentarier(innen) als auch auf kommunale Regierungsspitzen haben nach den Ergebnissen der multivariaten Analysen und der Wahlstatistik in den baden-württembergischen Großstädten Politikerinnen keine schlechteren Wahlchancen. Ebenfalls entsprechend der im vierten Kapitel ausführlich dargelegten Wahlrechtsthesen führt ein stärker personenorientiertes Wahlrecht dazu, dass Parteien im stärkeren Maße Kandidatinnen nominieren und damit insgesamt der Frauenanteil im Parlament und an der Regierungsspitze im Vergleich zu den klassischen weniger personenorientierten Verfahren (personalisiertes Verhältniswahlrecht und indirekte Wahl der Regierungsspitze) erhöht wird. Dieser frauenfördernde Effekt tritt allerdings beim Mehrheitswahlrecht in deutlich geringerem Maße als beim Verhältniswahlrecht mit freier Liste auf, das vor allem durch die stärkere Zentralisierung des Nominierungsprozesses und die soziale Ausbalancierung bei großen Personalpaketen seine positive Wirkung auf die Frauenrepräsentanz entfacht. Der Zeitvergleich mit der indirekt gewählten Verwaltungsspitze in Nordrhein-Westfalen verdeutlicht dennoch, dass auch die Direktwahl in limitiertem Maße die Frauenrepräsentanz erhöht, indem Frauen in den großen Parteien sich bei schwierigerer Ausgangslage der eigenen Partei (also bei „unsicheren Tickets" und zu erwartender, geringerer innerparteilicher Konkurrenz) vermehrt in der Nominierungsphase durchsetzen können, wie das Beispiel der SPD in Nordrhein-Westfalen gezeigt hat.

Im Gegensatz zum Rational-Choice-Institutionalismus wurde in unserer Untersuchung deutlich, dass die Frauenrepräsentanz zwar durch Wahlverfahren in einem erheblichen Maße beeinflusst wird, aber nicht die Wählerpräferenzen in Deutschland, sondern mikropolitische Angebotseffekte in den Parteien hierfür verantwortlich sind. Damit deuten wir Parteien nicht als einheitliche Akteure, die nur auf die Wählernachfrage reagieren, wie dies häufig der Rational-Choice-Institutionalismus modellartig annimmt. Bei Mehrheitswahlrechtselementen werden beispielsweise nicht deshalb weniger Frauen aufgestellt, weil die Parteien meinen, dass die Wählerschaft in diesem Fall des „Duells" weibliche Kandidaturen weniger unterstützen würde. Die Parteien in Nordrhein-Westfalen gingen in unseren Fallstudien davon aus, dass im Gegenteil die Wählerschaft eher Frauen präferieren könnte, während sie eher die in den Ortsvereinen dominanten Männer bei Direktkandidaturen bevorzugen.

Insgesamt ist damit stärker die Wirkung des Wahlrechts auf die innerparteilichen Nominierungsprozesse und Akteurskonstellationen für die Frauenrepräsentanz verantwortlich, bei allerdings weiterhin zu berücksichtigenden Effekten auf den Parteienwettbewerb und die Wählernachfrage. Ein stärker personenorientiertes Wahlrecht führt dazu, dass die in den meisten Parteien männlich dominierten Führungszirkel weniger direkten Zugriff auf lukrative Ämter und Mandate durch informelle Absprachen haben, den sie häufiger auch aus Eigeninteresse ausüben. Stattdessen müssen sich die Kandidaturen stärker der Öffentlichkeit und den formellen Parteigremien mit teilweise verbindlichen Quoten stellen, mit der durchschnittlichen Wirkung, dass sich bei einer nicht diskriminierenden Wählerschaft die männlich zentrierten Karrierepfade in Partei und Regierung unter medialen, elektoralen und innerparteilichen Druck etwas stärker für Frauen öffnen. Das Wahlrecht nimmt damit eine wichtige Weichenvorstellung vor, in welcher Arena und mit wie viel Öffentlichkeit Personalentscheidungen in den Parteien faktisch getroffen und legitimiert werden, und hat dadurch einen erheblichen Einfluss auf die politische Frauenrepräsentanz in Deutschland (vgl. die Abb. 56).

Dabei ist es, wie am Beispiel der SPD in der Stadt B im Rahmen unserer vergleichenden Fallstudien gezeigt, bei einem starken Gleichstellungsengagement der Parteifrauen durchaus möglich, die Wahlrechtshürden der personalisierten Verhältniswahl im Einzelfall durch informelle und formelle Zentralisierung im Nominierungsverfahren zu überbrücken. Aber im Durchschnitt zeigt die Wahlstatistik in NRW-Großstädten, dass sich wohl nur wenige Kreisverbände und mikropolitische Akteurinnen so stark engagieren, sondern sich die männlichen Direktkandidaturen aus den Ortsvereinen überwiegend durchsetzen können.

Zugleich gerät mit der Berücksichtigung der Mikropolitik auch stärker die erhebliche Varianz zwischen den Parteien bei der Aufstellung von weiblichen Kandidaturen in den Blick. Der stärkere Einbezug der Mikropolitik muss dabei nicht dazu führen, dass letztlich keine verallgemeinerbaren Aussagen getroffen werden können und der Nominierungsprozess in jeder Partei und in jeder Kommune wieder empirisch intensiv untersucht werden muss. Vielmehr lassen sich anhand relativ einfach ermittelbarer Indikatoren Erwartungen über das durchschnittliche Nominierungsverhalten von Parteifamilien bei konstantem Wahlrecht formulieren.

Neben der Höhe und Verbindlichkeit der Quote ist insbesondere die Parteiidentität, die nach Parteifamilie in Deutschland stark variiert, für die Höhe der Frauenrepräsentanz im Parlament und vor allem an der

Spitze verantwortlich, wobei sich die Besetzung an der Parteispitze mit hohen Männeranteilen häufig reproduziert. Die Unterschiede der Parteiidentität und ihrer Auswirkungen auf die Frauenrepräsentanz dürfte am Beispiel der CDU und der Grünen deutlich geworden sein. Von zentraler Bedeutung ist insbesondere auf kommunaler Ebene der Druck von aktiven weiblichen Parteimitgliedern auf die Einhaltung von Quoten und Quorumsbeschlüssen. Dies hängt, wie in der Untersuchung verdeutlicht, auch mit dem Organisationsgrad und der Gemeindegröße zusammen. Eine generell niedrige Anzahl von aktiven weiblichen Parteimitgliedern kann bei niedrigen Gemeindegrößen und Organisationsgraden häufig dazu führen, dass die Quoten gar nicht „ausgelöst" werden, weil vor Ort nicht genügend aktive Frauen in den Parteien die Umsetzung einfordern bzw. eine Kandidatur aktiv und konfliktbereit anstreben.

Als Ergebnis unserer Untersuchung ist festzuhalten, dass das System der freiwilligen Parteiquoten in den Kommunen deshalb durchschnittlich weniger effektiv ist. Formal abgesicherte Teilhaberechte für Frauen in Parteistatuten wirken häufig nur dann, wenn Frauen auf die hierdurch reservierten Listenplätze (in Abhängigkeit vom Wahlrecht) drängen oder wenn der Parteienwettbewerb um Frauenrepräsentanz stark ausgeprägt ist.

Diese Erfolgsbedingungen werden mit abnehmender Gemeindegröße zunehmend unwahrscheinlich, so dass höhere Frauenrepräsentanz auf dem Pfad der freiwilligen Parteiquoten in diesen Fällen kaum noch institutionell steuerbar ist bzw. vor allem dann von den informellen Parteinormen abhängt. Insgesamt deutet dies darauf hin, dass der Reformpfad der freiwilligen Parteiquoten in Kommunen unter 50.000 Einwohner(innen) in der Regel nicht dieselben Erfolge erzielen kann wie in Großstädten oder auf Landes- und Bundesebene, zumal in dieser Gemeindegröße Parteien und Wählergemeinschaften ohne klare Quotenregelungen dominieren. Dies könnte aufgrund der quantitativen und qualitativen Bedeutung dieser Gemeindegrößenklassen auch rechtspolitisch ein zentrales Argument dafür sein, auf einen anderen Reformpfad in den Kommunen in Richtung gesetzliche Geschlechterquoten mit klaren Sanktionen umzuschwenken, der deutlich effektiver ist, wie das Beispiel auch der kleineren französischen Kommunen zeigt.

In Bezug auf die bisherigen Annahmen der Gender-Forschung bleibt festzuhalten, dass sich die deutschen Parteien in den Kommunen gerade nicht als durchschnittlich besonders quotentreu erweisen. In deutschen Kommunen durchschnittlicher Größe ist Quotentreue eher der Ausnahme- als der Regelfall.

Abbildung 56: Das Wahlrecht als Weichensteller für Frauenrepräsentanz

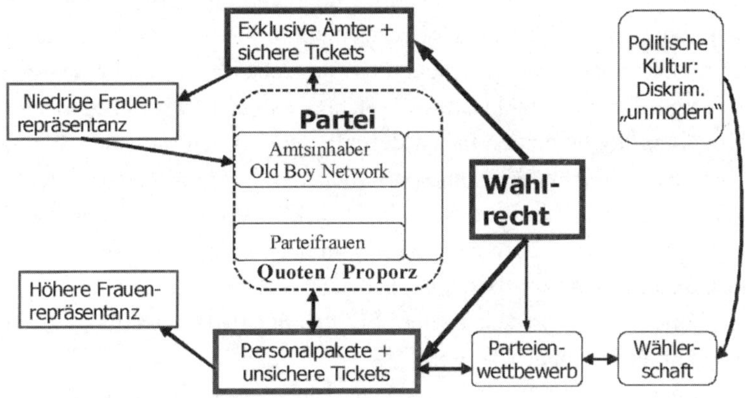

Quelle: eigene Darstellung

In der detaillierten Analyse in den Fallstudien ergaben sich aber auch Hinweise, dass das Wahlrecht etwas unterschiedlich auf die Frauenrepräsentanz in der CDU und SPD wirkt, weil die mikropolitische Ausgangslage der Frauen in der CDU durchschnittlich noch deutlich schwieriger ist als in der SPD. Die Akteurinnen in der CDU bekämpfen sich in unseren Fallstudien vorwiegend gegenseitig und haben keinen Zugang zur Kreisarena, in denen reine Old-Boys-Networks die Szenerie dominieren. Führungsämter sind hier ausschließlich Männersache und der Kreisvorsitz dient zum Aufstieg und zur Absicherung in der Berufspolitik. Bei zum Teil durchaus hoch qualifizierten und gleichstellungspolitisch motivierten Parteifrauen führen diese männlich dominierten Parteistrukturen zu Ernüchterung, Streit, Stress und nach Selbstauskünften zu gesundheitlichen Problemen. Dies konnte in dieser Form nicht annähernd für die SPD und die Grünen festgestellt werden. Zum Teil könnte dies darauf zurückgeführt werden, dass der Quorumsbeschluss nicht greift, die Frauen deshalb nicht bei höherer Repräsentanz gemeinsam handeln können, sondern gerade dann in einen intensiven Wettbewerb untereinander geraten und damit gegenüber den in den Führungsetagen dominanten Old-Boys-Networks einflusslos sind.

Bei diesen für Frauen stark variierenden Parteistrukturen ist es dann auch erklärlich, dass das Wahlrecht bei der CDU einen geringeren Einfluss auf die Nominierungsprozesse von Kandidatinnen hat als in der SPD. Auch bei zentraler Listenaufstellung sind die Parteifrauen in der CDU kaum in der Lage auf der Kreisebene zumindest gemeinsam stärker auf die Einhaltung des niedrigen Quorums einzuwirken. Die prozedural verbindlichen Regeln dieses Beschlusses bei vielen substanziellen Ausnahmemöglichkeiten haben deshalb auch in den Fallstudien keine erkennbaren Wirkungen. Innerparteilich stehen die Kreisvorsitzenden kaum unter Rechtfertigungsdruck. Eine Einhaltung des Quorums ist bestenfalls in den Fällen zu erwarten, in denen die CDU (genauso wie die CSU ohne Quorumsbeschluss in den bayerischen Großstädten) durch eine hohe Frauenrepräsentanz der SPD über den Parteienwettbewerb von außen unter Druck gesetzt wird.

Gerade bei den letztgenannten Untersuchungsergebnissen muss aber darauf hingewiesen werden, dass insgesamt nur wenige Akteure in die qualitativen Fallstudien einbezogen werden konnten und damit die mikropolitische Situation von Frauen im Parteienvergleich und der Einfluss von Old-Boys-Networks deshalb nur hypothesen- und umrissartig skizziert wurden. Ob sich diese Hypothesen erhärten lassen und sich gar als repräsentativ für die Großstadtparteien herausstellen werden, kann nur die weitere empirische Forschung ergeben.

Bei den hier formulierten Einschränkungen ist aber zu bedenken, dass es zu der in dieser Untersuchung gewählten Forschungsstrategie, die quantitative Aggregatdatenanalyse mit qualitativ-vergleichenden Fallstudien ergänzt und zusätzlich anhand einschlägiger Gerichtsurteile und bereits vorliegender empirischer Untersuchungen die kommunalen Machstrukturen und Nominierungsprozesse kritisch rekonstruiert, nur wenig realisierbare Alternativen geben dürfte. Schriftliche Befragungen von kommunalen Akteuren mit deutlich höheren Fallzahlen bieten hierzu sicherlich keine sinnvolle Alternativen, weil so in der Regel nicht seriös mikropolitische Kämpfe und Diskriminierungserfahrungen in Organisationen erhoben werden können. Der Nutzen quantitativer Befragungen kommunaler Entscheidungsträger, die wir in anderen Kontexten häufiger durchgeführt haben und für sinnvoll halten, ist also gerade für die Analyse der Ursachen der Frauenunterrepräsentanz nur sehr begrenzt gegeben. Hier können in der Regel nur soziodemographische Daten und allgemeine inhaltliche Statements abgefragt werden, die auch nur beim Einbezug männlicher Kommunalpolitiker im Vergleich sinnvoll interpretierbar sind. Zudem bleibt zu berücksichtigen, dass schriftliche Befragungen eher dazu tendieren sozial erwünschte Antworten zu produzieren und dies gerade für den Bereich der Frauenförderung in Organisationen gelten dürfte, gegen die häufig vorwiegend verdeckter Widerstand geleistet wird. Die Sozialstrukturdaten der Kommunalpolitikerinnen schließlich sind ebenfalls für diese Ursachenanalyse nur wenig aussagekräftig. Sie beziehen sich gerade auf die Frauen, die trotz reklamierter erheblicher Zeitbelastungen kommunalpolitisch tätig sind und lassen keine sinnvollen Rückschlüsse auf einen vermeintlich zu kleinen Kandidatinnenpool zu.

Empirische Studien, die die Parteien als Gatekeeper und damit zentrale Verursacher von Unterrepräsentanz untersuchen wollen, sind damit gerade auch nach unseren Erfahrungen bei der Durchführung dieser Fallstudien zwingend auf Intensivinterviews und deren detaillierte Auswertung angewiesen. Dabei sind die von uns insgesamt analysierten verschriftlichten 30 Intensivinterviews in der Regel für qualitative, wissenschaftliche Untersuchungen schon die Obergrenze des Leistbaren. Zugleich hat sich gezeigt, wie wichtig, qualitativ vergleichende Studien mit kontrolliertem Untersuchungsdesign und begründeter Fallauswahl sind, deren Selektivitäten wiederum durch breiter angelegte wahlstatistische Analysen, multivariate Aggregatdatenanalyse und Dokumentenanalyse reflektiert werden können.

Als ein alternatives Forschungsdesign bietet sich aus unserer Sicht fast nur die Fokussierung der Interviewpartner auf eine durch die Auswertung von Statistiken auswählbare Problemkommune oder Problempartei (in Bezug auf die Frauenunterrepräsentanz) an, so dass hier deutlich mehr Akteurinnen in einer Fallstudie einbezogen werden könnten, wobei sich dann die Aussagen allerdings nur auf einen einzigen Extremfall konzentrieren können.

Dabei handelt es sich bei den qualitativen Fallstudien und Dokumentenanalysen zu Korruptionsfällen sicherlich nur um die „ersten Gehversuche“, um innerparteiliche und parteiübergreifende Machtprozesse in den deutschen Großstädten, die zum Teil jenseits von Parteisatzungen, Kommunalverfassungen und Grundgesetz verlaufen, methodisch aus der Genderperspektive zu erfassen.

Andere wissenschaftliche Disziplinen, wie die Soziologie und die Wirtschaftswissenschaft, machen aber in vielen empirischen Untersuchungen vor, wie beispielsweise Old-Boys-Networks und mikropolitische Prozesse zumindest in einzelnen Organisationen gut erfasst werden können. Empirisches Interesse der Forschung vorausgesetzt, entzieht sich der Untersuchungsgegenstand als informelle, nichtöffentliche und häufig normabweichende Machtstruktur nicht grundsätzlich der wissenschaftlichen Analyse.

Dass bisher kaum mikropolitische Studien zu deutschen Parteien vorliegen, verweist zugleich darauf, dass dies nicht nur auf die traditionell kritisierte Geschlechtsblindheit der Politikwissenschaft zurückgeführt werden kann.

Wenn führende Parlamentarismusforscherinnen für Deutschland feststellen müssen, dass zur Aufstellung von Landtags- und Bundestagsabgeordneten überhaupt keine umfassenden empirischen Studien vorliegen (Schüttemeyer 2002: 147), nachdem die Parteien- und Parlamentarismusforschung seit Jahrzehnten zu den etablierten Subdisziplinen der Zunft gehören, dann muss das wohl darauf zurückgeführt werden, dass das Interesse am innerparteilichen Leben als eigentlich zentralen Forschungsgegenstand in einer Parteiendemokratie offensichtlich nicht sehr ausgeprägt ist (Wiesendahl 1998). Für eine vom Anspruch her zunehmend empirisch orientierte Wissenschaft ist dies schon ein ziemlich irritierender Zustand.

Bisher signalisierten zu sehr grundsätzliche Bekenntnisse zur bundesdeutschen Parteiendemokratie und den vielfältigen Parteifunktionen die Zugehörigkeit zur politikwissenschaftlichen Gemeinde. Das Forschungsinteresse an den in den Parteien tobenden mikropolitischen Kämpfen, an Ämterpatronage, an hierarchischen Machtstrukturen und an Korruption war und ist wohl aufgrund dieser normativen Engführung nur wenig ausgeprägt. Wer sich mit diesen Schattenseiten zu intensiv befasst und

Parteien, wie beispielsweise Hans Herbert von Arnim, schärfer kritisiert, ist schnell im Verdacht, „den Kritikern der Demokratie überhaupt in die Hände zu arbeiten" (von Alemann 2000: 183) und wird in einer Reihe mit antidemokratischen Intellektuellen, die maßgeblich zur Entstehung des Dritten Reichs beigetragen haben, gestellt (vgl. z. B van Ooyen 2006; Wirthensohn 1999). Sicherlich kann man die von Arnimschen Reformvorschläge kritisieren, wie wir es zum Teil auch in diesem Buch getan haben, aber man muss sich doch mit den empirisch ermittelbaren Folgen solcher Reformen befassen, anstatt sie aus dem demokratisch zulässigen Spektrum mehr oder weniger deutlich auszugrenzen.

Durch diese und ähnliche Denkblockaden und -verbote[45] weiß die Politikwissenschaft sicherlich viel darüber, was die Parteien für wichtige demokratische Funktionen haben könnten, was Parteien und Parlamentarier tun sollten und warum sie eigentlich deshalb von der Wählerschaft mehr geschätzt werden müssten, nur was die aktiv Handelnden in deutschen Parteien tatsächlich tun, bleibt ihr zu häufig rätselhaft und fremd.

Es fehlt also in der Politikwissenschaft an empirischen und mikropolitischen Parteistudien, die *auch* Genderaspekte berücksichtigen, um einerseits die Probleme und Leistungen von Parteien empirisch besser einzuschätzen und andererseits realitätstüchtige Reformkonzepte für die unfraglich in die Krise geratene Parteiendemokratie entwickeln zu können.

Ein empirisches Ergebnis unserer vier Fallstudien: Diese politische Krise wird von den Parteiakteuren vor Ort nur sehr begrenzt als ernsthaftes Problem wahrgenommen. Während in empirischen Analysen davon ausgegangen wird, dass sich die Zahl der Parteimitglieder in Deutschland im Jahre 2015 im Vergleich zu 1990 halbiert haben wird (Wiesendahl 2006: 36), erklären die Parteivorsitzenden, dass die Mitgliederentwicklung vor Ort noch vergleichsweise gut ist und verweisen darauf, wie schwer es ist bei vielen Aktiven sich in der Kreisarena in seiner Funktion zu behaupten. Die Mitgliederrekrutierung wird so auch weitgehend an die Ortsvereine delegiert, über deren gemeinschaftliche Selbstbezüglichkeit die Kreisvorsitzenden bereitwillig Auskunft erteilen.

45 Vgl. ausführlich mit vielen weiteren Belegen Holtkamp 2008.

Selbst wenn darin zum Beispiel ein ernsthaftes Problem erkannt werden sollte, dass allein von 1990 bis 2005 die kommunale Wahlbeteiligung in Deutschland durchschnittlich von 71% im Sturzflug auf 48,8% Prozentpunkte gesunken ist (Vetter 2008), so gibt es kein ausgeprägtes Interesse der Volksparteien in den Großstädten sich wieder um eine stärkere gesellschaftliche Verwurzelung zu bemühen.

Da mögen die Parteienforschung gemeinsam mit den Parteizentralen für eine stärkere gesellschaftliche Vernetzung der Parteien und einen stärkere Öffnung gegenüber parteiungebundenen bürgerschaftlichen Engagement werben (Florack et al. 2005: 107) – aber wen interessiert das von den Parteiakteuren konkret? Wer soll in den Volksparteien vor Ort der Träger dieser Parteireformen, aufgrund welcher Interesse und kognitiven Orientierung werden?[46] Weder die selbstbezüglichen, ehrenamtlichen Gemeinschaften in den Ortsvereinen scheinen in unseren Fallstudie zu dieser gesellschaftlichen Öffnung im starken Maße motiviert zu sein, noch die zentralen Akteure in den Kreisverbänden, die das herausgehobene Ehrenamt bei sinkendem Aktivenanteil zunehmend als „sicheres Ticket“ für horizontale und vertikale berufspolitische Karrieren nutzen können. Die Akteure in den von uns untersuchten Großstadtparteien können offensichtlich auch mit rapide sinkender Wahlbeteiligung, Mitgliederschwund und sukzessiver innerparteilicher Vergreisung leben. Die Parteiendemokratie in den Großstädten kommt offensichtlich aus der Akteurssicht (noch) ganz gut auch ohne neue Mitglieder und Wähler aus.

Wenn diese hier nur grob skizzierten Interessenlagen und Orientierungen typisch für die Volksparteien sind, was in weiteren mikropolitischen Studien noch näher untersucht werden könnte, dann wäre es die Aufgabe einer sich immer noch auch normativ verstehenden Parteienforschung, Interessen und mögliche Träger für Reformen vor Ort zu identifizieren und realisierbare Vorschläge zum Beispiel zu deren Stärkung zu entwickeln. Ohne institutionelle Reformen sind aufgrund der dominierenden

46 Wir schließen an dieser Stelle die teilweise in der Politikwissenschaft empfohlene Einstellung von hauptamtlichen Parteimanagern für alle Lokalparteien aus, die angesichts der Höhe der Parteienfinanzierung und -verdrossenheit wohl kaum politisch zu vermitteln und umzusetzen ist.

Interessen und Machtstrukturen in den großstädtischen Volksparteien aber aus unserer Sicht kaum grundlegende Reformen zu erwarten.

Damit ergibt sich abschließend auch ein möglicher Brückenschlag zwischen den normativen Konzepten der Parteien- und Gender-Forschung. Eher unwahrscheinlich ist es vor dem Hintergrund unserer Untersuchungsergebnisse zwar, dass die Volksparteien von sich aus vor Ort die Werbung von Frauen aufgrund sinkender Mitgliederzahlen stark forcieren werden. Aber die im nächsten Kapitel als Praxisempfehlung vorgeschlagene Kombination von gesetzlichen Kandidatenquoten und Verhältniswahlrecht mit freien Listen würde nicht nur die Frauenrepräsentanz in den Kommunalparlamenten erhöhen, sondern auch zu einer stärkeren gesellschaftlichen Öffnung führen. Würde dies in den Kommunen flächendeckend umgesetzt, würden im erheblichen Maße die lokalen Parteieliten ausgetauscht und die Parteien auch für Seiteneinsteigerinnen geöffnet. Die Ergebnisse unserer Untersuchung und der gender-orientierten Organisationsforschung legen nahe, dass der damit zu erwartende deutlich höhere Frauenanteil in den lokalen Parteiorganisationen zugleich auch zu einer strukturellen Veränderung der Ortsvereinsarbeit führen könnte. Die empirischen Ergebnisse unserer Fallstudien zeigen, dass Frauen aus der Sicht beider Geschlechter eher einen kommunikativen, inhaltlich fokussierten und zeiteffizienten Führungsstil bevorzugen, während die bisher männlich dominierte Ortsvereinspraxis – hierarchisch-bürokratisch, zeitintensiv und wenig inhaltliche Diskussionen – auf potentielle Interessent(innen) eher abschreckend wirken dürfte.

Die starke Erhöhung des Frauenanteils durch hohe gesetzliche Ratskandidatinnenquoten könnte im günstigsten Fall dazu führen, dass auch in den bisher männlich dominierten Lokalparteien die kritische Masse für Organisationsreformen erreicht wird (Ortmann 2005: 115), die stärker den Bedürfnissen von Frauen und politisch Interessierten ohne langjährige Parteisozialisation Rechnung tragen bzw. das Frauen häufiger auch Leitungsfunktionen wahrnehmen und einen offneren und stärker inhaltlichen fokussierten Kommunikationsstil durchsetzen. Alle bisher zur Öffnung der Parteien in der Politikwissenschaft entwickelten Konzepte scheinen zumindest stärker der Orientierung der Parteifrauen als den der meist männlichen Orts- und Kreisvorsitze zu entsprechen, deren mögliche

Tendenz zu hierarchischen, bürokratischen und durchaus auch manchmal aggressiv-kämpferischen Ritualen in der Parteiorganisation auf nicht wenige Neulinge (beiderlei Geschlechts) abschreckend wirkt.

Für die empirisch orientierte Parteien- und Gender-Forschung ist mit dieser Erwartung in ihrer optimistischen Variante zugleich eine interessante, auch international vergleichend anzulegende, Forschungsperspektive markiert: Verhalten sich „feminine Parteien“ anders (Geser 2009), praktizieren sie andere Formen von innerparteilicher Demokratie und sind sie für Parteineulinge tatsächlich attraktiver? Und wie wirken sich gesetzliche Kandidatinnenquoten auf den weiblichen Anteil an den Aktiven und den Führungspositionen in der Lokalpartei aus und welchen Einfluss hat dies auf innerparteiliche Strukturen in den Kommunen? „Do gender matter?“ in Bezug auf die innerparteiliche Demokratie und die gesellschaftliche Verankerung der Partei könnte somit eine über unsere Studie hinausgehende, interessante Perspektive für eine gender-sensible Parteienforschung sein, für die allerdings bisher in Deutschland nur sehr wenige Ansätze erkennbar sind.

13 Folgerungen und Reformvorschläge für die politische Praxis

Entsprechend dem Fokus und der Ergebnisse der empirischen Analyse wollen wir uns im Folgenden auf institutionelle Reformvorschläge konzentrieren, die über das Superwahljahr 2009 hinausweisen, dann aber eine nachhaltige und zügige Wirkungen entfalten können. Damit soll nicht suggeriert werden, dass Reforminstrumente und -kampagnen, die auf eine Veränderung der politischen Kultur, der sozialstrukturellen Bedingungen von weiblicher Partizipation oder ein individuelles Kompetenz- und Gendertraining abzielen, wirkungslos sind. Aber für die konkrete Aufgabe der Erhöhung der deskriptiven Frauenrepräsentanz in den Parlamenten sind diese Maßnahmen wenig zielgenau und können bestenfalls langfristig zu nachhaltigen Veränderungen der Frauenrepräsentanz führen. Institutionelle Reformen, die insbesondere auf den öffentlichen Parteienwettbewerb und die Nominierungsprozesse in Parteien abzielen, dürften demgegenüber durchschnittlich schnellere Fortschritte erbringen. Sie zielen vorrangig auf die in den meisten deutschen Parteien dominanten Amtsinhaberinteressen und Old-Boys-Networks und setzen damit an Parteien als die wesentlichen Verursacher ausgeprägter Frauenunterrepräsentanz an. Die gerade in den qualitativen Fallstudien deutlich gewordenen Interessen der parteiinternen Akteure, das beachtliche Machtgefälle bei ausgeprägter Frauenunterrepräsentanz insbesondere in der Union und die Persistenz von internen Konfliktregelungs- und Kommunikationsmustern begründen erhebliche Zweifel daran, dass Frauenunterrepräsentanz allein durch Überzeugungs- und individuelle Trainingsmaßnahmen aufgebrochen werden kann. Bestenfalls kann durch Gendertraining, die Fähigkeit von einzelnen weiblichen Ratsmitgliedern verbessert werden, Frauennetzwerke und weibliche Führungspositionen in der Lokalpartei aufzubauen und mikropolitische Strategien gegen Old-Boys-Networks zu erlernen. Im Fall aber der beispielsweise in den westdeutschen Untersuchungsgroßstädten für die CDU beschriebenen

Parteistrukturen und der schwierigen mikropolitischen und institutionellen Ausgangslage von Parteifrauen sind erhebliche Zweifel angebracht, ob hiermit tatsächlich eine positive Wirkung im Sinne der Adressatinnen und der höheren Frauenrepräsentanz zu erwarten ist. Im kreisangehörigen Raum und in Ostdeutschland dürfte die Ausgangslage von Parteifrauen zudem durchschnittlich sicherlich nicht besser sein.

Hier können kurz- und mittelfristig wohl nur institutionelle Anreize eine überzeugende, flächendeckende Lösung anbieten, deren Einsatz hinsichtlich ihrer Prägekraft und den Akteuren einräumenden „Freiheitsgraden" nach dem Ausmaß der Frauenunterrepräsentanz variiert werden können. Formen des institutionalisierten Wettbewerbs (Gender-Ranking etc.) sind beispielsweise in ihrer Wirkung auf die Frauenrepräsentanz sicherlich stark vom kontingenten Handeln der Parteiakteure abhängig. Allerdings ist es unwahrscheinlich, dass gesetzlich definierte Kandidatinnenquoten auf Akzeptanz stoßen, sofern die Frauenunterrepräsentanz nicht besonders stark ausgeprägt ist. Von daher sollten Initiativen, die eine derartige Eingriffstiefe empfehlen, schwerpunktmäßig bei Formen besonders ausgeprägter Frauenunterrepräsentanz eingesetzt werden. Kommen wir also zunächst zu den am wenigsten einschneidenden Reformen, die einerseits zwar eher eine begrenzte Wirkung erwarten lassen, dafür aber auch aufgrund ihrer hohen öffentlichen Akzeptanz zügig und unproblematisch als erster Schritt zur Erhöhung der Frauenrepräsentanz umsetzbar sein dürften.

13.1 Intensivierung des Wettbewerbs durch Institutionalisierung

Für die Bundesregierung sollte es möglich sein, die in den Landesämtern nach unterschiedlichen Kriterien emsig gesammelten Daten zur kommunalen Frauenrepräsentanz zu vereinheitlichen. Dann könnte die Bundesregierung in ihren Gender-Berichten und entsprechenden Kampagnen auch auf amtliche und einheitliche Daten zurückgreifen. Zudem könnte ein Internetportal mit einem Gender-Ranking der Kommunen nach schwedischem oder norwegischem Vorbild kostengünstig realisiert werden. Ein erstes Beispiel für ein solches Gender-Ranking haben wir in unserem Buch (und Vorabveröffentlichungen im Rahmen des Forschungsprojekts) für die Großstädte bereits entwickelt, das ohne größeren Aufwand sicherlich auch von anderen Institutionen fortgeschrieben oder weiterentwickelt werden könnte. Die starke Resonanz der Regionalpresse auf dieses Gender-Ranking hat dazu geführt, dass die Akteure vor Ort sich vielfach erstmals mit Fragen der Frauenunterrepräsentanz konfrontiert sahen und sich zu den Platzierungen ihrer Stadt äußern mussten. Einige Städte haben bereits die Platzierung in unserem Ranking an prominenter Stelle auf ihrer Internetseite präsentiert, und andere Städte geben hier sogar die Frauenrepräsentanz im Rat getrennt nach Fraktionen an. So können der interkommunale Leistungswettbewerb und der Parteienwettbewerb für eine höhere Frauenrepräsentanz mit einfachen Mitteln und sofort umsetzbaren Ratsanträgen angespornt werden. Während sich zuvor viele Kommunen dem interkommunalen Wettbewerb in vielen anderen Politikfeldern im Zuge des New Public Management entzogen haben, indem sie Daten nur weitergaben, wenn ihre Platzierung gerade nicht veröffentlicht wird, stellen sich diese Probleme im Gender-Ranking nicht. Die hierfür nötigen Informationen müssen von den Kommunen veröffentlicht werden, weil die Bürgerschaft ein Recht darauf hat, die Namen von führenden Kommunalpolitiker(innen) zu erfahren. Nur dadurch war auch ein „Outen der Klassenletzten" möglich, die in der Lokalzeitung auch schon Besserung gelobt haben. Letztlich wird es aber auch eine Aufgabe der Parteien mit hoher Frauenrepräsentanz vor Ort bleiben diesen Wettbewerbsvorteil in Großstädten zu nutzen und konsequent Parteien und Wählergemeinschaften mit extrem niedriger Frauenrepräsentanz als „unmodern" und Männerbund zu „outen". Darüber hinaus könnten auch interne Rankings der Bundesparteien sinnvoll sein, um ein effektives Monitoring bei der Implementation von Parteiquoten vor Ort gewährleisten zu können.

Diese Wirkung von Rankings ist bereits auf internationaler Ebene hinreichend bekannt. Keiner will als unmodern „geoutet" werden, was in einigen Staaten zur Einführung von gesetzlichen Kandidatinnenquoten beigetragen hat. Mit dem kontinuierlichen interkommunalen Wettbewerb hat man einen ähnlichen Governance-Mechanismus zur Verfügung, der zumindest bei lernwilligen Akteuren greifen kann, aber durch Wahlrechtsreformen für einen transparenten Wettbewerb insbesondere in den nordrhein-westfälischen Kommunen ergänzt werden sollte.

13.2 Reform des personalisierten Verhältniswahlrechts

Das personalisierte Verhältniswahlrecht ist dringend reformbedürftig. Kumulieren und Panaschieren bietet hierzu sicherlich nicht nur auf der Kommunalebene eine attraktive Alternative, die auf einen hohen Wählerzuspruch trifft und durchschnittlich zu einer höheren Frauenrepräsentanz in den Parlamenten beitragen kann.

Die für die Erhöhung der Frauenrepräsentanz in der Gender-Forschung hoch gehandelte Alternative des reinen Verhältniswahlrechts mit starren Listen dürfte aufgrund der Entwicklungen des Wahlrechts in Deutschland nicht durchsetzbar sein. Damit würde sich der Eindruck verstärken, dass die politische Klasse sich auf allen föderalen Ebenen gegenüber der Wählerschaft weitgehend absichern will. Einzelne Politiker(innen), die die Wählerschaft für nicht mehr tragbar hält, könnten noch weniger durch Abwahl zur Verantwortung gezogen werden als beim personalisierten Verhältniswahlrecht. Dies würde nicht nur zu erheblichen Legitimationsproblemen führen, sondern derartige Reformabsichten könnten mit Volksentscheid und Abwahl sanktioniert werden, so dass die Landesregierungen schon aus wohlverstandenen Eigeninteressen eine solche Diskussion vermeiden werden.

Als Reformvorschlag bietet es sich dementsprechend angesichts der kommunalen Untersuchungsergebnisse an, für eine Abschaffung des personalisierten Verhältniswahlrechts durch die Einführung von Kumulieren und Panaschieren für alle Kommunen und die Landesebene zu plädieren. Das ist im Stadtstaat Hamburg bereits heute Realität. Bei einer Übertragung dieses Wahlrechts auf die Landesebene gilt es allerdings zu prüfen, ob nicht andere wesentliche Funktionen des Wahlrechts dadurch beeinträchtigt werden könnten (Regierungsfähigkeit, parlamentarische Kontrollfähigkeit etc.). Die bisher zu den allgemeinen Leistungen und Problemen dieses Wahlrechts vorliegenden empirischen Kommunalstudien geben aber keine Hinweise, dass hierdurch andere Funktionen des Wahlrechts entscheidend unterminiert werden (Holtkamp 2008). Während das Verhältniswahlrecht mit freien Listen zumindest prinzipiell eine attraktive Reformoption für das Landtagswahlrecht ist, kann eine Direktwahl der Ministerpräsident(innen) nicht empfohlen werden.

Zwar dürfte so nach Vorbild der größeren Kommunen eine Erhöhung der Frauenrepräsentanz in der Regierungsspitze möglich sein, aber hierdurch würde das parlamentarische System nachhaltig verändert. Einerseits dürften hier, wie im neunten Kapitel gezeigt, bei gleichläufigen Mehrheitsverhältnissen die Ministerpräsidenten eine extrem starke Machtposition erringen, was aber bei weitergehenden Kompetenzen und Aufgaben auf der Landes- als auf Kommunalebene zu einer sehr geringen demokratischen Kontrolle dieses „exekutiven Führers" beitragen dürfte. In diesen Konstellationen stellen sich damit gravierende Legitimationsprobleme, und diese Regierungsform ist kaum mit dem konkurrenzdemokratischen parlamentarischen Grundverständnis vieler Akteure vereinbar.

Andererseits drohen im Falle der Kohabitation Blockadesituationen auf der Output-Seite, die ein effektives Regieren nachhaltig erschweren dürfte. Die Direktwahl sollte somit nicht auf der Landesebene eingeführt werden. Für die kommunale Ebene ist darauf zu achten, dass durch die Abschaffung der Stichwahlen nicht die Fortschritte im Bereich der Frauenrepräsentanz zurückgedreht werden und der transparente Parteienwettbewerb eingeschränkt wird. Bereits im Vorfeld der Bürgermeisterwahlen in NRW zeigt sich, dass die Abschaffung der Stichwahl dazu führt, dass in intransparenten Koalitionsgesprächen Einfluss auf das Kandidatenangebot genommen wird, was bis hin zur systematischen Wählertäuschung führen kann. Hierdurch entstehen bei den Akteuren sehr eigenwillige Anreize, deren Folgen nach der Kommunalwahl zu evaluieren sind.

13.3 Einführung von gesetzlichen Kandidatinnenquoten

Ist die geschlechterparitätische Repräsentanz mittelfristig das Ziel, werden die empfohlenen Wahlrechtsreformen nicht ausreichend sein. Hierfür ist insbesondere mit Blick auf die kreisangehörigen Kommunen eine Kombination des Verhältniswahlrechts mit freien bzw. losen Listen mit gesetzlich festgeschriebenen Kandidatinnenquoten erforderlich.

Bisher ist die verfassungsrechtliche Umsetzbarkeit eines Paritätsgesetzes in Deutschland nach Vorbild der französischen Kommunen aber umstritten. Allerdings bezieht sich die mehrheitliche Ablehnung der

Abbildung 57: Neues Wahlrechtsmodell

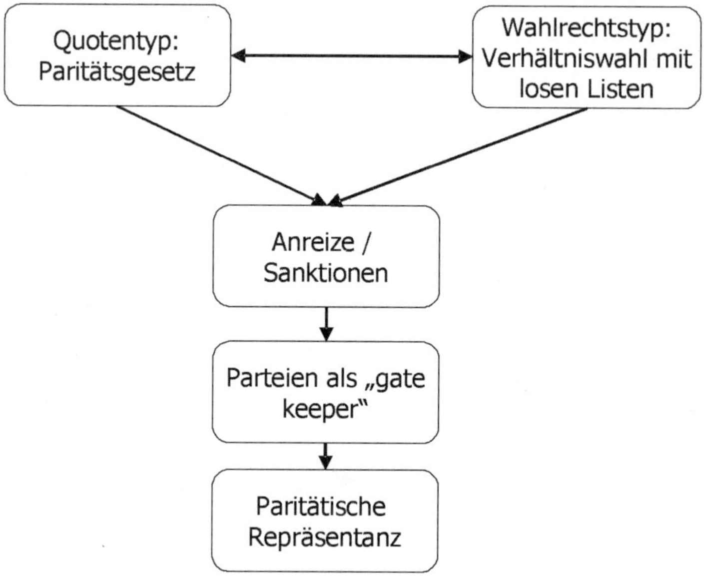

Quelle: eigene Darstellung

Verfassungsmäßigkeit überwiegend auf Einschätzungen von Quoten noch vor der Verankerung des Verfassungsgebots einer tatsächlichen Gleichstellung von Frauen und Männern im Grundgesetz (Art. 3 II 2 GG).

In einer aktuellen Veröffentlichung hat die Bundesministerin der Justiz, Brigitte Zypries, alle nach dieser Grundgesetzänderung von 1994 noch anführbaren Argumente gegen die Verfassungsmäßigkeit des Paritätsgesetzes in Deutschland zusammengefasst. Sie kommt zu dem Ergebnis, dass die in mehreren Landtagen beantragte Umsetzung der französischen Paritätslösung in Landtags- und Kommunalwahlrecht „verfassungsrechtlich bedenklich“ ist (Zypries/Holste 2008). Hierbei führt sie drei Argumente an: Erstens würden Geschlechterquoten im Wahlrecht, anders als die Quoten der Parteien, zu einem starken Eingriff in die Parteienfreiheit führen. Es sei zu bezweifeln, dass dieser über das Gleichstellungsgebot zu legitimierende Eingriff verhältnismäßig sei, weil in Frankreich vor Einführung des Gesetzes die Frauenunterrepräsentanz deutlich stärker ausgeprägt gewesen sei als heute in Deutschland. Zweitens würden gesetzliche Geschlechterquoten einen wichtigen Teil der Wahlentscheidung dem demokratischen Prozess entziehen. Drittens würden Geschlechterquoten gerade in Bezug auf Direktmandate nicht die Parität garantieren, weil sie hierauf nur sehr schwer anwendbar sind.

Für die Mehrheit der Kommunen in Deutschland gelten diese drei Argumente aber kaum, was rechtspolitisch für eine verfassungsmäßige Umsetzbarkeit der Paritätslösungen in den meisten Kommunalwahlgesetzen spricht.

In den meisten Kommunen hat die Wählerschaft bereits die Möglichkeit zu kumulieren und zu panaschieren. Gerade im Vergleich zum personalisierten Verhältniswahlrecht auf Bundes- und Landesebene sowie in NRW-Kommunen erhöhen sich die personellen Entscheidungskompetenzen der Wählerschaft deutlich. Demgegenüber wird von politikwissenschaftlichen Autoren die Legitimität des personalisierten Verhältniswahlrechts als „Quasiwahlen", die die konkrete personelle Zusammensetzung des Parlamentes weitgehend dem Einfluss der Wählerschaft entzieht, stark in Frage gestellt (Prittwitz 2003). Im Vergleich hierzu bietet die Kombination von Kumulieren und Panschieren und Paritätsgesetz der Wählerschaft die größte personelle Wahlfreiheit. Bei sozial ausgewogenen paritätischen Kandidaturen kann sich die Wählerschaft ihr eigenes Menü zusammenstellen. Schließlich ist bei Kumulieren und Panaschieren als Verhältniswahlrecht mit losen Listen die Paritätslösung gleich gut umsetzbar wie in den französischen Kommunen bei Verhältniswahlrecht mit starren Listen. In beiden Fällen gibt es keine Direktmandate in kleineren Wahlbezirken, so dass die Quote voll anwendbar ist. Auch in der international vergleichenden Gender-Forschung werden die Vorteile dieses institutionellen Designs neuerdings hervorgehoben und damit auch die Standardargumente gegen Paritätsgesetze widerlegt:

> „Electoral gender quotas have been criticized for restricting the free choice of the voters (...) Because the political parties are the real gatekeepers, it is not the freedom of the voters, but rather the freedom of the party organisation to choose only men candidates that is being restricted by electoral gender quotas. Gender quotas give the voters a chance to choose women as their representa-

tives, an opportunity that is especially significant in open list systems" (Dahlerup 2006: 303).

Als weiteres wichtiges Argument für die Einführung von gesetzlichen Paritätslösungen lässt sich anführen, dass die Quoten und Quoren der Parteien derzeit im kreisangehörigen Raum kaum greifen. Übergeordnete Parteiebenen können nur sehr bedingt auf diese systematischen Vollzugsdefizite – nahezu nur durch weiche Koordinationsinstrumente – reagieren. Da das System der Quoten innerhalb der Parteien auf lokaler Ebene in der Mehrzahl der Kommunen versagt, kann gerade für das Kommunalwahlrecht der starke Eingriff in die Parteienfreiheit durch ein Paritätsgesetz überzeugend legitimiert werden. Hierbei ist auch zu berücksichtigen, dass die Frauenunterrepräsentanz in deutschen Kommunen heute zumindest ebenso stark ausgeprägt ist, wie in den französischen Kommunen vor Einführung des Paritätsgesetzes. Die französischen Kommunen über 3.500 Einwohner(innen) hatten bereits 1995 eine Frauenrepräsentanz von 25,7%, die bei der nächsten Wahl 2001 unter dem Paritätsgesetz auf durchschnittlich 47,5% gesteigert wurde. Dieser Wert wird in Deutschland lediglich von der Landeshauptstadt München erreicht, während im kreisangehörigen Raum nicht wenige Kommunalparlamente einen Frauenanteil von unter 10% aufweisen. Insgesamt belegen damit die deutschen Kommunen im aktuellen europäischen Vergleich unter den 22 analysierten Ländern gerade einmal den 13. Platz (inklusive der osteuropäischen Beitrittsländer).[47] Damit wird in Deutschland die 2006 verabschiedete Europäische Charta für die Gleichstellung von Frauen und Männern auf lokaler Ebene kaum angemessen erfüllt. In der Charta haben sich alle kommunalen Mitgliedorganisationen in der EU verpflichtet, für eine ausgewogene Vertretung der Geschlechter in den Kommunalparlamenten „Parteien und Gruppierungen aufzufordern alle gesetzlich zulässigen Schritte zu unternehmen – wozu, falls erforderlich, auch Quotenregelungen zählen –, um die Anzahl der Kandidatinnen zu

47 „The state of Europe's local und regional government in 2006"; 30/1/08; Download unter www.ccre.org

erhöhen".[48] Dem von der EU eingeforderten Umsetzungsbericht Deutschlands kann gespannt entgegengesehen werden.

Neben den hier aufgeführten Gründen sprechen ein pragmatisches und ein systematisches Argument dafür, die gesetzlichen Kandidatinnenquoten zuerst für die deutschen Kommunen einzuführen.

Zunächst ist aus pragmatischer Perspektive festzuhalten, dass nach allen Erfahrungen eine institutionelle Reform für die Kommunen in den Landtagen politisch einfacher durchsetzbar ist als für Landesinstitutionen. In den letzten Jahren wurden so beispielsweise innerhalb kürzester Zeit die Direktwahl der Bürgermeister und von Kumulieren und Panaschieren eingeführt, während für Landes- und Bundesebene grundlegende Verfassungs- und Wahlrechtsreformen eher Mangelware waren (Holtkamp 2007). Dieses kommunale Reformfieber ist auch darauf zurückzuführen, dass Landtagsabgeordnete sich deutlich leichter tun, Machtressourcen in den Kommunen institutionell umzuverteilen, als selbst auf Einfluss und Karrierechancen (z. B. durch strikte Quotierung) auf der eigenen politischen Ebene zu verzichten. Zudem sind Reformen der Kommunalverfassungen und des Kommunalwahlrechts in der Regel durch einfache Landtagsmehrheiten realisierbar. Für die Landesparlamente sind Wahlrechtsreformen häufig nur durch gut organisierte Volksinitiativen mit hoher Popularität realisierbar, was momentan zumindest sicherlich eher für das Verhältniswahlrecht mit freien Listen als für Paritätsgesetze gelten dürfte.

Darüber hinaus entspricht es der Grundphilosophie des Föderalismus, dass die Kommunen als Experimentierbaustelle fungieren und institutionelle Reformen erst nach erfolgreichem kommunalen Einsatz auf andere Ebenen übertragen werden (Bogumil/Holtkamp 2006). Die Kombination von Verhältniswahl bei freien Listen mit einer gesetzlich verbindlichen Kandidatinnenquote könnte so zu einem Erfolgsfall werden, der langfristig auch das Landtagswahlrecht unter Anpassungsdruck setzt.

---

48 „Europäische Charta für die Gleichstellung von Frauen und Männern auf lokaler Ebene", 20/5/06 Download unter www.ccre.org

Anhang

Literatur

Alemann, Ulrich von (2000): Das Parteiensystem der Bundesrepublik Deutschland, Opladen.

Andersen, Uwe (1998): Die kommunale Verfassungsrevolution – die neue nordrhein-westfälische Gemeindeordnung, in: ders. (Hg.): Kommunalpolitik in Nordrhein-Westfalen im Umbruch, Köln: 46-66.

Andersen, Uwe (2000): Wahlen auf kommunaler Ebene – eigenständig? in: Politische Bildung 3/ 2000: 76-93.

Andersen, Uwe/Bovermann, Rainer (Hg.) (2002): Kommunalwahl 1999 in NRW – Im Westen was Neues, Opladen.

Andersen, Uwe/Bovermann, Rainer/Gehne, David (2002): Die Uraufführung – Analyse der ersten Direktwahl der Bürgermeister in Nordrhein-Westfalen 1999, in: Bogumil, Jörg (Hg.): Kommunale Entscheidungsprozesse im Wandel, Opladen: 183-201.

Arnim, Hans Herbert von (2000): Vom schönen Schein der Demokratie. Politik ohne Verantwortung - am Volk vorbei. München,

Arnim, Hans Herbert von (2002): Die politische Durchsetzung der Kommunalverfassungsreform der neunziger Jahre, In: DÖV (55). 385-292.

Arnim, Hans Herbert von (2004): Systemwechsel durch Direktwahl des Ministerpräsidenten? in: Benz, Arthur/Siedentopf, Heinrich/Sommermann, Karl-Peter (Hg.): Institutionenwandel in Regierung und Verwaltung. Festschrift für Klaus König zum 70. Geburtstag, Berlin: 371-385.

Bannenberg, Britta (2002): Korruption in Deutschland und ihre strafrechtliche Kontrolle, Wiesbaden.

Bannenberg, Britta/Schaupensteiner, Wolfgang (2007): Korruption in Deutschland – Portrait einer Wachstumsbranche, München.

Bauer, Siegfried/Seibert, Caroline/Soboth, Andrea/Strunk, Ulrike (2006): Die Beteiligung von Frauen und Männern in Entscheidungsprozessen im ländlichen Raum, gefördert durch das Hessische Ministerium für Wissenschaft und Kunst, Gießen, Ms.

Becker, Horst/Hombach, Udo (1983): Die SPD von innen, Bonn.

Bendix, John (1994): Woman and Politics in Germany and Switzerland, in: European Journal of Political Research 4/94: 413-438.

Beyme, Klaus von (2000): Parteien im Wandel, Opladen.

Bieber, Ina E. (2006): Plötzlich ganz wichtig – Frauen im Mittelpunkt wahlkampfstrategischer Überlegungen, in: Femina Politica 2/06: 67-79.

Bird, Karen (2002): Who are the Women? Effects of Gender Parity in French Municipal Elections, Ms., teilveröffentlicht in: Bird, Karen 2003: Who are the Women? Effects of Gender Parity in French Municipal Elections, in: French Politics 1/03: 5-38.

Blättel-Mink, Birgit/Mischau, Anina/Kramer, Caroline (1998): Politische Partizipation von Frauen – Nullsummenspiele im Modernisierungsprozeß? Ergebnisse einer empirischen Studie in Baden-Württemberg, in: PVS Heft 4: 775-796.

Böhmer, Maria (2008): „Mut zur Macht in Frauenhand“ – Die Arbeit der der Frauen Union in der CDU, in: Die politische Meinung 2/08: 19-23.

Bösch, Frank (2007): Christliche Demokratische Union Deutschlands (CDU), in: Decker, Frank / Neu, Viola (Hg.): Handbuch der deutschen Parteien, Wiesbaden: 201-219.

Bogumil, Jörg/Holtkamp, Lars (2005): Die Bürgerkommune als Zusammenspiel von repräsentativer, direkter und kooperativer Demokratie, in: Bogumil, Jörg/ Heinelt, Hubert (Hg.): Bürgermeister in Deutschland – Politikwissenschaftliche Studien zu direkt gewählten Bürgermeistern, Wiesbaden: 33-85.

Bogumil, Jörg/Holtkamp, Lars (2006): Kommunalpolitik und Kommunalverwaltung – Eine policyorientierte Einführung, Wiesbaden.

Bogumil, Jörg/Holtkamp, Lars/Schwarz, Gudrun (2003): Das Reformmodell Bürgerkommune – Leistungen – Grenzen – Perspektiven, Schriftenreihe Modernisierung des öffentlichen Sektors Bd. 22, Berlin.

Bogumil, Jörg/Schmid, Josef (2001): Politik in Organisationen – Organisationstheoretische Ansätze und praxisbezogene Anwendungsbeispiele, Opladen.

Bolleyer, Nicole (2001): Minderheitsparlamentarismus – eine akteursorientierte Erweiterung der Parlamentarismus-Präsidentialismus-Typologie, in: Zeitschrift für Politikwissenschaft 4/01: 1519-1546.

Borchert, Jens (2003): Die Professionalisierung der Politik – Zur Notwendigkeit eines Ärgernisses, Frankfurt.

Bovermann, Rainer (2002): Kommunales Wahlverhalten zwischen Partei-, Themen- und Kandidatenorientierung in: Andersen, Uwe/Bovermann, Rainer (Hg.): Kommunalwahl 1999 in NRW – Im Westen was Neues, Opladen: 115-159.

Brandt, Manfred et al. (2009): Bessere Wahlrechte durch direkte Demokratie? in: Heußner, Hermann / Jung, Otmar (Hg.): Mehr direkte Demokratie wagen, München: 345-365.

Bundesministerium für Familie, Senioren, Frauen und Jugend (2005): Gender-Datenreport – 1. Datenreport zur Gleichstellung von Frauen und Männern in der BRD, München.

Childs, Sarah/Marthaler, Sally/Webb, Paul (2008): Gender, Representation and Centre-Right European Political Parties, Ms.

Dahlerup, Drude (2006): Conclusion, in: Dahlerup, Drude (Hg.): Women, Quotas and Politics, London: 293-307.

Dahlerup, Drude/Freidenvall, Lenita (2008): Electoral Gender Quota Systems and their Implementation in Europe, European Parliament PE 408.309, Brussels.

Damer, Kirstin (2008): Die politische Partizipation der Frau, Saarbrücken.

Danzer, Stephan (2008): Kommunalwahlen 2008 – Auswertung des Wählerverhaltens, in: Statistische Monatshefte Rheinland-Pfalz 09/08: 663-669.

Davidson-Schmich, Louise K. (2006): Implementation of Political Party Gender Quotas: Evidence from the German Länder 1990-2000, in: Party Politics 2/06: 211-232.
Doppler, Doris (2005): Männerbündisches Management – Verbündete Manager, in: Zeitschrift des interdisziplinären Zentrums für Frauen- und Geschlechterforschung Bielefeld 30/05: 35-47.
Edinger, Michael/Holfert, Claudia (2005): Frauen im Parlament: Eroberung einer Männerbastion? in: Gesellschaft – Wirtschaft – Politik: 29-40.
Egner, Björn (2007): Einstellungen deutscher Bürgermeister, Baden-Baden.
Europäische Kommission (2008): Frauen und Männer in Entscheidungspositionen 2007, Brüssel.
Fleschenberg, Andrea/Derichs, Claudia (2008): Handbuch Spitzenpolitikerinnen, Wiesbaden.
Florack, Martin/Grunden, Timo/Korte, Karl-Rudolf (2004): Strategien erfolgreicher Mitgliederrekrutierung der politischen Parteien, in: Schmid, Josef/Zolleis, Udo (Hg.): Zwischen Anarchie und Strategie – Der Erfolg von Parteiorganisationen, Wiesbaden: 96-113.
Fokus-Institut Halle (2006): Mehr Mandatsträgerinnen in die Kommunalpolitik – Ergebnisse einer soziologisch – empirischen Kurzstudie, Halle, Ms.
Fonseca, Sara Claro da/Espirita-Santa, Ana (2008): Quotenfrauen – Kandidatinnen, Listen- und Direktmandate im deutschen Wahlsystem, in: WZB-Mitteilungen Heft 120, Berlin.
Foster, Helga/Lukoschat, Helga/Schaeffer-Hegel, Barbara (1998): Die ganze Demokratie – Zur Professionalisierung von Frauen für die Politik, Pfaffenweiler.
Freidenvall, Lenita (2008): Sweden: Small Steps, big Consequences, in: Dahlerup, Drude / Freidenvall, Lenita: Electoral Gender Quota Systems and their Implementation in Europe, European Parliament PE 408.309, Brussels: 100-109.
Freidenvall, Lenita/Dahlerup, Drude/Skjeie, Helge (2006): The Nordic Countries – An incremental Model, in: Dahlerup, Drude (Hg.): Women, Quotas and Politics, London: 55-82.
Freitag, Markus / Vatter, Adrian (Hg.) (2008): Die Demokratien der deutschen Bundesländer. Politische Institutionen im Vergleich. Opladen.
Fuchs, Gesine (2006): Politische Partizipation von Frauen in Deutschland, in: Hoecker, Beate (Hg.): Politische Partizipation zwischen Konvention und Protest, Opladen: 235-260.
Fuchs, Gesine/Hoecker, Beate (2004): Ohne Frauen nur eine halbe Demokratie – Politische Partizipation von Frauen in den osteuropäischen Beitrittsstaaten vor den Europawahlen, Eurokolleg Nr. 49, Friedrich-Ebert-Stiftung, Bonn.
Gabriel, Oscar W./Brettschneider, Frank/Vetter, Angelika (1997) (Hg.): Politische Kultur und Wahlverhalten in einer Großstadt, Opladen.
Gau, Doris (1983): Politische Führungsgruppen auf kommunaler Ebene, München.
Geißel, Brigitte (1999): Politikerinnen – Politisierung und Partizipation auf kommunaler Ebene, Opladen.
Geißel, Brigitte (2004): Konflikte um Definitionen und Konzepte in der genderorientierten und Mainstream-Partizipationsforschung – Ein Literaturüberblick, WZB Discussion Paper 2004 – 403, Berlin

Geißel, Brigitte (2008): Germany: Successful Quota Rules in a gendered Society, in: Dahlerup, Drude/Freidenvall, Lenita: Electoral Gender Quota Systems and their Implementation in Europe, European Parliament PE 408.309, Brussels: 60-71.

Geißel, Brigitte/Sauer, Birgit (2001): Transformationsprozess und Geschlechterverhältnisse in den neuen Bundesländern, in: Aus Politik und Zeitgeschichte 39-40/01: 32-38.

Geißel, Brigitte/Penrose, Virginia (2003): Dynamiken der politischen Partizipation und Partizipationsforschung, gender...politik...online, September 2003. Ms.

Gehne, David (2000): Sozialstruktur und Profile der Kandidatinnen und Kandidaten bei der ersten Direktwahl der Bürgermeister/innen in Nordrhein-Westfalen, unveröffentlichte Diplomarbeit, Bochum.

Gehne, David (2008): Bürgermeisterwahlen in Nordrhein-Westfalen, Wiesbaden.

Gehne, David/Holtkamp, Lars (2002): Wahlkampf: Nicht ohne meine Partei? in: Andersen, Uwe/ Bovermann, Rainer (Hg.): Kommunalwahl 1999 in NRW – Im Westen was Neues, Opladen: 89-113.

Gehne, David/Holtkamp, Lars (2005): Fraktionsvorsitzende und Bürgermeister in NRW und Baden-Württemberg, in: Bogumil, Jörg/Heinelt, Hubert (Hg.): Bürgermeister in Deutschland – Politikwissenschaftliche Studien zu direkt gewählten Bürgermeistern, Wiesbaden: 87-141.

Geser, Hans (2009): Gibt es feminine Parteien? Online-Publikation, Zürich.

Gremmels, Timon (2003): Kumulieren und Panaschieren – Das hessische Kommunalwahlrecht in Theorie und Praxis, unveröffentlichte Diplomarbeit, Marburg.

Gissendanner, Scott (2005): Rekrutierung, Wahl und Wirkung direkt gewählter Bürgermeister in Niedersachsen, in: Haus, Michael (Hg.): Institutionenwandel lokaler Politik in Deutschland, Wiesbaden: 85-109.

Helms, Ludger (2005): Regierungsorganisation und politische Führung in der Bundesrepublik Deutschland, Kurs 03227 der Fernuniversität, Hagen.

Henke, Andreas (1997): Kumulieren und Panaschieren, in: Gabriel, Oscar W. / Brettschneider, Frank / Vetter, Angelika (Hg.): Politische Kultur und Wahlverhalten in einer Großstadt, Opladen: 169-179.

Hennl, Annika/Kaiser, Andre (2008): Repräsentationschancen in interaktiven Nominierungsverfahren – Ein Vergleich der Aufstellung von Parteilisten bei deutschen Landtagswahlen, in: Zeitschrift für Politikwissenschaft 3/08: 325-352.

Hermann, Dieter/Werle, Raymund (1983): Kommunalwahlen im Kontext der Systemebenen, in: PVS 4/83: 385-405.

Hierath, Bettina (2001): Repräsentation und Gleichheit. Neue Aspekte in der politikwissenschaftlichen Repräsentationsforschung, Opladen.

Hippe, Wolfgang (2004): Lokaltermin – Kassen, Konten & Karrieren – Korruption und Modernisierung in der Kommunalpolitik, Essen.

Hoecker, Beate (1995): Politische Partizipation von Frauen – Kontinuität und Wandel des Geschlechterverhältnisses in der Politik, Opladen.

Hoecker, Beate (1998): Handbuch Politische Partizipation von Frauen in Europa, Opladen.

Hoecker, Beate (2008): 50 Jahre Frauen in der Politik: späte Erfolge, aber nicht am Ziel, in: Aus Politik und Zeitgeschichte 24/08.

Hoecker, Beate/Scheele, Alexandra (2008): Feminisierung der Politik? Neue Entwicklungen und alte Muster der Repräsentation, in: Femina Politica 2/08: 9-20.

Hoecker, Markus (2005): Die Oberbürgermeisterwahl in Stuttgart 1996 – Parteipolitik und Wahlkampfstrategie: die kommunale Persönlichkeitswahl im Spannungsfeld der modernen Parteiendemokratie, unveröffentlichte Diss., Stuttgart.

Hofmann, Klaus/Slonka, Alexander/Wolf, Stefan (2006): Wahlrecht und Gewählte – Die Auswirkungen des Wahlrechts auf die Zusammensetzung der Stadt- und Gemeinderäte, Studien zur Demokratie 1, Mehr Demokratie e. V., Köln.

Holtkamp, Lars (2000): Bürgerbeteiligung in Städten und Gemeinden – Praxisleitfaden für die Bürgerkommune, Heinrich-Böll-Stiftung, Berlin.

Holtkamp, Lars (2002): Das Verhältnis von Bürgern und Bürgermeistern, in: Andersen, Uwe / Bovermann, Rainer (Hg.): Kommunalwahl 1999 in NRW – Im Westen was Neues, Opladen: 235-253.

Holtkamp, Lars (2005): Ursachen der Reform der Kommunalverfassungen in den alten Bundesländern, in: Bogumil, Jörg/Heinelt, Hubert (Hg.): Bürgermeister in Deutschland – Politikwissenschaftliche Studien zu direkt gewählten Bürgermeistern, Wiesbaden: 13-32.

Holtkamp, Lars (2006): Parteien und Bürgermeister in der repräsentativen Demokratie - Kommunale Konkordanz- und Konkurrenzdemokratie im Vergleich, in: PVS 4/06: 641-661.

Holtkamp, Lars (2007): Kommunen im Reformfieber, in: Wolf, Klaus Dieter (Hg.): Staat und Gesellschaft – fähig zur Reform? Der 23. wissenschaftliche Kongress der Deutschen Vereinigung für Politische Wissenschaft, Baden-Baden.

Holtkamp, Lars (2008): Kommunale Konkordanz- und Konkurrenzdemokratie – Parteien und Bürgermeister in der repräsentativen Demokratie, Habil-Schrift, Reihe „Gesellschaftspolitik und Staatstätigkeit“ Band 30, Wiesbaden.

Holtkamp, Lars (2009): Governance-Konzepte in der Haushaltskrise, in: Verwaltung und Management 15. 146-159.

Holtkamp, Lars/Bogumil, Jörg/Kißler, Leo (2006): Kooperative Demokratie – Das politische Potential von Bürgerengagement, Frankfurt.

Holtkamp, Lars/Eimer, Thomas (2006): Totgesagte leben länger… Kommunale Wählergemeinschaften in Westdeutschland, in: Jun, Uwe/Kreikenbom, Henry/ Neu, Viola (Hg.): Kleine Parteien im Aufwind, Frankfurt: 249-276.

Holtkamp, Lars/Gehne, David (2002): Bürgermeisterkandidaten zwischen Verwaltungsprofis, Parteisoldaten und Schützenkönigen, in: Andersen, Uwe/Bovermann, Rainer (Hg.): Kommunalwahl 1999 in NRW – Im Westen was Neues, Opladen: 55-88.

Holtkamp, Lars/Schnittke, Sonja (2008): Erklärungsmodelle für die Unterrepräsentation von Frauen, in: Femina Politica 2/08: 53-64.

Holtkamp, Lars/Schnittke, Sonja/Wiechmann, Elke (2009): Die Unterrepräsentanz von Frauen in der Kommunalpolitik, Praxisbericht, Hagen, Ms.

Holtmann, Everhard (Hg.) (2008): Parteifrei im Parteienstaat: Kommunale Wählergemeinschaften, SFB 580 Mitteilungen 25, Halle.

Holtz-Bacha, Christina (2007): Frauen, Politik, Medien: Ist die Macht nun weiblich? in: Holtz-Bacha, Christina (Hg.): Frauen, Politik und Medien, Wiesbaden: 3-24.

Holuscha, Anette (1999): Frauen und Kommunalpolitik: kommunalpolitische Partizipation von Frauen in Baden-Württemberg am Beispiel der Stadt Ludwigsburg, Reihe: Konstanzer Schriften zur Sozialwissenschaft Bd. 51, Konstanz.

Horn, Wolfgang/Kühr, Herbert (1978): Kandidaten im Wahlkampf, Königstein.

Horstkötter, Marianne (1990): Frauen in der Kommunalpolitik: Einflußfaktoren auf die politische Partizipation von Frauen in den kommunalen Räten, Frankfurt.

Hüskens, Lydia (2007): Gleichberechtigt oder nicht? Frauen und Politik in Sachsen-Anhalt, Ms.

Inglehart, Ronald/Norris, Pippa/Welzel, Christian (2002): Gender Equality and Democracy, in: Comparative Sociology 3-4/02: 321-345.

Humpert, Andreas (1991): Karrieremuster in der Kommunalpolitik – Eine empirische Untersuchung am Beispiel von Dinslaken und Duisburg, Duisburg.

Innenministerium NRW (2002): Kommissionsbericht über die Änderungsnotwendigkeiten der Gemeindeordnung Nordrhein-Westfalen, Düsseldorf.

Innenministerium NRW (2003): Untersuchungsstab Antikorruption „Abschlussbericht", Düsseldorf, unveröffentlichtes Ms.

Inhetveen, Katharina (2002): Institutionelle Innovationen in politischen Parteien – Geschlechterquoten in Deutschland und Norwegen, Wiesbaden.

Jüngling, Claudia/Rastetter, Daniela (2008): Die Implementierung von Gleichstellungsmaßnahmen – Optionen, Widerstände und Erfolgsstrategien, in: Krell, Gertraude (Hg.): Chancengleichheit durch Personalpolitik, Wiesbaden: 127-140.

Jun, Uwe (2004): Der Wandel von Parteien in der Mediendemokratie, SPD und Labour Party im Vergleich, Frankfurt.

Jung, Otmar (1999): Ein fragwürdiger Personenvergleich, wo es um die Sache geht, in: Zeitschrift für Parlamentsfragen 30: 167-182.

Kaiser, Andre/Hennl, Annika (2008): Wahlsysteme und Frauenrepräsentation. Ein Vergleich der deutschen Landesparlamente, in: Zeitschrift für Politikwissenschaft 2 /08: 167-184.

Katz, Richard S. (2001): The problem of candidate selection and models of party democracy, in: Party Politics 7: 277-296.

Kern, Timm (2007): Warum werden Bürgermeister abgewählt? Stuttgart.

Kersting, Norbert (2004): Die Zukunft der lokalen Demokratie – Modernisierungs- und Reformmodelle, Frankfurt.

Kevenhörster, Paul (1976): Parallelen und Divergenzen zwischen gesamtsystemarem und kommunalem Wahlverhalten, Kevenhörster, Paul et al. (Hg.): Kommunales Wahlverhalten, Bonn: 241-281.

Kißler, Leo/Wiechmann, Elke (Hg.) (1999): Gleichstellungspolitik und kommunale Verwaltungsreform. Baden-Baden.

Kinzig, Silke (2007): Auf dem Weg zur Macht? Zur Unterrepräsentation von Frauen im deutschen und U.S.-amerikanischen Regierungssystem, Wiesbaden.

Kittilson, Miki (1997): Women's Representation in Parliament: The Role of Political Parties, Center for the Study of Democracy, Paper 08/97, California.

Klages, Helmut (2003): Motivation und Motivationswandel bürgerschaftlichen Engagements, in: Enquete-Kommission „Zukunft des Bürgerschaftlichen Engagements" (Hg.): Politik des bürgerschaftlichen Engagements in den Bundesländern, Opladen: 295-336.

Klein, Markus/Rosar, Ulrich (2007): Ist Deutschland reif für eine Kanzlerin? Eine experimentelle Untersuchung aus Anlass der Bundestagswahl 2005, in: Brettschneider, Frank / Niedermayer, Oskar / Weßels, Bernhard (Hg.): Die Bundestagswahl 2005, Wiesbaden: 272-291.

Klenk, Tanja / Nullmeier, Frank (2003): Public Governance als Reformstrategie, Berlin.

Kolinsky, Eva (1993): Party Change and Women's Representation in Unified Germany, in: Lovenduski, Joni/Norris, Pippa (Hg.): Gender and Party Politics, London: 113-146.

Kost, Andreas/Wehling, Hans-Georg (2003) (Hg.): Kommunalpolitik in deutschen Ländern – Eine Einführung, Opladen.

KPV NRW (2008): Handreichung zur Kandidatenaufstellung – Kommunalwahlen 2009 in Nordrhein-Westfalen, Ms.

Krook, Mona Lena (2006): Beyond Supply and Demand: Gender Quotas and Institutions of Candidate Selection, Ms.

Krook, Mona Lena (2009): Quota Laws for Women in Politics: Implications for Feminist Practice, Ms.

Kunz, Volker (1998): Die Hebesatzpolitik der kreisfreien Städte in den 80er Jahren, in: Mäding, Heinrich/Voigt, Rüdiger (Hg.): Kommunalfinanzen im Umbruch, Opladen: 161-184.

Lammert, Norbert (1976): Lokale Organisationsstrukturen innerparteilicher Willensbildung, Bonn.

Langguth, Gerd (2003): Das Verhältnis von Parteien und zivilgesellschaftlichen Organisationen, in: Enquete-Kommision „Zukunft des Bürgerschaftlichen Engagements“ (Hg.): Bürgerschaftliches Engagement in Parteien und Bewegungen, Opladen: 177-190.

Löffler, Berthold/Rogg, Walter (1985): Determinanten kommunalen Wahlverhaltens in Baden-Württemberg, dargestellt am Beispiel der Stadt Ravensburg, Tübingen.

Löffler, Berthold/Rogg, Walter (2000): Kommunalwahlen und kommunales Wahlverhalten, in: Pfizer, Theodor/Wehling, Hans-Georg (Hg.): Kommunalpolitik in Baden-Württemberg, Stuttgart: 109-136.

Looman, Marijke (2007): Auf dem Gipfel der Macht? Partizipation von Frauen in Parteien, Parlamenten und Regierungen der Bundesrepublik Deutschland – Eine Bestandsaufnahme, in: Zeitschrift für Frauenforschung und Geschlechterstudien 1/07: 74-87.

Lukoschat, Helga/Kletzing, Uta/Wenzl, Andrea (2008): Engagiert vor Ort: Einstiegswege und Erfahrungen von Kommunalpolitikerinnen, Erste Ergebnisse einer bundesweiten quantitativen und qualitativen Befragung von Frauen in der Kommunalpolitik, Studie des EAF für das BMFSFJ, Berlin, Ms.

Macha, Hildegard (2004): Rekrutierung von weiblichen Eliten; in: Aus Politik und Zeitgeschichte 10/04: 25-32.

Magin, Raphael (2009): Women in Local Parliaments – A Perfect Match? ECPR Conference on Politics and Gender, Ms.

Mair, Peter/van Biezen, Ingrid (2001): Party Membership in twenty european Democracies, 1980-2000, in: Party Politics 1/01: 5-21.

Maier, Jürgen/Schmitt, Karl (2008): Kommunales Führungspersonal im Umbruch, Wiesbaden.

Matland, Richard E. (2006): Electoral Quotas – Frequency and Effectiveness, in: Dahlerup, Drude (Hg.): Women, Quotas and Politics, London: 275-292.

Maleck-Lewy, Eva/Penrose, Virginia (1995): Gefährtinnen der Macht – Politische Partizipation von Frauen im vereinigten Deutschland – eine Zwischenbilanz, Berlin.
Matland, Richard E./Studlar, Donley (1996): The Contagion of Women Candidates in Single-Member District an Proportional Representation Electoral Systems: Canada and Norway, in: The Journal of Politics 3/96: 707-733.
Mayer, Ingrid Alice (2005): Gleichstellung von Frauen und Männern auf der Kandidaten-Ebene im Wahlrecht Frankreichs – Erläuterungen zum Paritätsgesetz vom 6. Juni 2000 und eine Skizze seiner Wirkung; in: Europäische Grundrechte Zeitschrift: 17-25.
Mayntz, Renate (1999): Gibt es eine politische Klasse in Deutschland? in: Merkel, Wolfgang/Busch, Andreas (Hg.): Demokratie in Ost und West, Frankfurt: 425-434.
Mayntz, Renate/Scharpf, Fritz W. (1995) (Hg.): Gesellschaftliche Selbstregelung und politische Steuerung, Frankfurt.
McKay, Joanna (2004): Women in German Politics: Still Jobs for the Boys? In: German Politics 1/04: 56-80.
Meuser, Michael (2006): Geschlecht und Arbeitswelt – Doing Gender in Organisationen, in: DJI 5/06.
Meyer, Birgit (1997): Frauen im Männerbund: Politkerinnen in Führungspositionen von der Nachkriegszeit bis heute, Frankfurt.
Meyer, Hans (2007): Kommunalwahlrecht, in: Mann, Thomas/Püttner, Günter (Hg.): Handbuch der kommunalen Wissenschaft und Praxis, Bd. 1, dritte, völlig neu bearbeitete Auflage, Berlin: 391-457.
Meyer, Thomas (2005): Theorie der Sozialen Demokratie, Wiesbaden.
Mielke, Gerd (2003): Parteien zwischen Kampagnenfähigkeit und bürgerschaftlichem Engagement, in: Enquete-Kommision „Zukunft des Bürgerschaftlichen Engagements“ (Hg.): Bürgerschaftliches Engagemnt in Parteien und Bewegungen, Opladen: 157-166.
Mielke, Gerd (2005): “I’ ll get by with a little help from my friends” – Zum Verhältnis von Parteien und bürgerschaftlichem Engagement, in: Dettling, Daniel (Hg.): Parteien in der Bürgergesellschaft – Zum Verhältnis von Macht und Beteiligung, Wiesbaden: 117-130.
Mielke, Gerd/Eith, Ulrich (1994): Honoratioren oder Parteisoldaten – Eine Untersuchung der Gemeinderatskandidaten bei der Kommunalwahl 1989 in Freiburg, Bochum.
Möller, Manuela (2009): Frauen Macht Kommune – Kampagne zur Kommunalwahlrunde 2009, in: AKP 1/09: 30-31.
Naßmacher, Hiltrud (2006): Baustelle Stadt, Wiesbaden.
Naßmacher, Karl-Heinz (1972): Parteien im kommunalpolitischen Zielfindungsprozeß, in: Österreichische Zeitschrift für Politikwissenschaft 4/72: 39-65.
Nohlen, Dieter (2000): Wahlrecht und Parteiensystem, 3. Auflage, Opladen.
Norris, Pippa (2000): Schlussfolgerung: Ein Vergleich parlamentarischer Rekrutierung, in: Braun, Kathrin et al. (Hg.): Feministische Perspektiven der Politikwissenschaft, München: 269-292.
Norris, Pippa (2004): Electoral Engineering – Voting Rules and Political Behavior, Cambridge.

Norris, Pippa (2006): The Impact of Electoral Reform on Women's Representation, in: Acta Politica 1/06: 2-17.

Norris, Pippa/Inglehart, Ronald (2001): Women and Democracy – Cultural Obstacles to Equal Representation, in: Journal of Democracy 3/01: 126-140.

Norris, Pippa/Lovenduski, Joni (1995): Political Recruitment: Gender, Race and Class in the British Parliament, Cambridge.

Ober, Katharina (2008): Schwarz-grüne Koalitionen in nordrhein-westfälischen Kommunen – Erfahrungen und Perspektiven, Baden-Baden.

Ooyen, Robert Chr. van (2006): Politik und Verfassung – Beiträge zu einer politikwissenschaftlichen Verfassungslehre, Wiesbaden.

Oldopp, Birgit (2001): Auf dem Weg ins Parlament – Auswahl und Wahlkampffinanzierung der Kandidaten in Deutschland, Kanada und den USA, Frankfurt.

Ortmann, Günther (2005): Tausend Schleifen – Über Geschlecht, Sprache und Organisation, in: Krell, Gertraude (Hg.): Betriebswirtschaftslehre und Gender Studies, Wiesbaden, 105-137.

Oster, Rudolf (2003): Kommunalpolitik in Rheinland-Pfalz, in: Kost, Andreas/Wehling, Hans-Georg (Hg.): Kommunalpolitik in deutschen Ländern – Eine Einführung, Opladen: 220-237.

Patzelt, Werner (1999): Parlamentarische Rekrutierung und Sozialisation – Normative Erwägungen, empirische Befunde und praktische Empfehlungen, in: Zeitschrift für Politik 3/99: 243-283.

Pollach, Günter/Wischermann, Jörg/Zeuner, Bodo (2000): Ein nachhaltig anderes Parteiensystem – Profile und Beziehungen von Parteien in ostdeutschen Kommunen, Opladen.

Prittwitz, Volker von (2003): Vollständig personalisierte Verhältniswahl – Reformüberlegungen auf der Grundlage eines Leistungsvergleichs der Wahlsysteme Deutschlands und Finnlands, in: Aus Politik und Zeitgeschichte 52 /03: 12-20.

Radenmacher, Christian (2007): Wahlentscheidungskriterien bei lokalen Direktwahlen, in: Pähle, Katja / Reiser, Marion (Hg.): Lokale politische Eliten und Fragen der Legitimation, Baden-Baden: 157-177.

Ramsay, Raylene (2008): Parity – From Perversion to Political Progress, in: French Politics 6/08, 45-62.

Rastetter, Daniela (1998): Männerbund Management – Ist Gleichstellung von Frauen und Männern trotz wirksamer archaischer Gegenkräfte möglich? in: Zeitschrift für Personalforschung 2/98: 167-186.

Rastetter, Daniela (2007): Mikropolitisches Handeln von Frauen, in: Haubl, Rolf/ Daser, Bettina (Hg.): Macht und Psyche in Organisationen, Göttingen: 76-99.

Rebenstorf, Hilke (1991): Politische Herkunft und politische Karriere, in: Klingemann, Hans-Dieter / Stöss, Richard/Weßels, Bernhard (Hg.): Politische Klasse und politische Institutionen, Opladen: 217-234.

Rhiemeier, Dorothee/Stolterfoth, Barbara (1998): Kommunale Frauenpolitik, in: Wollmann, Hellmut / Roth, Roland (Hg.): Kommunalpolitik – Politisches Handeln in der Gemeinde, zweite erweiterte Auflage, Opladen: 748-763.

Rügemer, Werner (2008): „Heuschrecken" im öffentlichen Raum. Public Private Partnership – Anatomie eines globalen Finanzinstruments, Bielefeld.

Saretzki, Thomas/Tils, Ralf (2006): Die schleswig-holsteinische Landtagswahl vom 20. Februar 2005, in: Zeitschrift für Parlamentsfragen 1/06: 145-163.

Sauer, Birgit (2001): Politikwissenschaft als Männerberuf? Geschlechterforschung in der Politikwissenschaft, in: SWS-Rundschau 1/01: 81-98.
Scarrow, Susan (1999): Local Parties and Electioneering in Germany, in: Saiz, Martin/Geser, Hans (Hg.): Local Parties in Political and Organizational Perspektive, Oxford: 151-170.
Scharpf, Fritz W. (2000): Interaktionsformen – Akteurszentrierter Institutionalismus in der Politikforschung, Opladen.
Scheuch, Erwin K. (2003): Korruption in Politik und Verwaltung, in: von Arnim, Hans Herbert (Hg.): Korruption – Netzwerke in Politik, Ämtern und Wirtschaft, München: 31-75.
Scheuch, Erwin K./Scheuch, Ute (1994): Cliquen, Klüngel und Karrieren – Über den Verfall der politischen Parteien, Hamburg.
Scheuch, Erwin K./Scheuch, Ute (2002): Kölsche Lösungen, in: Frankfurter Rundschau vom 12.3.2002, S. 14.
Schleer, Manfred (2003): Kommunalpolitik in Sachsen. Bürger, Politiker und Verwaltungen in Gemeinden, Städten und Landkreisen, Dresden.
Schmid, Josef/Zolleis, Udo (2005): Zwischen Anarchie und Strategie – Der Erfolg von Parteiorganisationen, in: Schmid, Josef/Zolleis, Udo (Hg.): Zwischen Anarchie und Strategie – Der Erfolg von Parteiorganisationen, Wiesbaden: 9-21.
Schmidt, Christopher (2008): Was lässt sich mit Quoten regeln? in: AKP 5/08: 51.
Schnirch, Carina (2008): Die PDS als Kommunalpartei – Ein ost-westdeutscher Vergleich, Marburg.
Scholz, Anja (2004): Oberbürgermeisterinnen in Deutschland – Zum Erfolg weiblicher Führungspersönlichkeiten, Stuttgart.
Schüttemeyer, Suzanne S. (2002): Wer wählt wen wie aus? Pfade in das unerschlossene Terrain der Kandidatenaufstellung, in: Gesellschaft – Wirtschaft – Politik 2/02: 145-159.
Schunter-Kleemann, Susanne (2007): Geschlechterregime im Topmanagement; in: Dackweiler, Regina-Maria (Hg.): Willkommen im Club? Frauen und Männer in Eliten, Münster: 54-65.
Sdroulia, Amalia (2007): Frauen in der Politik – Spielregeln des politischen Geschäfts, Marburg.
Sineau, Mariette (2008): France: "Parite" under the Law, in: Dahlerup, Drude/Freidenvall, Lenita: Electoral Gender Quota Systems and their Implementation in Europe, European Parliament PE 408.309, Brussels: 51-59.
Stock, Alexander (2008): Neumitglieder im Visier – Das Rekrutierungsmanagement der politischen Nachwuchsorganisationen am Beispiel der NRW-Landesverbände, Marburg.
Sundquist, James (1988): Needed: A political theory for the new era of coalition government in the United States, in: Political Science Quarterly 103: 613-635.
Tabor, Manuel (2006): Bürgermeister in Baden-Württemberg – Anspruch und Wirklichkeit, unveröffentlichte Diplomarbeit an der Fachhochschule Kehl.
Thiel, Anke (2006): Politik und Gesellschaft, in: Bothfeld, Silke et al.: FrauenDaten-Report 2005, zweite Auflage, Berlin: 382-437.
Tiefenbach, Paul (2006): Kumulieren, Panaschieren, Mehrmandatswahlkreise – mehr Demokratie beim Wahlrecht, Zeitschrift für Parlamentsfragen 1/06: 115-125.

Tripp, Aili (2008): Female Representation: The Global Impact of Quotas, Working Papers Esterni 06/08, Milano.
Überall, Frank (2007): Der Klüngel in der politischen Kultur Kölns, Bonn: Bouvier.
von der Leyen, Ursula (2008): Vorwort, in: BMFSFJ (Hg.): Von Alltagsheldinnen und Lokalexpertinnen – Kommunalpolitikerinnen im Porträt, Berlin: 5-7.
Verge, Tania (2009): Party Candidate Selection Processes and the Gender Regime in Spain, ECPR Conference on Politics and Gender, Ms.
Vetter, Angelika (2008): Institutionen und lokale Wahlen in: Vetter, Angelika (Hg.): Erfolgsbedingungen lokaler Bürgerbeteiligung, Wiesbaden: 49-72.
Völkl, Kerstin (2001): Die Gemeinderatswahlen 1999 in Baden-Württemberg, unveröffentlichte Magisterarbeit, Stuttgart.
Wahl, Angelika von (2006): Gender Equality in Germany, in: West European Politics 3/06: 461-488.
Weege, Wilhelm (2003): Karrieren, Verhaltensmerkmale und Handlungsorientierungen von Bundestagsabgeordneten, Wissenschaftliche Dienste des Deutschen Bundestags WD 1 – 069/03, Berlin.
Westle, Bettina (2001): Gender-Asymmetrien zwischen politischem Interesse, subjektiver politischer Kompetenz und politischer Partizipation?, in: femina politica, Heft 1: 15-29.
Westle, Bettina/Kühnel, Steffan (2007): Geschlecht als Determinante des Wahlverhaltens? in: Brettschneider, Frank/Niedermayer, Oskar/Weßels, Bernhard (Hg.): Die Bundestagswahl 2005, Wiesbaden: 293-320.
Wehling, Hans-Georg (1991): „Parteipolitisierung" von lokaler Politik und Verwaltung? Zur Rolle der Parteien in der Kommunalpolitik, in: Heinelt, Hubert/Wollmann, Hellmut (Hrsg.): Brennpunkt Stadt, Basel: Birkhäuser. 149-166.
Wehling, Hans-Georg (2000): Frauen in der Kommunalpolitik, in: Pfizer, Theodor/Wehling, Hans-Georg (Hg.): Kommunalpolitik in Baden-Württemberg, Stuttgart: 203-216.
Wehling, Hans-Georg (2000b): Der Bürgermeister – Rechtsstellung, Sozialprofil, Funktionen, in: Pfizer, Theodor/Wehling, Hans-Georg (Hg.): Kommunalpolitik in Baden-Württemberg, Stuttgart: 172-186.
Wehling, Hans-Georg (2003): Kommunalpolitik in Baden-Württemberg, in: Kost, Andreas / Wehling, Hans-Georg (Hg.): Kommunalpolitik in deutschen Ländern – Eine Einführung, Opladen: 23-40.
Wehling 2007 Vorwort Kern
Wehling, Hans-Georg/Siewert, Jörg (1987): Der Bürgermeister in Baden-Württemberg, zweite Auflage, Stuttgart.
Wiechmann, Elke (2004): Trendreport: Gleichstellungspolitik im Veränderungsprozess. Düsseldorf
Wiechmann, Elke (2006): Gleichstellungspolitik als Machtspiel. Eine mikropolitische Analyse der Gleichstellungspolitik in kommunalen Reorganisationsprozessen. Freiburg
Wiesendahl, Elmar (1998): Parteien in Perspektive – Theoretische Ansichten der Organisationswirklichkeit politischer Parteien, Opladen.
Wiesendahl, Elmar (2006): Mitgliederparteien am Ende? Eine Kritik der Niedergangsdiskussion, Wiesbaden.

Wiliarty, Sarah Elise (2008): Angela Merkel's Path to Power: The Role of Internal Party Dynamics and Leadership, in: German Politics 1/08: 81-96.
Wißkirchen, Gerold (2001): Bürgermeister in Baden-Württemberg – Versuch einer Typologisierung, unveröffentlichte Magisterarbeit, Stuttgart.
Wirthensohn, Andreas (1999): Dem „ewigen" Gespräch ein Ende setzen: Parlamentarismuskritik am Beispiel von Carl Schmitt und Hans Herbert von Arnim – nur eine Polemik, in: Zeitschrift für Parlamentsfragen 30, 500-534.
Zender, Matthias (1984): Zum Verhältnis von Partei und Fraktion in der Kommunalpolitik, in: Gabriel, Oscar W./Haungs, Peter/Zender, Matthias 1984: Opposition in Großstadtparlamenten, Konrad-Adenauer-Stiftung, Melle: 83-99
Zimmer, Annette/Krimmer, Holger/Stallmann, Freia (2007): Frauen an Hochschulen – Winners among Losers, Opladen.
Zypries, Brigitte/Holste, Heiko (2008): 90 Jahre Frauenwahlrecht in Deutschland – Geschichte, Bilanz, Perspektiven, NJW 2008: 3400-3403.

Analyseergebnisse

1. Ergebnisse der multivariaten Quotenanalyse in deutschen Großstädten getrennt nach Parteien

Koeffizienten [a]

Modell		Nicht standardisierte Koeffizienten B	Standardfehler	Standardisierte Koeffizienten Beta	T	Signifikanz
1	(Konstante)	-,780	,331		-2,361	,021
	Organisationsgrad CDU	,278	,183	,228	1,520	,133
	Ratsanteil CDU	,015	,008	,258	1,796	,077
	Gemeindegröße	-1,62E-08	,000	-,007	-,057	,955
	Wahlrecht	,274	,115	,326	2,386	,020

a. Abhängige Variable: QUOCDU2

Koeffizienten [a]

Modell		Nicht standardisierte Koeffizienten B	Standardfehler	Standardisierte Koeffizienten Beta	T	Signifikanz
1	(Konstante)	,233	,286		,816	,418
	Gemeindegröße	1,886E-07	,000	,069	,593	,555
	Wahlrecht	,302	,126	,321	2,398	,019
	Organisationsgrad SPD	,264	,135	,297	1,952	,055
	Ratsanteil SPD	-,014	,009	-,241	-1,557	,124

a. Abhängige Variable: QUOSPD2

Koeffizienten [a]

Model		Nicht standardisierte Koeffizienten B	Standardfehler	Standardisierte Koeffizienten Beta	T	Signifikanz
1	(Konstante)	-,056	,260		-,216	,830
	Gemeindegröße	8,921E-07	,000	,309	2,591	,012
	Wahlrecht	-,024	,127	-,024	-,187	,852
	ORGAGRÜN	7,031	3,022	,292	2,327	,023
	Ratsanteil Grüne	-,010	,013	-,095	-,744	,459

a. Abhängige Variable: QUOGRÜN2

2. Ergebnisse der multivariaten Analyse in kreisangehörigen NRW-Kommunen

2.1 Multivariate Analyse unter Einbezug der Variablen für politische Kultur in den Landkreisen (katholischer Schüleranteil im Kreis; Anteil der landwirtschaftlichen Produktion am BIP des Kreises)

Koeffizienten [a]

Modell		Nicht standardisierte Koeffizienten		Standardisierte Koeffizienten	T	Signifikanz
		B	Standardfehler	Beta		
1	(Konstante)	15,885	5,032		3,157	,002
	EINWOHNE	,000	,000	,295	4,659	,000
	GRÜANTEI	,602	,124	,257	4,867	,000
	CDUANTEI	-,128	,057	-,150	-2,238	,026
	SPDANTEI	-,052	,058	-,060	-,892	,373
	BESCPROE	,134	,056	,147	2,393	,017
	BEVDIKRE	,004	,002	,116	1,678	,094
	BIP LANDW	,890	,632	,107	1,408	,160
	KATHSCHÜ	-,023	,026	-,057	-,879	,380
	LANDWBES	,261	,197	,080	1,324	,186

a. Abhängige Variable: ABHÄOWG

2.2 Multivarite Analyse mit abhängiger Variable ohne grünen Frauenanteil

Koeffizienten [a]

Modell		Nicht standardisierte Koeffizienten		Standardisierte Koeffizienten	T	Signifikanz
		B	Standardfehler	Beta		
1	(Konstante)	16,634	5,202		3,197	,002
	EINWOHNE	9,964E-05	,000	,280	4,282	,000
	GRÜANTEI	,430	,128	,183	3,364	,001
	CDUANTEI	-,123	,059	-,145	-2,089	,038
	SPDANTEI	-,057	,060	-,066	-,948	,344
	BESCPROE	,120	,058	,132	2,075	,039
	BEVDIKRE	,004	,002	,127	1,780	,076
	BIPLANDW	1,274	,654	,153	1,949	,052
	KATHSCHÜ	-,042	,027	-,104	-1,567	,118
	LANDWBES	,276	,204	,085	1,354	,177

a. Abhängige Variable: ABHÄOGW

2.3 Ergebnisse der multivariaten Quotenanalyse in den kreisangehörigen Gemeinden NRW getrennt nach Parteien

Koeffizienten[a]

Model		Nicht standardisierte Koeffizienten		Standardisierte Koeffizienten	T	Signifikanz
		B	Standardfehler	Beta		
1	(Konstante)	,242	,081		2,986	,003
	BESCPROE	,001	,003	,029	,451	,652
	EINWOHNE	7,040E-07	,000	,045	,692	,490
	SPDANTEI	-,006	,002	-,148	-2,453	,015

a. Abhängige Variable: QUOSPD

Interviewleitfaden

für die Ratsfrauen und die Parteivorsitzenden in den vier Fallstudienstädten[49]

1 Allgemeine Fragen zur Kommune und Person

1.1 Welche Parteiämter und politischen Mandaten haben Sie aktuell?

1.2 Wie viele Stunden verbringen Sie insgesamt für Ihre politische Arbeit?

5 – 10 Stunden ( )
10 – 15 Stunden ( )
15 – 20 Stunden ( )
mehr ( )

1.3 Wie lässt sich das kommunalpolitische Engagement mit Berufstätigkeit und Familien-/ Hausarbeit vereinbaren?

1.4 Hätten Sie auch gegen das explizite Votum ihres Partners den Vorsitz/ das Ratsmandat angenommen?

1.5 Haben Sie Kinder?

1.6 Haben Sie aufgrund Ihrer Kinder in der erziehungsintensiven Zeit weniger Politik gemacht?

1.7 Wenn Sie kaum weniger Politik gemacht haben, wurden dann die Erziehungsaufgaben stärker vom Partner bzw. der Partnerin übernommen?

---

49 Wir haben uns bemüht die meisten Fragen den Ratsfrauen und den Parteivorsitzenden zu stellen, um diese unterschiedlichen Perspektiven miteinander zu vergleichen. Die Fragen zu den Erfahrungen im Stadtrat haben wir aber nur den Ratsfrauen vorgelegt und die Fragen über aktive Parteimitglieder wurden nur den Parteivorsitzenden gestellt. Damit sollte die zeitliche Beanspruchung durch das Interview für die Akteure auf ein verträgliches Maß reduziert werden. Fast alle Interviews konnten wir mit Genehmigung der Akteure aufnehmen. Diese wurden anschließend in voller Länge verschriftlicht.

2 Aktive Parteimitglieder (nur an Parteivorsitzende)

Der/die Parteivorsitzende ist Bindeglied der Parteiengliederung zu den Ortsvereinen.

2.1 Wie häufig finden

Mitgliederversammlungen statt? Anzahl: ( ) mal

Vorstandssitzungen statt? Anzahl: ( ) mal

2.2 Welche Themen dominieren?

( ) Organisation der politischen Arbeit

( ) politische Veranstaltungen

( ) politische Willensbildung

( ) inhaltliche Politik (strategisches Voranbringen)

( ) Repräsentation

( ) andere Themen:

____

____

2.3 Wird die Partei im Wesentlichen von den Ratsmitgliedern getragen, so dass Partei und Fraktion in wichtigen Positionen identisch sind?

2.4 Wie hat sich die Zahl der tatsächlich aktiven Parteimitglieder in ihrer Lokalpartei entwickelt?

2.5 Welche Ursachen sehen Sie für diese Entwicklung?

2.6 Was meinen Sie, warum in der Regel in den Parteien immer noch deutlich weniger Frauen Mitglied sind als Männer?

2.7 Gab es Arbeitsgemeinschaften (z. B. Senioren) oder Initiativen, die in den letzten Jahren besonders viele Parteimitglieder geworben haben?

2.8 Zeichnen sich diese AGs eher durch gemeinsame Freizeitaktivitäten oder durch programmatische Diskussionen aus?

2.9 Welche Maßnahmen zur allgemeinen Mitgliederwerbung wurden real in ihrer Partei umgesetzt mit welchen Erfahrungen?

2.10 Welche Gruppe von aktiven Parteimitgliedern fehlt Ihnen besonders?

2.11 Versetzen Sie sich mal in die Rolle eines Bürgers, der eine Ortsvereinssitzung zum ersten Mal besucht. Was könnte dabei motivierend wirken? Was könnte dabei abschreckend wirken?

3 Wahlkampf und Parteistruktur

3.1 Welche (und wie viele) Parteimitglieder beteiligen sich am klassischen „Straßenwahlkampf"?

3.2 Provokant gefragt: braucht die Bundes- und Landespartei überhaupt noch Stadtverbände und Ortsvereine und die Ortsvereine die höheren Parteigliederungen?

3.3 Konzentriert sich eher jeder auf sich selbst oder gibt es einen ernsthaften inhaltlichen Austausch?

3.4 Gab es in den letzten Jahren konkrete bindende Beschlüsse der Ortspartei für die Fraktion im Stadtrat?

3.5 Welche inhaltlichen Impulse gingen von der ASF / Frauenunion hier vor Ort in den letzten Jahren für konkrete kommunalpolitische Beschlüsse oder Parteibeschlüsse aus?

4 Fragen zum Nominierungsprozess Ratsmitglieder

4.1 Gibt es in Ihrer Partei bzw. im Umfeld genügend engagierte Frauen, um 50 % der Ratsmandate an Frauen zu vergeben?

4.2 Wie reagiert die Wählerschaft auf weibliche Kandidaten (Wahlergebnis)?

4.3 Was können Parteien bei Listenaufstellung und im Wahlkampf tun, um möglichst viele Frauen in den Rat zu bringen? [je nach Wahlrecht] (etwa, möglichst viele Frauen auf sicheren Plätzen)

4.4 Spielt es für die eigene Partei eine Rolle, wenn andere Parteien mit gutem Wahlergebnis sehr viele Frauen aufgestellt haben (Vorbildfunktion)?

4.5 Welche Rolle spielt die Quotierung für die Repräsentanz von Frauen in Ihrer Partei?

4.6 Gerade unter Fraktionsvorsitzenden und Vorsitzenden wichtiger Ratsausschüsse sind Frauen im Allgemeinen sehr stark unterrepräsentiert. Was meine Sie sind dafür die Ursachen?

4.7 Wenn sie die bei der letzten Kommunalwahl neu aufgestellten Ratskandidaten und die (aktuelle anlaufende) Nominierung in Ihrer Partei anschauen, wurden im starken Maße Kandidaten/Kandidatinnen aufgestellt, die gar nicht oder nur kurz Mitglied in der Partei waren?

4.8 Mit Blick auf das laufende Nominierungverfahren: **Wer** macht Vorschläge zu einzelnen Kandidaten, **wer** entwickelt daraus einen ersten Listenvorschlag und **wer** stimmt abschließend darüber ab?

4.9 Wie nehmen Parteivorsitzende und Fraktionsvorsitzende Einfluss, um die möglichst geeignetsten Ratskandidaten aufzustellen?

4.10 Welche Rolle spielen dabei Ortsvereinsvorstände und Arbeitsgemeinschaften in Ihrer Partei? Gibt es dabei einen geregelten Proporz?

4.11 Wie könnte man aus Ihrer Sicht die Frauenrepräsentanz im Rat erhöhen?

5 Persönliche Erfahrungen und Gender-Aspekte im Stadtrat (nur an Ratsfrauen)

Kommen wir zu persönlichen Erfahrungen, die Sie in der Kommunalpolitik gemacht haben.

5.1 Wie sah Ihr Einstieg in die Partei und ins Kommunalparlament aus? Gab es dabei Hürden zu überwinden (gleiche Behandlung)?

5.2 Was muss eine Frau als Ratsmitglied mitbringen, um im Stadtrat und der kommunalen Elite akzeptiert zu werden?

5.3 Sind die Interessen von Frauen oder Geschlechtergerechtigkeit ein Thema im Stadtrat?

5.4 Hört man Frauen im gleichen Maße wie Männern im Stadtrat zu? Haben Frauen etwa dieselben Redezeiten und -einsätze?

5.5 Gibt es heute noch eher „männertypische" Themen wie Haushaltspolitik und Wirtschaftsförderung?

5.6 Haben oder hatten Sie schon mal in der Politik Ihrer Stadt das Gefühl auf „Männerbünde" zu treffen, die Frauen systematisch ausschließen?

5.7 Gibt es Frauennetzwerke, die Sie besonders unterstützt haben? (Angebote der Landespartei, der frauenpolitischen Vereinigung in Ihrer Partei oder fraktionsübergreifende Zusammenschlüsse)?
5.8 Für welche politischen Schwerpunkte setzen Sie sich ein (einige Themen nennen)?
5.9 Was hat Sie an der Politik am meisten gereizt?
5.10 Was stört Sie am meisten an politischen Debatten im Stadtrat und in der Fraktion?
5.11 Was waren bisher persönliche Erfolge Ihres kommunalpolitischen Engagements?
5.12 Was waren die Misserfolge?

6 Abschlussfragen

6.1 Abschließend noch einmal zur Einordnung Ihrer Stadt: Sie haben mit den höchsten / niedrigsten Frauenanteil im Rat in Ihrer Gemeindegröße? Was meinen Sie sind die Gründe für diese Extremposition Ihrer Stadt? Was läuft hier anders als in Nachbarkommunen?
6.2 Sind bei der letzten Kommunalwahl sehr viele neue Ratsmitglieder in ihrer Fraktion und insgesamt in den Rat gekommen?
6.3 Wie kann man Frauen unterstützen, damit sie Politik machen?
6.4 Gibt es bereits Maßnahmen in diese Richtung?